Marie-Louise von Franz

PSYCHE UND MATERIE

Marie-Louise von Franz

Psyche

und

Materie

DAIMON
VERLAG

2. revidierte Auflage 2003

ISBN 3-85630-615-3

Umschlag: Hanspeter Kälin

Autorenfoto auf der Schutzklappe: © Bobhin

Inhaltsverzeichnis

Vorwort des Herausgebers

Das vorliegende Buch bildet den zweiten Band einer Schriftenreihe, in welcher die gesammelten Aufsätze und Vorträge von Marie-Louise von Franz in thematischer Ordnung publiziert sind. Nach dem ersten Band, der dem Thema „Traum" gewidmet ist, kreist dieser zweite Band um den Schwerpunkt „Psyche und Materie". Es geht dabei um eine Diskussion der Synchronizität, d.h. dem Zusammenfallen zweier oder mehrerer kausal nicht miteinander verbundener Ereignisse, um das sogenannte Phänomen des sinnvollen „Zufalls", um eine Auseinandersetzung mit dem Zeitbegriff und um heutige Berührungspunkte zwischen den Naturwissenschaften und der analytischen Psychologie bezüglich der Verbindung von Geist und Materie.

Diese Frage gehört gegenwärtig zu den zentralsten für so verschiedene Forschungsrichtungen wie z.B. die Mikrophysik, die psychosomatische Medizin, die Biologie, die Quantenphysik und die Tiefenpsychologie. Marie-Louise von Franz beschäftigte sich während mehr als dreißig Jahren mit Fragen, Erkenntnissen und Thesen von sowohl geisteswissenschaftlicher wie naturwissenschaftlicher Seite zum genannten Thema, was seinen Ausdruck in zahlreichen Artikeln, Aufsätzen und Vorträgen fand. Viele davon sind entweder noch nie oder nur in englischer oder französischer Fassung veröffentlicht worden oder stammen aus Publikationen, die mittlerweile vergriffen sind.

Alle Beiträge wurden für diesen Band neu durchgesehen und teilweise nochmals von der Autorin überarbeitet. Sie sind in dem Zeitraum von 1960 bis 1986 entstanden und haben nichts von ihrer Aktualität und Bedeutung für ein ganzheitlicheres Denken eingebüßt.

In Übereinstimmung mit der Autorin entschieden wir uns nicht für eine chronologische Reihenfolge der Beiträge, sondern haben den Band nach Verständlichkeitsgrad, allgemein einführendem Charakter und thematischer Zusammengehörigkeit der einzelnen Aufsätze strukturiert. Genaue Quellenangaben zum erstmaligen Erscheinungsort und -datum sind im Quellenverzeichnis aufgeführt.

Da die Beiträge zu diesem Band ursprünglich an unterschiedliche Zielgruppen gerichtet waren und nicht als fortlaufende Kapitel eines Buches konzipiert wurden, sind einige kleinere, inhaltliche Überschneidungen vorhanden, deren Weglassen aber den jeweiligen Gesamtzusammenhang beeinträchtigt hätte. Am Ende des Buches findet sich eine Bibliographie sowie ein Sach- und Personenregister.

Wir danken der Autorin und allen Beteiligten für die Hilfe bei der Zusammenstellung dieses wichtigen und wertvollen Materials.

Für die vorliegende zweite überarbeitete Auflage kommt Jacqueline Steib-Blumer für ihre sorgfältige Korrektur des Textes unser Dank zu.

Robert Hinshaw
Einsiedeln, 1988 / 2003

I. Materie und Psyche in der Sicht der Psychologie C.G. Jungs

Der Archetypus als Erlebniskategorie

Wie allgemein bekannt ist, gibt es zwei Entdecker des Unbewußten: Sigmund Freud und C.G. Jung. Sie sind die Wiederentdecker einer Tatsache, die schon lange im Gespräch stand, die aber vorher nicht empirisch erforscht wurde. Nämlich, daß es seelische Wirklichkeit jenseits des Ich-Bewußtseins gibt. Freud sah im Unbewußten in erster Linie den Bereich, in welchem verdrängte sexuelle Triebe existieren. Für Jung ist das Unbewußte aber zusätzlich und essentiell ein Bereich, wo unterschwellige Wahrnehmungen, sich vorbereitende seelische Entwicklungsprozesse, d.h. Vorwegnahmen künftiger Bewußtseinsprozesse und allgemein alle *schöpferischen* Inhalte konstelliert sind. Eigentlich gibt es noch einen dritten, unabhängigen Entdecker des Unbewußten, den französischen Mathematiker Henri Poincaré, der durch ein persönliches Erlebnis das Unbewußte in sich fand. Er suchte eine Erklärung für die sogenannten automorphen Funktionen, konnte aber die Formel nicht finden und sah dann in einer Art Wach-Halbschlaf-Vision die Lösung dieses Problems intuitiv. Darauf ist er zum Schluß gekommen, es müsse noch eine zweite unbewußte Persönlichkeit im Menschen geben, die zu seinem großen Erstaunen sogar eines gültigen mathematischen Urteils fähig sei.

Insofern Freuds Hauptaufmerksamkeit vor allem dem Triebaspekt des Unbewußten galt, hat er auch immer wieder Anschluß an das damalige medizinische Wissen gesucht, an die Hirnphysiologie, an die Endokrinologie und überhaupt an die Erforschung der biologischen Prozesse im allgemeinen. Jung hat sich dagegen von Anfang an bewußt gegen eine solche vorschnelle Inbezugsetzung des Unbewußten zu körperlichen und materiellen Prozessen gewehrt, und zwar nicht, weil er nicht an eine solche Beziehung glaubte, sondern weil er überzeugt war, daß die Phänomene zuerst sehr viel mehr nur auf dem psychischen Gebiet *per se* untersucht und differenzierter erforscht werden sollten, bevor wir Brücken zu somatischen Prozessen schlagen können. Er wollte damit auch dem materialistischen Vorurteil seiner Zeit entgegenwirken, welches den voreiligen Schluß ziehen wollte, daß die Psyche ein Epiphänomen der physiologischen Prozesse sei. Jungs Überzeugung war, daß sich eine Verbindung zur Physiologie eher einmal natürlicherweise ergeben müsse, wenn beide Gebiete ihre Forschungen weit genug getrieben haben würden. Diese Verbindung scheint sich nun allmählich ahnungsweise – wenn auch noch nicht im einzelnen – abzuzeichnen, und zwar an einem ganz unerwarteten Ort, wo es niemand vermutet hätte: in der Mikrophysik. Dies zeigt meines Erachtens, wie weise die Zurückhaltung Jungs gewesen war.

Jung gilt bekanntlich als der Entdecker des sogenannten Assoziationsexperiments. In diesem Test wird eine Liste von hundert Wörtern zusammengestellt, und zwar einesteils Wörter, von denen man erwartet, daß sie der Versuchsperson relativ gleichgültig sind (wie „Tisch", „Stuhl", „Wasser", „Glas" usw.) und andernteils Wörter, die eventuell irgendwelche emotionalen Vorstellungen berühren könnten. Die Versuchsperson muß möglichst rasch zu jedem Wort etwas assoziieren; also z.B. Tisch –

Stuhl, Glas – Wasser, Licht – dunkel usw. Sobald ein Komplex berührt wird, verlangsamt sich die Antwortzeit außerordentlich. Wenn ein wichtiger Komplex berührt ist, verlangsamen sich sogar die Antworten zu den nachfolgenden Wörtern, was als sogenanntes Perseverationsphänomen bezeichnet wird. Später wurde dieser Test auch mit dem psychogalvanischen Experiment kombiniert. Die Atmungskurve oder die elektrische Durchlässigkeit der Haut läßt sich damit messen, und da trifft man auf ein ähnliches Phänomen: Im Moment, wo sich ein Perseverieren, ein nicht sofortiges Antworten zeigt, treten ebenfalls Kurvenausschläge ein. Diese messen nicht das psychische Phänomen, sondern die physiologischen Folgeerscheinungen der emotionalen Erregung. Dr. F. Riklin senior, der das Assoziationsexperiment von Dr. Aschaffenburg in Deutschland an das Burghölzli brachte, wo Jung als junger Assistent angestellt war, suchte – von Aschaffenburg beeinflußt – durch den Test in erster Linie hirnphysiologische Informationen. Er hegte Hoffnung, man könnte dadurch gewisse Hirnschäden feststellen. Jung nahm dasselbe Experiment in die Hand und gab ihm eine völlig andere Wendung, indem er von diesen hirnphysiologischen Möglichkeiten ganz absah. Er konzentrierte sich darauf, den rein psychischen Kontext der Antwortverzögerungen zu erhellen. Dadurch entdeckte er, daß in der Psyche sogenannte Komplexe – das ist ja heute bereits ein allgemein bekanntes Wort – existieren, d.h. unbewußte Teilpersönlichkeiten, bzw. gefühlsbetonte Vorstellungsbündel, die um ein Kernelement assoziiert sind und die Tendenz haben, immer weiteres Assoziationsmaterial an sich zu ziehen. Immer, wenn diese Komplexe angerührt sind, entstehen auch körperliche Veränderungen, wie ich angedeutet habe. Es zeigte sich dabei, daß Jung gut daran getan hatte, nicht voreilig eine Beziehung zu den Hirnprozessen herzustellen, denn es erwies sich später, daß diese Komplexe viel eher den ganzen körperlichen Bereich affizieren als nur das Hirn. Dies ist heute sogar eine Selbstverständlichkeit geworden. Wir sprechen in der Psychosomatik von Herzneurosen usw. Es gibt Neurosen, die typischerweise die Herztätigkeit affizieren; neurotische Komplexe, die typischerweise die Verdauungstätigkeit, die Lebertätigkeit, die Gallentätigkeit stören. Wenn die unbewußte Psyche mit dem Körper verbunden scheint, so ist es naheliegend, daß sie mit dem *ganzen* Körper in Verbindung steht und nicht speziell nur mit Hirnprozessen. Das Hirn scheint nach neuerer Ansicht vielmehr lediglich *ein* differenzierter Apparat zu sein, der darauf spezialisiert ist, die Sinneswahrnehmungen aus der Außenwelt in eine Ordnung zu bringen.

Die intuitive Volksmedizin, hauptsächlich diejenige des fernen Ostens, hat schon immer gewisse Komplexe mit bestimmten Körperzentren assoziiert. In China gibt es 365 Körpergottheiten. Jeder Körperteil, jede Körperfunktion, jedes innere Organ, jedes Nervenzentrum hat seine „Gottheit“. Man könnte sagen, daß diese Körpergottheiten die intuitive Innenansicht gewisser endosomatischer Empfindungen sind. Daß eine Beziehung zwischen den Komplexen und den Körpervorgängen besteht, ist zweifellos. Aber wir dürfen daraus keine voreiligen Schlüsse ziehen.

Jung konzentrierte sich zunächst darauf, die Auswirkungen der unbewußten Komplexe auf die Gesamtpersönlichkeit und deren Rolle als schicksalsbildende Komponenten in der einzelnen menschlichen Persönlichkeit näher zu untersuchen.

In diesem Zusammenhang ist eine Definition dessen nötig, was Jung unter Psyche versteht: Das ist zunächst alles Bewußte, d.h. alles, was in uns mit dem sogenannten Ich-Komplex assoziiert ist. Wenn ich etwas weiß, so sage ich: „Ich weiß es.“ Im Moment, wo die Assoziation eines Inhaltes mit dem Ich-Komplex hergestellt wird, sagen wir von ihm: er ist mir bewußt. Ferner besteht die Psyche aus dem sogenannten Unbewußten, d.h. dem psychischen Unbekannten, das aber, wenn es die Bewußtseinsschwelle übertritt, gleich zu sein scheint wie die bewußten Inhalte. Das sind z.B. viele Phänomene, die wir während des Schlafes beobachten können. Dort finden psychische Vorstellungsvorgänge, genannt Träume, statt, die (wenn man sie entsprechend untersucht) ihrem Sinn nach ins Bewußtsein übertreten können. Ich kann von etwas träumen und ich kann nachher den Traum verstehen. Dann ist das, was vorher Inhalt des unbewußten Traumprozesses gewesen war, über die Schwelle getreten und Inhalt meines Bewußtseins geworden. Und drittens gehört zur Psyche, was Jung das psychoide System nennt. Damit meint er das psychisch völlig Unbekannte, man könnte auch sagen, jenes Unbewußte, das nirgends die Bewußtseinsschwelle berührt, das wirklich absolut Unbewußte, das Unbekannte an sich. Aber Jung verwendet den Ausdruck in einem spezifischen Sinn. Ihm zufolge wäre das psychoide System derjenige Bereich des Psychischen, wo sich das Psychische mit materiellen Manifestationen zu vermischen scheint.

Obwohl die Komplexe als Inhalte des Unbewußten an sich unbewußt sind, so können sie sich doch wie weitere „Bewußtseine" oder „Persönlichkeiten" in uns benehmen. Dies wurde zuerst von Pierre Janet entdeckt, der es dazu brachte, daß eine sehr gespaltene hysterische Patientin fähig wurde, mündlich ihrem Arzt ihre Bewußtseinsvorgänge zu erzählen und gleichzeitig mit der linken Hand das aufzuschreiben, was ihr Unbewußtes simultan sagte. Sie konnte gewissermaßen auch einer zweiten unbewußten Person, dem Komplex, eine Ausdrucksmöglichkeit bieten. Und da zeigte sich, daß auch die Manifestationen dieser zweiten Person, in diesem Fall war es einfach ein stark abgespaltener Komplex, *auch* ein gewisses Bewußtsein, eine gewisse Vernunft, eine gewisse Fähigkeit zu berechnen, auch Affekte usw. besaß. Um dieses Phänomen vom Ich-Bewußtsein zu unterscheiden, benennt Jung das „Bewußtsein" der unbewußten Komplexe als eine gewisse *Luminosität.* Die Komplexe besitzen so etwas wie ein etwas diffuses, unklares Bewußtsein. Am deutlichsten wird das in Fällen, wo ein unbewußter Komplex ein sogenanntes „Arrangement" trifft, was bei stark gespaltenen Persönlichkeiten beobachtbar wird. Jung hat einen Fall publiziert, wo eine Dame sich in den Ehemann ihrer besten Freundin verliebt hat. Sie wollte nun von einer möglichen Verbindung mit deren Mann aus begreiflichen moralischen Gründen absolut nichts wissen, aber sie überredete doch ihre Freundin, allein in die Ferien zu fahren. Und dann passierte am nächsten Tag, daß sie vor einen Pferdewagen geriet, gerade vor dem Haus des Strohwitwers, und infolge des Unfalles wurde sie in sein Haus getragen. Die Analyse hat dann natürlich zutage gebracht, daß ein Komplex vollkommen zielbewußt diese Sache arrangiert hatte, wobei man ihr aber doch glauben muß, daß sie im Bewußtsein wirklich absolut keine Ahnung davon hatte. Das Ganze war mit dem Ich-Komplex in keiner Weise assoziiert. Der Komplex konnte sich aber doch relativ bewußt benehmen (wenn wir Bewußtsein unter anderem als etwas definieren, das die richtigen Mittel bereitzustellen vermag).

Die zweite große Entdeckung von Jung bestand nun darin, daß er in den Komplexen nicht nur etwas Krankhaftes sah, wie es die damalige Psychiatrie zu denken geneigt war und wie es die Freudsche Psychologie auch sieht, sondern daß er die Existenz von einer Art Normalkomplexen betonte. Daß also die Zusammensetzung unseres psychischen Systems aus verschiedenen Komplexen, von denen der Ich-Komplex nur einer unter verschiedenen anderen ist, normal ist. Jeder Mensch hat Komplexe, und diese bewirken nicht *an sich* psychische Krankheiten, sondern nur unter bestimmten Umständen. Sie gehören zum normalen psychischen Haushalt. Diese Normalkomplexe, die jeder hat, sind das, was Jung die Archetypen genannt hat. Die Archetypen sind gewissermaßen die angeborenen normalen Komplexe, die wir alle haben. Unter Archetypen versteht Jung darum angeborene Dispositionen oder unanschauliche psychische Strukturen, welche in sich wiederholenden, typischen Situationen strukturähnliche Vorstellungen, Gedanken, Emotionen und Phantasiemotive erzeugen. Man hat die Jungschen Archetypen öfters mit den platonischen Ideen verglichen, wobei zu sagen ist, daß der Unterschied zwischen einer archetypischen Vorstellung und der platonischen Idee derjenige ist, daß die platonische Idee als ein rein gedanklicher Inhalt gedacht ist, während ein Archetyp sich ebensogut als Gefühl, als Emotion oder als mythologische Phantasie äußern kann. Der Archetypus Jungs ist deshalb ein etwas weiterer Begriff als die platonische Idee. Wir müssen ferner unterscheiden zwischen Archetypus an sich und dem archetypischen Bild, der Vorstellung, Idee oder Phantasie. Mit anderen Worten: Die Archetypen an sich sind völlig unanschauliche Strukturen; nur wenn sie stimuliert werden durch irgendwelche inneren und äußeren Notlagen (entweder innere Kompensationsprozesse oder äußere Stimuli), erzeugen sie in entscheidenden Momenten ein archetypisches Bild, eine archetypische Phantasie, einen Gedanken, eine Intuition oder eine Emotion. Man erkennt diese als archetypisch, weil sie bei allen Kulturen und Völkern ähnlich sind. Das scheint jetzt ziemlich abstrakt formuliert, aber wenn wir einmal eine Sammlung von Liebesliedern oder von Kampfliedern aus aller Welt lesen, so werden wir sehen, daß die Menschen in solch archetypischen Situationen immer wieder ähnliche Gefühle, Vorstellungen und Phantasien äußern. Es besteht kein Zweifel daran, daß die archetypischen *Strukturen* ererbt sind; dies gilt aber nicht für die *Bilder.* Man hat Jung immer wieder vorgeworfen, Vorstellungsbilder könnten sich doch nicht vererben. Das hat er aber auch nie behauptet. Die *Disposition* vererbt sich, die Strukturen vererben sich, die dann immer wieder die gleichen oder ähnlichen Bilder neu erzeugen. Wenn eine archetypische, angeborene Struktur übergeht in ihre Manifestationsform einer archetypischen Phantasie oder eines Bildes, verwendet die Psyche Umwelteindrücke als Ausdrucksmittel und deshalb sind die einzelnen Bilder nicht ganz identisch, sondern nur strukturähnlich. Zum Beispiel wird ein afrikanisches Kind, wenn sich in ihm das überwältigende Angsterregende verbildlichen will, vielleicht von einem Krokodil oder einem Löwen phantasieren und das entsprechende europäische Kind von einem Lastwagen, der auf es losfährt und es zu erdrücken droht. Nur die Struktur des übermächtig Bedrohenden wäre in diesem Fall ähnlich. Das Bild reichert sich aber natürlich mit Außenweltseindrücken an.

Es gilt nun noch ein weiteres abzugrenzen: Archetypus versus instinktives Verhaltensmuster. Wir können sagen, daß das, was die Verhaltensforscher heute hauptsächlich bei ihren Tierstudien feststellen, gewissermaßen typische Formen des Reagierens sind, z.B. typische Formen der Brutbetreuung, der Partnerbegrüßung usw. Das sind bekanntlich bestimmte Muster, die sich auf die ganze Spezies ausdehnen und die sich von Generation zu Generation vererben. Irenäus Eibl-Eibesfeld hat das in seinem Buch *Liebe und Haß*[1] auf den Menschen ausgedehnt, indem er einen Durchschnitt durch alle Begrüßungsfor-

1. *Zur Naturgeschichte elementarer Verhaltensweisen*, München 1970.

men der Menschheit mit vielen Fotografien zusammengestellt und gezeigt hat, daß bei uns dasselbe geschieht: wir begrüßen uns mit gewissen Zärtlichkeitsgesten, die denjenigen der Primaten ganz ähnlich sind. Wir müssen uns aber bewußt sein, daß die Verhaltensforscher extravertiert an den Stoff herangehen, d.h. sie beobachten den Menschen von außen – wie das auch der ganze amerikanische Behaviourismus tut. Indem sie den Menschen statistisch von außen betrachteten, konnten sie feststellen, daß auch der Mensch genau wie die Tiere gewisse Verhaltensmuster hat, die allerdings beim Menschen etwas flexibler zu sein scheinen als z.B. bei den Affen. Bei den Primaten sind sie zwar noch relativ flexibel, während sie, wenn wir in der Evolutionsreihe weiter zurückgehen, meistens zunehmend mechanischer und automatischer werden. Durch die Zunahme der Lernfähigkeit bei den höheren Tieren tritt eine gewisse Vermischung von Verhaltensmustern ein.

Jung hat nun gewissermaßen den gegenläufigen Weg der Behaviouristen beschritten, nämlich den Menschen nicht von außen zu beobachten, nicht zu fragen, wie wir uns verhalten, wie wir uns begrüßen, wie wir uns paaren, wie wir unsere Jugend betreuen, sondern er erforschte: was fühlen wir und was phantasieren wir, während wir solches tun? Das können wir bei den Tieren nicht erforschen – wir haben keine Ahnung, ob eine Amsel, die ihr Nest baut, eine schöpferische Phantasie über die Neststruktur hat. Wir müssen einfach offenlassen, ob in ihr innerlich ein vorstellungsartiger Vorgang besteht, ob sie sich irgend etwas darunter denkt oder vorstellt oder ästhetisch befriedigt ist, wenn sie ihr Nest so und so gebaut hat. Wir können, während wir Tiere während ihres Verhaltens beobachten, über Innenvorgänge vorerst nichts aussagen, es sei denn, daß die neueren Versuche in

Amerika gelingen sollten, die Sprache der höheren Affen oder der Delphine zu erlernen.

Das steht jedoch alles noch in einem ersten Versuchsstadium. Ich bin überzeugt, daß bei den höheren Warmblütern auch schon entsprechende Innenvorgänge – vielleicht diffuserer Art als bei uns – vorhanden sind. Aber das ist nicht erwiesen.

Beim Menschen hingegen können wir gerade dadurch, daß er sich mitteilen kann, feststellen, daß immer, wenn er z.B. in die Verliebtheitsgestimmtheit kommt, auch Innenvorstellungen vorhanden sind, Phantasien, Gefühle, Emotionen und Phantasievorstellungen, und daß diese, ebenso wie das äußere Verhalten, typisiert sind. Wir können sehen, daß wir in diesen Situationen alle strukturähnlich reagieren und es sogar bedenklich ist, wenn wir es nicht tun. Am deutlichsten zeigt sich – und darum hat sich Jung am meisten darauf berufen – die archetypische Disposition beim Menschen in der Tatsache, daß seine sämtlichen religiösen Systeme und Mythen und mythologischen Bräuche und Volkserzählungen trotz aller Einzelunterschiede strukturähnlich sind.

Das ist ja bekanntlich schon dem Ethnologen Adolf Bastian aufgefallen, der auch bereits unterschieden hat zwischen Elementargedanken und Völkergedanken der Menschheit. Elementargedanken sind Grundstrukturen, die man bei Menschen aus der ganzen Welt nachweisen kann, und Völkergedanken diejenigen, die nur bei gewissen Volksgruppen auftreten. Jung könnte sich mit Bastian vollkommen einverstanden erklären, mit dem *einen* Unterschied, daß Bastian von *Gedanken* spricht. Für Jung sind Archetypen nicht nur Elementargedanken, sondern ebensosehr Elementargefühle, Elementarphantasien, Elementarvisionen.

Heute müßten wir noch weitergehen und überdies eine Beziehung zwischen dem Jungschen Begriff des

Archetypus und den verschiedenen Begriffen des Strukturalismus untersuchen. Als Autoren sollten Lévi-Strauss[2] und Durand[3] hauptsächlich in Betracht gezogen werden – soweit ich mich in dieser Literatur umgesehen habe. Doch ihre Darlegungen überzeugen mich wegen eines bestimmten Grundes nicht vollständig, und zwar eines Grundes wegen, der uns auch in der Psychologie zu schaffen gibt, nämlich wegen der Tatsache, daß die Archetypen miteinander kontaminiert sind. Sie gehen fließend ineinander über; sie sind nicht wie getrennte Partikel, wie man sich früher die Elektronen als kleine Teilchen vorstellte, sondern eher wie ein „electronsmear" in der Sprache der Physiker. Sie sind wie eine verschmierte Wolke, die an ihren Rändern in Nebenerscheinungen überfließt. Man kann z.B. sehr oft von einem archetypischen Bild nicht sagen, zu welchem Archetypus es genau gehört. Nehmen wir z.B. folgendes Bild: Im Grab von König Sethos I. befindet sich die Abbildung eines Tamariskenbaumes mit einer Brust, und der König saugt daran. Ist hier nun ein Bild des Archetypus der Großen Mutter oder des Archetypus des Lebensbaumes dargestellt? Beides. Wir können die Archetypen nicht gegeneinander abgrenzen. Das aber tun die Strukturalisten. Lévi-Strauss z.B. unterscheidet das Gekochte und das Rohe, Leben und Tod, und erstellt lauter solche anscheinend absolute Kategorien. Man könnte aber ebensogut andere nehmen. Die Archetypen schwimmen nicht im kollektiven Unbewußten herum wie Brotstückchen in der Suppe, sondern sie sind die ganze Suppe an allen Orten und erscheinen darum immer in spezifischen Vermischtheiten. Darum ist es auch so schwer, sie außerhalb eines

2. Claude Lévi-Strauss, *La pensée sauvage.* Paris 1962.
3. Gilbert Durand, *Les structures anthropologiques de l'Imaginaire*, Paris 1960.

individuellen psychologischen Kontextes klar zu beschreiben.

Jung hat die Beziehung zwischen Archetypus und instinktiven Verhaltensweisen einmal in einem Modell zusammengefaßt:

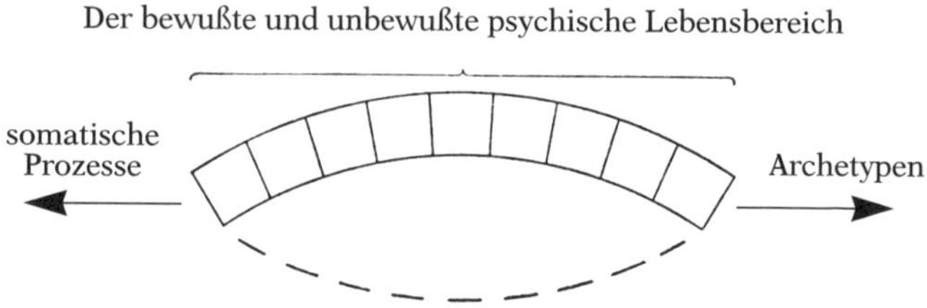

Rechts wäre das „ultraviolette" Ende und links wäre das „infrarote" Ende, natürlich nur als Gleichnis oder als Denkmodell verwendet. Das Psychische wäre das ganze spektrale Band. Am infraroten Pol verfließen oder gehen die psychischen Prozesse in körperliche Prozesse über. Wie und wo genau ist noch in vielem unklar.

Aber wir wissen ganz bestimmt, daß zwischen diesen beiden Größen eine Wechselbeziehung besteht. Am archetypischen Pol erscheinen die geistigen Reaktionsweisen. Dort wären jene unanschaulichen Strukturen zu plazieren, welche sich als archetypische Bilder, Vorstellungen und Gedanken der Psyche aufdrängen. Das wäre der Pol, von dem die geistigen Inspirationen ausgehen. Wie etwa im Fall Poincarés, der sich, nachdem er viel schwarzen Kaffee getrunken hatte, aufs Bett legte und dann plötzlich die ganze Struktur der automorphen Funktionen erblickte. Er berichtete: „Ich sah, wie die Gedanken wie Atome an der Decke herumspielten und verschiedene Kombinationen eingingen, und plötzlich sah ich die richtige Kombination." Es kostete ihn eine halbe Stunde, um nachher dasjenige Argument in logischer Reihenfolge aufzuschreiben, welches er mit einem einzigen Blick an den Strukturen gesehen hatte. Das ist ein Beispiel für einen solchen Einfall vom archetypischen Pol her. Die beiden Pole ließen sich als Geist versus Materie charakterisieren.

Daß eine solche Polarität besteht, sieht man, wenn man sich einen Menschen vorstellt, der von einem Trieb besessen ist, z.B. eine nymphomane Frau, die von der Sexualität besessen ist, oder jemand, der vom Freßtrieb oder sonst einem Trieb besessen ist. Andrerseits können Menschen auch unter die Dominanz des geistigen Pols geraten – z.B. wenn man von einer Idee besessen ist. An beiden Polen herrscht keine Freiheit, sondern ein gewisser Automatismus. Je mehr die psychischen Prozesse in die Verhaltensmuster und in die physiologischen Prozesse übergehen, desto weniger Freiheit besteht. Die Reaktionen werden automatisch und zwangsläufig. Dasselbe geschieht auch beim ultravioletten Pol des Geistes. Leute, die von einer Idee besessen sind, können diese nicht mehr kritisch abwägend diskutieren. Der Extremfall zeigt sich bei einem Geisteskranken, der z.B. denkt, er sei der Weltheiland. Man kann seinen schwachen Ich-Komplex nicht dazu bringen, diese Überzeugung, die ihn einmal in einer Vision angefallen hat, zu kritisieren. Natürlich kann man mit gesundem Menschenverstand sagen: „Ja, ja, aber hören Sie, Sie sind doch der Herr Meier, und wo ist denn der Heiland“ usw. Jeder Psychotherapeut weiß, daß das kein Argument ist; es ist damit nichts zu wollen. Wenn man aber den Archetypus der Heilandfigur mythologisch studiert hat, so wird es möglich, vorauszusagen, was der Kranke nun weiter tun oder sagen wird. Er ist gewissermaßen in einem archetypischen Automatismus gefangen, in einem Gefühl von Fanatismus und von absoluter Überzeugung. Nur in der Mittelsphäre des psychischen Spektrums, im Bereiche der Ich-Bewußtheit, ist eine gewisse Freiheit vorhanden. Nur dort haben wir Willensregungen, die Jung als psychische Energie definiert, die dem Ich-Komplex zur Verfügung stehen. An den Rändern wird die psychische Energie von den anderen unbewußten Komplexen vereinnahmt.

Wo ist nun aber im angeführten Modell die Beziehung von der Psyche zur Materie dargestellt? Am „infraroten“ Pol ist sie es oder scheint sie es zu sein. Dort gehen nämlich die psychischen Funktionen in physiologische Körpervorgänge über. Materie erscheint aber manchmal auch am andern, am „ultravioletten“ Pol, und zwar als *parapsychologisches* Phänomen. Es ist also zu vermuten, daß unsere Trennung von materiell versus geistig, von außen beobachtbar versus von innen wahrnehmbar nur ein fiktives Auseinanderhalten, nur eine fiktive Polarisierung ist, die uns unsere Bewußtseinsstruktur auferlegt, die aber eigentlich dem transpsychischen realen Sein nicht entspricht. Es steht sogar eher zu vermuten, daß diese beiden Pole eigentlich eine Einheitswirklichkeit bilden. Ich habe das in dieser punktierten Ergänzung des Ringes nach hinten dargestellt. Da wäre eine potentielle Einheitswirklichkeit von Psyche und Materie anzunehmen. Dieser Bereich läßt sich aber nicht direkt beobachten.

Nun stehen die Archetypen nicht nur hinter den sich überall auf der Welt gleichenden religiösen und mythischen Vorstellungen der Menschheit, sie sind nicht nur die Grundkategorien der menschlichen Phantasie, sondern sie stehen natürlich auch hinter der Naturwissenschaft mit ihren Denkvoraussetzungen. S. Sambursky hat in seinem hervorragenden Buch *Das physikalische Weltbild in der Antike*[4] im einzelnen aufgezeigt, daß alle unsere grundlegenden Themen der modernen westlichen

4. Zürich u. Stuttgart 1965.

Naturwissenschaften aus den intuitiven urbildlichen Vorstellungen der griechischen Naturphilosophie hervorgegangen sind. Von dorther stammt die Idee eines einzigen Urstoffes, aus dem sich gewissermaßen der ganze sichtbare Kosmos gebildet hat, und die Idee von der Erhaltung dieses Urstoffes, mit anderen Worten der Begriff einer universalen Form der Energie. Das wäre z.B. das feurige Pneuma der Stoa oder das Logos-Feuer in der Philosophie des Heraklit. Dort finden wir auch schon die Idee einer Verwandelbarkeit der materiellen Stoffe ineinander (z.B. bei Aristoteles). Und der Begriff des Kontinuums und des Diskontinuums, seinerseits in den Aporien des Zenon, existiert auch schon. In der Idee des stoischen Pneuma haben wir schon die Urintuition der modernen Idee eines Kraftfeldes oder einer stationären Welle. Die Stoiker haben bekanntlich gedacht, daß die ganze Welt durch eine Art Energiespannung, durch den *Tonos*, getragen ist, – eine Welle, die aber stationär wäre.

Auch die Idee der Unbestimmbarkeitsrelation hat ihren Keim in der Auffassung des griechischen Atomisten Leukippos, welcher lehrte, daß die Atome einen gewissen freien Willen hätten. Am interessantesten sind die Vorstellungen der Raumzeit, denn sie gehen alle auf das archetypische Bild einer Omnipräsenz der Gottheit oder einer Omnipräsenz eines göttlichen Pneumas zurück. Dies wurde andeutungsweise schon bei Plato formuliert, ausdrücklich dann bei Plotin: „Gott ist eine geistige Kugel, deren Umfang überall und deren Mittelpunkt nirgends ist." Hierin haben wir auch schon die physikalische Vorstellung des allgegenwärtigen Punktes. Eine weitere der wichtigsten und heute nun immer wichtiger werdenden Vorstellungen, gewissermaßen eines Grunddenkmodells der modernen Physik, nämlich die Idee, daß wir es letzten Endes mit mathematischen Strukturen zu tun haben, ist schon von den Pythagoräern vorweggenommen worden, welche die natürlichen Zahlen und gewisse natürliche Zahlenverhältnisse als eigentliche Naturkonstanten ansahen. Zu 95% (ich habe keine Ausnahme gefunden, nur vorsichtshalber sage ich 95%) sind alle diese Vorstellungen, welche Grundthemen der modernen Naturwissenschaften bilden, Gottesbilder. Und darum wurde auch so leidenschaftlich um sie gestritten. Man stritt, welches archetypische Gottesbild nun gelten solle.

Die Paradoxien der Unbestimmbarkeitsrelation haben nun aber die Physiker wieder mehr auf die mentalen Prozesse im Beobachter zurückgewiesen, weil man eine Beobachtung nicht unabhängig vom Einfluß des Beobachtungsmittels auf das Objekt vornehmen kann. Darum mußten sich die modernen Physiker wieder darauf besinnen: was tun wir eigentlich? Wir zwingen die Natur, mit unserem Beobachtungsmittel in einer bestimmten Art zu antworten. Eine Antwort, die sie nicht geben würde, wenn wir sie nicht so beobachten würden. Damit ist die Grundlagenforschung in der modernen Physik wieder stark angeregt worden. Wolfgang Pauli hat die physikalische Erkenntnis noch definiert als ein zur Deckung-Kommen von inneren Vorstellungsbildern mit äußeren Tatsachen.[5] Rudolf Carnap engt dies eher noch ein und sagt: Es handelt sich bei physikalischen Erkenntnissen um Bilder, die zu mathematischen Formeln bereinigt worden sind.[6] Die Vorstellungsbilder sind alle zu abstrakten Formeln geworden. Das letzte Ziel der Physik wäre in diesem Sinn nach Carnap die *Voraussagbarkeit* äußerer Ereignisse aufgrund gewisser mathematischer Formeln. Max Jammer hat darum formuliert: „In der Physik handelt es sich um einen Isomorphismus von Strukturen."[7] Es geht

5. Wolfgang Pauli, C.G. Jung, *Naturerklärung und Psyche*, Zürich 1952.
6. Rudolf Carnap, *Physikalische Begriffsbildung*, Darmstadt 1966.
7. Max Jammer, *Die Entwicklung des Modellbegriffs in den physikalischen Wissenschaften*, Studium Generale, Bd. XVIII, H. 3, 1963.

darum, daß die mentalen Strukturen des Physikers mit den Strukturen der Materie in irgendeinem Isomorphismus stehen. Sogar das praktische Experiment wird durch die mentale Vorstellung des Beobachters präjudiziert. Nun sind die heutigen mathematischen Formeln, im Gegensatz zu den Auffassungen der alten Pythagoräer, alles algebraische Formulierungen und in den allermeisten Fällen verfeinerte, korrigierte Weiterentwicklungen des Wahrscheinlichkeitskalküls. Die Wahrscheinlichkeitsrechnung kann aber nur Auskunft geben über Durchschnitte und relative Regelmäßigkeiten. Sie kann jedoch keine Auskunft geben über *zufällig Einmaliges.* Das liegt in der Struktur des Wahrscheinlichkeitskalküls begründet. Darum sagen die meisten Physiker, das zufällig Einmalige falle nicht in den Bereich der physikalischen Forschung. Sie schieben das Zufällige einfach aus dem Bereich der Forschung weg, weil es sich nicht mit diesen mathematischen Instrumenten, die im Laufe der Zeit ausgebildet worden sind, erfassen läßt. Jede nur einmalige Erlebnis-Information wird ausgeklammert.

Wir müßten uns nun, wenn wir weiter in die Tiefe bohren, in die Grundlagen der Mathematik vertiefen, weil ja die Mathematik, d.h. die Algebra, das Instrumentarium der modernen Physik bildet. Und dort gelangen wir sehr schnell zur Tatsache, die von keinem Mathematiker geliebt, aber auch nicht geleugnet wird, daß nämlich das ganze Gebäude der Mathematik letztlich auf einer irrationalen „just so" gegebenen Grundlage beruht, nämlich auf der Reihe der ganzen natürlichen Zahlen. Hier spalten sich nun die Geister; die einen Mathematiker sagen: Die Zahlen sind nichts anderes als konventionelle Namen; ich mache einfach Striche hintereinander und nenne sie konventionell 1, 2, 3, 4; ich könnte sie auch X, Y, Z oder sonstwie nennen. Der Name tut nichts zur Sache, er ist eine rein konventionelle Bezeichnung von vom Bewußtsein hergestellten, aneinander gereihten Einheiten. Das stimmt aber nicht, und zwar aus einem einfachen Grunde. Nehmen wir uns nun einen solchen rationalen Formalisten vor, der Erbsenkörner nimmt und sagt: das nenne ich 1 und das nächste 2 und das nächste nenne ich 3. Wir haben nun etwas völlig Transparentes und Einfaches, das wir selber, unser Geist, geschaffen haben. Was passiert aber jetzt? Wenn wir diese Reihe von Erbsenzahlen beobachten, gibt es fürchterliche Geschichten: es sind nämlich gerade und ungerade Zahlen entstanden, Primzahlen, deren Anordnung man bis heute noch nicht hat feststellen können. Der Mathematiker Goldbach hat zur Zeit von Leibniz ein Theorem aufgestellt: Jede gerade Zahl sei die Summe zweier Primzahlen. Mit Computern hat man das heute bis zur Zahl Zehntausend nachgeprüft, und es stimmt, aber das Gesetz, d.h. warum das so ist, ist bis heute nicht formulierbar geworden. Wieso haben wir also nun, wenn wir doch etwas völlig Transparentes gemacht haben (einfach Einheiten aneinandergereiht und diese dann benannt), Dinge gesetzt, die wir bis heute nicht verstehen, die Komplikationen implizieren, angesichts derer der moderne Mathematiker vor totalen Rätseln steht? Außerdem haben die ganzen natürlichen Zahlen plötzlich individuelle Eigenschaften. Sie sind triangulär, quadratisch oder sie haben bestimmte Relationen untereinander und all das muß man erst hinterher noch entdecken, das hatten wir ja alles nicht gesetzt. Wenn wir es selber gesetzt hätten, dann müßten wir das alles ja wissen. Eine Maschine, die wir gebaut haben, kennen wir nachher. Da kann nichts Irrationales drin passieren. Aber bei den Zahlen setzen wir einfach etwas hin und stehen hinterher vor lauter Rätseln. Das hat dazu geführt (und hängt mit einer Entdeckung von Kurt Goedel im Jahre 1931 zusammen) daß, wie Hermann Weyl sagt, *sämtliche Hoffnungen der Mathematiker, die Grundlagen der Mathematik rational aufklären zu können*, ein für allemal geknickt wurden.[8] Und zu meiner Enttäuschung habe ich entdeckt, daß jetzt lebende Mathematiker, die man auf dieses Problem anbohrt, meistens sagen: „Ja, das ist schon so, aber das interessiert uns jetzt nicht." Sie haben einfach aus Resignation, wie Weyl sagt, ihr Interesse von diesem Punkt abgelenkt, weil wir da vor einem unerklärlichen Rätsel stehen. Weyl, der ein ziemlich guter Realist ist, sagt interessanterweise: „Es ist überraschend, daß etwas vom Geist selber Geschaffenes" (– er meint, wir hätten die Zahlen einfach einmal erfunden –), „nämlich die Reihe der ganzen Zahlen, so einfach und durchsichtig sie ist für den konstruktiven Geist, einen ähnlichen Aspekt des Abgründigen und Unbeherrschbaren annimmt, wenn man sie vom axiomatischen Gesichtspunkt her betrachtet."

Und an einer anderen Stelle fährt er fort: „So einfach die Methode der Arithmetisierung eines Formalismus ist (also eines algebraischen oder sonstigen Formalismus), so führt sie doch zu einer Einsicht von beträchtlichem philosophischen Interesse, daß nämlich die natürlichen Zahlen mit ihren gesetzmäßigen Relationen ein so weites Feld bilden, daß jede beliebige Theorie, wenn sie einmal vollständig formalisiert ist, darauf abgebildet werden kann."[9] Mit anderen Worten, alles, was man an mathematischen Formalismen bisher gefunden hat – und die Formalismen sind Konstruktionen des menschlichen Geistes –, läßt sich im Feld der natürlichen Zahlen abbilden, aber eben noch viel mehr. Dort gibt es noch unendlich viel zu entdecken. Damit sind wir nun – wie übrigens

8. Hermann Weyl, *Über den Symbolismus in der Mathematik und mathematischen Physik*, Studium Generale, Bd. VI, 1953.
9. Ebenda.

auch von Werner Heisenberg betont worden ist – zu einer Art erneuertem Pythagoräismus zurückgekehrt.

Wesentlich ist für uns zunächst, daß es nicht *eine* wichtige wissenschaftliche Idee gibt, der nicht eine archetypische Ur-Intuition zugrunde liegt. Ein dem Ich-Bewußtsein präexistentes Denken hat die großen Themen der abendländischen Naturwissenschaft erschaffen. Diese Ur-Intuitionen wurden vom Unbewußten offenbart; sie sind den Forschern einfach als Gedanke erschienen und haben den Menschen ergriffen. In diesem Sinn ist auch der Begriff der Materie nur eine archetypische Vorstellung unter verschiedenen anderen, und zwar geht der Begriff der Materie auf den Archetypus der Großen Mutter zurück. Die wichtigsten Aspekte des Archetypus der Großen Mutter hat Jung in folgenden typischen Vorstellungen zusammenfassend gesehen: Auf der persönlichen Ebene ist es die Mutter, die Großmutter, die Stiefmutter, die Amme, die Kinderfrau, die Ahnfrau, die Göttin, die Jungfrau Maria, die Sophia. Sie ist das Ziel der Erlösungssehnsucht, das Paradies, das Reich Gottes, die Kirche, das Stück Land, der Himmel, die Erde, der Wald, das Meer und das stehende Gewässer, die Materie, die Unterwelt, der Mond, der Acker, der Garten, der Fels, die Höhle, der Baum, das Quelloch, das Taufbecken, die Blume, das Mandala, der Ofen, der Herd, die Kuh, der Hase und ganz allgemein das hilfreiche Tier. Psychologisch ist es das gütige, hegende, tragende, wachstumsfördernde, fruchtbarkeitsbringende und nahrungsspendende Prinzip, die Stätte der Verwandlung, Wiedergeburt, das Geheime, Verborgene, Finstere, die Totenwelt, das Verschlingende, Verführende, Vergiftende, das Angsterregende und das Unentrinnbare. Alle diese Vorstellungen gehören zum Archetypus der Großen Mutter.

Zum Archetypus des Vaters, d.h. des Geistes, des Gegenpols, gehören folgende mythologische Assoziationen:

Die bewegte Luft, der Wind, der Geisterhauch, das Besessenheits-Erregende, die Totengeister-Erscheinung, man denke an Pneuma, Psyche, die Heinzelmännchen, Geister, Teufel, Dämonen, Engel, der hilfreiche Alte. Auf der persönlichen Ebene: Der Vater, der weise Professor, die Autorität, der Priester. Geist ist das aktive, beflügelte, bewegte, belebende, anregende, aufreizende, anfeuernde, inspirierende, dynamische Element der Psyche, das, was Begeisterung und Inspiration erzeugt. Jung definiert darum den Geist als ein spontanes Bewegungs- und Tätigkeitsprinzip, dem die Eigenschaft der freien Bildererzeugung jenseits der Sinneswahrnehmung und die Fähigkeit einer souveränen autonomen Manipulation dieser Bilder innewohnt. Wie leicht ersichtlich ist, überschneiden sich diese zwei Archetypen – wie alle Archetypen – in gewissen Aspekten. Und darum betont Jung, daß Geist und Materie an und für sich nichts Faßbares sind; sie sind letztlich Erscheinungsformen eines an sich transzendenten, d.h. transpsychischen Seins. Während viele im Westen alles von der Materie ableiten wollen, sagen z.B. umgekehrt im Osten die Tantristen, die Materie sei nichts anderes als die Bestimmtheit der Gedanken Gottes. Aber das sind lediglich metaphysische Behauptungen, die man nicht empirisch nachweisen kann. Die einzige erforschbare, unmittelbare Wirklichkeit ist allein die psychische Wirklichkeit, d.h. unsere Bewußtseinsinhalte, die wir dann gewissermaßen nachträglich entweder als von materieller oder geistiger Herkunft ableiten.

Zusammenfassend wäre also das, was wir Materie oder Energie in der Außenwelt nennen, nur eine archetypische Vorstellung, wie auch das, was wir Geist nennen, d.h. jenes Faktum, das als inspiriertes Gedankengut oder Sinn auf einer archetypischen Vorstellung beruht. Was den Psychologen daher interessiert, ist die Frage, wie sich diese zwei archetypischen Mächte dem Bewußtsein zeigen, wie die Prozesse in uns verlaufen, die uns zur Bewußtwerdung ihres Seins nötigen, denn es sieht so aus, als ob sie sich im Menschen, wie alle anderen Gegensätze der Natur, in einem mysterium coniunctionis vereinigen wollten. Das größte Geheimnis für uns Psychologen ist darum nicht die Materie und nicht der Geist, die wir beide eigentlich nicht in ihrem An-Sich-Sein erforschen können, sondern jener seltsame seelische Prozeß, in welchem sich diese Mächte als Sinnerfahrung im Menschen aktualisieren und im Spiegel seiner Psyche Bewußtsein zu erreichen suchen. In diesem Zusammenhang hat Jung von der kosmogonischen Bedeutung des menschlichen Bewußtseins gesprochen.

Nun ist aber noch eine Schwierigkeit zu erwähnen. Sie betrifft das Problem der Grundlagenforschung der Tiefenpsychologie. Jung betrachtete seine Psychologie in Bezug auf ihre Methode des Vorgehens als empirisch und darum als zur Naturwissenschaft gehörig. Aber das Problematische in dieser Methode besteht darin, daß die Psychologie Psychisches mit psychischen Mitteln beschreibt. Ihre Erkenntnis oder Erklärung vollzieht sich nicht in einem anderen Medium. Die Physik ist in dieser Hinsicht im Vorteil, denn sie bildet materielle Vorgänge in einem mentalen, also in einem psychischen Medium ab. Der Physiker spiegelt in seinen mentalen psychischen Vorgängen die Materie, er rekonstruiert im Geist die Außenweltmaterie. Die Psychologie kann das nicht; sie ist in der Lage Münchhausens, der sich selber an seinem Zopf aus dem Sumpf heben sollte. Es fehlt ihr ein archimedischer Punkt außerhalb ihrer selbst, und hier ist sie entscheidend beschränkt. So wie die Physik durch die Entdeckung der Unbestimmbarkeitsrelation eine Beschränkung ihrer Erkenntnismöglichkeiten erfahren hat, so hat die Psychologie eine Erkenntnis ihrer Einschränkung durch diesen Faktor erfahren. Hier berühren sich Mikrophysik und Jungsche Tiefenpsychologie. Und nun wird deutlich, wie weise die Zurückhaltung vor vorschnellen Schlüssen über die Verbindung von Materie und Psyche ist, denn weder die Molekularbiologie noch die Psychologie und erst recht nicht die Hirnforschung, sondern die Quantenphysik ist es, die heute Züge zeigt, deren Verwandtschaft mit der psychischen Seite den Physikern aufgefallen sind. Hier ergibt sich nach Jung andeutungsweise eine Möglichkeit der Rekonstruktion des psychischen Vorgangs in einem anderen Medium, nämlich in der Mikrophysik des Stoffes. Wir wissen, fährt Jung fort, heute allerdings nicht, wie das aussehen könnte. *Diese Rekonstruktion kann nur durch die Natur vorgenommen werden. Sie geschieht vermutlich so beständig, wie die Psyche die physische Welt wahrnimmt.* Mit anderen Worten: in der Physik spiegelt die Psyche die Materie. Nun wäre die Frage, ob die Materie auch die Psyche spiegeln kann? In China wurde immer so gedacht. Die Chinesen haben, wenn sie sich Auskunft über ihre unbewußten psychischen Vorgänge verschaffen wollten, einfach beobachtet, was materiell um sie geschieht, und das wurde als Spiegel für ihre innerpsychischen Vorgänge angesehen. Das ist für sie eine Selbstverständlichkeit.

Als ich einmal über Synchronizität und Kausalität am Jung-Institut eine Vorlesung hielt, kam ein Japaner plötzlich begeistert auf mich zu und sagte: „Jetzt verstehe ich, was Kausalität ist. Wenn ich über westliche Physik gelesen habe, meinte ich immer, das sei alles synchronistisch. Und jetzt, wo Sie sich so viel Mühe gegeben haben, das auseinanderzunehmen, konnte ich zum ersten Mal verstehen, was Kausalität ist!“ Man denkt also im Osten so anders, daß nicht einmal erfaßt werden kann, was wir unter Kausalität verstehen. Die östlichen Völker verstehen den materiellen Vorgang als synchronistische Spiegelung des Psychischen. Es gibt dazu eine schöne Geschichte aus der Tang-Zeit. Da ist einmal ein Vulkan ausgebrochen; zuerst bildete sich ein Kratersee, in dessen Mitte dann ein Vulkankegel entstand. Die damalige Kaiserin war eine sehr herrschsüchtige Frau, die ihren Gatten völlig entmachtet hatte. Diese Kaiserin hatte nun den Berg besucht und nannte ihn Glücksberg. Und da hat ihr ein Untertane einen höflichen Brief geschrieben: „Majestät, ich habe gelernt, daß die Welt gestört ist, wenn der Atem des Himmels gestört ist. Wenn die Atmung der Erde gestört ist, ist die menschliche Seele gestört. Eure Majestät haben sich in männlicher Art über das Weibliche erhoben. Ich würde Eurer Majestät raten, Reue und Umkehr zu üben, damit kein Unheil über das Reich kommt." Die Kaiserin hat eine Wut bekommen und den Menschen vom Hof verbannt. Berg heißt nun in China „Gen" und ist ein männliches Prinzip. Der See heißt „Dui" und ist ein weibliches Prinzip. Weil sich ein Berg über dem See gebildet hat, spiegelt das den seelischen Zustand der Kaiserin oder des Kaiserhauses synchronistisch wider. So wurde das äußere Geschehen als Abbild eines psychischen gesehen. Obwohl wir nicht zu einer solchen Denkweise zurückkehren könnten, haben wir diese Art des Denkens etwas zu sehr verworfen. Es steckt ein Kern von Wahrheit in dieser östlichen Anschauung.

Die Randphänomene des archetypischen Bereichs und die Einheit des Seins

In meinen folgenden Ausführungen geht es um etwas außerordentlich Schwieriges, das sich mit dem besten Willen nicht ganz vereinfachen läßt. Es handelt sich um ein komplexes Phänomen und um völlig neue Überlegungen, die wir selber noch nicht in ihren gesamten Konsequenzen kennen und übersehen.

Im vorangehenden Kapitel habe ich darzulegen versucht, daß die Grundlagen fast aller unserer wesentlichsten Erkenntnisse durch die Archetypen des kollektiven Unbewußten strukturell vorbestimmt sind. Die Archetypen sind gewissermaßen die psychische Voraussetzung unseres ganzen Menschseins, die wir nicht überspringen und auch nicht umgehen können. Wir können sie aber weiterentwickeln oder differenzieren. Wir sind also nicht in dem Sinn darin gefangen, daß keine Evolution möglich wäre.

Jung hat die Archetypen zunächst nur in ihren psychischen Manifestationsformen untersucht, nämlich, wie sie sich in den Träumen und unbewußten Spontanphantasien seiner Patienten manifestieren, und wie sich solche Phantasien auf die Lebensgeschichte und das Benehmen seiner Patienten auswirkten. Bilder und archetypische, d.h. „geoffenbarte" Gedanken, Emotionen, Handlungsimpulse berühren sich am „infraroten" Ende der Skala psychischer Vorgänge mit physiologischen, d.h. materiellen Prozessen. Die Brücke bilden die Emotionen, deren physische Folgen meßbar sind. Die Beeinflußbarkeit der Psyche und des Körpers ist eine gegenseitige. Man kann mit Chemikalien das psychische Befinden ändern, aber auch durch eine psychische Änderung die chemischen Prozesse des Körpers beeinflussen. Wahrscheinlich haben alle Archetypen auch gewisse Organgrundlagen.

Nun haben wir aber gesehen, daß am ultravioletten Pol des vorher dargestellten Schemas ebenfalls gewisse materielle Phänomene vorkommen, und zwar handelt es sich dabei um sogenannte Spukphänomene, wie sie aus der Parapsychologie bekannt sind. Ich möchte auf die Phänomenologie dieser Dinge nicht eintreten, sondern einfach festhalten, daß auch wir von unserem Standpunkt aus häufig genug parapsychologische Phänomene in unserer Praxis beobachten können, um überzeugt zu sein, daß es diese Dinge gibt, wenn wir auch vorläufig noch keine konsistente wissenschaftliche Erklärung für sie finden können. Zu diesen „Spuk"-Phänomenen, bei denen sich gewissermaßen Geistiges gleichzeitig materiell äußert, gehört auch eine spezifische Kategorie von parapsychologischen Phänomenen, die Jung als sogenannte Synchronizitätsphänomene bezeichnet hat. In unserem historischen Beispiel aus der chinesischen Tang-Zeit wurde die Erscheinung eines Berges aus einem See als ein synchronistisches Ereignis aufgefaßt, das gewissermaßen mit einem innerpsychischen Tatbestand in der Kaiserfamilie koinzidierte. Manche dieser Phänomene werden heute als Telepathie aufgefaßt. Man stellt sich unter Telepathie meistens irgend etwas wie einen elektrischen oder elektromagnetischen Strom oder eine Welle oder etwas Ähnliches vor. Die bisherigen Versuche (man hat Medien in Bleikammern untergebracht und sie aufgefordert, anderen Leuten etwas zu suggerieren usw.) haben gezeigt, daß wir mit Telepathie jedenfalls keinerlei uns bekannten materiellen energetischen Phänomene oder Strahlungsphänomene assoziieren dürfen. Sie sind nicht nachweisbar. Was wir feststellen können, ist vielmehr eine Koinzidenz, nämlich, daß jemandem etwas einfällt, das 20 km weiter weg oder sogar etwas später in der äußeren Realität eintrifft, ohne daß eine Kausalverbindung hergestellt werden könnte. Das Häufigste, das wahrscheinlich alle schon erlebt haben, ist z.B., daß man träumt, man sei mit jemandem in Verbindung, den man zehn Jahre nicht mehr gesehen und an den man nicht mehr gedacht hat, und am gleichen Tag findet man einen Brief des Betreffenden im Briefkasten. Man denkt: diese Koinzidenz ist doch merkwürdig! Die ganze Nacht habe ich mich stundenlang mit diesem Menschen unterhalten und dabei lag der Brief schon auf der Post. Weil wir so sehr in der Kausalität verhaftet sind, denkt man dann meist, der andere habe intensiv an uns gedacht, was irgendwie Wellen in das eigene Unbewußte fortgesetzt und den Traum bewirkt habe. Vom physikalisch Materiellen lassen sich aber wie erwähnt keinerlei solche Ströme oder Wellen nachweisen. Sie sind in den Fällen sogar außerordentlich unwahrscheinlich, wo die „telepathische" Wahrnehmung *vor* dem Ereignis eintrifft. In den Rhine'schen Versuchen[10] hat man z.B. veranlaßt, daß ein Medium in New York rät, welche Spielkarten eine Kartenmaschine übermorgen in Budapest herausgibt und hat ein signifikantes Resultat erreichen können. Nun können noch nicht ausgewürfelte Karten bestimmt keine „Wellen" ausgeschickt haben, um dem Medium zu melden, wie sie liegen. Da wird die Kausalverbindung nicht nur nicht nachweisbar oder ist noch unbekannt, sondern *sie ist logisch nicht denkbar.* Trotzdem konnte man nicht umhin, eine gewisse Koinzidenz – nämlich die prophezeite Reihenfolge der Kartenangabe über ein Medium einerseits und dann das, was dann wirklich zwei Tage später in Budapest passierte – nicht von der Hand zu weisen. Es ist schwierig, über Synchronizitätsphänomene zu berichten, weil wir sie in unserer Praxis immer eingebettet in die ganze Problematik des betreffenden Menschen sehen. Wenn wir ein Synchronizitätsphänomen erklären möchten, müßten wir jedesmal die ganze momentane Problemgeschichte usw. erläutern, um zu zeigen, wie die äußeren Ereignisse da hineinpassen. Ich muß die Leser also bitten, die Idee einmal wohlwollend anzunehmen und selber zu beobachten. Solche Dinge geschehen ziemlich häufig, und jeder, der seine Aufmerksamkeit darauf

10. Vgl. C.G. Jung, GW 8, §§ 833 f.

richtet, kann solche synchronistische Phänomene wahrnehmen. Die Primitiven denken heute noch synchronistisch, d.h. für sie gibt es keinen sinnlosen Zufall. Wenn z.B. eine Frau von einem Krokodil unter Wasser gezogen wird, so fragt man nach dem Sinn und nach der Sinnkoinzidenz. Daß das einfach Zufall ist, daß gerade diese Frau in dem Moment beim Wasserholen unter Wasser gezogen wurde, ist für sie undenkbar. Im Weltbild der Primitiven gibt es keine Zufälle. Das, was der moderne Wissenschaftler strikte als Zufall bewertet, wird bei ihnen stets in seinem Sinn zu ergründen versucht. Wir können also, wenn wir ein bißchen in die primitive Seite zurückfallen, diese Sicht in uns selber leicht beleben und uns fragen: Das, was jetzt gerade passiert, ist doch kaum Zufall – warum passiert mir das gerade heute? Und dann sehen wir sehr oft, daß Sinnverbindungen vorhanden sind. Man kann dies natürlich auch übertreiben und Synchronizitäten sehen, wo gar keine vorhanden sind. Die Menschen der Antike haben die Synchronizitätsereignisse immer als einen Wink der Götter, als ein *Numen* gedeutet. Das Wort Numinosum ist vom Verb nuere = winken abgeleitet. Wenn Zeus also gleichsam mit seiner Braue winkt, dann geschieht etwas Numinoses. In der ganzen Welt, von der ganzen Menschheit wurde diese Art von Koinzidenz als ein Wink des Schicksals oder der Gottheit betrachtet, und es hat immer Ansätze zu magischen Wissenschaften gegeben, die diese zu interpretieren suchten, handle es sich nun um den Vogelflug oder die Konstitution der Leber eines geopferten Tieres usw. Nichts derartiges wurde als zufällig betrachtet, sondern die Anordnung der Erscheinung einer Vogelgruppe in einem gewissen Moment oder die bestimmte Anordnung einer Leber in einem geschlachteten Opfertier wurde als aussagekräftig empfunden. Daraus versuchte man den

Sinn des Augenblickes – und hauptsächlich eine Vorhersage für die Zukunft – zu ergründen.

Nun wollen wir aber nicht einfach auf die Stufe des primitiven magischen Denkens regredieren.

Das magische Denken glaubt an eine Art magische Kausalität. Nun hat sich die moderne Naturwissenschaft mit größter Mühe aus diesem magischen Kausalitätsdenken langsam herausgerungen, und es ist keinesfalls Jungs Absicht, daß wir nun wieder auf diese Art Kausalitätsdenken zurückfallen sollten, aber wir müssen uns klar werden, daß die Kausalität als Erklärungsprinzip (oder als Wahrscheinlichkeit) nur *eine* mögliche Denkkategorie ist, um eine gewisse Gruppe von Ereignissen zu beschreiben. Sie läßt das ganze Gebiet des Zufälligen oder des Kontingenten außerhalb ihres Betrachtungsrahmens, da es als nicht erforschbar ausgeschlossen wird. Nun besteht die Frage: Ist das Kontingente wirklich nur eine derartig amorphe Masse von scheinbar sinnlosen Zufällen? Oder gilt es da, eine Unterscheidung zu machen zwischen sinnvollen Koinzidenzen? Wenn ich z.B. auf einem Flugplatz meine Nase putze und ein Flugzeug abstürzt? So etwas ist einfach ein sinnloser Zufall, ein Zufall, hinter dem man nichts zu suchen braucht. Wenn ich aber in der Nacht vorher dramatisch von einem Flugzeugabsturz geträumt habe und dann auf einem Flugplatz auf eine Bekannte warte und da passiert der Absturz, genau wie ich ihn träumte, dann kann ich nicht umhin, mir zu sagen, das müsse doch einen Sinn haben.

Das Interessante ist nun, daß die synchronistischen Erlebnisse fast alle einmalige Erlebnisse sind und daher keinen Bestätigungsgrad erreichen, daß sie aber trotzdem von großem Informationswert sind. Auch das einmalige Erlebnis kann, wenn es in einen archetypischen Kontext fällt, einen ganz besonderen informativen Zuwachs bedeuten. Das betrifft gerade *die* synchronistischen Elemente, die sich bekanntlich nie wiederholen oder, experimentell arrangiert, wiederholen lassen.

Was die synchronistischen Elemente auszeichnet, ist nicht eine absolute, sondern eine relative Gleichzeitigkeit. Wenn ich zum Beispiel in der Nacht von einem Flugzeugabsturz träume und sehe ihn dann am nächsten Tag genauso passieren, so liegen einige Stunden dazwischen. Im allgemeinen gibt es ein kleines Zeitintervall dazwischen; es handelt sich also nur um relative Gleichzeitigkeit. Wesentlich aber ist die *Sinngleichheit.* Die Verbindung der beiden Elemente ist in ihrem gleichen Sinn begründet und nicht in irgendeiner kausalen Beziehung. Ich gehe z.B. in einen Laden und kaufe ein blaues Kleid und lasse es mir schicken. Nach drei Tagen kommt das Paket, ich packe es aus und das Kleid ist schwarz. Man hat es im Laden verwechselt. In diesem Moment erhalte ich ein Telegramm, daß ein naher Verwandter, um dessen Willen ich schwarz tragen müßte, gestorben ist. Da denke ich natürlich, daß das doch nicht nur Zufall, sondern höchst „merkwürdig" ist. In diesem Beispiel ist die Beziehung des Sinnes nur das Schwarze des Kleides. Schwarz wird bei uns mit Trauer assoziiert, und das verbindet sich mit dem äußeren Ereignis. Nach unserer Auffassung würde es sich auch hier um ein Synchronizitätsereignis handeln, obwohl das Bild selber nicht gleich ist – ich habe nicht das Bild des Todes gesehen, aber etwas ist passiert, was sinngemäß auf Tod hinweist. Jung bringt in seinem Aufsatz über Synchronizität[11] ein Beispiel, wo eine Frau erlebt, wie Vögel sich auf dem Dach ihres Hauses versammeln, was sie aufgrund eines früheren, ähnlichen Erlebnisses sofort als Ankündigung eines Todesfalls deutet. Tatsächlich wird kurz darauf ihr Gatte, der ganz uner-

11. C.G. Jung, *Synchronizität als ein Prinzip akausaler Zusammenhänge,* GW 8, § 844.

wartet auf der Straße an einem Herzschlag gestorben ist, ins Haus gebracht. Auch da ist eine Sinnverbindung vorhanden – die Ansammlung von Vögeln bedeutet mythologisch, daß die Seelen einen abholen kommen. Das entspricht einem auf der ganzen Welt verbreiteten Glauben; und in diesem Beispiel ist nun tatsächlich etwas Sinngleiches außen geschehen. Wenn wir es wissenschaftlich ganz exakt formulieren, so koinzidiert nicht ein äußerer und ein innerer Zustand, denn der äußere Zustand, das äußere Ereignis kann ja nicht an sich wahrgenommen werden, wie ich schon zu demonstrieren versuchte. Wir können es nur durch den Filter unserer psychischen Existenz wahrnehmen. Darum müssen wir wissenschaftlich formulierend sagen: Bei der Synchronizität handelt es sich um die Koinzidenz oder Gleichzeitigkeit zweier psychischer Zustände, nämlich eines normalen psychischen Zustandes, der kausal hinreichend erklärbar ist, und eines nicht ableitbaren, nämlich des nicht kausal damit verbundenen kritischen Erlebnisses, dessen Objektivität erst hinterher verifiziert werden kann.

Ich möchte das an einem weiteren Beispiel verdeutlichen. Ich hatte eine Analysandin, die außerordentlich suizidal war, und als ich in die Sommerferien ging, hatte ich mir große Sorgen gemacht, wie sie diese Zeit ohne Analyse überstehen werde, habe mich aber von meinen Ferien nicht abhalten lassen. Und dann dachte ich nicht mehr viel an sie (ich hatte ihr ein festes Versprechen abgenommen, daß sie mir schreiben würde, wenn sie in irgendwelche Nöte geraten sollte).

Eines Morgens habe ich Holz gehackt und gedacht – ich konnte nachher meine Gedanken genau rekonstruieren: dieses Holz ist noch naß, das werde ich weiter hinten aufschichten, damit es nicht zuerst benützt wird und noch trocknen kann. Ich hatte also einen längeren Gedankengang, der sich mit meiner Beschäftigung kausal vollkommen verbinden ließ. Und plötzlich sah ich diese Patientin vor mir und dachte an sie. Das unterbrach meinen Gedankengang völlig; ich fühlte direkt, daß da dieses Andere dazwischenbrach. Ich dachte: Was hat denn die da plötzlich bei mir zu suchen, warum denke ich an sie? Darauf fragte ich mich, ob ich vom Holz her irgendwie auf sie gekommen war? Es waren keine Assoziationsbahnen vom Holz zu ihr. Ich habe weitergeholzt und mich wieder mit dem Holz beschäftigt und wieder stand ihr Bild vor mir. Dieses Mal mit einem Gefühl von dringender Gefahr. Da habe ich meine Axt weggelegt, die Augen zugemacht und gedacht: Soll ich mein Auto nehmen und sofort zu ihr fahren? Da habe ich genau gespürt: Nein, so dringend ist es nicht. Nun habe ich ein Telegramm aufgegeben: „Machen Sie nichts Dummes", mit meiner Unterschrift. Und dann hat sich herausgestellt, daß das Telegramm nach zwei Stunden bei ihr angekommen ist. In dem Augenblick war sie in die Küche gegangen und hatte den Gashahn aufgedreht. Da läutete die Post, der Briefträger brachte das Telegramm, und sie war natürlich so beeindruckt von dieser Koinzidenz, daß sie den Gashahn wieder zugedreht hat und nun – Gott sei Dank – heute noch auf dieser Welt ist. Ich möchte das nur als Illustration der beiden Zustände erwähnen, um die Gleichzeitigkeit zweier psychischer Zustände zu zeigen, eines normalen, kausal hinreichend Erklärbaren – das wären meine Holzgedanken – und ein aus diesem nicht ableitbares kritisches Erlebnis, dessen Objektivität erst nachher verifiziert werden kann, und das sich durch den Einbruch eines Bildes manifestierte. Ich habe erst zwei Tage später erfahren, was wirklich passiert ist. Darum betrachtet Jung diese Phänomene nicht als synchron, d.h. genau in der Zeit übereinstimmend, sondern *synchronistisch*, weil eine gewisse Zeitverschiebung vorhanden ist. In solchen Momenten scheint das übliche Raumzeitkontinuum oder das Gitterwerk der Kausalzusammenhänge aufgehoben zu sein. Es sieht so aus, als wären letztere nur dann konstante Größen, wenn sie unabhängig von psychischen Zuständen gemessen werden.

Mit den Archetypen ist etwas wie ein Vorhandensein von *Wissen* in Form symbolischer Bilder verbunden. Dies ist eine Art Luminosität oder ein teilweises Bewußtsein der Archetypen, ein Wissen, das nur im archetypischen Bereich, *aber nicht dem Ich bewußt ist,* und welches plötzlich ins Ichbewußtsein einfällt. Man könnte also sagen, daß etwas Archetypisches in mir um diesen Suizid gewußt hat, was plötzlich in meinen normalen Bewußtseinsablauf eingebrochen ist.

Jung differenziert die Synchronizität dahingehend, daß erstens ein unbewußtes Bild auftaucht, sei es direkt oder indirekt, als Traumbild, als Wacheinfall oder Ahnung, und zweitens mit diesem Inhalt zeitlich ein objektiver Tatbestand koinzidiert. Jung zeigte in seiner Arbeit über die Synchronizität, daß die chinesische Auffassung des *Tao* eigentlich ein synchronistisches Denken widerspiegelt. Ich habe, wie erwähnt, aus meiner Erfahrung gelernt, daß sich die Asiaten offenbar – und das muß auch mit ihrer Sprache zusammenhängen – sinnvolle Verbindungen von Ereignissen nicht *kausal* vorstellen, sondern im Sinne von Synchronizitäten. Man könnte also sagen, daß der Mensch *zwei* legitime Fragen an die Natur stellen kann. Er kann die Natur fragen: Warum geschieht das, wenn ich dieses tue? Das führt zur Aufstellung des Kausalitätsprinzips, das nun relativiert ist zur Wahrscheinlichkeit. Oder er kann fragen: Was beliebt in der Natur gerne zusammenzutreffen? Auch das ist eine legitime Fragestellung, welche sich die östlichen Völker gestellt haben. Diese Idee war eingebettet in ihre Idee vom Tao. Das Tao ist gewissermaßen der Gesamtsinn, und zwar ein zeitlich vorgestellter Sinn. Man müßte also sagen: Der Gesamtsinnmoment der Zeit, der hinter allen Erscheinungen ist, das ist das Tao. Laotse sagt z.B.: „Man horcht nach ihm und hört es nicht, das ist mit Namen das Dünne, man greift nach ihm und faßt es nicht, das ist mit Namen das Unkörperliche, die gestaltlose Gestalt, das dinglose Bild, das neblig Verschwommene. Beim ihm Entgegentreten sieht man nicht sein Antlitz, beim ihm Folgen sieht man nicht seinen Rücken. So neblig und verschwommen sind in ihm die Dinge und doch geschieht alles durch dieses. Das Netz des Himmels ist weitmaschig und verliert doch nichts."[12] Das chinesische Denken setzt voraus, daß die ganze Natur eine psychophysische Einheit ist oder einen einheitlichen Gesamtzusammenhang hat, der sich aber jeder auf Details konzentrierten Beobachtung entzieht.

Im Westen finden wir Ansätze zu einer ähnlichen Sicht im Mittelalter, hauptsächlich in der Lehre der Sympathie aller Dinge und in der Astrologie. Dies ist auch in der Renaissancephilosophie noch vorzufinden, wo von einem symbolischen und psycho-physischen Gesamtzusammenhang aller kosmischen Existenz gesprochen wird. Dieser Zusammenhang beruht auf der postulierten Existenz einer Weltseele oder auf dem Sympathieprinzip.

Eine Vorstellung von Synchronizität, die derjenigen von Jung am nächsten kommt, ist die Idee der prästabilierten Harmonie von Leibniz.[13] Nach seiner Auffassung hat Gott, als Urheber der Dinge, als erste Monade die anderen Monaden oder Wesenheiten aus sich heraus „geblitzt". Die Monaden untereinander stehen in keinem Kausalzusammenhang. Die menschlichen Seelen sind

12. Lao Tse, *Tao te King*, hrsg. v. O. Sumitomo, Zürich 1945.
13. Gottfried Wilhelm Leibniz, *Kleinere philosophische Schriften*, VI, Leipzig 1883, Vgl. auch ders., *Grundwahrheiten der Philosophie: Monadologie*, Hrsg. J.C. Horn, Frankfurt a/M. 1962.

Monaden, und wir können als Menschen nicht kausal aufeinander einwirken, denn die Monaden sind „fensterlos“. Die Tatsache, daß wir miteinander kommunizieren können, und daß scheinbare Zusammenhänge entstehen, beruht darauf, daß alle Monaden wie synchronisierte Uhren sind. Sie alle erleben gleichzeitig das Gleiche aufgrund der Harmonie, so daß dann ein scheinbarer Kausal-Kontakt stattfindet. Der einzige Unterschied zwischen Jungs Vorstellung der Synchronizität und der „prästabilierten Harmonie“ von Leibniz liegt darin, daß die prästabilierte Harmonie postuliert, daß die Synchronizitätsphänomene ein allgemeines und regelmäßiges Phänomen seien, was aus Jungscher Sicht empirisch nicht der Fall zu sein scheint. Wir können z.B. Synchronizitätsereignisse nicht voraussagen. Sie entziehen sich jeder Voraussagbarkeit. Wenn sie regelmäßig stattfinden würden, müßten wir sie voraussagen können. Man kann aber höchstens sagen, daß etwas Bestimmtes geschehen könnte, wenn ein Archetypus konstelliert wird, und wenn etwas passiert, dann wird es diesen oder jenen Sinn haben. Aber mit Sicherheit können wir das nicht voraussagen – es kann eintreten oder auch nicht.

Mit anderen Worten: Synchronizitätsphänomene, soweit wir sie bis jetzt beobachtet haben und soweit wir sie bis jetzt kennen, kommen nur sporadisch spontan vor, was gegen eine Idee von „prästabilierter Harmonie“ spricht.

Jung sagt ferner, daß das Kontingente, d.h. das Zufällige, dem Kausalnexus nicht folgende Geschehen von außen – physikalisch betrachtet – ein formloser Stoff sei, der sich aber der psychischen Introspektion als Typus enthülle, der scheinbar nicht nur dem psychischen, sondern auch dem psycho-physischen Geschehen zugrunde liege. Das einzige Gesetzmäßige, das wir nämlich an diesen synchronistischen Ereignissen feststellen können, ist, daß diese Ereignisse dann stattzufinden belieben, wenn ein Archetypus intensiv konstelliert ist. Das ist hauptsächlich der Fall in präpsychotischen Zuständen, in jenen starken Erregungszuständen, welche die Leute vor einem psychotischen Ausbruch aufweisen. Da sind immer starke archetypische Grundschichten der Seele intensiv konstelliert. Solche Ereignisse kommen ferner in Schicksalssituationen vor. Wir kennen aus der parapsychologischen Literatur, wie häufig diese Phänomene sich um Todesfälle von nahen Bekannten und Verwandten gruppieren. Also in Momenten von Tod, Geburt, dem ersten großen Liebeserlebnis usw.; d.h. in allen diesen tief erschütternden, allgemeinmenschlichen Situationen, in denen immer ein Archetyp oder die archetypische Schicht des Unbewußten konstelliert ist, belieben synchronistische Ereignisse sich zu ereignen; sie *müssen* nicht, sie „belieben" oft, es zu tun. Sie kommen viel häufiger vor als angenommen, und wenn sie vorkommen, so haben wir bis jetzt immer einen dahinter konstellierten Archetypus ausgraben können, wenn wir in der Lage waren, die Situation zu erforschen. Es scheint also, daß im Kontingenten sich etwas manifestiert, das scheinbar nicht nur das psychische, sondern auch das psychophysische Geschehen bedingt oder ihm zugrunde liegt. Wenn ich nun den Ausdruck „zugrunde liegt" verwende, darf das aber auf keinen Fall kausal verstanden werden. Arthur Koestler hat Jung vorgeworfen, er drücke sich in seinem Aufsatz über die Synchronizität furchtbar gewunden aus. Er hat leider nicht gemerkt, daß das nicht anders möglich ist, weil unsere ganze Sprache vollkommen kausal strukturiert auf Ursache und Wirkung gerichtet ist. Wir sind so gebunden an die Idee der Ursache und ihrer Wirkung, daß wir fast nicht – weder sprachlich noch gedanklich – davon wegkommen können. Wir müssen die Synchronizitätsphänomene eher als ein bloßes Vorhanden- oder So-Sein einer nicht weiter reduzierbaren Kontingenz sehen, gewissermaßen als eine akausale Modalität. Nun muß aber dieser Begriff bei genauerer Betrachtung noch erweitert werden. Jung stellt nämlich fest, daß es in der Natur auch noch ein gewisses akausales Angeordnetsein gibt. Dazu gehören alle Apriori-Gegebenheiten in der Physik, z.B. die Halbwertszeit. Auch diese können nicht kausal erklärt, sondern nur festgestellt werden. Es ist eine Anordnung, die so funktioniert, für die wir aber keine Wirkungsursache angeben können. Im psychischen Bereich wäre die akausale Angeordnetheit in den Eigenschaften der ganzen natürlichen Zahlen zu finden. Die ganzen natürlichen Zahlen sind ein psychischer Vorstellungsinhalt, der einfach so ist, wie er ist. Fünf ist z.B. eine Primzahl – das ist einfach so, man kann nicht fragen: Warum ist „fünf" eine Primzahl? Sie ist eine, und jeder sieht, daß es eine ist. Mit anderen Worten: Unsere psychischen Denkvorgänge sind so angeordnet, daß uns das als evident vorkommt. Wir sind so strukturiert, daß wir das so sehen müssen. Vielleicht gibt es auf anderen Sternen eine andere psychische Struktur, bei der das nicht so wäre. Aber für uns ist das so, und wir können es kausal nicht begründen. Die Frage: „Warum?" oder „Woher kommt das?" oder „Was bewirkt das?" erweist sich als sinnlos. Die Eigenschaften der ganzen natürlichen Zahlen wären also ein psychisches Angeordnetsein, die Halbwertszeit wäre ein physikalisches Angeordnetsein. Beides sind Phänomene, die Jung zusammenfaßt unter dem Begriff „akausales Angeordnetsein", womit er eine Apriori-So-Ordnung meint, für die man keine Ursache-Wirkung-Begründung oder Wahrscheinlichkeitsbegründung geben kann.

Wir haben es also mit *zwei* Phänomenen zu tun: Einerseits scheint so etwas wie ein akausales Angeordnetsein sowohl in materiellen wie in psychischen Gegebenheiten zu existieren, und andererseits kommen sporadische unregelmäßige Synchronizitätsereignisse vor. Das akausale Angeordnetsein ist regelmäßig, ist allgemein feststellbar, gilt überall und ist immer und jederzeit beobachtbar, die sporadischen Synchronizitätsfälle hingegen nicht. Sie sind hauptsächlich dadurch gekennzeichnet, daß sie unerwartet, unregelmäßig, nicht voraussagbar eintreten. Aber auch sie weisen ein akausales Angeordnetsein auf. Jung hat hier die Hypothese erwogen, laut derer die synchronistischen Ereignisse, diese sporadischen „Wunderereignisse", nur ein besonderer Fall des allgemeinen ursachelosen Angeordnetseins sein könnten, und zwar sind es diejenigen Spezialfälle, wo der Beobachter in der Lage ist, das *tertium comparationis*, den Sinn in der Gleichzeitigkeit psychischer und physischer Ereignisse zu erkennen. Es könnte sein, daß wir aber nicht in der Lage sind, irgendeinen Sinn darin zu erkennen und es darum nicht als ein psycho-physisches Synchronizitätsereignis erfassen können.

Man darf auch nicht den Archetypus als Ursache der synchronistischen Ereignisse verstehen – das wäre wieder kausal gedacht –, sondern man könnte eher sagen: Die Synchronizität ist ein Sonderfall des ursachelosen Angeordnetseins. Das ursachelose Angeordnetsein erscheint darin oder manifestiert sich in diesen Phänomenen, es bewirkt sie nicht. Die nächste Definition würde darum lauten: Der Archetypus ist die durch Introspektion erkennbare Form des apriorischen psychischen Angeordnetseins. Gesellt sich, fährt Jung fort, ein Synchronizitätsereignis dazu, d.h. geschieht außen auch noch etwas, was in diesen Sinn hineinpaßt, so folgt es der gleichen Grundzeichnung, d.h. es ist in diesem Fall in selber Weise angeordnet. Dieses Angeordnetsein unterscheidet sich aber von dem der ganzen Zahlen oder der Diskontinuitäten in der Physik dadurch, daß letztere regelmäßig vorkommen, ersteres aber nicht, denn es stellt vielmehr *Schöpfungsakte in der Zeit* dar. Hier kommen wir auf die brennende Frage, ob diese Strukturen von jeher gewesen, gewissermaßen schon in der Urmaterie des Alls existierten oder ob sie sich später herausdifferenziert haben? Nach der Auffassung Jungs waren die Grundstrukturen von jeher vorhanden, aber innerhalb ihrer finden dauernd neue Schöpfungsakte statt. Jung ist zur Auffassung gekommen, daß der Archetypus zwar etwas wäre, über das wir nie hinauskommen – er ist die letzte unterste Struktur unseres psychischen Seins, die wir wahrscheinlich ewig behalten werden –, aber innerhalb dieses Musters können Schöpfungen geschehen im Sinne einer *creatio continua.* Dieser Ausdruck bezieht sich auf die augustinische Auffassung, daß Gott ewig außerhalb der Zeit ist und in seinem Geiste darum alles, was in der Welt geschieht, zeitlos koinzident ist, und daß nur wir Menschen in der zeitlichen Schöpfung die Zeitabläufe als ein Hintereinander erleben. Gott greife zugleich als Kreator, aber ab und zu auch in diese zeitliche Schöpfung ein. Wir müssen uns in diesem Zusammenhang – wenn wir kurz in die Theologie abschweifen – daran erinnern, daß die Kausalität auch einem Gottesbild entspricht. Der Vater der Kausalität, Descartes, hat die Kausalität, den absoluten Determinismus allen Naturgeschehens, damit begründet, daß Gott nicht seine einmal aufgestellten Gesetze ändern werde. Nun wissen wir aus der Bibel, daß er sie manchmal geändert hat, und es ist nicht einzusehen, warum man Gott verbieten könnte, kreativ zu sein! Aber das ist Descartes nicht eingefallen. Gott hat einmal eine Regel aufgestellt und muß sich nun für alle Zeiten daran halten. Man könnte auch sagen: Gott hat bis ca. zum Jahre 120 n.Chr. publizieren dürfen und nachher wurde ihm jede weitere Publikation verboten!

Die Synchronizitätsphänomene wären also in diesem Sinn *Schöpfungsakte in der Zeit*, von denen Jung abschließend sagt: „Man muß sich selbstverständlich davor hüten, jedes Geschehen, dessen Ursache unbekannt ist, als ursachelos aufzufassen. Letzteres ist nur ... in jenen Fällen statthaft, wo eine Ursache nicht einmal denkbar ist. Die Denkbarkeit ist allerdings ein Begriff, der höchste Kritik erfordert. Wenn z.B. das Atom seinem ursprünglichen philosophischen Begriff entspräche, so wäre dessen Teilbarkeit undenkbar. Wenn es sich aber als eine meßbare Größe erweist, dann ist seine *Unteilbarkeit*[14] undenkbar. Sinngemäße Koinzidenzen sind als reine Zufälle denkbar. Je mehr sie sich aber häufen und je größer und genauer die Entsprechung ist, desto mehr sinkt ihre Wahrscheinlichkeit, und desto höher steigt ihre Undenkbarkeit, d.h., sie können nicht mehr als bloße Zufälle gelten, sondern müssen mangels kausaler Erklärbarkeit als Anordnungen aufgefaßt werden. Dabei besteht, wie schon betont, der ‚Mangel an Erklärbarkeit' nicht etwa nur aus der Tatsache, daß die Ursache unbekannt ist, sondern daraus, daß eine solche mit unseren Verstandesmitteln auch nicht denkbar ist. Dieser Fall tritt notwendigerweise dann ein, wenn Raum und Zeit ihren Sinn verlieren. ... Aus diesen Gründen scheint es mir notwendig, daß neben Raum, Zeit und Kausalität eine Kategorie eingeführt wird, welche nicht nur die Charakterisierung der Synchronizitätsphänomene als eine besondere Klasse von Naturereignissen ermöglicht, sondern auch das Kontingente als ein einerseits Allgemeines, seit jeher Vorhandenes, andererseits als die Summe vieler, sich in der Zeit ereignender individueller Schöpfungsakte begreift."[15]

14. Hervorhebung von M.-L. von Franz.
15. Vgl. C.G. Jung, *Synchronizität als ...*, GW 8, §§ 957-958.

Nun stellt sich uns das große Problem, wie wir die Synchronizität weiter erforschen könnten, ohne nur Erlebnissammlungen anzulegen. Das nämlich ist die Tragik der Parapsychologie: Es liegen unendlich viele anekdotische Dokumente vor, die zum Teil absolut glaubwürdig und von ehrlichen Leuten verfaßt scheinen, aus denen aber nicht ersichtlich ist, wie man ein arrangiertes oder wiederholbares methodisches Vorgehen ableiten könnte, um diese Dinge näher zu erfassen. Daß die sporadischen Synchronizitätsphänomene je vorausgesagt werden können und man damit gewissermaßen in den Bereich der methodischen Erforschbarkeit dringen kann, halte ich für sehr unwahrscheinlich. Sie sind eben Schöpfungsakte, und Schöpfungsakte sind nicht voraussagbar. Wir können nicht einmal die Kreativität eines Individuums voraussagen, geschweige denn diejenige der Natur. Ich könnte nie voraussagen, welches Bild ein Maler, den ich analysiere, als nächstes malen wird. Hinterher kann ich sagen: „Ja, ja, natürlich, das mußte kommen, wegen der archetypischen Anordnung", im voraus aber nie. Also ist es wohl ausgeschlossen, daß wir synchronistische Ereignisse je methodisch voraussagen können. Anders hingegen steht es mit dem akausalen Angeordnetsein, von dem Jung als von einem regelmäßigen Phänomen spricht. Könnten wir uns vielleicht diesem Phänomen nähern? Die bisherigen Mittel, solche Ereignisse oder Anordnungen des psycho-physischen Sinnes zu erforschen, waren bei den primitiven Völkern die verschiedenen mantischen Methoden: Leberschau, Vogelschau usw. Wenn wir den gemeinsamen Nenner aller nichtmathematischen Methoden untersuchen, so ist das ihnen Gemeinsame immer das Motiv eines chaotischen Musters. Und dann werden Akzente da hinein gesetzt, und je nach dem, wo der Akzent sitzt, sagt man: das bedeutet etwas. Das ist das Grundprinzip, ob man jetzt schaut, wie die Vögel fliegen oder ob man schaut, wie eine Spinne läuft. In Afrika ist folgendes Orakel weitverbreitet: Man wirft Sand auf den Boden, läßt eine große Spinne darüber laufen und schaut, welches Muster sie macht. Oder z.B. in der Schweiz, im Kanton Uri, gibt es ein Brücklein, über das die Leute aus einem Dorf zum Friedhof müssen. Es ist ein Lehmweg, und wenn trockenes Wetter ist, zeigt der Weg ein brüchiges Muster. Nun lesen die Leute immer, wenn sie zu einem Begräbnis gehen, am Muster ab, wer der Nächste ist, der im Sarg über die Brücke getragen werden wird. Das lesen sie aus der Anordnung der Bruchlinien heraus.

Interessant ist nun die Weiterentwicklung der mantischen Idee in China. Da wurde das Chaos langsam zu einer Matrize entwickelt, die das Muster des Schildkrötenrückens widerspiegelt. Das ist eine mathematische Matrize. Man hat versucht, deren Felder abzuzählen, d.h. mit der Zahl in Verbindung zu setzen. Das war die älteste Orakelform, aus der später das berühmte Orakelbuch des *I Ging* abgeleitet worden ist.[16] Vor dem *I Ging* hat man mit diesen Schildkrötenmatrizen operiert. Die nächste Weiterentwicklung war die Einführung der Zahl, die auch bei den verschiedenen mantischen Methoden immer als ein höherer nächster Kulturschritt gekommen ist. Man fragt nun, ob der Ereignispunkt z.B. im Feld der Zahl 2 liegt; oder wenn das „Zeichen" im Feld 4 oder 5 ist, dann habe das diese oder jene Bedeutung. Die große Entdeckung und das einzige bis heute bestehende arithmetische Instrumentarium, um die Synchronizität zu erforschen, ist das berühmte *I Ging*, das Buch der Wandlungen, das in historisch nicht festzulegende Vorzeit zurückgeht, im 12. Jahrhundert aber erst zu dem entwickelt

16. *I Ging, Das Buch der Wandlungen*, Düsseldorf/ Köln 1970. Aus d. Chinesischen v. Richard Wilhelm.

wurde, was es heute ist, nämlich zu einem ausführlichen und psychologisch tiefen philosophischen System, das eine Erklärung der Welt zu geben beansprucht. Vorher war es einfach ein Orakel.

Wir müssen nun darauf zurückkommen, daß unser Kausaldenken, an das wir so gebunden sind, sich in der modernen Physik in die Wahrscheinlichkeitsrechnung und ihre verschiedenen Ausdifferenzierungen weiterentwickelt hat und auf dem Gesetz der großen Zahlen begründet ist. Eine Wahrscheinlichkeitsberechnung wird präziser, je mehr Wiederholungen des Experimentes oder der Beobachtung gemacht werden können. Dies beabsichtigt gewissermaßen eine möglichst große Ausscheidung des Zufalls. Der Einzelfall ist im Wahrscheinlichkeitsbegriff nicht mitenthalten und darum sagt z.B. der Physiker D. Rivière: „Nach der Quantenmechanik finden bei einem System zwei Arten von Veränderungen statt. Die erste ist klassisch und gehorcht der Schrödinger Gleichung, die zweite ist essentiell kontingent außerhalb der Zeit, wenn nicht sogar reversibel. Diese spezielle Veränderung entgeht völlig der Theorie. Ein wenig so, wie die Umstände, die eine ehrliche Kartenlegerin veranlassen, aus einem Kartenspiel eher diese als jene Karte zu ziehen, dem Wahrscheinlichkeitskalkül entgehen, dessen Regel indessen auf das Ganze aller Kartenziehung anwendbar sind.“[17] Wir können aufgrund der Wahrscheinlichkeitsregeln sagen: In soundsoviel Prozent von Fällen muß bei einem Spiel die Karte 6 gezogen werden, auch wenn wir es billionenmal wiederholen. Aber wenn wir nur einmal aus einem Kartenspiel eine Karte ziehen, so können wir nicht sagen, daß nun gerade die 6 gezogen wird und keine andere. *Das* können wir mit der Wahr-

17. Denis Rivière, „La physique et le temps“. *Verhandlg. d. Schweiz. Naturforschenden Gesellschaft*, Vol. CXLV, Bern u. Genf 1965.

scheinlichkeitsrechnung nicht angeben. Das einmalige Zufallsereignis wird durch diese Art von Mathematik an den Rand des Beobachtbaren abgeschoben.

Die Chinesen haben nun eine ganz andere interessante Idee gehabt, in der zwar auch die Mathematik bzw. die Zahlen verwendet werden, um Gesetze zu suchen, aber gerade in umgekehrter Form zur Wahrscheinlichkeitsrechnung. Sie fragten nämlich: wenn in diesem Moment die *eine* Zahl einmal vorkommt, was bedeutet das? Unsere Wahrscheinlichkeitsrechnung schiebt den Zufall möglichst an den Rand der Beobachtung und schaltet ihn durch die Wiederholung weitgehend aus. Der Chinese stellt den Zufall in das Zentrum seiner Beobachtung und versucht eben gerade in diesem Zufall eine Gesetzmäßigkeit zu sehen. Das setzt natürlich eine ganzheitliche Auffassung der Natur voraus. Es setzt voraus, daß die psychische und physische Natur, die äußere und die innere und die ganze kosmische Natur eine letzte Sinneinheit bilden, vor der der Fragende steht. Indem er nun einfach eine Münze wirft, mit der Frage von Kopf oder Zahl, ja oder nein, stellt er eine einmalige Frage an die Natur und der Zufall ist das, was die Antwort gibt. Nicht das Regelmäßige, sondern der Zufall gibt die Antwort. Der König Wen und der Herzog von Dschou sind zehn Jahre lang von einem Tyrannen in einem dunklen Loch eingesperrt gewesen, und jeden Morgen hat man ihnen verkündet: „Heute werdet ihr hingerichtet werden." Diese Nähe des Todes veranlaßte die beiden vornehmen gelehrten Chinesen, eine Deutung des *I Ging* auszuarbeiten. Sie haben offenbar jeden Tag die Münzen geworfen oder die Schafgarbenstengel geteilt und dann aus dem Zufall zu schließen versucht, was nun die Gesamtsituation im Tao sei. Sie nahmen an, daß der selbe Sinn sich im psychischen wie im physischen Zustand gleichzeitig ausdrücke. In diesem Orakel wird der Natur nur eine Bedingung auferlegt, sie muß nämlich in geraden oder ungeraden Zahlen antworten. Interessanterweise sind gerade und ungerade Zahlen gewählt, was dem Archetypus des Vaters und der Mutter entspricht. „Geist und Materie" bedeuten die geraden und ungeraden Zahlen in China und das *tertium comparationis* ist deren Kombination; aus ihr hat man versucht, einen Sinn zu lesen. Das wurde offenbar intuitiv aus dem Unbewußten erzeugt. Das Faszinierende ist, daß die Arithmetik des *I Ging* genau dieselbe ist wie die des genetischen Codes. Es ist bis ins Detail dasselbe Zahlenspiel. Wir stehen hier vor der merkwürdigen Tatsache, daß die Chinesen nur durch intuitive Innenschau, indem sie gewissermaßen mit ihrem eigenen psychischen Zustand experimentiert haben, zu einem Zahlensystem gekommen sind, das für sie Information bedeutet, welches sie dann philosophisch ausgeweitet haben, und nun ist dasselbe Zahlensystem von der westlichen Wissenschaft als physische Grundlage aller Information entdeckt worden.

Hier kommt nun aber, was mit der Synchronizität unvermeidlich ist, auch das Problem der Zeit hinein. Die chinesische Fragestellung heißt gewissermaßen: Warum ist jetzt gerade die Konstellation so? Jung hat einmal gesagt: Die Synchronizität erforschen, würde heißen, auf die Weltuhr zu schauen und fragen: was ist jetzt der Welt-Moment? Und wenn es dann z.B. heißt, der Welt-Moment sei „Streit" oder „Untergang" oder „Liebe" usw., dann sind nicht nur ich, sondern der ganze Welt-Moment so, und darum stimmt dann alles, was außer mir geschieht, mit dem, was in mir geschieht, überein. Dies ist der Gedankengang, der hinter dem *I Ging* liegt. Das Werfen der Münzen ist gewissermaßen ein Auf-die-Weltuhr-Schauen und den Weltmoment erfassen. Das bringt aber den Faktor Zeit in einer ganz speziellen Form hinein. In der westlichen Physik wird die Zeit als ein leerer Rahmen aufgefaßt, in dem innere und äußere Ereignisabläufe stattfinden, während die chinesische Auffassung, die die Synchronizität im Auge hat, der Zeit Qualität zumißt. Der Strom der Ereignisse in der Zeit hat in jedem Moment eine gewisse Qualität. Das wurde früher mit der Astrologie „bewiesen", als man glaubte, daß der Zeitmoment, in dem ein Mensch geboren wurde, dessen Qualität bestimme. So haben die Astrologen die himmlischen Konstellationen angeschaut – alles Projektionen des kollektiven Unbewußten – und haben versucht, daraus die Qualität eines neugeborenen Individuums abzuleiten. Auch wenn das vielleicht für unsere rationalistischen Begriffe überspannt ist, so ist es doch interessant, daß den Zahlen überall auf der Welt – außer in der neueren westlichen Zahlentheorie – immer eine Beziehung zur Zeit zugesprochen wurde. In den großen Mythologien von China, bei den Azteken und bei den alten Babyloniern waren alle Götter auch Zeit-Zahlen. Jeder Gott war eine Kalenderzahl. Bei den Azteken gibt es den „Einsjäger", den „Siebenjäger" usw. Das würde eine Beziehung zwischen Zahl und archetypischer Vorstellung herstellen. Noch genauer würde es heißen: Die Archetypen des kollektiven Unbewußten ordnen sich in der Zeit in einem gewissen Zeitspiel nacheinander an. Es sind gewisse Abläufe vorhanden, die auch eine gewisse Voraussagbarkeit zulassen. Das ist etwas, was ich glaube, empirisch begründen zu können. Es ist sogar, glaube ich, ziemlich einfach. Wenn man sehr viele Mythen oder Märchen kennt, dann weiß man z.B. allmählich sehr genau ihren möglichen Verlauf. Wenn das Märchen oder der Mythos anfangt: „Ein Ehepaar hatte lange keine Kinder", dann wird meistens ein Heldenkind geboren. Da können wir somit sagen: Archetypischer Satz A bedingt konsequent den archetypischen Satz B. Die Archetypen wären also nicht nur Strukturen von notwendigen Assoziationen, sondern auch von einer notwendigen Sequenz von Vorstellungen, die sich aufdrängt. Ich versuche das jetzt auch bei meinen Fällen zu beobachten und glaube, daß dieser Nachweis gar nicht schwierig sein wird. Das würde natürlich unsere ganze Auffassung der Zeit stark modifizieren.

Was ist nun die Zahl von diesem Gesichtspunkt aus gesehen? Ich habe zu zeigen versucht, daß die rationale Auffassung – wie sie Hermann Weyl vertritt – dahin geht, daß die Zahl einfach eine Schöpfung des menschlichen Geistes sei. Man benennt irgendwelche Einheiten in konventioneller Weise und kann verschiedene arithmetische Systeme willkürlich aufnehmen, denn es ist ja alles nur eine Frage der Benennung. Das stimmt aber nicht. Die natürlichen Zahlen haben, wie erwähnt, irrationale Eigenschaften, die wir nicht gesetzt haben, sondern die wir erst nachträglich entdecken. Das hat auch Gerd Müller neuerdings im *Studium Generale* betont. Er hat gesagt: „Der Bereich der natürlichen Zahlen ist ein Wirklichkeitsbereich, den wir erforschen sollten“[18], also gewissermaßen wie die Materie oder wie die Psyche zu erforschen. Jung sagte, wenn wir von einem inneren oder äußeren Objekt alle Eigenschaften abziehen, also Größe, Konsistenz, Farbe usw., dann bleibt gewissermaßen als elementarste Eigenschaft noch die Anzahl. Das Mittel, um im chaotischen Vielerlei der Erscheinungen etwas zu ordnen, ist darum in erster Linie die Zahl. Sie ist die Voraussetzung aller Erkenntnis, denn Erkenntnis, so definiert Jung an einem anderen Ort, kommt dadurch zustande, daß die dem Bewußtsein zuströmenden Reaktionen des psychischen Systems in eine Ordnung gebracht werden, welche dem Verhalten der metapsychischen, d.h. an sich realen Dinge entspricht. Das gegebene Instru-

18. Gerd Müller, *Der Modellbegriff in der Mathematik*, Studium Generale, Bd. XVIII, 3, 1965.

ment, eine solche Ordnung herzustellen, oder zur Erfassung einer schon bestehenden Ordnung bzw. einer noch nicht bekannten Regelmäßigkeit, oder eines Angeordnetseins, ist die Zahl. *Sie ist das primitivste Ordnungselement des menschlichen Geistes.* Jung definiert die Zahl einfach als einen *bewußt gewordenen Archetypus der Ordnung.* Interessanterweise kommt die Zahl auch am wesentlichsten Ort der Psyche vor, nämlich in den Mandalastrukturen, die Gottesbilder sind. Dort finden wir immer zahlenmäßige Strukturen vor. In diesen Zahlenordnungen offenbart sich ein a priori vorhandener Sinn des Seins, weshalb die älteren Mathematiker auch immer die göttliche Natur der Zahl betont haben.

Nach Jungs Vermutung wäre also der Tunneldurchbruch zwischen den physikalischen und den psychologischen Wissenschaften ungefähr an diesem Ort, nämlich beim Archetypus der Zahl und beim Begriff der Zeit zu suchen. Mir scheint, daß der seltsame Isomorphismus des genetischen Codes und des *I Ging*, die beide genau dieselben Zahlenordnungen verwenden, ein starker Hinweis in dieser Richtung ist. Aber natürlich sind das – meiner Ansicht nach – nicht die einzigen möglichen Zahlenordnungen. Es gibt heute eine weitverbreitete Schule von Hans Kaiser, hauptsächlich durch Professor Haase in Wien vertreten, die „harmonikalische Symbolik“ betreibt. Diese Wissenschaftler tasten sich meiner Ansicht nach auch auf ähnlichen Bahnen vor, wie wir es tun. Sie meinen, alles könne mit dem pythagoräischen Tonintervall-Schema erklärt werden. Ich glaube das nicht. Das wäre, wie wenn ich jetzt postulieren würde, alles müßte nach dem *I Ging* oder dem genetischen Code-Schema erklärt werden. Es gibt wahrscheinlich viele und verschiedene Zahlenstrukturen, die an gewissen Orten immer wieder im Psychischen und Physischen parallel auftreten. Ich glaube nicht, daß wir es hier auf eine

Weltformel reduzieren können. Das wäre zu spekulativ und würde die Vielfalt der Möglichkeiten überspringen. Aber dort müßte nun die Forschung weitergetrieben werden. Als Jung an diesem Punkt angekommen war, hat er gesagt: „Jetzt habe ich das Gefühl, daß ich mit dem Kopf an der Decke angestoßen bin. Ich komme nicht mehr weiter." Das war kurz vor seinem Tod. Ich habe nun versucht, nicht irgendwelche neuen Ideen kreativ hervorzubringen, sondern diese Idee, die er noch angedeutet hat, in meinem Buch *Zahl und Zeit*[19] etwas voranzutreiben und zu zeigen, daß die natürlichen Zahlen tatsächlich alle Eigenschaften, die sie mathematisch besitzen und die sie in der Physik und im Erb-Code haben, genau gleich auch in der psychischen Vorstellungswelt besitzen und daß demzufolge ein wirklich absoluter Isomorphismus vorhanden ist. Ich habe das nur bis zur Zahl „vier" gebracht. Dann wird es nämlich zu kompliziert, da bin auch ich mit dem Kopf an der Decke angestoßen.

Die Forschung sollte also meiner Ansicht nach in erster Linie in einer vollkommenen Umkrempelung der Mathematik weitergehen. Mit einer Gewichtsverlegung auf die Zahlentheorie, die so sehr vernachlässigt wird, weil man – wie Poincaré sich einmal äußerte – immer nur auf ärgerliche Ausnahmen stößt, statt auf Regeln. Aber diese Ausnahmen sind das Faszinierende. Ferner brauchen wir eine Revision des ganzen Wahrscheinlichkeitskalküls, bzw. wir müssen uns der Relativität seiner Aussagen stärker bewußt werden.

19. M.-L. von Franz, *Zahl und Zeit*, Stuttgart 1970.

II. Symbole des Unus Mundus

In zunehmendem Maße drängt sich heute die Frage auf, in welcher Form jener Bereich des Lebendigen, den wir als die unbewußte Psyche des Menschen bezeichnen, mit der Materie verbunden sei. Wie C.G. Jung öfters betont hat, scheinen wir zwar noch nicht genügende Kenntnisse beider Bereiche erworben zu haben, um eine zuverlässige Brücke zwischen den zwei Gebieten zu bauen. Immerhin haben sich jedoch manche Parallelen der Denkmodelle ergeben, welche die Möglichkeit einer engen Beziehung nahezulegen scheinen, und hat sich darüber hinaus, wie Jung entdeckte, zunehmend die Frage aufgedrängt, ob nicht der Archetypus der natürlichen Zahlen mit der Beziehung von Psyche und Materie essentiell verbunden sein könnte. Dieser Frage soll im folgenden nachgegangen werden.

Ausgangspunkt meiner Überlegungen ist das sogenannte *Synchronizitätsprinzip* von C.G. Jung. Bei seiner Beobachtung der tieferen Schichten der unbewußten Psyche im einzelnen Menschen stieß Jung auf die relativ häufig zu beobachtende Tatsache, daß bei Konstellation (excited state) eines archetypischen Inhaltes sinngleiche Außenweltsereignisse einzutreffen belieben, sogenannte Zufälle, die insofern „mehr als nur Zufall" sind, als sie eine Sinnäquivalenz mit dem innerseelisch-unbewußt aktivierten Inhalt aufweisen. Jung hat diese Ereignisklasse als Synchronizitätsphänomene bezeichnet, da ihre Verbindung untereinander nicht kausal zu sein scheint, sondern durch ihren Sinn und relative Gleichzeitigkeit ausgezeichnet ist. Es wirkt wie eine Synchronizität, daß Jung gerade damals, als er diese Phänomene zu beobachten begann, Richard Wilhelm kennenlernte und durch ihn in die Geheimnisse des *I Ging* eingeführt wurde, welches völlig auf dem Synchronizitätsprinzip aufgebaut scheint.

Nun hat diese Entdeckung Jungs – mehr als viele andere hinweisende Spuren – die Vermutung nahegelegt, daß jene Wirklichkeit, die wir introspektiv als das kollektive Unbewußte zu beschreiben versuchen, die gleiche unbekannte und unerkennbare Wirklichkeit sein könnte, welche die Atomphysik von außen als „materielle" Realität zu beschreiben versucht. Jung hat deshalb sogar betont, daß er nichts dagegen einzuwenden hätte, wenn man die Psyche als eine Qualität der Materie und letztere als den konkreten Aspekt der Psyche ansehen wollte, vorausgesetzt, daß man unter Psyche das kollektive Unbewußte verstünde.[1] Letzteres ist eben einfach Natur – „Natur, die *alles* enthält, also auch Unbekanntes ... einschließlich der Materie".[2]

Durch diesen seinen Begriff des Synchronizitätsprinzips hat Jung somit eine Grundlage geschaffen, von welcher aus die bisher getrennten komplementären Bereiche der Psyche und der Materie zusammengesehen werden könnten.[3] Im Synchronizitätsereignis offenbart sich der gleiche Sinn in der Psyche *und* in der Anordnung eines simultanen äußeren Ereignisses,[4] wobei oft zugleich „ein a priori bestehendes Wissen um einen zur Zeit nicht

1. „Ein Brief zur Frage der Synchronizität", *Zeitschr. f. Parapsychologie u. Grenzgebiete der Psychologie*, Bern/München 1961, Bd. V Nr. 1, S. 1 ff.
2. Ebenda, S. 4.
3. Vgl. C.G. Jung u. W. Pauli, *Naturerklärung und Psyche*, 1952.
4. Ebenda, S. 68 f.

wißbaren Tatbestand" vorliegt, was Jung als „absolutes Wissen" bezeichnet hat.[5] Letzteres besteht aus so etwas wie einem subjektlosen Vorstellen von Bildern.[6] Die Synchronizitätsphänomene weisen somit *auf einen bewußtseinstranszendenten Einheitsaspekt des Seins hin*, den Jung als *unus mundus* bezeichnet hat.[7] Die mittelalterliche Naturphilosophie, von der dieser Ausdruck stammt, personifizierte diese *eine* Welt als Sapientia Dei, „durch die Gott sich selbst erkennt"[8] als Anima Christi, Maria oder als praeexistenten Logos (verbum) und definierte sie als das Vorbild (exemplar) oder als potentiellen archetypus mundus oder als die Summe aller „typi" oder primordiales causae, die im Geiste Gottes weilten, bevor er nach ihrem Vorbild die Welt erschuf.[9] Omnia creavit in pondere mensura et numero![10]

Der Alchemist und Paracelsusschüler Gerhard Dorn setzte später den „unus mundus" auch mit dem alchemistischen Lapis und dem letzten Ziel der alchemistischen Konjunktio in Eines.[11] Während es sich bei diesen Formulierungen um einen metaphysischen Begriff handelt, sah Jung im Synchronizitätsphänomen zum ersten Mal einen *empirischen* Hinweis auf die Existenz eines solchen „unus mundus".

Da es sich um einen bewußtseinstranszendenten Inhalt handelt, wurde er, historisch gesehen, wie immer in solchen Fällen, durch Symbole dargestellt, und zwar fast ausschließlich durch ein einfaches Mandala oder ein

5. Ebenda, S. 33 f.
6. Ebenda, S. 79 u. 91.
7. C.G. Jung, *Mysterium Coniunctionis*, GW 14/2, § 414 f. u. § 423-424.
8. Vgl. John Scotus Erigena, *De Divisione naturae*, II, 11 u. II, 31.
9. Ebenda II, 8. oder Hugo von St. Victor, *Annot. in Evang. Joan.* zitiert in Wilhelm Preger, *Geschichte der deutschen Mystik im Mittelalter*, München 1874, Aalen 1962, Bd. I, S. 238.
10. J. Scotus Erigena, ebenda, II, 21.
11. Vgl. C.G. Jung, *Mysterium Coniunctionis*, GW 14/2, § 414.

Doppelmandala. Jung äußerte hiezu den bedeutsamen Satz, das Mandala sei die psychische, das Synchronizitätsphänomen hingegen die parapsychologische Entsprechung des „unus mundus".[12] Deshalb gibt es in der Geschichte zahlreiche Versuche, diese zwei Aspekte (Mandala und Synchronizität) gleichzeitig zu veranschaulichen und damit zugleich eine Art von kybernetischer Maschine zu erfinden, durch die man sich mit dem „absoluten Wissen" in Verbindung zu setzen hoffte. Das bekannteste abendländische Symbol dieser Art ist das astrologische Horoskop. Die Mandalastruktur desselben wurde aber dann auch, seit den Anfängen der Alchemie, mit der prima materia und der Zielsubstanz des alchymischen Werkes identifiziert. Schon im Komarios-Traktat (1. bis 3. Jahrh.) heißt es von der prima materia, sie sei eine Entsprechung des Firmamentes und seiner Häuser, und sie sei wirbel- oder radförmig und zugleich eine alldurchdringende Substanz.[13] Diese kreisende Himmelsordnung sei von Gott von Anfang an auch in die Materie hineingelegt worden. Mit dieser Rad- oder Wirbelsubstanz vereinigt sich der Mensch nach dem Tode im Auferstehungsmysterium.[14]

Auch in anderen antiken naturwissenschaftlichen Gebieten gab es solche vom Himmel in die Materie oder in irdische Spezialsituationen herabverlegte Horoskope, wie in der Geomantie oder in den sogenannten „Sphaeren" des Pseudo-Demokrit oder Petosiris, – alles Mandalas, welche als Divinationsmaschinen zur Erfahrung von

12. Ebenda, § 327.
13. Vgl. Marcellin Berthelot, *Collection des Anciens Alchimistes Grecs*, Paris 1887-1888, Bd. 2, S. 298, übers. in Bd. 3, S. 286, und der ägyptische Gnostiker Zosimos (ebenda, Bd. 2 S. 112, übers. in Bd. 3, S. 120, § 7): *καὶ γίνεται ἰλιγγιῶσα*.
14. Dies geht auf die Vorstellung des ägyptischen Totenrituals zurück, wonach der Tote als nie untergehender Stern im Reigen der zirkumpolaren Gestirne kreist.

Dingen dienten, die man nur durch das „absolute Wissen“ erfahren konnte (z.B. wo ein entlaufener Sklave sei, ob ein Patient sterben oder leben werde etc.).[15] Frances Yates hat in einem anregenden Buch: *Giordano Bruno and the Hermetic Tradition*[16] gezeigt, daß es in der Renaissance zu einer ungeheuren Wiederbelebung gerade dieser Symbolik kam; den Anfang machte Marsilio Ficino in seinem Werk *De vita coelitus comparanda*. Nach seiner Theorie ist das Universum ein einziges Wesen (unus mundus), bestehend aus dem Kosmos als Körper, der Weltseele (die durch einen alldurchdringenden Lebensgeist mit dem Körper verbunden ist) und dem göttlichen Weltgeist (nous). Der Körper enthält die species (Gattungen) aller Dinge, die Weltseele ihre rationes seminales, der Weltgeist ihre ideae, alle drei (species, rationes und ideae) sind durch magische Verkettungen aneinandergebunden, so daß man durch die Zusammenstellung irdischer Substanzen magisch die entsprechenden ideae konstellieren und sogar beeinflussen kann. Das beste derartige Zauberbild ist – nach Ficino – ein weltuhrartiges Mandala, welches ein Abbild des gesamten Universums darstellt.[17] Entweder kann man ein solches Gebilde als Medaillon mit sich tragen oder es in seinem Zimmer an die Wand hängen und kontemplativ betrachten, wodurch man dann, wenn man außer Hause gehen müsse und von der Vielzahl der Dinge überwältigt werde, letztere durch das eingeprägte innere Bild einer höheren Wirk-

15. Vgl. Lynn Thorndike, *History of Magic and Experimental Science*, New York 1929, Bd. I, S. 676 f.
16. Frances A. Yates, *Giordano Bruno and the Hermetic Tradition*, London 1964.
17. Man solle ein solches Bild, sagt er, dann herstellen, wenn die Sonne in den Aries eintritt (die Zeit des Weltanfanges), und es aus drei Metallen herstellen: Gold, Silber und Erz (= Sol, Venus und Jupiter) und aus drei Farben: Grün, Gold und Blau (= Venus-Ceres, Sol und Jupiter).

lichkeit zu *Einem* machen könne. Pico della Mirandola huldigte ähnlichen Ideen, und auch sein Weltmandala diente in erster Linie der innerseelischen Sammlung und Gottesbeziehung.[18] Auch Giordano Bruno entwarf ein ähnliches mandalaförmiges Weltmodell, jedoch von quaternärer Struktur. Auch dieses sollte zwar in erster Linie den inneren Menschen positiv umkonstellieren helfen und zu einem religiös wirksamen „Magus" machen, aber es sollte auch direkt parapsychologische Effekte auf die Außenwelt ermöglichen. Zugleich diente Brunos Mandala auch als mnemotechnisches System.[19]

Der Gebrauch eines Mandalas als eines Divinationsinstrumentes zur Anpeilung des „absoluten Wissens" lebte jedoch noch in seltsamen anderen Formen weiter: Zunächst in der berühmten *Ars Magna* des Ramon Lull von Mallorca, welcher verschiedene Kreisgebilde konstruierte, um eine Logikmaschine herzustellen: z.B. einen sechzehnteiligen Kreis mit dem Wort „Gott" im Zentrum und sechzehn Eigenschaften Gottes wie „Güte", „Größe" etc. an der Peripherie, oder einen Kreis mit der anima rationalis im Zentrum und entsprechenden Eigenschaften ringsum. Drehte man dann die Kreise ineinander, so gaben sie mechanisch die logische Antwort auf alle diese Themen betreffenden Fragen. Lull soll diese seine Kunst durch direkte Inspiration des Unbewußten entdeckt haben, was ihm den Titel eines doctor illuminatus eintrug.[20] Vermutlich war er beeinflußt von gewissen antiken mne-

18. Es war ebenfalls triadisch, wie dasjenige von Ficino, wie auch die Grundhaltung Ficinos und Mirandolas christlich blieb, im Gegensatz zu Bruno, der sich zu einem ägyptisierenden Heidentum bekannte.
19. Francis Yates versichert, daß Giordano Bruno nur deshalb, weil er von diesem Mandalaweltmodell so sehr ergriffen war, zum Märtyrer wurde, indem er für das kopernikanische System, das an sein Mandala erinnerte, eintrat. Ebenso begeisterte er sich aus demselben Grunde für Mordentes Erfindung eines Kompasses.
20. Vgl. L. Thorndike, ebenda, Bd. II, S. 862 f.

motechnischen Praktiken: Manche antike Redner (u.a. auch Cicero) memorierten ihre Redeteile zusammen mit bestimmten Stellen im Saale, wo sie reden sollten; wenn sie dann im Saal im Kreise herumblickten, fielen ihnen die Rede-Teile wieder ein. Da erfand der Redner Methodius von Skepsis das Verfahren, das Gleiche nicht mit Stellen (loci) im Saal, sondern mit den Häusern des Zodiakus zu versuchen. So entstand ein mnemotechnisches Mandala. Giordano Bruno pries ebenfalls sein kosmisches Mandala als mnemotechnisches System an. Die dahinterliegende Idee, daß eine archetypische Strukturierung aller Gedankeninhalte dem Gedächtnis hilft, sie zu behalten, ist für unsere modernen Erkenntnisse zweifellos einleuchtend,[21] wo hingegen Lulls Zaubermaschine, mit der er unter anderem die Araber zum Christentum bekehren wollte, bald zum allgemeinen Gespött wurde. Aber der moderne Traum gewisser Kybernetiker, einen das menschliche Hirn ersetzenden Riesencomputer zu bauen, ist eine Variante desselben Themas und vermutlich ebenso unsinnig.

Interessanterweise ist nun die biologische Forschung auf Tatsachen gestoßen, welche diese absurde Konstruktion Lulls als eine Vorahnung vorhandener Tatsachen erscheinen lassen. Es ist nämlich heute entdeckt worden, daß die Speicherung und Weitergabe von „Information" in unseren Körperzellen, und besonders auch in der materiellen Grundlage unserer Gedächtnisprozesse, durch die RNS und Boten RNS (Ribonucleinsäure) bewirkt werden. Diese Säuren, sowie auch die DNS (Des-

21. Gerade neuerdings wurde wieder gesehen, wie sehr das Gedächtnis nicht nur mechanisch entsteht, sondern mit schöpferisch-imaginativen Prozessen zusammenhängt, und wie sehr Heads „schemata" (= archetypische Strukturen) und die von ihnen bedingte Intensität des Interesses eine Rolle spielen. Vgl. Gerald J. Whitrow, *The Natural Philosophy of Time*, London-Edinburgh 1961, S. 89 f. u. 95 f.

oxyribonucleinsäuren), die aller Erbsubstanz zugrunde liegen, bedienen sich eines mathematischen Codes, dessen numerische Grundstruktur derjenigen der I-Ging-Hexagramme genau entspricht.[22] Bekanntlich gibt es deren 64. Und so gibt es auch $4^3 = 64$ mögliche Kombinationen von Codezeichen für den Aufbau der 20 Aminosäuren im RNS- und DNS-Code.[23] Die Weitergabe von Information geschieht in einem Triplett-Code, sowie die I-Ging-Zeichen aus je 2 Tripletts bestehen. Auch die Divinationstechnik der Geomantie basiert auf denselben Zahlenkombinationen in umgekehrter Anordnung. Lulls Ahnung einer möglicherweise numerischen Grundstruktur hinter unseren Gedächtnisprozessen war somit nicht so ganz nur Unsinn, wenn auch die neuentdeckten Tatsachen nichts mehr mit seinen absurden Konstruktionen zu tun haben.

Das für unser Thema Wesentliche an den bisher angeführten Mandala-Beispielen ist zunächst das Folgende: Die erwähnten Mandalas stellen Versuche dar, die psychische Entsprechung des „unus mundus" (= Mandala) mit der parapsychologischen Entsprechung (= Synchronizität) zusammenzubringen und zugleich dem „absoluten Wissen" näher zu kommen. Gewisse Strukturen sind triadisch und statisch, und diese dienen mehr dazu, den inneren Menschen in Ordnung zu bringen, andere sind drehbar und wollen zusätzlich nur „parapsychologisch" erreichbares Wissen erlangen oder magische Wirkungen nach außen erzielen. Manche solcher Weltmodelle, wie der von Jung in *Psychologie und Religion* und *Psychologie*

22. Joseph Needham hatte bereits die binarithmetische Basis des *I Ging* mit ihrer modernen elektronischen Verwendung verglichen: *Science and Civilisation in China*, Cambridge 1954, Bd. 2, S. 340 f. Vgl. auch A. Rump, *Das Problem des Bösen im I Ging*, Diss., S. 22-23.
23. Näheres bei Georges W. u. Muriel Beadle, *The Language of Life*, New York 1966, S. 204 f.

und Alchemie beschriebene „Kalender des Guillaume de Digulleville", enthalten eine Doppelstruktur von zwei Kreisen – ebenso die geheimnisvolle Weltuhrvision, die Jung in *Psychologie und Alchemie* publizierte. Letztere könnte möglicherweise, wie Jung sagt, einen Inbegriff der Raum-Zeit und ihres Ursprungs darstellen, ein Problem, auf das ich später zurückkommen werde. Die Doppelmodelle gehen wohl alle direkt oder indirekt auf Platons Timaios zurück. Nach Platon war nämlich im „Ideenkörper", nach dessen Vorbild die sichtbare Welt geschaffen ist, eine kompakte Simultaneität von mathematischen Formen vorhanden. Da diese nicht *zusammen* in die aktuelle Wirklichkeit übertragen werden konnten, schuf der Demiurg ein rotierendes Abbild, so daß sich die einzelnen Formen im zeitlichen Nacheinander – *und zwar nach der Anordnung der Sequenz der natürlichen Zahlen* – manifestieren konnten.[24]

Ich vermute, daß auch das berühmte Erleuchtungserlebnis von Descartes, das er selber als die Entdeckung einer „scientia mirabilis" pries, die Vision eines solchen mathematischen Universummodelles war, denn seit diesem Erlebnis glaubte Descartes daran, daß alle Fächer wie Mathematik, Geometrie, Arithmetik, Astronomie und Musik auf einer einzigen „Universalmathematik" basierten, deren Grundprinzip die Serialität der Zahl und ihre proportionalen Relationen seien. Auch ging die Schaffung der analytischen Geometrie, das kartesische Koordinatensystem (ein einfaches Mandala), aus diesem Erlebnis hervor.[25] Die Maßmethode der klassischen Physik, alle Realvorgänge in einem solchen Koordinatensystem festzulegen, ist damals entstanden und erst als

24. Vgl. G.-J. Whitrow, *The Natural Philosophy of Time*, ebenda, S. 28 f.
25. Vgl. meine Arbeit: „Der Traum des Descartes", in *Träume*, Daimon, Zürich, 1985, 2002, S. 137 ff.

Albert Einstein die Frage nach dem Zeitfaktor genauer prüfte, in seiner relativen Künstlichkeit und teilweisen Unbrauchbarkeit durchschaut worden.[26] Das Weltstrukturmodell von Descartes ist triadisch-statisch und läßt wieder das vierte Element, die Zeit, vermissen.

Die zuvor erwähnte Doppelstruktur in vielen der angeführten Modelle hat auch einige chinesische Parallelen: Die Chinesen begründeten nämlich seit ältester Zeit ihre Zahlentheorie auf gewissen numerischen Grundanordnungen, welche für sie kosmische Modelle darstellten.[27] Sie sind, wie Marcel Granet ausführt, Spiegelungen eines letztlich mathematischen Grundplanes des ganzen Kosmos, der uns in seinen Einzelheiten klassifizierende Zahlensymbole liefert. Die Zahlen dienen dazu, die *umständebedingten* Formen oder Einzelgestaltungen der großen Einheit oder des Ganzen zu veranschaulichen.[28]

Eines davon, das *Lo-schu*-Modell, wurde angeblich dem Kulturheros Yü vom Gotte des gelben Flusses in Schildkrötengestalt offenbart:

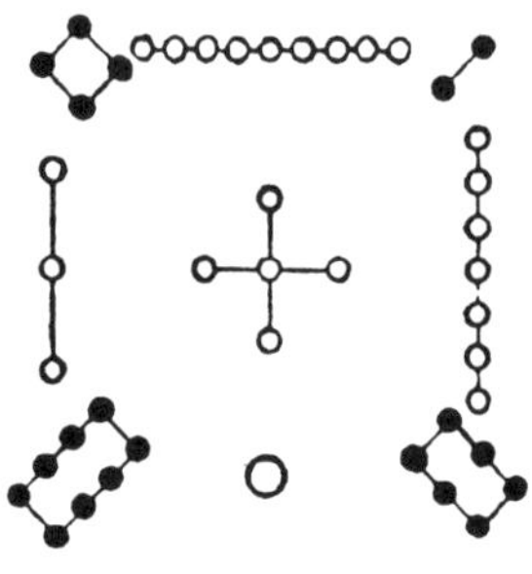

4	9	2
3	5	7
8	1	6

26. Vgl. Albert Einstein, *Über die spezielle und allgemeine Relativitätstheorie*, Braunschweig 3. A. 1918.
27. Quadratische Matrizen.
28. Marcel Granet, *La pensée chinoise*, Paris 1948, S. 164 ff., 175 u. 284.

Ein anderes heißt *Ho-t'u.* Nach der Legende erschien es auf dem Rücken eines Drachenpferdes und ist so gestaltet:

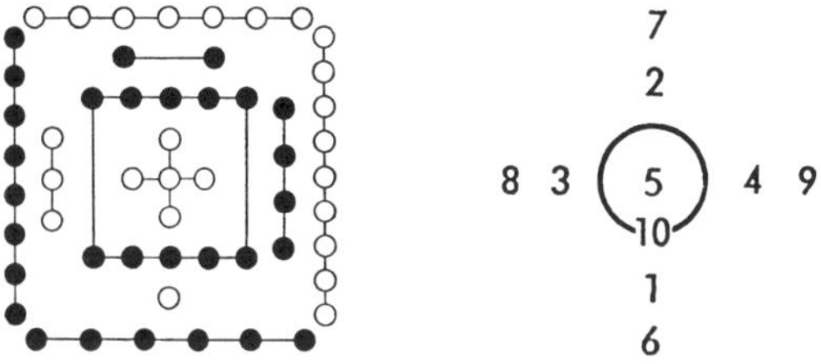

Das Lo-schu wurde auch als Mensch dargestellt, der in der 5, im Zentrum steht, auf seinem Hut hat er die Zahl 9, die Zahlen 3 und 7 stehen rechts und links von ihm, die Zahlen 2 und 4 stehen an den Schultern, und die Zahlen 8 und 6 stellen seine Beine dar, welche auf der Zahl 1 stehen. Durch Bewegungen dieser Figur sind die vier Operationen der Addition, Substraktion, Multiplikation und Division entstanden, während die Dreiecksgeometrie vom Ho-t'u abgeleitet wurde.[29] Seit ältester Zeit wurden auch die Trigramme des *I Ging* mit diesen Zahlenplänen zusammengestellt. (Als Patron dieses legendären Wissens galt der Kaiser Fu-schi, dessen Unterkörper in Schlangengestalt endete.[30]) Es handelt sich dabei wieder um zwei Modelle. Das eine heißt die „vorweltliche oder die ältere Himmelsordnung". Sie wurde mit den Zahlen des Ho-t'u verschmolzen und sieht so aus[31]:

29. Vgl. D. Chin-Te Cheng, „On the mathematical significance of the Chinese Ho-t'u and Lo-Shu", in *The American Mathematical Monthly* 1925, S. 499 ff. Ich verdanke die Kenntnis dieses Artikels der Freundlichkeit von Herrn Arnold Mindell.
30. M. Granet, *La pensée chinoise*, S. 182 ff.
31. Vgl. R. Wilhelm, *I Ging*, Jena 1956, S. 286 f. u. M. Granet, ebenda, S. 185 ff.; Modell nach M. Granet, ebenda, S. 137.

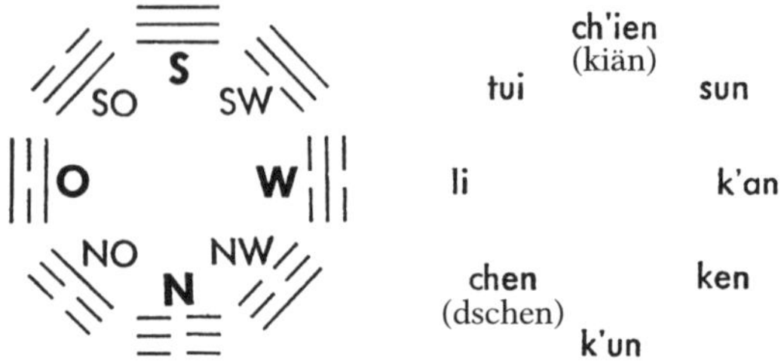

In dieser „vorweltlichen Ordnung“ stehen sich, wie ein alter Text sagt, die Gegensatzprinzipien (Li-Kan / Dschen-Sun / Kun-Kiän) gegenüber, ohne sich zu bekämpfen.

Die zweite Anordnung ist die sogenannte „innerweltliche Ordnung“ oder „Ordnung des Königs Wen“, die mit dem *Lo-schu* verbunden wurde:

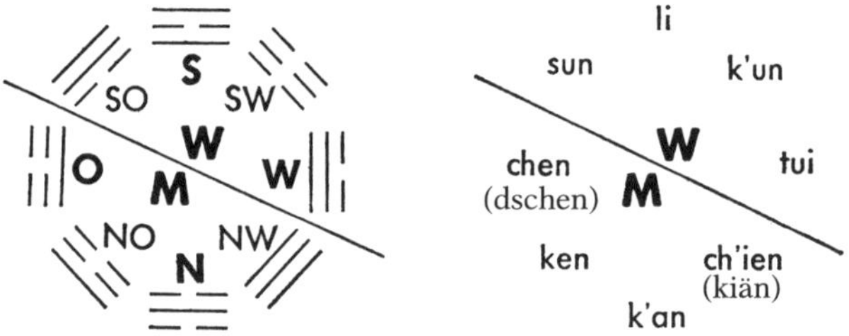

Diese zwei „Weltpläne“ wurden auch auf zwei übereinander drehbare Planchetten eingezeichnet, die „innerweltliche“ auf das die Erde repräsentierende viereckige untere Brettchen, die „vorweltliche“ auf das obere runde Himmelsbrett. Die Drehung der beiden gegeneinander ergab Divinationsauskünfte: Vermutlich wurde dieses Verfahren schon im ältesten chinesischen Schamanismus verwendet.[32]

32. Ebenda, S. 200 f.

Diese Zahlenmatrizen sind nicht etwa, wie diejenigen der abendländischen Mathematik und Physik, quantitative Gruppen oder Strukturen (sets), sondern, wie Marcel Granet betont[33], qualitativ-hierarchische Zahlenordnungen, welche „des ensembles d'objects" zu erfassen helfen. Sie sind, wie man auch sagen könnte, numerische „Qualitätsfelder".

Vermutlich sind es diese Voraussetzungen gewesen, welche den chinesischen Philosophen Wang Fu Ch'ih (1619-1692) zu seiner bemerkenswerten Unus-Mundus-Theorie, mit welcher er das Funktionieren des *I Ging* zu erklären versuchte, führten.[34]

Nach seiner Ansicht ist alle Existenz letztlich ein *allumfassendes Kontinuum, das in sich selber gesetzmäßig geordnet ist.* Es entbehrt aber der Erscheinung und ist sinnlicher Wahrnehmung nicht unmittelbar zugänglich. Doch durch die ihm innewohnende Dynamik differenzieren sich aus ihm Bilder, die in Struktur und Position an der Gesetzmäßigkeit des Kontinuums teilhaben. Weil sie gesetzmäßig geordnet sind, haben sie auch an der Welt der Zahl Anteil und können deshalb durch ein Zahlenprozedere[35] erfaßt werden.

Wir besitzen nach Wang Fu Ch'ih zu diesem Unus-Mundus-Kontinuum zwei Zugänge: das direkte (qualitative) Erleben, das über die Bilder geht, und das spekulativ-theoretische Erleben, das über die Zahlen geht. Durch beide können wir die jeweilige Konstellation des psychophysischen Welthintergrundes erfassen.

33. Ebenda, S. 205 u. S. 199.
34. Helmut Wilhelm hat diesen bedeutenden Philosophen wieder entdeckt und seine Theorie in seinem interessanten Artikel: „Der Zeitbegriff im Buch der Wandlungen", *Eranos-Jahrbuch* 1951, Bd. XX, S. 333 ff. dargestellt.
35. Das Abzählen der Schafgarben oder Münzen.

Mir scheint, daß der immer wieder in diesen Beispielen beobachtbare Dualismus in den Unus-Mundus-Symbolen, diese Zweiheit eines relativ zeitlosen, absoluten und eines drehbaren zeitgebundenen Modells mit jenen zwei Aspekten der Akausalität zusammenhängt, welche Jung in seinem Aufsatz über die Synchronizität unterschieden hat.[36] Jung wirft nämlich dort die Frage auf, ob das Synchronizitätsprinzip nicht eventuell nur als der seltenere Grenzfall eines viel allgemeiner zu fassenden formalen Naturprinzips anzusehen wäre. Letzteres wäre ein regelmäßig vorfindbares „akausales Angeordnetsein", welches sich in der Materie z.B. in den Diskontinuitätsphänomenen (Halbwertszeit) manifestiert und in der Psyche in den a priori Eigenschaften der natürlichen Zahlen. Neben diesen regelmäßig vorkommenden, sinnvollen akausalen Anordnungen existierten dann noch die seltenen, nur sporadisch beobachtbaren, eigentlichen synchronistischen Ereignisse. In ersterem Phänomen liegt ein zeitloses formales So-Sein, im letzteren aber manifestieren sich gleichsam *Schöpfungsakte in der Zeit,* was die Idee einer creatio continua impliziert. Jung betonte aber, daß diese creatio continua nicht nur als eine Reihe sukzessiver Schöpfungsakte, sondern auch als die ewige Gegenwart des *einen* Schöpfungsaktes verstanden werden sollte.[37]

Die zeitlos-statischen, kosmischen Mandalas scheinen mir mehr dazu bestimmt gewesen zu sein, den Aspekt des „ursachelosen Angeordnetseins" des Welthintergrundes zu spiegeln, die drehbaren Divinationsmaschinen mehr auf den (parapsychologischen) Aspekt der Erfassung der spezifischen Synchronizitätsphänomene zu zielen.

36. C. G. Jung, in ders. u. W. Pauli, *Naturerklärung und Psyche*, S. 103-108.
37. Ebenda, S. 106, Fußnote l.

Allerdings könnten alle diese Divinationstechniken nur „Wahrscheinlichkeitsfelder", innerhalb welcher synchronistische Ereignisse stattfinden könnten, ermitteln, nie aber das spezifische Ereignis selber, welches als eine *creatio* definitionsgemäß nicht voraussagbar bleibt.

Gewisse Entwicklungen in der neueren theoretischen Physik scheinen mir interessanterweise ebenfalls nach solchen symbolischen Formulierungen des „unus mundus" und des „absoluten Wissens" hinzutasten: Der französische Physiker Olivier Costa de Beauregard kommt z.B. auf Grund einer Studie des Entropieproblems zum Schluß, daß das von den Physikern erforschte Universum nicht das Ganze sei, sondern ein viel ursprünglicheres psychisches Universum ahnen lasse, von dem das materielle nur ein passives Doppel darstelle. Das psychische Universum sieht er als einen „infrapsychisme" an, ein „subconscient", das mit dem vierdimensionalen Minkowski-Einsteinschen Weltkörper (block universe) koextensiv existiere.[38] Nach Ansicht der Relativisten ist bekanntlich alles, was uns raumzeitlich erscheint, letztlich die Realisierung der mathematischen Eigenschaften eines unanschaulichen Gebildes, in welchem nicht nur Zeit und Raum, sondern auch Substanz und Dynamis in Metrik übersetzt sind.[39] Der Raum wird geformt durch die Materie- und Energieverteilung, und die Materie wird durch die mathematische Prägung des Kontinuums erfaßbar.[40] Dadurch läßt sie sich, wie Hermann Weyl sagt, „begrifflich durch Zahlen festlegen"[41]. In diesem vierdimensionalen geometrischen Kontinuum wird aber die

38. Olivier Costa de Beauregard, *Le Second Principe de la Science du Temps*, Paris 1963, S. 14 f.
39. Vgl. Aloys Wenzl, *Die philosophischen Grenzfragen der modernen Naturwissenschaft*, Stuttgart 3. A. 1960, S. 127 ff.
40. Ebenda, S. 32.
41. Hermann Weyl, *Raum, Zeit, Materie*, Darmstadt 1961, S. 9.

Zeit zu einer fraglichen Größe und daher steht die relativistische Theorie mit ihrem Determinismus in einem gewissen Gegensatz zur Quantenphysik, deren Forscher auf Grund der Heisenbergschen Ungenauigkeitsrelation einen gewissen Indeterminismus gelten lassen. Dadurch ist heute das Problem der Zeit so sehr in den Vordergrund der wissenschaftlichen Diskussion gerückt.[42]

Um die zwei Richtungen, die des statisch-mathematischen Einsteinschen Weltmodells und diejenige, welche das indeterminierte quantenphysikalische Geschehen als das Eigentliche ansieht, zu versöhnen, schlug der Münchner Philosoph Aloys Wenzl[43] vor, das erstere Welt-Modell als nur potentiell existent anzusehen, als einen mathematischen Rahmen, innerhalb welchem sich das quantenphysikalische Geschehen aktualisiere. Da der „unus mundus" nach unserer Auffassung ebenfalls nur eine potentielle Realität besitzt, nähert sich das relativistische Weltmodell in dieser Formulierung stark an ein Unus-Mundus-Symbol an, besonders wenn Costa de Beauregard kühnerweise behauptet (ohne die Werke von Jung zu kennen), das Unbewußte sei koextensiv mit diesem kosmischen Modell.

Um das Problem der Zeit zu lösen, das sich in der relativistischen Theorie stellt, schlugen ferner gewisse Physiker wie A.S. Eddington, Wheeler und R.P. Feynman vor, zwei Zeitdimensionen zu postulieren, eine für die gewöhnliche (infolge der Entropie) gerichtete Zeit („time arrow") und eine zweite, in welcher die Zeit richtungslos wäre, in dem Sinn, daß Gegebenheiten sowohl vorwärts als auch rückwärts ablaufen können. Diese Dimension wäre mathematisch imaginär, das heißt, ihre Werte sind

42. Vgl. den Sammelband von Aufsätzen, hrsg. von J.T. Fraser, *Voices of Time*. New York 1966.
43. Aloys Wenzl, *Die philosophischen Grenzfragen der modernen Naturwissenschaft*, Stuttgart 1960, passim.

mit $\sqrt{-1}$ zu multiplizieren. Diese „ablauflose", neben der gewöhnlichen existenten Zeitdimension erinnert an die Illud-Tempus oder Aljira Vorstellung der Primitiven und geht vermutlich auf den gleichen Archetypus zurück.[44] Es steht mir nicht an, solche theoretischen Spekulationen auf ihre Gültigkeit hin zu beurteilen, hingegen erscheinen sie, vom psychologischen Standpunkt betrachtet, gleichsam symptomatisch, denn die Idee einer zweiten Zeitdimension scheint einen von physikalischer Seite her erfolgenden tastenden Versuch darzustellen, Formulierungen des Zeitbegriffs zu finden, welche in mancher Hinsicht Jungs Doppelprinzip eines ursachelosen Angeordnetseins und der speziellen Synchronizität gleichen. Nach Eddington könnten nämlich jeweils Mikroereignisse, die in der mathematisch-imaginären Zeitdimension stattfinden, mit Makroeffekten in die gewöhnliche gerichtete Zeitdimension hinübergreifen, so wie die Synchronizitätsereignisse nach Jung in den statistisch erfaßbaren „gewöhnlichen" Zustand sporadisch übergreifen.

Auch jener Idee des „absoluten Wissens" versucht sich die moderne Physik auf seltsamen Umwegen zu nähern. Die Kybernetik, die Wissenschaft der technischen Information und ihrer mathematischen Grundlagen, ist unvermeidlicherweise auf psychologische Probleme gestoßen.[45] Gewisse ihrer Theoretiker, wie M. Ruyer, L. Brillouin, D. Gabor und J. Rothstein haben sich sogar für die Auffassung entschieden, daß die psychische Resonanz nicht außer Acht gelassen werden könne. Und Costa de Beauregard kam im Zusammenhang hiemit zu folgenden Schlüssen: Die Voraussagen der Physik beruhen heute

44. Es liegt natürlich immer der Verdacht einer Projektion des kollektiven Unbewußten vor, wenn solche „verborgene Parameter", wie sie W. Pauli nannte, eingeführt werden.
45. Vgl. u.a. John R. Pierce, *Symbols, Signals and Noise.* The Nature and Process of Communication, New York 1961, passim.

auf dem Wahrscheinlichkeitskalkül, welcher Voraussagen erlaubt, aber keine Retrodiktionen (weil gewisse Naturprozesse irreversibel sind; Entropie!). Jeder Messungsakt ist, nach John von Neumann, ebenfalls irreversibel, das heißt, jede Information bedeutet aber auch die Möglichkeit, durch ordnende Eingriffe den Entropiezustand eines Einzelsystems abnehmen zu lassen. (An sich besteht Information in bildhaften Vorstellungen, welche dem Bewußtsein gegenwärtig sind.) Um einen ordnenden Eingriff (Entropieabnahme = Negentropie) zu bewirken, muß die Psyche aus ihrem passiv-kognitiven Zustand in einen aktiv-voluntativen übergehen; im ersteren Zustand ist Information ein Erwerb von Kenntnis, im letzteren eine Möglichkeit zu organisieren (= Negentropie). Während die Ordnungskraft, welche der Entropie entgegengesetzt ist, zunehmend aus dem Kosmos verschwindet, zirkuliert sie in einem psychischen „Anderswo" („ailleurs") in potentieller Form als Information. Dieses psychische „Anderswo" der Energie nennt Costa de Beauregard „infrapsychisme". Er meint offensichtlich etwas ganz Ähnliches, wie den Faktor, den Jung als den psychoïden Aspekt der Archetypen oder des kollektiven Unbewußten bezeichnet. Costa de Beauregards „infrapsychisme" enthält nach seiner Ansicht auch eine „supraconscience", was dem Begriff des „absoluten Wissens" bei Jung genau entspricht. (Ruyer nennt es einen „survol absolu", eine gesamthafte Vogelschau allen Seins.) Der kosmische „infrapsychisme" von Costa de Beauregard ist eine antiphysikalische Welt (anti-Carnot), von finalen statt kausalen Gesetzen regiert, mit der Materie koexistent. Sie kristallisiert sich in den individuellen Psychen von Tieren und Menschen aus. Das darin enthaltene Wissen verbreitet sich mit Überlichtgeschwindigkeit und „synchronisiert" die Einzelwesen, weil ja ihre Psychen alle aus demselben „réseau de télécommunication" stammen. Die ganze materielle Welt aber ist wie eine riesige kybernetische Maschine, welche der Bewußtwerdung der Individuen dient.[46]

Wie Roland Weitzenböck in seinem Buch *Der vierdimensionale Raum*[47] in amüsanter Weise gezeigt hat, ist immer viel Phantasterei in die unanschaulichen Größen der modernen Physik hineingelegt worden, Phantasien, welche der Psychologe unschwer als Projektionen des kollektiven Unbewußten erkennen kann. Doch scheint mir, daß Costa de Beauregards Überlegungen rigoroser und seriöser gefaßt sind und wenigstens teilweise näher zu einer Einheitsschau von Physik und Psychologie führen könnten als manche andere, weil er in den „verborgenen Parametern" offen etwas Psychisches erkennt.

Nun hat aber Jung in seinem Aufsatz über das Synchronizitätsprinzip hervorgehoben, daß die natürlichen Zahlen in den meisten Divinationsverfahren der Menschheit eine wichtige Rolle spielen. Ja, Jung plante sogar, gegen Ende seines Lebens eine Arbeit über die archetypischen Aspekte der Zahlen zu beginnen, um dieser Spur, welche auf seinen Unus-Mundus-Begriff hinweist, weiter nachzugehen. Für Jung war die Zahl – wie er einmal in einer Diskussion betonte – der primitivste Ausdruck des Geistes. Unter Geist versteht er einen aktiv-dynamischen Anordnungsfaktor, der in und hinter dem Unbewußt-Psychischen wirksam ist. Insofern aber die Zahl auch infolge der Quantelung aller Energie eine unabdingbare Eigenschaft der Materie darstellt (man denke nur z.B. an die sogenannten Nukleonenzahlen), erscheint die Zahl als dasjenige objektiv geistige Element, welches Psyche und Materie gemeinsam anordnet.

46. O. Costa de Beauregard, *Le second principe*, S. 95, 101-102, 112, 123, 141 ff.
47. Roland W. Weitzenböck, *Der vierdimensionale Raum*, Basel-Stuttgart 1958.

Wie wir aus Selbstzeugnissen von Mathematikern, z.B. Henri Poincaré, Friedrich Gauss, Felix Klein, Jacques Hadamard und anderen wissen, können Zahlen und auch komplizierte Zahlenanordnungen unmittelbar aus dem Psychisch-Unbewußten „offenbar" werden.[48] Die Tatsache, daß die Chinesen behaupten, ihr *Ho-t'u* und *Lo-schu* sei von einem Drachenpferd oder einer Schildkröte offenbart, würde für uns – symbolisch verstanden – das gleiche aussagen. In diesem Lichte besehen, ist natürlich die Zahl nicht nur durch einen Bewußtseinsakt „gesetzt", sondern etwas in der Natur Vorgefundenes; eine dynamische Struktur oder, genauer gesprochen, eine Rhythmus-Konfiguration von Energie, welche im psychischen und physikalischen Wirklichkeitsbereich isomorph erscheint.[49]

Interessanterweise haben nun auch die Zahlen, wenn sie als divinatorische Instrumente der Synchronizitätserfassung dienen sollen, nicht einen quantitativen Menge-Aspekt, sondern „Feld"-Charakter oder Kontinuums-Charakter. Sie erscheinen gleichsam wie „erregte Punkte" eines Feldes. Man könnte sich mit anderen Worten die natürlichen Zahlen auch als spezifisch verteilte virtuelle Zentren eines kontinuierlichen Zahlenfeldes vorstellen, wodurch ein Isomorphimus zur Mikrostruktur der Materie und zur Struktur des kollektiven Unbewußten konstruierbar würde. Man hat nämlich neuerdings entdeckt, daß auch die sogenannten Elementarteilchen noch zerlegbar sind. Wheeler sagt deshalb, im Grunde gebe es nur noch so etwas wie elektrodynamische Felder, die sich in dauernder Fluktuation befänden, und die Partikel seien

48. Jacques Hadamard, *The Psychology of Invention in the Mathematical Field*, New York 1954, passim.
49. Das griechische Wort *arithmos* ist bekanntlich mit *rhythmos* stammverwandt. Beide stammen von *rhein* = fließen ab. Vgl. Whitrow, *The Natural Philosophy of Time*, S. 115

die „energetisch aufgeladenen Fragmente der Grundgeometrie des Raumes,"[50] – also gleichsam energetisch erregte Punkte in einem Kontinuum. Schon Lancelot Whyte hatte betont, die Idee des Feldes beherrsche mehr und mehr die heutige Wissenschaft, verstanden als das „in jeder Situation wirkende Beziehungspattern"[51]. Dies gelte besonders für die Elementarteilchen, welche die Tendenz aufwiesen, regelmäßige Anordnungen anzunehmen und sich sogar, wenn beschädigt, wie die Kristalle neu zu formen. Ja, Whyte definiert „Leben" an sich als das Sich-Ausbreiten eines pulsierenden Patterns.[52]

All dies scheint mir nahe zu legen, daß wir – zum mindesten vom psychologischen Standpunkt aus gesehen – die Zahlen unter zwei komplementären Aspekten sehen könnten: als diskontinuierliche Quantitäten und als ein einziges Kontinuum. Letzteres entspräche einem mathematischen Symbol des „unus mundus".[53]

In seinem Buch *Moderne Physik und Tiefenpsychologie*[54] sagt Ernst Anrich, das physikalische Sein scheine eine bestimmte Seinsverbundenheit mit der Zahl als einer Einheit und Ganzheit zu haben. (Er meint damit die von Maria Goeppert und Adolf Jensen entdeckte Serie

50. Nach dem Bericht von W. Sullivan in *The New York Times*, Sunday, Feb. 5, 1967.
51. Lancelot L. Whyte, *Accent on Form*, New York 1954, S. 27/28.
52. Ebenda, S. 118.
53. Ich meine damit etwas Verschiedenes von dem bisherigen mathematischen Begriff des „werdenden" Kontinuums, welchen z.B. die unendliche Reihe der fraktionellen Quantitäten zwischen zwei aufeinanderfolgenden realen Zahlen oder ähnliche Gruppen von Unendlichkeiten meint. Hier ist der Begriff nur im Sinne eines Nährbodens herausholbarer Quantitäten verstanden. Auch ein „zeitloses" Kontinuum im Sinne von Weierstrass ist nicht gemeint, wonach der Limes identisch ist mit jedem arbiträr gewählten Element der Serie.
54. Ernst Anrich, *Moderne Physik und Tiefenpsychologie*, Stuttgart 1963, S. 8. Anrich ignoriert merkwürdigerweise in seinem sonst gründlichen Buch fast ganz das Synchronizitätsprinzip.

der „magischen“ Zahlen, beziehungsweise Nukleonenzahlen.) Über diese sogenannte Verhältniszahl (die er hierarchische Zahl zu nennen vorschlägt) sagt Anrich, sie sei nicht eine quantitative serienmäßige Ziffernzahl, sondern besitze die Qualität, Proportionshierarchien herstellen zu können[55]. Von hier aus müßte man sich m.E. noch einen Schritt weiter wagen und sagen, die Zahl sei eine Quantität *und* eine energetisch qualitativ-spezifische Manifestation des Eins-Kontinuums, das heißt des „unus mundus“.

Jede natürliche Zahl besäße in diesem Sinn vier prinzipielle Aspekte:

1. Beziehung zur Raumzeit, Geometrisierbarkeit (Topologie)
2. Quantität (Menge)
3. Positionelle Ratio (sequential order), Gruppentheorie
4. Qualität = spezifische Rhythmuskonfiguration des Einskontinuums.

Es läßt sich nun tatsächlich empirisch nachweisen, daß der ganze psychische Bereich, den Jung als das kollektive Unbewußte bezeichnet, was die unterste Schicht des beobachtbaren psychisch Unbewußten im Menschen ist, eine Feldstruktur besitzt, dessen erregte Punkte den Archetypen entsprechen. Energetische Abläufe in diesem Feld folgen teilweise einem irreversiblen Linearablauf, wodurch sie zeitbedingend werden. Auch die sogenannte Progression der natürlichen Zahlenreihe ist wahrscheinlich nichts anderes als eine durch anordnende Rhythmen geschaffene Sequenz von solchen typischen Abläufen. Auf ihnen beruht unser Zeitgefühl und

55. Ebenda, S. 130 u. 142. Anrich leugnet hingegen erstaunlicherweise, daß die Zahl ein „Urbild“ sei.

vielleicht auch, wie Wolfgang Pauli vermutet hat, die Möglichkeit der parapsychologischen Präkognition. Interessanterweise galt schon im ältesten China Mathematik als nichts anderes als die Wissenschaft der Zukunftsvoraussage! (Leider ist dieser Aspekt der chinesischen Zahlentheorie nicht einmal von der chinesischen Wissenschaft selber erforscht worden; dem westlichen Menschen ist sie völlig unzugänglich.) Damit wäre der Begriff der Zeit auf demjenigen von numerisch strukturierten Rhythmen begründet, eine Anschauung, die auch mit den von ganz anderer Seite durch Jean Piaget und Paul Fraisse beobachteten Tatsachen übereinstimmt. Statt mit Thomas von Aquin (fußend auf Aristoteles) die Zeit einfach als „numerus movens" zu definieren, müßte man vielleicht etwas ausführlicher sagen, die gemeinsamen Bewegungspatterns der psycho-physikalischen Energie sind die Zahlen, sie begründen in ihren Progressionsrhythmen die Zeitidee, in ihrer Feldnatur die Idee einer zeitlosen Anordnung. Das erklärt, warum mythologische Personifikationen der Zeit, wie der Gott Aion in Rom, Zervan in Persien, Kala in Indien ausgesprochene Verkörperungen der polyvalenten psychischen Energie sind.

Das dem Feld der natürlichen Zahlen isomorph aufgefaßte „Feld" des kollektiven Unbewußten ist nun aber nicht beliebig oder chaotisch-partiell organisiert, sondern es scheint von einem übergeordneten energetischen Zentrum angeordnet, welches Jung als den Archetypus des Selbst bezeichnet hat. Letzteres scheint, wenn es statisch abgebildet wird (im Mandala), quaternäre Strukturen aufzuweisen, bei genauerer Betrachtung jedoch ist es eher, wie Jung in *Aion* dargelegt hat, eine dynamische Ablaufstruktur von folgendem Charakter:

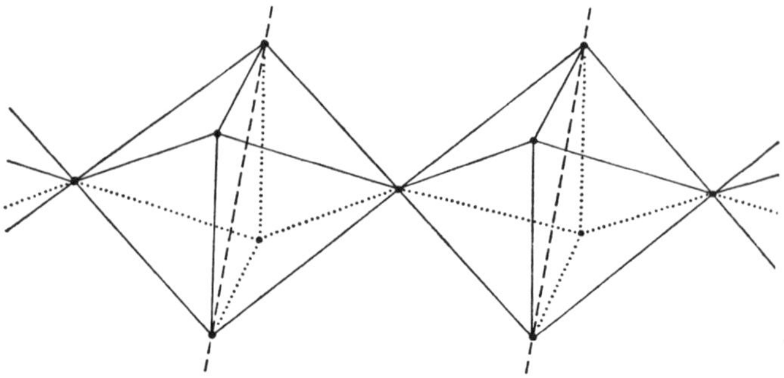

was eben wieder auf eine ähnliche Struktur anspielt, wie man sie im *I Ging*, in der Geomantie, aber auch, last but not least, im DNS- und RNS-Code wiederfindet. Ich kann mir hier nicht versagen, den Traum eines modernen Physikers anzuführen, der ebenfalls auf diese Struktur hinzuweisen scheint.

Der Träumer hatte sich am Vorabend des Traumes damit beschäftigt, gewisse für ihn entscheidende Faktoren seines Lebens (wir würden sagen Komplexe) in den Ecken eines Davidsternes einzuzeichnen. Hierauf träumte er:

> „Eine Chinesin (zum Rang einer Sophia erhoben) ist anwesend mit zwei Männern. Der Vierte war ich selbst. Sie spricht zu mir: ‚Du mußt uns in allen möglichen Kombinationen möglichst viel Schach spielen lassen.‘ In einer hypnagogischen Vision hörte der Träumer sie weiter sagen:, An deinen Zeichnungen ist etwas ganz richtig und etwas vorübergehend und falsch. Das Richtige ist, daß dort die Zahl der Striche 6 ist, das Falsche aber, daß die Zahl der Punkte 6 ist. Schau hier!‘ – und ich sah ein Quadrat mit deutlich ausgezogenen Diagonalen. ‚Siehst du nun endlich die 4 und die 6? Räumlich 4 Punkte und 6 Striche oder 6 Paar aus 4 Punkten. Es sind dieselben 6 Striche, die im *I Ging* stehen. Schau weiter das Quadrat an: 4 von

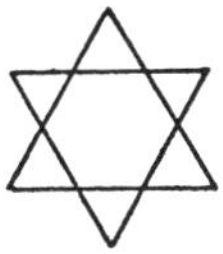

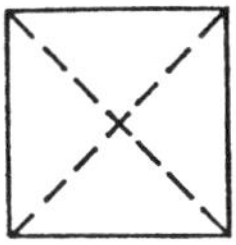

den Strichen sind gleich lang, die 2 andern sind länger im irrationalen Verhältnis. Es gibt keine Figur aus 4 Punkten mit 6 gleich langen Strichen. *Deshalb kann die Symmetrie nicht statisch hergestellt werden, und ein Tanz entsteht.* Konjunktio heißt Platzwechseln bei diesem Tanz; man kann auch von einem Spiel reden oder von Rhythmen und Drehungen. Deshalb muß die Drei dynamisch ausgedrückt werden, was im Quadrat latent schon enthalten ist.'"

Dieser Traum und die ihm folgende Phantasie spielt offensichtlich auf einen ähnlichen numerischen Grundrhythmus des Lebens an, wie ihn die Chinesen ahnten. Einen solchen Tanzrhythmus von Tripletts und Quaternionen enthalten fast alle Unus-Mundus-Modelle der Menschheit und auch ihre Spezialmodelle der Divinationsmandalas, wobei auffällt, daß die Rechenmethoden der meisten Divinationstechniken als Denkart *retrograd* verlaufen, durch eine ständig wiederholte Rückbeziehung auf das Eine. Die quantitative Zahlsequenz wäre deshalb vielleicht die Grundlage des „zeitlosen Angeordnetseins".

In der von C.G. Jung in *Psychologie und Alchemie* beschriebenen Weltuhrvision sind zwei heterogene Systeme kombiniert und Jung sagt darüber, dies sei vielleicht ein bildhafter Hinweis auf den Ursprung der Raum-Zeit, doch wolle er dieser Deutung nicht zuviel Gewicht beilegen, weil ihm die Beweise fehlten.[56] Seine

56. C.G. Jung, *Psychologie und Alchemie*, GW 12, §§ 307-312.

Bescheidenheit erlaubte ihm nicht, diesen bedeutenden Satz mehr zu unterstreichen. Es scheint mir aber, daß die Wissenschaft durch die soeben dargelegten Entwicklungen diesem Problem etwas näher gekommen ist und daß diese Doppelmandalastruktur tatsächlich eine Art Ursymbol des „unus mundus“ darstellt, mit einer als heterogenes System aus ihm hervorgehenden empirischen Raumzeit. Die Verzahnung der zwei Systeme in der Vision ist periodisch, vielleicht ist dies wörtlich zu nehmen. Auf jeden Fall scheint es, daß die „Verzahnung“ der zwei Systeme durch die gestaltende Kraft der Zahl bedingt ist.

Der komplementäre Doppelcharakter der natürlichen Zahl (Quantität – Qualität) ermöglicht die Beschreibung des Ineinandergreifens der Welt der Materie (Quantität) und der Psyche (Qualität). Allerdings bleibt auch dann das Einmalige am Synchronizitätsereignis etwas hiervon Verschiedenes: Wenn ich nämlich z.B. ein I-Ging-Orakel werfe und erhalte numerisch einen Strich von „dschen“, die Erschütterung, so ergibt das zwar einen qualitativen Erwartungskatalog von Ereignissen, innerhalb welcher innere Erschütterungen mit äußeren erschütternden Ereignissen koinzidieren können, aber wenn es einmal dabei auch gerade noch ein Erdbeben gäbe – *das* bleibt nach wie vor ein Spontanereignis, das zwar in das vom *I Ging* angegebene qualitative Wahrscheinlichkeitsfeld hineinpaßt, aber doch nicht expressis verbis voraussagbar ist. Vielmehr fällt bei einem solchen Ereignis der Sinn, das „absolute Wissen“ *und* das Realereignis absolut in Eines, und das *ist* der „unus mundus“ selber. Es handelt sich in diesem Augenblick um eine objektiv „geschehende“ Erkenntnis.

Vielleicht sollte ich diese Ausführungen, die mehr denkerisch formuliert sind, noch durch einen Hinweis ergänzen, was dies alles mehr erlebnismäßig bedeuten könnte. Da scheint mir der alte alchemistische Text des Komarios, der auf die ägyptische Totenliturgie zurückgeht, wohl am deutlichsten zu sprechen. In diesem Text ist der „unus mundus" ein erst im Auferstehungsmysterium nach dem Tode erreichbares transzendentes Ganzheitserlebnis. „Dann ruft", sagt der Text,[57] „die Seele dem Körper zu: Erwache aus dem Hades, steh' auf aus dem Grabe und bleibe wach aus der Finsternis. Bekleide dich mit Geistigkeit und Göttlichkeit." Pneuma, Seele und Körper werden dann „das Eine, in welchem das Mysterium verborgen liegt". Dieses Eine ist eine Statue, die aus dem Feuer geboren wurde; sie vereinigt Geist, Seele und Körper und enthält alle vier Elemente in sich. „Und so entsteht *eine* Natur, welche alle Naturen verfolgt und besiegt, und das ist das *Eine*, das jede Natur besiegt, die des Feuers und die des Feuchten und all ihre Natur verwandelt. Und siehe, ich sage euch noch das, was dann folgt, wenn es vollendet wird: dann wird es ein tödliches Pharmakon, das im Körper herumeilt. So wie es nun in den eigenen Körper eingegangen ist, so durchdringt es nun (tödlich) die (anderen) Körper. In Verwesung und Wärme entsteht jenes Pharmakon, das ungehindert durch jeden Körper dringt." Dieser todbringende Aspekt des Selbst entsteht, wenn ich den Text richtig verstehe, dann, wenn das Eine (Selbst) seinen „eigenen" Körper erlangt hat, nämlich den übernatürlichen Auferstehungsleib, dann tötet es den früheren Körper und durchdringt alle anderen Körper. Das würde, in unsere Sprache übersetzt, etwa heißen: Wenn das Selbst als ein im irdischen Menschen Werdendes sein Ziel, das Mandala des „unus mundus" völlig erreicht hat, dann hat dies eine tötende Wirkung auf die irdische Existenz, weil es nun ein Sein im alldurchdringenden kosmischen Eins-Kontinuum erreicht

57. Marcellin Berthelot, *Collection des Anciens Alchimistes …*, Bd. I, S. 297 f.

hat, dem die Einzelgestaltung entgegensteht. Dann ist der Tod etwas Richtiges, mit der Erreichung des Zieles Verbundenes. Deshalb ist auch mythologisch der „unus mundus" oft in primitiven Religionen mit dem Totenreich identisch.[58] Der Geist des „unus mundus" aber wäre eben jener alchemistische Mercurius, d.h. „die uranfängliche Unbewußtheit", die auch alle Gegensätze in sich enthält.[59]

Die erlebnismäßige Erfahrung des „unus mundus" scheint eine transzendente zu sein. „Erst wenn man stirbt, entdeckt man das Geheimnis des Lebens", sagen die West-Nigerianer.[60] Darum ist in vielen archaischen Kulturen die Zahlendivination auch als Mittel zum Kontakt mit der Geisterwelt verwendet worden. Nach Carl Hentze bedeutet das chinesische Zeichen für „lung" (spielen mit etwas) auch „hiàng" (das große Opfer an die Ahnengeister).[61] Womit die zwei Hände spielen, ist eine Jade-Raute (nach Anderen ein Zählstab) als *Symbol des Weltganzen.* Das chinesische Wort „suan shu" (rechnen) ist dasselbe Zeichen, aber mit vier Händen:

oder es besteht aus der Verdoppelung eines Radikals „shih", welcher nach Joseph Needham bedeutet: „to

58. Leider kann ich auf diesen Aspekt hier nicht näher eingehen.
59. Vgl. C.G. Jung, *Mysterium Coniunctionis*, GW 14/2, § 325ff.
60. Vgl. Bernard Maupoil, *La Géomancie à l'Ancienne Côte des Esclaves*, Paris 1943, S. 34.
61. Carl Hentze, *Tod, Auferstehung, Weltordnung*, Zürich 1955, Bd. I, S. 15 ff. Vgl. auch: J. Needham, *Science and Civilisation in China*, Bd. 3, S. 4 ff.

show, demonstrate, inform, reveal as, in a numinous demonstration of the divine".

Während die Technologie des Westens mehr und mehr in die geistigen Traditionen des Ostens zerstörend einbricht, scheint sich in der westlichen Wissenschaft eine seltsame Umkehrung anzubahnen. Wenn ein Tunneldurchstoß zwischen Psychologie und Atomphysik gelingen und sich Jungs Ahnung, daß der Archetypus der natürlichen Zahl das gemeinsam Anordnende der Bereiche von Psyche und Materie sei, bestätigen sollte, so kämen wir unerwartet an einem Ort ans Licht, wo älteste Erkenntnisse und zum Teil sogar dort längst vergessene Traditionen des östlichen Denkens liegen. Dies würde empirisch eine alte Überzeugung der Buddhisten bestätigen, daß die unterste, tiefste Schicht der menschlichen Natur, da wo unsere Psyche mit dem Unbekannten des Weltganzen verschmilzt, überall identisch bleibt.

Die dargestellte Paradoxie des Zusammenspiels der zwei heterogenen Systeme, solange das Leben in der Raum-Zeit noch dauert, hat wohl der Zen-Meister Ma besonders eindrücklich ausgesprochen: Als er todkrank war und nicht mehr als vierundzwanzig Stunden vor seinem Tod stand, ging der Vorsteher des Klosters zu ihm und fragte: „Wie war, Ehrwürdiger, in den letzten Tagen das Befinden?" Der Meister antwortete: „Buddha mit dem Sonnengesicht, Buddha mit dem Mondgesicht." – Wie Wilhelm Gundert erläutert,[62] geht dies auf eine Stelle des sogenannten dritten Buddha-Namen-Sutra zurück, wo es zur Feier des 12. Monats[63] heißt: „Darnach sah ich einen Buddha mit dem Namen Mondgesicht. Die Lebens-

62. Bi-Yän-Lu, *Niederschrift von der smaragdenen Felswand*, hrsg. v. Wilhelm Gundert, München 1960, S. 97.
63. Vielleicht ist auch *das* kein Zufall, so wie der Zyklus des Jahres im 12. Monat zu Ende geht, so geht ja auch Ma's Leben gerade nun zu Ende.

dauer dieses Buddha mit dem Mondgesicht beträgt nur einen Tag und eine Nacht. An dem Verehrungswürdigen mit dem Mondgesicht vorbei sah ich wieder einen Buddha: der trägt den Namen Sonnengesicht. Die Lebensdauer dieses Buddha mit dem Sonnengesicht beträgt volle eintausendachthundert Jahre!" Man könnte dies als eine Anspielung auf jenes aus zwei Systemen bestehende Mandala verstehen: eines raumzeitlich begrenzt, das andere von großer Dauer. Aber beide heißen „Buddha", beide sind Facetten des großen Einen,[64] dessen sich Ma sterbend bewußt wurde.

64. Gundert erläutert ebenda: „In dem Sutra, das der Patriarch zitiert, sind neben jenen beiden Buddhas noch viele andere genannt und bilden mit den ungezählten ungenannten nur die Facetten eines und desselben Lichtleibs."

III. Zeit – Strömen und Stille

Zeit als Gottheit und Ereignisstrom

Zeit ist eine der grundlegenden archetypischen Erfahrungen der Menschheit; sie entzieht sich bisher jedem Versuch einer nur rationalen Erklärung.[1] Ursprünglich wurde sie als Gottheit oder Manifestation der höchsten Gottheit erlebt, als ein Lebensstrom, der ihr entquillt. Erst heute ist sie in der Physik ein mathematischer Vektor geworden, den wir zur Beschreibung physikalischer Tatbestände verwenden. Der ursprüngliche Mensch unterschied kaum zwischen äußeren oder inneren, materiellen oder physischen Geschehnissen; er lebte in einem Ereignisstrom, der jeden Augenblick Gruppen von Ereignissen mit sich brachte und sich dauernd quantitativ und qualitativ veränderte.

Sogar die uns selbstverständliche Unterscheidung von Vergangenheit, Gegenwart und Zukunft ist nichts allgemein Anerkanntes. Die Hopi-Indianer z.B. besitzen sie in ihrer Sprache nicht. Ihre Welt hat nur zwei Grundaspekte; das Manifeste, welches objektiv ist, und das subjektive Unmanifestierte. Das Manifeste ist alles Vergangene und

1. Vgl. Julius Thomas Fraser, *The Voices of Time*, New York 1966, und Fraser, *Of Time, Passion and Knowledge*, New York 1975. Siehe auch G.J. Whitrow, *The Natural Philosophy of Time*, London / Edinburgh 1961; John B. Priestley, *Man and Time*, London 1964; François Le Lionnais, *Le Temps*, Série Science No. 2 de l'Encyclopédie Essentielle, Paris 1959.

Gegenwärtige. Die Zukunft hingegen existiert nur subjektiv, „im Herzen", nicht nur des Menschen, sondern auch im Herzen der Natur. Es ist von intensivster Wirklichkeit. Es ist das Erhoffte, welches wahr wird. Das Herz des Kosmos ist der „Geist des Atems" oder 'a'ne himu – das „Mächtige Etwas".[2] Aus ihm gehen die Dinge allmählich hervor und in einen manifesten Zustand über; wenn sie manifest – äußerlich wirklich – geworden sind, beginnen sie aber schon „vergangen" zu sein.

Auch Kinder kennen nicht von Anfang an unsere Uhrzeit. Sie unterscheiden Rhythmus, Geschwindigkeit und Frequenz, lange bevor sie ein Gefühl für Zeit entwickeln.[3]

Ursprünglich erlebte der Mensch die Zeit als das göttliche Geheimnis des Lebensstromes selber. Darum setzten die alten Griechen die Zeit mit dem Fluß Okeanos gleich, der die Erde umkreist und den Kosmos umschließt als Strom oder als eine sich in ihren Schwanz beißende Schlange, die den Tierkreis auf ihrem Leib trägt. Dieser Fluß hieß auch Chronos (Zeit) und wurde später mit Kronos, dem Vater des Zeus und mit dem Gott Aiōn gleichgesetzt.

Aiōn bedeutete zuerst der Lebenssaft in allen Wesen, und damit ihre Lebenszeit und ihr Schicksal. Er überdauerte den Tod in Gestalt einer Schlange.[4] Wie alles Wasser und vor allem Okeanos, der Erschaffer und Zerstörer des Seins, besaß er zeugende Kraft. Pherekydes lehrte, daß die Ursubstanz der Welt Chronos (Zeit) sei, aus dem Feuer, Luft und Wasser entstanden seien.[5] So war Okeanos auch die Weltseele.[6]

2. Vgl. Benjamin L. Whorf, *Sprache, Denken. Wirklichkeit*, Hamburg 1963, S. 104 f.
3. Vgl. Jean Piaget, *Le Développement de la notion de temps chez l'enfant*, Paris 1946 / 1981.
4. Vgl. Richard B. Onians, *The Origins of European Thought*, Cambridge 1954, S. 206.
5. Ebenda, S. 248.

Im Hellenismus wurde dieser Gott Chronos-Aiōn mit dem persischen Zeitgott Zurvān gleichgesetzt.[7] Die Perser unterschieden einen Zurvān akarana – unendliche Zeit – von einem Zurvān dareghōchvadhātā – langdauernde Zeit. Letzterer brachte Zerfall und Tod und wurde auch mit Ahriman, dem bösen Prinzip, gleichgesetzt. In orphischen und mithraeischen Kreisen wurden beide Zurvān im Gott Aiōn gesehen.[8] Ein Text ruft ihn mit folgenden Worten an:

„Sei gegrüßt, ganzes Gebäude des Luftgeistes, sei gegrüßt, Geist, der vom Himmel bis auf die Erde dringt und von der Erde bis zu den Grenzen des Abgrundes ... Geist, der in mich dringt und mich erfaßt und von mir scheidet, nach Gottes Willen in Güte, sei gegrüßt, Anfang und Ende der unverrücklichen Natur ... des Sonnenstrahles Dienst, Beglänzung der Welt ... großes, größtes, kreisförmiges unbegreifliches Gebilde der Welt, himmlischer Geist, ätherischer ... wassergestaltiger, erdgestaltiger, feuergestaltiger, windgestaltiger, lichtgestaltiger, dunkelgestaltiger, wie ein Stern glänzender feuchtfeurigkalter Geist ... der Gott der Götter ... Gott der Aeonen ... Herrscher des Alls."[9] Der Zeitgott Aiōn symbolisiert hier deutlich den dynamischen Aspekt des Seins,[10] etwas, das wir heute als ein Prinzip psycho-physikalischer Energie bezeichnen könnten.

6. Ebenda, S. 249
7. Vgl. Sam G.F. Brandon, *History, Time and Deity*, Manchester 1965, S. 376, in J.T. Fraser und N. Lawrence (Hrsg.) *The Study of Time:* Proceedings of the First (Second, Third) Conference of the International Society for the Study of Time, 3 Bde., Heidelberg/New York 1972, 1975, 1979. Im folgenden werden die Bände mit *Study I, II oder III* angegeben.
8. Vgl. Leroy A. Campbell, *Mithraic Iconography*, New York 1968.
9. Vgl. Karl Preisendanz, *Papyri graecae magicae*, 2 Bände, Stuttgart 1973, Bd. I, S. 111.
10. Vgl. auch ebenda, Bd. I, S. 93.

Dieser mithraeische Gott assimilierte teilweise Züge des ägyptischen Sonnengottes Re, der ebenfalls der „Herr der Zeit" war. Zu jeder Tages- und Nachtstunde wechselte er seine Gestalt. So ging er beispielsweise als Skarabaeus auf und ging in die Unterwelt als Krokodil. Im Augenblick seiner Auferstehung nach Mitternacht nahm er die Gestalt des Doppellöwen Ruti – „Gestern und Heute" – an.[11] Auch Osiris und jeder zum Gott gewordene Auferstandene sagt von sich: „Ich bin das Gestern, das Heute und das Morgen."[12] Er lebt in dem „Haus der Ewigkeit" oder dem „Haus von Millionen von Jahren".

Die alten Ägypter symbolisierten die endlose Zeit neben dem Sonnengott auch durch einen speziellen Gott Heh, der das Lebenszeichen Ankh an seinem rechten Arm trägt. Wie in Griechenland war auch in Ägypten die Zeit mit der Schlange assoziiert, sie verkörperte Leben und Gesundheit des Einzelnen; jeder Mensch war von einer Lebenszeit-Schlange begleitet, die auch sein Überleben nach dem Tod garantierte.[13]

Dieselbe archetypische Symbolisierung der Zeit als Gottheit und als Strom von Leben und Vergehen findet sich in Indien. In der *Bhagavadgita* (3. oder 4. Jh. vor Chr.) offenbart sich der Gott Krischna dem Helden Arjuna in seiner schrecklichen wahren Gestalt: da sieht er in ihm alle Götter vereint: „Wie Schmetterlinge in ein flammend Feuer, in voller Hast zum Untergang eilen; so eilen auch zum Untergang die Menschen in voller Hast hinein in deinen Rachen."[14] Dann spricht der Gott: „Ich bin die

11. Vgl. Constant de Wit, *Le rôle et le sens du lion dans l'Égypte ancienne*, Leiden 1951, S. 72 und von Franz, M.-L., *Zahl und Zeit*, Stuttgart 1970, S. 91.
12. Vgl. S.G.F. Brandon, ebenda, S. 372.
13. Vgl. H. Bonnet, *Reallexikon der ägyptischen Religionsgeschichte* Berlin 1952, S. 682, 257 ff., 833 f.
14. *Bhagavadgita*, Jena 1922, 11. 19 ff.

Zeit, die alle Welt vernichtet, erschienen, um die Menschen fortzuraffen ..."

Nicht nur Krischna, auch Shiva stellt die Zeit dar. Er verkörpert in seinem Tanz die ewige Energie, „die Mächte der Entfaltung, Erhaltung und Auflösung der Welt".[15] Shiva heißt auch Mahā Kāla – Große Zeit oder Kala Rudra – „allesverschlingende Zeit". Seine Shakti oder aktive Seite erscheint in ihrer zerstörerischen Form als die furchtbare Göttin Kāli. Kāli ist die weibliche Form von Kāla, was die schwarzblaue Farbe, den Tod und die Zeit bedeutet.

Die hinduistische Mystik sieht die Welt als unwirklich an, und die Zeit ist es besonders, die den Uneingeweihten dazu verführt, an sein eigenständiges bewußtes Sein und die Wirklichkeit der äußeren Welt zu glauben. In Wirklichkeit ist die vergängliche Welt eine Illusion: „Wahrlich, dem [Erleuchteten] geht sie [die Sonne] nie mehr auf und unter. Dem ist es ein für allemal Tag ..." (Chandogya Upanishad III, 11.3.).

Dieser „ewige Tag" ist Brahman. Ähnlich beschreibt ein nordamerikanischer Delaware-Indianer seine Gottesvision. Er sah einen großen Mann, der nicht in dieser Welt, sondern in einer anderen war. „Der große Mann war bekleidet mit dem Tag, ja mit dem strahlendsten Tag, den er je gesehen hatte; einen Tag vieler Jahre, ja, immerwährender Dauer! Diese ganze Welt war auf ihm ausgebreitet, so daß auf ihm die Erde und alle die Dinge auf ihr zu sehen waren."[16]

In China wurde bekanntlich die oberste Gottheit nicht immer personhaft verstanden, doch auch hier ist die Zeit ein Aspekt des letzten schöpferischen dynamischen Ur-

15. Heinrich Zimmer, *Mythen und Symbole in indischer Kunst und Kultur*, Zürich 1951, S. 169, 173.
16. Werner Müller, *Indianische Welterfahrung*, Stuttgart 1976, S. 63 f.

prinzips. Die Zeit gehört zum männlichen Prinzip Yang, was im chinesischen Orakelsystem *I Ging* durch eine Gerade dargestellt wird, der Raum aber zu Yin (das im *I Ging* durch eine gebrochene Linie symbolisiert ist). Zusammen manifestieren sie das Tao, das verborgene Weltgesetz. „Während das Schöpferische im Unsichtbaren wirkt und sein Feld, der Geist, die Zeit ist, wirkt das Empfangende im räumlich verteilten Stoff und vollendet die fertigen, räumlichen Dinge.“[17] Die Zeit macht alles, was nur potentiell war, wirklich. Die Verdreifachung der Yang-Linien bildet das Zeichen Kiän, der Himmel; es bedeutet dessen unaufhörliche Kreisbewegung einer kraftvollen Dauer in und über der Zeit. „Diese Dauer in der Zeit ist das Bild der Kraft, wie sie dem Schöpferischen eigen ist.“[18]

Wie Marcel Granet hervorhob, sind Yang und Yin keine statischen kosmischen Mächte, sondern alternierende kosmische Rhythmen.[19] Die Zeit wurde in China nie als ein abstrakter Parameter oder als leerer Bezugsrahmen von Ereignissen verstanden. Das Wort für Zeit, „che“, bedeutet eher eine Zeitsituation, welche für das Handeln günstig oder ungünstig ist. „Indem Raum und Zeit zusammen ein Ganzes zugleich determinierter und determinierender Bedingungen bilden – stellt man sie sich stets als ein konkretes … bestehendes Ganzes vor“[20],

17. Vgl. Richard Wilhelm, *I Ging, Das Buch der Wandlungen*, Jena 1956, I, S. 216.
18. Ebenda, I, S. 3.
19. Marcel Granet, *Das chinesische Denken*, München 1963, S. 92 ff.

gleichsam als ein Bündel koïnzidierender Ereignisse. Was solche „bündelt", heißt „chin" – Dauer: „Vergangene und gegenwärtige Zeiten, der Morgen und der Abend verbinden sich, um chin – Dauer zu erzeugen." Die Zeit hat aber auch manchmal keine Dauer, denn der Ausgangspunkt von Zeit hat z.B. keine Dauer.[21] Solange die Dinge noch keimhaft sind, sind sie außerhalb der Zeit und können dann vom Menschen noch beeinflußt werden; erst wenn sie in die Zeitdauer eingetreten sind, werden sie zu unveränderlichen Tatsachen.

Auch in der Zeitvorstellung der Maya und Azteken findet man die gleiche Beziehung der Zeit zu der der Gottheit entströmenden, schöpferischen Weltenergie. Das meistbenützte Mayawort für Zeit, „kin", wird meistens durch die hier abgebildeten Hieroglyphen dargestellt, welche „Sonne" und „Tag" bedeuten.[22] Sie zeigen eine vierblättrige Blüte (eine Art von *plumeria)*;

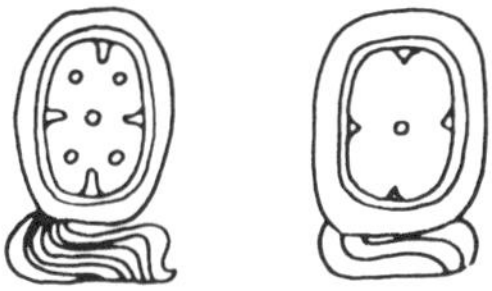

die unten ausfließenden Linien sind der „Bart der Sonne" oder deren „Seile" oder „Pfeilschäfte". Wahrscheinlich stellen sie die lebensspendende Energie der Sonne dar. Auch die Schlange fehlt in diesem Zusammenhang nicht:

20. Ebenda, S. 65.
21. Vgl. John Needham. *Time and Eastern Man*, The Henry Myers Lecture, London 1964.
22. Vgl. Sylvanus G. Morley, *An Introduction to the Study of Maya Hieroglyphs*, Washington D.C. 1915, S. 72. Das Bild stammt aus J.E.S. Thompson, *Maya Hieroglyphic Writing*, Washington D.C. 1950, S. 142 f. Ich verdanke diese Information Dr. med. José Zavala.

Die Maya verehrten eine zweiköpfige Schlange, deren eines Haupt Leben, deren anderes Tod bedeutete.[23]

Bei den Azteken war die Zeit mit der obersten Gottheit, dem Schöpfer und Vater-Mutter aller Dinge, Ometéotl, assoziiert, dem „Spiegel, der alles erleuchtet", dem „Herrn des Feuers" und „Herrn der Zeit". Dieser Urgott schuf zuerst vier weitere Götter: den roten Tezcatlipoca im Osten, den schwarzen im Norden, den weißen im Westen und den blauen im Süden.

Zu jedem dieser Tezcatlipocas gehören bestimmte Pflanzen, Tiere und verschiedenartige Jahre. In der Mitte lebt der Gott des Feuers. Hierauf schufen die vier Tezcatlipocas alle anderen Dinge. Erst mit ihnen traten der Raum und die Zeit wirklich in Erscheinung. Die Vorstellung der Zeit hat bei den Azteken etwas Abruptes: Manchmal herrschen der Osten und gute Mächte vor, manchmal der Norden und Entbehrung; heute leben wir in guten Zeiten, morgen schon vielleicht in unglücklichen Tagen. „Ist zufällig irgend etwas wahr in unseren Worten?" fragt ein Weiser, und ein anderer Dichter sagt: „Alles scheint so wie ein Traum." „Erst nach dem Tode", sagen andere, „werden wir sein Antlitz sehen", nämlich das Angesicht des Urgottes „Nacht und Wind, der ein unergründliches Geheimnis ist".[24]

Im Gegensatz zu diesen Mythen, in denen Gott selbst die Zeit (und Nicht-Zeit) *ist*, betrachtet unsere eigene judäo-christliche Tradition Gott als außerhalb der Zeit stehend; er schuf die Zeit erst zugleich mit der Welt.

Obwohl wir glauben, daß die Natur Gesetzen folgt, nach denen sich Ereignisse in der Zeit wiederholen, gibt es auch einmalige Wunder, magische und parapsycholo-

23. Vgl. W. Krickeberg, et. al., *Pre-Columbian American Religions*, London/New York 1968, S. 65.
24. Vgl. M. Leon-Portilla, *Aztec Thought and Culture*, Norman, Okla. 1963, 2. Aufl., 1970, S. 73.

gische Ereignisse, die als ein direktes Eingreifen Gottes verstanden wurden. So besteht eine dramatische unmittelbare Gegenüberstellung von Gott und seiner Schöpfung. Das einschneidendste Ereignis, das die Zeit in ein völlig verschiedenes Vorher und Nachher schied, war die Menschwerdung Gottes in Christus. Christus starb nur *einmal* (hapax, semel) für unsere Sünden (I Petrus 3.18) und hat den Gang der Geschichte damit für immer verändert. Das Versprechen Christi, am Ende der Tage wiederzukehren, ließ die frühen Christengemeinden sich nach der Zukunft ausrichten, in dauernder Hoffnung auf Seine Wiederkunft.[25] Ähnlich erwarten auch die Juden das Kommen des Messias am Ende der Zeiten.

Der Kirchenvater Augustinus brachte einen neuen Aspekt in die christliche Vorstellung von Zeit: Den Gedanken, daß Gott und damit auch die Zeit nicht nur im Kosmos, sondern auch im Innersten der Seele wirkt. So ist die Gegenwart eigentlich eine seelische Erfahrung, die Vergangenheit ein Erinnerungsbild in der Seele und die Zukunft lebt nur in unseren seelischen Erwartungen. Die gewöhnliche Zeit dagegen ist sinnlos und vergänglich, sie verschwindet, wenn die Seele mit Gott eins wird.[26]

Wie wir später sehen werden, kehrt die Idee einer kreisförmigen Zeit im Christentum teilweise zurück; was aber nie verschwand, war die Vorstellung, daß Gott direkt in die Weltzeit eingreifen kann. Sogar für Newton gab es noch einen absoluten Raum und Zeitstrom, die von Gott ausströmten, obgleich sie in seiner Physik zu Parametern wurden, da die Zeit mittels im Raum sich bewegender Körper gemessen werden kann. Diese Unterscheidung von absoluter göttlicher Zeit von der meßbaren Zeit

25. Vgl. Gilles Quispel, „Zeit und Geschichte im antiken Christentum", *Eranos Jahrbuch*, Bd. XX, Zürich 1951, S. 116 ff.
26. Ebenda, S. 133.

hängt mit der Entwicklung unseres Zeitmessers, der Uhr, zusammen.[27]

Die Ur-Intuition der Zeit als eines Strömens oder Fließens steht hinter all den Geräten, die die Zeit durch das Fließen einer Substanz – Wasser, Quecksilber, Sand usw. – messen.

Die Chaldäer oder die Ägypter scheinen die Wasseruhr erfunden zu haben. Darin fließt Wasser von einem oberen Behälter in einen unteren, der mit Gradangaben gezeichnet ist. (Diese Meßart enthält einen Fehler, weil der Fluß sich verlangsamt, wenn der Druck oben nachläßt). In der klassischen Antike war die Wasseruhr schon weitverbreitet. Um 100 v. Chr. wurde eine solche auf dem Markt von Athen errichtet, um die Zeit offiziell anzugeben. In Athen und Rom benützte man Wasseruhren im Gericht, um die Ansprachen zeitlich zu begrenzen. Auch im Mittelalter wurden in Europa und Kleinasien Wasseruhren verwendet. Die auf derselben Vorstellung beruhenden Sanduhren waren weniger genau. Sie kamen erst seit dem 14. Jahrhundert in Gebrauch.

Neben dem Wasser war das Feuer ein Symbol kosmischer Energie. Auch es wurde zur Zeitmessung benützt. Der Araber Al-Yazari beschreibt in einer Abhandlung um 1206 n. Chr. eine Feueruhr: Eine Kerze, die dreizehn Stunden brannte. In Hohlräumen waren dreizehn kleine Kugeln angebracht. Wenn die Kerzenglut sie erreichte, fielen sie herab und setzten eine kleine Figur in Bewegung, die den Docht schneuzte. Zeitmessung mittels Feuer war besonders bei den Chinesen gebräuchlich: Man verteilte ein entzündliches Pulver in einem viereckigen oder runden Labyrinth, zündete es an einem Ende an, sodaß es wie bei einer Zündschnur weiter brannte. Konventionelle Sprüche wie „langes Leben“ oder „dop-

27. Vgl. F. Le Lionnais, „Le Temps“, S. 22.

peltes Glück" waren oft in der Mitte angebracht und sogar Steinchen, die herabfielen, wenn das Feuer sie erreichte, und so als Wecker dienten.

Diese Uhren, die die Zeit durch das Fließen einer Substanz messen, gründen auf dem Gedanken, daß die Zeit ein lineares Strömen sei; so stellt auch die westliche klassische Physik in ihren Diagrammen die Zeit als eine Linie (Parameter) dar, die zusammen mit den drei Dimensionen des Euklidischen Raumes ein vierdimensionales Bezugssystem bildet. Mit Albert Einstein kam eine große Wende, als er erkannte, daß alle Zeitangaben relativ zur Position des Beobachters sind. Nur weil die Lichtgeschwindigkeit so hoch ist – 300 000 km pro Sekunde – können wir diese Tatsache im alltäglichen Bereich unbeachtet lassen. Sobald aber der Beobachter sich ebenfalls mit hoher Geschwindigkeit bewegt, wirft der Zeitabstand zwischen Ereignissen und ihrer Beobachtung ein Problem in bezug auf die Reihenfolge der Ereignisse auf: Zwei Ereignisse geschehen für den einen Beobachter gleichzeitig, für einen anderweitigen Beobachter nicht. In der Hoch-Energie-Physik, wo wir die Wechselwirkung von Kernteilchen beobachten, die sich beinahe so schnell wie das Licht bewegen, ist die Zeit etwas völlig Relatives. Die Vorstellung, daß Raum-Zeit durch ein ganz „objektives" Koordinatensystem dargestellt werden kann, gilt nicht mehr; es ist nur noch ein Hilfsmittel des Beobachters, um seine Ereigniswelt zu beschreiben.[28]

Einstein erkannte weiterhin, daß die Forderung, Naturgesetze müßten so ausgedrückt werden können, daß sie in allen Koordinatensystemen (Bezugsrahmen), das heißt also für jeden Beobachter unabhängig von seiner Lage und Bewegung, dieselbe Form haben, bei der Be-

28. Vgl. Fritjof Capra, *Der kosmische Reigen (Das Tao der Physik)*, Bern/ München 1977, S. 166-168.

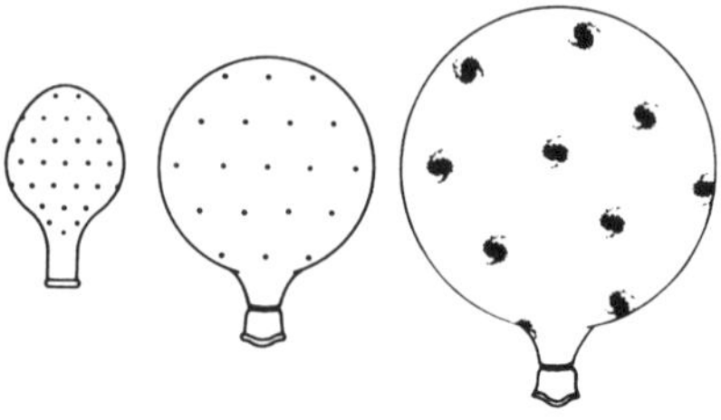

Die Einstein'sche Welt in dreidimensionaler Annäherung skizziert

schreibung elektromagnetischer Phänomene nur durch die Einführung relativistischer Raum-Zeit-Koordinaten erfüllt werden kann. Jeder Übergang von einem in einen anderen Bezugsrahmen vermischt Raum und Zeit in einer allerdings mathematisch definierten Form. Dadurch können Raum und Zeit nicht mehr auseinandergehalten werden, sondern bilden zusammen ein vierdimensionales Kontinuum, die sog. Minkowski-Einsteinsche „Welt". Diese Erkenntnisse Einsteins sind gleichsam auf höherer Stufe und in mathematischer Präzision eine Rückkehr zu der alten Ur-Intuition einer Einheit von Raum und Zeit, wie sie z.B. bei den Azteken existiert, wo die vier Tezcatlipocas Raum und Zeit zugleich erschufen. Fritjof Capra zitiert die Avatamsaka Sutra des Mahayana Buddhismus,[29] welche aussagt, daß im Zustand der Erleuchtung jede Unterscheidung zwischen Subjekt und Objekt, Körper und Geist sowohl räumlich als zeitlich aufgehoben sei. „Als Tatsache reiner Erfahrung gibt es keinen Raum ohne Zeit, keine Zeit ohne Raum; sie durchdringen einander."

29. Ebenda, S. 172.

In seiner allgemeinen Relativitätstheorie ging Einstein noch einen Schritt weiter, einen Schritt, der seltsamerweise die primitive Intuition der Zeit als eines Stromes innerer und äußerer Ereignisse – nun aber in exakter mathematischer Form – wiederaufleben läßt: Er besteht darin, die Gravitation in das Raum-Zeit-System einzubeziehen, indem sie es „krümmt".[30] Die Gravitation (gegenseitige Anziehung von Massenkörpern) ruft eine Krümmung der Geometrie des Raumes durch Gravitationsfelder hervor, was auch die Zeitintervalle beeinflußt: Die Zeit fließt nicht gleichmäßig schnell wie in einer „ebenen Raum-Zeit", und weil die Krümmung von Ort zu Ort sich gemäß der Verteilung von Massenkörpern ändert, ändert sich auch die Geschwindigkeit des Zeitflusses.[31]

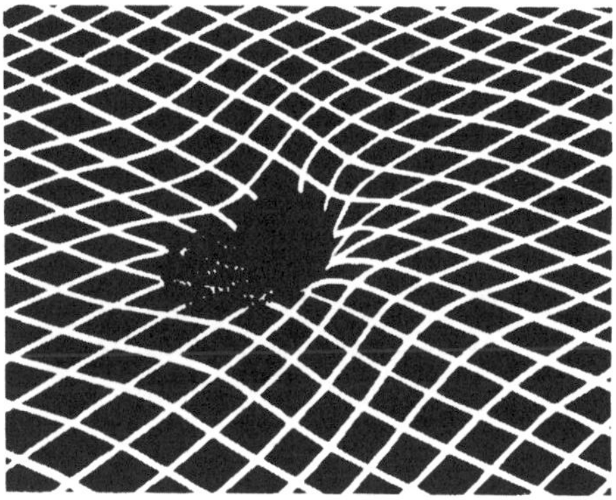

Masse erzeugt eine Krümmung des Raums

Es war eine bemerkenswerte Koinzidenz, daß C.G. Jung, als Physiker die Relativität von Zeit und Raum entdeckten, in der Erforschung des menschlichen Unbewußten zu ähnlichen Ergebnissen gelangte: Auch im

30. Vgl. ebenda, S. 62 ff.
31. Ebenda, S. 63.

Bereich der Träume ist die Zeit relativ und die Begriffe von „vorher“ und „nachher“ verlieren ihre absolute Bedeutung. In den noch tieferen „archetypischen“ Schichten des Unbewußten verschwinden Raum und Zeit sogar beinahe völlig. Die Menschen haben dies irgendwie schon immer gewußt; denn in der ganzen Welt gibt es Erzählungen, in denen jemand in das Reich der Zwerge, der Elfen, der Toten oder ins Paradies geht und einen Abend oder eine Nacht dort verbringt: wenn er zurückkehrt, sind alle seine Zeitgenossen tot, das Dorf steht nicht mehr, nur ein Gerücht, daß ein Mensch vor mehr als hundert Jahren verschwunden sei, besteht noch. Washington Irvings *Rip van Winkle* ist ein berühmtes Beispiel dieser Art.

Wann immer wir mit dem archetypischen Bereich der Psyche in Berührung kommen, erleben wir das Gefühl, mit etwas Unendlichem in Kontakt zu sein. Wie Jung betont, ist es sogar *die* entscheidende Frage in einem Menschenleben, ob man auf Unendliches bezogen ist oder nicht. „Wenn man versteht und fühlt, daß man schon in diesem Leben an das Grenzenlose angeschlossen ist, ändern sich Wünsche und Einstellung. Letzten Endes gilt man nur wegen des Wesentlichen, und wenn man das nicht hat, ist das Leben vertan.“[32]

Die erstaunlichste Anwendbarkeit von Einsteins neuem Raum-Zeit-Modell findet sich in der Astrophysik. Weil Astronomen und Astrophysiker mit sehr großen Entfernungen zu tun haben, so daß sogar Licht eine lange Zeit braucht, um vom beobachteten Objekt bis zum Beobachter zu gelangen, „sieht“ der Astronom sein Objekt nicht in seinem gegenwärtigen, sondern in einem vergangenen Zustand. Mit unseren Teleskopen sehen wir Milch-

32. *Erinnerungen, Träume, Gedanken von C.G. Jung*, Hrsg. A. Jaffé, 1962, S. 327 ff.

straßensysteme, die in Wirklichkeit Millionen Jahre früher existierten. Wir können Sterne und Sternhaufen in all ihren Entwicklungsstadien gleichsam rückwärts in der Zeit beobachten.[33]

Dasselbe gilt für die Wirkungen der Schwerkraft. Weil Sterne und Galaxien äußerst viel Masse besitzen, wird die Raumkrümmung von Bedeutung. Eine extreme Wirkung zeigt sich z.B. beim Schwerkraftkollaps eines massiven Körpers, wie er nach heutiger Ansicht in den „Schwarzen Löchern" im Weltall geschieht. Dabei wird ein Stern (von bestimmter Größe) aufgrund der zwischen seinen Teilchen wirkenden Schwerkraft, die bekanntlich mit abnehmendem Teilchenabstand (quadratisch) zunimmt, immer dichter; die Raum-Zeit um ihn herum immer gekrümmter, bis schließlich sogar das Licht nicht mehr aus ihm entkommen kann, bzw. er Lichtstrahlen, die ihm zu nahe kommen, „aufsaugt". So bildet sich ein „Ereignis-Horizont" um den Stern, aus dem nichts Beobachtbares mehr uns erreicht. Der Stern bewegt sich aus unserer Zeit gleichsam hinaus und verschwindet, obwohl er noch „da" ist. Ich halte es für möglich, daß uns etwas Ähnliches im Tod geschieht. Als C.G. Jung starb, am 6. Juni 1961, träumte eine meiner Patientinnen, die ihn nicht kannte, folgendes:

> An einem Gartenfest tummelten sich viele Gäste auf dem besonnten Rasen. Jung war auch da; er trug einen Anzug, der vorne grün, hinten schwarz war. Es war da auch eine schwarze Mauer, in der Jungs Umriß genau ausgeschnitten war. Er trat in diesen Ausschnitt, so daß man nur noch *eine* schwarze Fläche sah, aber man wußte, er war noch da, nur unsichtbar geworden. Die Träumerin sah sich selber

33. Vgl. F. Capra, ebenda, S. 194 f. und 178 ff.

an und entdeckte, daß sie ein gleiches grünschwarzes Kleid trug.

Es ist möglich, daß wir im Tod aus dem „Ereignishorizont" des Lebenden verschwinden, aber doch noch – nur unbeobachtbar – da sind.

Zyklische und lineare Zeit

Im Vorhergehenden wurden bereits zwei Aspekte der Zeit gestreift – ihr irreversibler linearer Charakter und ihr kreisförmiger Aspekt. Letztere Vorstellung scheint in fast allen ursprünglichen Kulturen vorherrschend und beruht vermutlich auf der Beobachtung der regelmäßigen Kreisbewegung der Gestirne und des Wechsels der Jahreszeiten. Der kreisförmige Okeanosfluß und die sich in den Schwanz beißende Schlange spielen darauf an. Chronos-Kronos wurde sogar direkt „das runde Element" genannt, „der Geber der Maße". Macrobius schreibt: „Insofern die Zeit ein festes Maß ist, stammt sie von der Himmelsbewegung. In ihr begann die Zeit und aus ihr kam angeblich Kronos, welcher Chronos (Zeit) ist. Dieser Kronos-Chronos ist der Erschaffer der Zeit."[34]

In der indischen Kultur herrscht die zyklische Zeitvorstellung vor. Dort war die Zeiteinheit ein Zeitalter, ein Yuga (360 Götter-Jahre). Ein ganzer Zyklus, Mahāyuga, besteht aus vier Yugas, vier bedeutet dabei Ganzheit, Vollendung.[35] In jedem Zyklus ist das erste Yuga ein „goldenes Zeitalter", dann wird jedes weitere schlechter, bis zur „großen Auflösung", und dann beginnt der gleiche

34. Macrobius, *Saturnalia* I, 22, 6-8.
35. Vgl. Mircea Eliade, „Le Temps et l'éternité dans la pensée indienne" in *Eranos Jahrbuch*, Bd. 20, Zürich 1951, S. 224 ff.

Ablauf wieder. Ein Mahāyuga besteht aus 12000 „göttlichen" Jahren (jedes dieser Jahre enthält 360 gewöhnliche Jahre) – also 4320000 Jahre. Tausende von Mahāyugas bilden ein „Kalpa" (Form), was einen Tag im Leben Brahmas bedeutet. Die Zeit ist so ein unendlicher Rhythmus von periodischer kosmischer Zerstörung und Wiederentstehung.

Für das menschliche Leben ist dieser Zeitkreislauf etwas Negatives: Samsara, das ewig sich drehende Rad von Geburt und Tod, von endlosen Reinkarnationen. Nur der Yogin oder Buddhist, der Brahman, der den „Buddhageist" „in blitzartiger Erleuchtung" erlebt hat, kann diesem Zyklus entrinnen.[36] Er überwindet das Spiel der Gegensätze und hält alle Erinnerungsprozesse und Denkprozesse für immer an.[37]

Mircea Eliade wies nach, daß auch in vielen anderen Kulturen ein allerdings leicht abweichender Mythos der ewigen Wiederkehr lebendig war: Im (noch zeitlosen) Augenblick der Schöpfung (den er „illud tempus" – jene Zeit – nennt) wurden zuerst die archetypischen Urbilder aller Dinge und menschlichen Handlungen erschaffen.[38] Dann folgen die irdischen Nachbildungen, welche jedoch dem Zerfall unterliegen. Der Mensch muß durch ein Wiedererzählen der Schöpfungsmythen und Wiederholen der Rituale die archetypischen Urbilder erneuern und sie dadurch wieder lebendig wirksam machen. So ist auch bei uns Ostern nicht nur das Fest von Christi Auferstehung, sondern einer Erneuerung der ganzen Schöpfung.[39] Allerdings wurde bei uns die Idee des illud tempus

36. Kaushitaki Upanishad 4, 5 in Paul Deussen, *Sechzig Upanishad des Veda*, Darmstadt 1963.
37. Vgl. M. Eliade, *Mensch und Zeit*, S. 249 f.
38. Vgl. M. Eliade, *Kosmos und Geschichte. Der Mythos der ewigen Wiederkehr*, München 1966, S. 11 ff.
39. Vgl. ebenda, S. 23 f.

teilweise verinnerlicht, seine Raum-Zeit, das Himmlische Reich, ist in uns und kann jederzeit durch *metanoia* – einen Bewußtseinswandel – erreicht werden.[40]

Auch die Chinesen kannten eine Urzeit (illud tempus), in welcher die Kulturheroen alle Lebensordnungen schufen. China besaß eine zyklische und eine lineare Zeitvorstellung. Die Zeitidee, wie sie dem ältesten „Buch der Wandlungen", dem *I Ging*, zugrunde liegt, war in zwei kreisförmigen Zeitmodellen – Zeitmandalas – dargestellt. Das eine hieß die „vorweltliche Himmelsordnung", in ihr „wirken sich die Kräfte immer in paarweisen Gegensätzen aus. Der Donner ... weckt die Samen des alten Jahres. Sein Gegenstück, der Wind, löst die Starrheit des winterlichen Eises auf. Der Regen befeuchtet die Samen ... sein Gegenstück, die Sonne, gibt die nötige Wärme dazu. Daher der Spruch: ‚Wasser und Feuer bekämpfen sich nicht!'... Das Stillehalten hemmt die weitere Expansion ... Sein Gegenstück, das Heitere, bewirkt die Freuden der Ernte ... Das Schöpferische, das das große Gesetz des Daseins repräsentiert, und das Empfangende, das das Bergen im Mutterschoß zeigt, in den alles zurückkehrt, nachdem es den Kreislauf des Lebens vollendet."[41]

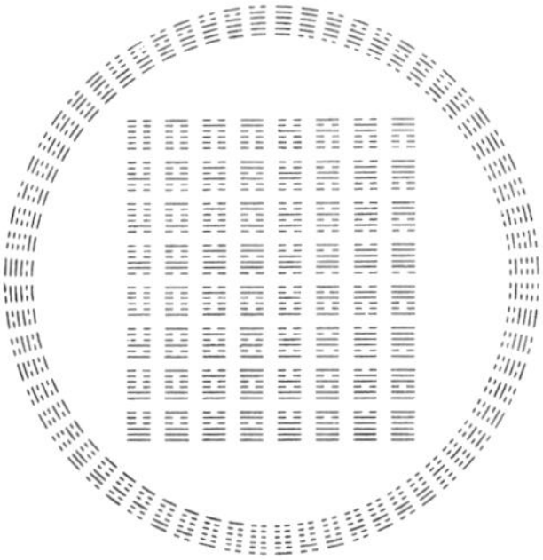

40. Ebenda, S. 25.
41. R. Wilhelm, *I Ging*, I, S. 48-49.

Hier bekämpfen die Gegensätze einander nicht, sie halten sich die Waage. Die vorweltliche Himmelsordnung war zudem mit einem Zahlenmandala, dem Ho-t'u assoziiert:

7
2
8 3 5 4 9
1
6

Sein innerer Rhythmus wiederholt sich in seiner Anordnung immer wieder. Nach der Überlieferung entdeckten König Wen und der Herzog von Dschou im Gefängnis, wo sie der Tyrann Dschou Sin (um 1150 v. Chr.) gefangenhielt, eine neue Zeitordnung, die die „spätere oder innerweltliche Himmelsordnung" genannt wurde. In ihr sind die Trigramme nicht mehr als Gegensatzpaare gruppiert, sondern in einer *zeitlichen Reihenfolge* dargestellt, wie sie sich während des Jahreszyklus in der irdischen Wirklichkeit manifestiert. Sie verbildlicht „Gottes Wirken in der Natur". Die ältere Ordnung betont Dauer, die jüngere Bewegung, beide jedoch sind kreisförmig. Die jüngere Ordnung wurde ebenfalls mit einem Zahlenmandala, dem Lo-shu (Ordnung des Lo-Flusses) assoziiert. Dieses galt als Grundzahlenmuster des Weltalls:

4	9	2
3	5	7
8	1	6

Es ist ein magisches Quadrat, in welchem alle Reihen und Diagonalen die Summe 15 ergeben. Die Chinesen richteten ihre Architektur, ihre Musik, sogar ihre Menüs nach diesem Muster aus.[42] Natürlich besaßen die Chine-

42. Vgl. M. Granet, ebenda, S. 137 ff.

sen daneben auch ein astrologisches Zeitsystem, das dem unsrigen gleicht.[43] Sein Tierkreis enthält allerdings andere Figuren, und die Zeichen gelten für Jahre – nicht für Monate, wie bei uns.

Die Kalender der Maya und Azteken zeigen Ähnlichkeiten mit dem der Chinesen. Die Maya betrachteten die Zeit nicht nur als Gottheit (den Sonnengott), sondern jedes Jahr, jeder Monat, Tag und sogar jede Stunde waren mit einer Zahl und einem Gott identisch. Das gleiche galt bei den Azteken. Obwohl die Zeit schon potentiell als Erscheinungsform des höchsten Gottes, den „Herrn der Zeit" bestand, trat sie erst nach der Erschaffung der vier Tezcatlipocas in Erscheinung: Nach einer Periode des Gleichgewichts, die der älteren chinesischen Himmelsordnung gleicht, begannen die Tezcatlipocas zu streiten, weil jeder die Sonne werden wollte. So entstanden Kampf und Änderung, und dies führte zu einer linearen Auffassung der Zeit, die sich in fünf aufeinanderfolgenden „Sonnen" entwickelte. Die Sonne „4 Tiger" dauerte 676 Jahre; dann wurden die Menschen von Tieren gefressen und die Sonne zerstört. Nachher folgte die Sonne „4 Wind", in deren Endzeit alles vom Wind weggeblasen wurde und die Menschen zu Affen wurden. Hierauf kam die Sonne „4 Regen", an deren Ende alles von einem Feuerregen vernichtet wurde. Die Menschen wurden zu Truthähnen. Dann folgte die Sonne „4 Wasser", wo alles am Ende zu Wasser wurde und die Menschen zu Fischen. Endlich herrschte die Sonne unserer Zeit, „4 Bewegung". In dieser Zeit wird es Erdbeben und Hungersnöte geben, „und so wird unser aller Ende kommen", wie die *Leyenda de los Soles* sagt.[44]

43. Vgl. Leopold de Saussure, „Les Origines de l'astrologie chinoise", in *Archives de Sciences physiques et naturelles*, 5ème série, 198, 5, Genève 1919; Needham und Wang Ling, *Science and Civilization in China*, Cambridge. 7 Bände, 1954-1959, Bd. III, passim.

Die Azteken glaubten, daß die Tage „arbeiten" wenn sie über den Himmel dahinziehen. Die Zeitmaße wurden als Gestalten, die die Summe von Tagen (Monaten und Jahren) auf ihrem Rücken tragen, dargestellt, wie sie in einer riesigen kreisförmigen Prozession dahineilen. (Interessanterweise spricht auch der griechische Dichter Hesiod von den Stunden als daimones – Götter.)

Auch unser eigenes westliches astrologisches System besteht aus einer Kreisprozession göttlicher Bilder. Es stammt aus Mesopotamien (um 600 v. Chr.), weist aber auch spätere ägyptische Einflüsse auf. Die Tierkreiszeichen waren ursprünglich verschieden von den heutigen, sie waren zuerst irdische Stammesgötter, die dann auf die Gestirnskonstellationen projiziert wurden, als die Babylonier begannen, die Bewegungen der Sterne zu beobachten und in Zahlenwerten festzuhalten. Auf diese Weise entdeckten sie eine gesetzmäßige Ordnung in dieser Prozession der Götter (oder Archetypen), eine Ordnung, die durch Zahlen ausgedrückt werden konnte. Jung definiert die Zahl „als einen bewußt gewordenen Archetypus der Ordnung". Auch die Zeitgötter der Azteken und Maya waren Zahlen, und die Chinesen assoziierten ebenfalls die Sternenordnung des Himmels mit Zahlen. Ihr Wort für Rechnen „shih" ist so 示 geschrieben, die oberen horizontalen Linien stellen den Himmel, die drei vertikalen den Einfluß von Sonne, Mond und Sternen auf die Erde dar. Rechnen war in China eng mit Zukunftsvorhersage verbunden.[45]

Die babylonische Astrologie verbreitete sich in Persien und Ägypten, wo die Götter zum Teil durch einheimische Götter ersetzt wurden. Die Babylonier glaubten an die Ewigkeit der Welt[46] und an die Heimarmene, einen alles

44. Übersetzt aus Leon-Portilla, *Aztec Thought ...*, S. 37-39.
45. Needham und Wang Ling, *Science and Civilization in China*, S. 4.

beherrschenden Gestirnszwang.[47] Alle Dinge auf Erden haben ihre Entsprechung am Himmel. In Perioden von 4 320 000 Jahren kehrt alles zu der Anfangskonstellation zurück – wie im indischen Mythos der ewigen Wiederkunft.

Diese Vorstellungen beeinflußten auch die Griechen (von Thales von Milet an) und inspirierten Platos kosmologisches Modell der Zeit: Über und jenseits der Erscheinungswelt ist die ewige, unveränderliche Welt der Ideen, die in der Idee des Guten eine Einheit bilden. Als aber der Schöpfer (Demiurg) die Welt erschuf, konnte er dieses Modell nicht als Ganzes gleichzeitig in die vergängliche Welt übertragen:

> „Nun war aber die Natur des Lebendigen ewig, und diese auf das Entstandene zu übertragen, war unmöglich; er beschloß daher *ein bewegtes Bild der Ewigkeit* zu machen und bildete, indem er damit zugleich dem Weltgebäude seine innere Ordnung gab, von der in der Ewigkeit beharrenden Einheit ein *nach der Zahl* sich bewegendes ewiges Abbild, eben das, was wir Zeit (Aiōn) genannt haben."[48]

Aiōn bedeutet hier äonische Zeit,[49] die zwischen der zeitlosen Welt der Ideen und der zeitgebundenen Wirklichkeit liegt, sie besteht aus langen historischen „Aeonen". Aiōn ist bei Plato ewig, die Fixsternsphäre, die nicht Leiden oder Veränderung kennt und sich im ewigen Kreis bewegt.[50] Erst unter dem Mond beginnt die Welt des

46. Vgl. Franz Cumont, *Astrology and Religion among the Greeks and Romans*. New York 1912, S. 30 ff.
47. Vgl. Ebenda, S. 28.
48. *Timaios*, Plato, 37 C.D.
49. Im Sinn von Hedwig Conrad-Martius.
50. Vgl. Gerd Böhme, *Zeit und Zahl: Studien zur Zeittheorie bei Platon, Aristoteles, Leibniz und Kant*, Frankfurt 1974.

Chronos, die wesenlose „sublunare" Welt der Vergänglichkeit.

Die zyklische Zeitidee wird noch heute unter Physikern ernstgenommen in Gestalt der sogenannten Ergoden-Hypothese. Diese besagt, daß, gleichgültig in welchem Zustand das endliche Universum sich zu einer gegebenen Zeit befindet, es, alle anderen möglichen Zustände in vorgegebener Reihenfolge durchlaufend, schließlich zum Ausgangszustand zurückkehren wird.[51] Aber die heutigen Hypothesen über das Leben des Kosmos sind zahlreich und verschieden. Die meisten Anhänger findet die Annahme, daß unser Universum mit einem „Urknall", einer Explosion begann und sich zu seinem Entropie-Ende hin (Wärmetod) ausbreitet. Andere Astrophysiker glauben an eine immer bestehende Welt, die in der Materie andauernd geschaffen und zerstört wird.

Es waren nicht nur Vernunftgründe dabei maßgebend, sondern jene archetypische Ur-Intuition einer kreisförmigen Zeit, daß wir die Uhren zuerst kreisförmig bauten. Noch heute sind die Zifferblätter meistens rund und spiegeln so die kreisende Himmelsordnung wieder.[52]

Die ältesten Uhren sind das Gnomon und die Sonnenuhr, welche beide die scheinbare Rotation der Sonne um die Erde benützen, indem sie die Zeit durch die Veränderungen des Schattens eines Stabs, einer Säule oder eines Obelisks messen oder dessen Ortsveränderung an der Sonnenuhr. Das Gnomon kam vermutlich im 6. Jahrhundert v. Chr. zu den Griechen.[53] Es hatte den Nachteil, nur die lokale Zeit angeben zu können. Außerdem ist die

51. D.W. Dauer, „Nietzsche and the Concept of Time", in *Study II, S.* 91.
52. D.J. De Solla Price, *Automata and the Origins of Mechanism and Mechanistic Philosophy*, Technology and Culture V, 1964. Zitiert in C. Haber, „Clockwork before the Clock and Timekeepers before Timekeeping", in *Study II*, S. 388.
53. Vgl. Le Lionnais, ebenda, S. 13.

„Bewegung“ der Sonne um die Erde sehr kompliziert. Indem man den Stab parallel zur Erdachsendrehung neigte, konnte dies vereinfacht werden. Nun war örtlich die Richtung des Schattens zu gleichen Stunden an jedem Tag die gleiche, nur seine Länge blieb variabel.[54] Diese Art von Sonnenuhr war in Ägypten seit dem 13. Jh. v. Chr. in Gebrauch, wahrscheinlich aber den Babyloniern schon vorher bekannt. Bis ins 17. Jahrhundert blieb die Sonnenuhr genauer als jegliche mechanische Uhr.

Die Erfindung der letzteren hing von einem wesentlichen Fortschritt ab: der Erfindung des Zahnrads zur Zeit des Archimedes. Es entstand wahrscheinlich beim Versuch, die Kalenderzyklen zu modellieren. Bis ins 9. Jahrhundert ist wenig darüber bekannt, bis in arabischen Ländern Zahnräder von bereits komplizierten Ratios in Astrolaben (Sternhöhenmessern) auftauchen – offensichtlich den Ahnen unserer Uhren.[55]

Alle, auch die verschiedensten Uhren besitzen vier Grundkomponenten, die zu unterschiedlichen Zeiten erfunden wurden: Einen Antrieb (zuerst in Gestalt eines Gewichts, später einer Feder), einen oszillierenden Regulator (Pendel, heute meistens ein Elektromagnet),[56] der die Unterschiede von Temperatur, Druck und Stoß ausgleicht, eine „Hemmung“, die den Energieverlust, der durch Reibung entsteht, wettmacht, und ein Zifferblatt, das Stunden, Minuten usw. angibt.

Trotz der zirkulären Form der Zeitmessung und ihrer dahinterliegenden Kreisvorstellung der Zeit bestand ursprünglich auch immer die Idee einer linearen, irreversiblen Zeit*folge*. Sie gründet sich wohl auf die Beobachtung des Alterns aller Lebewesen und der einschneidenden

54. Ebenda, S. 14, S. 19.
55. Vgl. D.J. De Solla Price, ebenda, S. 320.
56. Le Lionnais, ebenda, S. 26.

Änderungen des Lebens durch historische Ereignisse. Trotz ihrer zirkulären Zeitmodelle schrieben z.B. die Chinesen über drei Jahrtausende historische Daten nieder, um zu ergründen, „wie man sich in der Gegenwart und in der Zukunft benehmen müsse, wie Liebe (yen) und Rechtschaffenheit (i) zu günstigen, böse Taten zu ungünstigen sozialen Verhältnissen führen. Sie glaubten folglich an die Möglichkeit ethischer Vervollkommnung und sozialer Evolution."[57]

Im aztekischen Mythos verleiht der Streit der „5 Sonnen" um die Vorherrschaft der historischen Zeit ebenfalls einen linearen Aspekt, der aber nicht zu einer Entwicklung, sondern zu einer endgültigen Zerstörung führt. Lange bevor der Mensch den Grund des Alterns kannte (weil manche Körperzellen nicht mehr erneuert werden), wurde die Zeit in vielen Religionen mit Zufall, Tod, ja sogar mit dem Bösen assoziiert. Der hellenistische Aiōn war, wie erwähnt, auch Kronos, der Urgott, der seine eigenen Kinder frißt. Diese Vorstellung der Zeit als des Allverschlingers lebte im Christentum weiter in der Gestalt von „Vater Zeit", der in sich die Züge Kronos-Saturns und des Todes vereinigt. Das sechzehnte und siebzehnte Jahrhundert schwelgte in makabren Darstellungen der todbringenden Zeit.

Die judäo-christliche Überlieferung kennt hauptsächlich einen linearen Zeitbegriff. Er beruht auf dem möglichen direkten Eingreifen Gottes in die Geschichte, auf seiner „Vorsehung" und seinem Heilsplan, die Menschheit zur Vollendung zu führen und am Ende die „Welt" aufzuheben. Diese christliche Zeit ist aber kein mathematischer Parameter, sie schließt gewisse zyklische Züge ein wie auch einen göttlichen Plan (also eine finale Linie), indem sich die sieben Tage der Schöpfung wiederholen.[58]

57. Needham, *Time and Eastern Man*, S. 52 f.

Im Alten Testament finden sich gewisse „typoi" – die Vorbilder gewisser Ereignisse –, die deutlicher im Neuen Testament wiederkehren. Zum Beispiel besteht der Baum der Erkenntnis im Paradies aus demselben Holz wie der Stab Moses und auch der Balken im Tempel Salomons. Endlich wurde daraus auch das Kreuz Christi gemacht. Ein solches ewig-zyklisches Motiv verband sich mit dem linearen Lauf der Zeit.

Trotz der Betonung, daß Christus nur einmal für uns gestorben sei, glaubten manche Kirchenväter an astrale Einflüsse und einen gewissen Kreisablauf der Geschichte.[59] Die illud-tempus-Idee von außerzeitlichen Urmustern des Seins findet sich auch im Christentum in der Vorstellung des unus mundus als dem Plan des Universums, den Gott vor der Schöpfung in seinem Geist entwarf. Er wurde auch als „Weisheit" Gottes (die Sapientia Dei) verstanden. Gewisse Urbilder, Vorstellungen oder „Muster" bilden vereint den archetypus mundus oder das Modell im Geiste Gottes. Es enthielt eine mathematische Ordnung, wobei das Maß dem Vater, die Zahl dem Sohn und das Gewicht dem Heiligen Geist zugehörte.[60] Der unus mundus war eine allseitig unendliche Kugel wie Gott selbst.[61] Obwohl sich in der Geschichte die typoi wiederholen, folgen sie einer linearen Entwicklung, weil sie den Heilsplan Gottes zunehmend verdeutlichen: „Was im Alten Testament aufleuchtete, erstrahlt im Neuen Testament in vollem Glanze."

Der Abt Gioacchino da Fiori (12. Jh.) schuf eine der bekanntesten Lehren von solchen historischen Entspre-

58. Vgl. C. Haber, „The Darwinian Revolution in the Concept of Time", in *Study I*, S. 385 ff.
59. Vgl. M. Eliade, *Kosmos und Geschichte*, S. 115 ff.
60. Weisheit 11.21. Vgl. M.-L. von Franz, *Zahl und Zeit*, S. 153.
61. Vgl. Dieter Mahnke, *Unendliche Sphäre und Allmittelpunkt*, Stuttgart 1939, Neudruck 1966, passim.

chungen. Gemäß der Trinität schied er den Zeitablauf in drei große Äonen: Die Zeit des Alten Testamentes – die des Vaters –, in welcher das Gesetz und eine wörtliche Auffassung der Bibel herrschten; das erste christliche Jahrtausend – die Zeit des Sohnes –, in dem Gehorsam gegenüber der Kirche und Weisheit dominierten; und endlich das gegenwärtige Jahrtausend des Heiligen Geistes, in welchem geistige Menschen in Armut, aber in völliger Freiheit der Inspiration des Heiligen Geistes folgend leben werden.[62]

Indem die Geschichte einem „Heilsplan" Gottes folgte, ist sie für die Christen sakramental. Dies erinnert auch an Platos Vorstellung, daß alle irdischen Dinge auf Urformen (den Ideen) gründen.

Wie C. Haber nachgewiesen hat[63], wurde bis ins fünfzehnte Jahrhundert die Uhr als ein Abbild der göttlichen Anordnung der Welt angesehen. Um 1453 schreibt Nikolaus von Kues in seiner *Visio Dei:* „Lasset uns die Vorstellung der Uhr als Darstellung der Ewigkeit ansehen. Die Ewigkeit nämlich rafft und entfaltet die Zeitfolge, so wie auch die Uhr die Ereignisse zusammenrafft und ausfaltet."[64] Allmählich verlor die Uhr als Symbol jedoch ihren sakramentalen Charakter, bis sie im 18. Jahrhundert zum Bild eines Automaten wurde, der keine Verbindung mehr mit Gott besaß.[65]

In der Physik geschah der Durchbruch zum rein mathematischen Begriff der linearen Zeit durch Newton, der sie zu einem Parameter der meßbaren Zeit reduzierte. Dessen Rolle wurde dann dominant durch das zweite thermodynamische Gesetz von Carnot und Boltzmann.

62. Vgl. Giacchino da Fiori, *Tractatus super quatuor Evangelia*, hrsg. E. Bonaiuti, Rom 1930, S. XLI, LII-LIII, S. 23 und a.a.O.
63. Vgl. Haber, ebenda, S. 387 ff.
64. Ebenda, S. 392 ff.
65. Ebenda, S. 392.

Letzteres besagt, daß bei jedem physikalischen Prozeß ein gewisses Quantum von Energie unwiederbringlich in Form von Wärme verlorengeht und damit Unordnung („Entropie") zunimmt. Dies wird zum Wärmetod des Alls führen. Das Gesetz führt zur Vorstellung eines „Zeitpfeiles" – einer irreversiblen Gerichtetheit der Zeit.

Heute glauben jedoch viele Physiker, daß der Geist, im Gegensatz zur Natur, ein „negentropischer" Faktor sei, d.h., daß er Ordnung aus Unordnung und Systeme von höherem Energiepotential oder Informationsgehalt, d.h. niedrigerer Entropie erzeugen könne. Das führte Olivier Costa de Beauregard dazu, die Existenz eines kosmischen „infrapsychisme", einer Art Weltseele zu postulieren, welche mit dem Einsteinschen Universum koexistiert und eine Quelle universaler Negentropie wäre.[66] In der heutigen Physik herrscht aber trotzdem im allgemeinen der „Zeitpfeil" als Bild vor.

Die westliche Vorliebe für die Idee eines „Zeitpfeils" wurde sehr durch Charles Darwins Entdeckungen gefördert.[67] Darwin sah die Evolution der Gattungen auf der Erde als rein mechanisch, vom Zufall gesteuert, an. So ist auch bei ihm die Zeit eine reine Linie. Obgleich manche „Vitalisten" diese Sicht leugnen, ist sie noch immer weitgehend anerkannt. Schließlich sprechen auch die fühlbaren psychologischen Veränderungen, die der Mensch in seinem Leben erfährt, für die Idee des „Zeitpfeiles".[68]

Immer wieder wurde versucht, die lineare und zyklische Sicht der Zeit zu verbinden. Augustinus' Deutung von Zeit und Ewigkeit stellt einen solchen Versuch dar. Und die chinesische Geschichtsauffassung verband die

66. Costa de Beauregard, *Le Second Principe de la Science du Temps*, Paris 1963.
67. Vgl. Haber, ebenda, S. 383-85.
68. Vgl. Mehreres bei K.G. Denbigh, „In Defense of the Direction of Time", in *Study I*, S. 148.

Kreisform der Zeit mit der Idee einer linearen moralischen Entwicklung der Menschheit.

Das beste Bild für eine solche Kombination ist wohl das der Spirale.[69] Jung hat versucht zu zeigen, daß die Bewußtwerdung des Seelenkerns, des Selbst, oder das innerseelische Gottmenschbild, geschichtlich eine solche spiralförmige Entwicklung bei uns durchgemacht hat.[70]

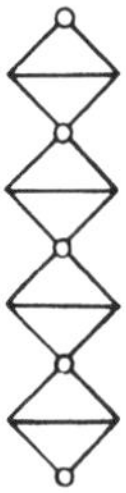

Das Modell stellt, so Jung, die hauptsächlichste Entwicklung unseres Gottmenschbildes dar.[71] Wir müssen die nebenstehende Kette spiralig aufrollen, dann kehrt der unterste Punkt „Das Runde“ zum obersten zurück, jedoch auf einem leicht erhöhten Bewußtseinsniveau. Unter dem irdischen Adam steht die Schlange, die Adams Fall bewirkte, sie stellt die göttliche Urmaterie, das gesuchte Ziel der Alchemisten, dar. Nach deren Zirkulation durch die vier Elemente wird sie zum „Stein der Weisen“ – einem neuen Gottmensch-Symbol. Letzterer wird dann in Form des „Runden“ als das Grundelement des Alls vorgestellt. Dazwischen liegen je vier Quaternionen, die als Ausfaltung des darüberliegenden Zentrums verstanden wurden.

69. Vgl. Jill Purce, *The Mystic Spiral*, London/New York 1974.
70. C.G. Jung, *Aion*, GW 9/2, §§ 358-365.
71. Ebenda, §§ 374-377, 390 ff.

Der Mensch lebte zuerst wie ein unbewußtes Kind, abhängig von der „geistigen" Sphäre. Diese wurde von Satan, dem dunklen Prinzip, und durch den Instinktschatten des Menschen bedroht. Die Idee des „Steins der Weisen" fällt zeitlich mit der Entwicklung der Naturwissenschaften zusammen. Dort entstand das Modell eines vierdimensionalen Zeitraums. Die Serie endet mit dem Runden, der archetypischen Idee von Rotation, das über eine solche statische Vierheit noch hinausführt. Das Runde fällt auf höherer Stufe mit dem „geistigen Adam" wieder in eins.

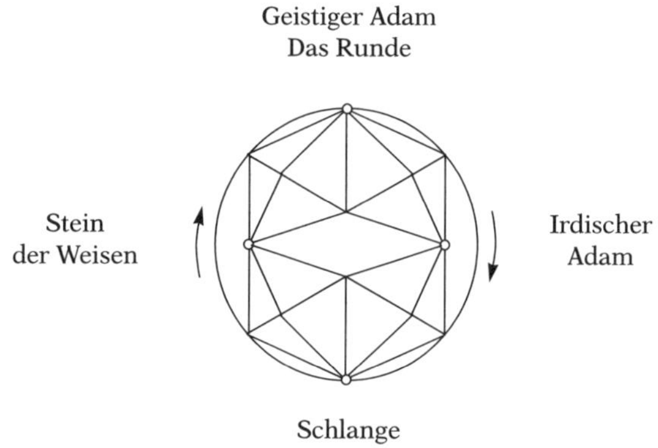

In einer Gleichung könnte dieses Modell des Selbst folgendermaßen dargestellt werden, „wobei wir mit A den Anfangszustand, ... mit A1 den Endzustand und mit BCD die intermediären Zustände bezeichnen. Die jeweiligen Aufspaltungsfiguren bezeichnen wir mit den entsprechenden Minuskeln a, b, c, d. Hinsichtlich der Konstruktion der Formel müssen wir die Tatsache im Auge behalten, daß es sich um einen fortschreitenden Wandlungsprozeß einer und derselben Substanz handelt ... Was die Formel nur andeuten kann, ist die höhere Ebene, welche durch den Wandlungs-, beziehungsweise Integrationsprozeß erreicht wird. Die ‚Erhöhung' oder der Fortschritt oder die Qualitätsänderung besteht in einer vierteiligen und viermaligen Entfaltung der Ganzheit, welche nichts anderes bedeutet als deren Bewußtwerdung."[72]

Jung vergleicht diesen spiralförmigen Prozeß im Selbst (Gottesbild) mit der Selbsterneuerung des Kohlenstoffkerns im solaren Kohlenstoff-Stickstoff-Zyklus, worin ein Kohlenstoffkern vier Protonen einfängt und am Ende des Zyklus in Gestalt von Alphapartikeln wieder abstößt, um so zu seiner ursprünglichen Struktur zurückzukehren.[73]

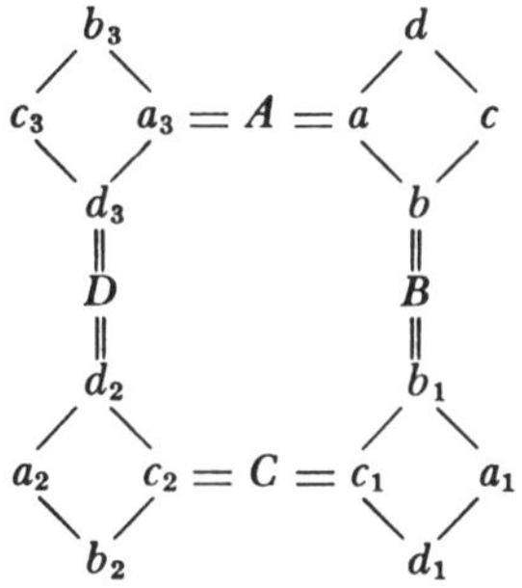

„Die physikalische Analogie ist insofern keine Digression, als das Symbolschema selber den Abstieg in den Stoff darstellt und die Identität des Außen mit dem Innen fordert. Psyche kann kein ‚ganz anderes' sein als Materie, denn wie könnte sie dann den Stoff bewegen? Und Stoff kann der Psyche nicht fremd sein, denn wie könnte er sie dann erzeugen? Psyche und Materie sind von einer und derselben Welt, und eines hat am anderen teil, sonst wäre Wechselwirkung unmöglich. Man müßte daher, wenn die Forschung

72. Ebenda, §§ 408, 410.
73. Ebenda, § 411. Vgl. auch George Gamov, *Atomic Energy,* Cambridge 1947, S. 72.

nur weit genug vorstoßen kann, zu einer letzthinnigen Übereinstimmung physischer und psychologischer Begriffe gelangen. Unsere derzeitigen Versuche mögen gewagt sein, aber ich glaube, daß sie auf der richtigen Linie liegen. Die Mathematik zum Beispiel hat mehr als einmal bewiesen, daß ihre rein logisch und jenseits aller Erfahrung konstruierten Gebilde sich nachträglich als mit dem Verhalten der Dinge koinzident erwiesen, was, wie die synchronistischen Ereignisse, auf eine tiefe Übereinstimmung aller Seinsformen hindeutet."[74]

Das symbolische Spiralmodell Jungs versucht eine *Grundstruktur des physischen und psychischen Lebens* darzustellen. Interessanterweise findet sich dieses Spiralmodell auch im Heiratsklassensystem der Melanesier, das dort der geordneten Fortsetzung des Stammeslebens dienen soll. Eine matrilineare und eine patrilineare Stammeshälfte erzeugen, wenn aufgezeichnet, die folgenden Spiraltypen.

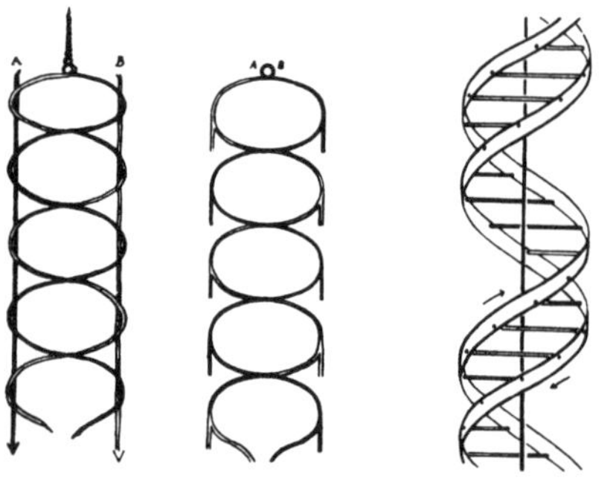

Und nicht zuletzt ist die genetische Substanz aller Lebewesen in einer Doppelspirale aufgerollt, wie Watson, Crick und Wilkins erwiesen haben. Vielleicht stellt diese

74. C.G. Jung, GW 9/2, § 413.

genetische Spirale eine Analogie zur archetypischen Vorstellung der Zeit als einer Spirale dar, in welcher der zyklische und lineare Aspekt versöhnt wird.

Rhythmus und Periodizität

Nicht nur Plato assoziierte die Zeit mit der Zahl. Auch für Aristoteles war die Zeit „die Zahl der Bewegungen in ihrem Früher und Später". Er hatte dabei die Bewegung des Himmels im Sinn, weil diese unaufhörlich und gleichförmig gedacht wurde.[75] Andererseits war die Zeit für Aristoteles auch das Prinzip aller Veränderung.[76] Seine Ansicht wurde kritisiert als eine bloße Definition *meßbarer* Zeit, nicht der Zeit an sich. Mir scheint aber die Verbindung der Zeit mit der Zahl viel tiefer zu reichen.

Wenn Alexander Marshak recht hat,[77] bestand eines der ältesten Spiele des paläolithischen Menschen darin, Zahlmarkierungen auf Steinen und Knochen einzuzeichnen, um so die Zeit festzulegen. Dieses Spiel war, nach Marshak, der Beginn der Zivilisation. Die Markierungen dienten von Anfang an dazu, Kalenderdaten zu zählen.

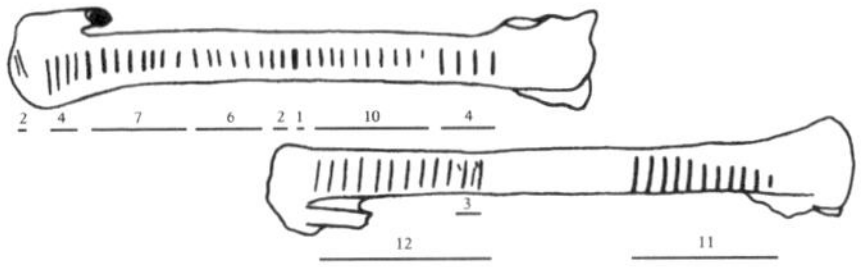

Auch im alten China waren Zeit und Zahl essentiell verbunden, wenn auch in einer etwas anderen Bedeutung. Die Chinesen behandelten die Zahl in ihrer Rolle als

75. Vgl. G.J. Whitrow, *The Natural Philosophy of Time*, S. 29 f.; und derselbe „Reflections on the History of the Concept of Time", in *Study I*, S. 4 f.
76. Vgl. P.E. Ariotti, „The Concept of Time in Western Antiquity", in *Study II*, S. 75.
77. Alexander Marshak, *The Roots of Civilization*, New York 1972.

Quantitätsangeber als unwichtig: Wie Granet betont, war für sie die Zahl viel eher ein qualitatives „Emblem“ (oder Symbol), das aber ebenfalls wie bei uns „regelmäßige Entsprechungen der Wesen“ ausdrückt.[78] Zahlsymbole spiegeln in einer hierarchischen Ordnung bestimmte fundamentale Muster des Universums wider; sie geben „Auskunft über die Gesamtheit aller räumlichen und zeitlichen Umstände“.[79] Hier kommt die Zeit hinein; denn diese umständegebundenen Aspekte offenbaren sich in einer Zeitabfolge. Deren Zahlen sind im Laufe der Zeit variabel und beschreiben jede einen qualitativ verschiedenen Zeitmoment. So bildete die Zeit für die Chinesen ein Kontinuum, das Qualitäten oder Grundsituationen enthielt, die relativ simultan an verschiedenen Orten hervortreten konnten. Das berühmte Orakelbuch, der *I Ging,* ist auf dieser Voraussetzung aufgebaut. In dessen Sicht besteht *die Zeit aus geordneten Wandlungsphasen der kosmischen Ganzheit.*[80] Nach Auffassung des Philosophen Wang Fu Ch'ih (1619-92) bildet alles Sein ein kosmisches Kontinuum, das als solches nicht sinnenfällig wahrnehmbar ist. Doch aufgrund seiner inneren Dynamik differenzieren sich aus ihm gewisse Bilder oder Strukturen heraus, die sich zeitlich ablösen und durch Zahlverfahren erfaßt werden können. Dadurch sind alle Zahlen Zeitangeber, welche die Qualität jedes Augenblicks charakterisieren. In China wurde die Zeit nie zu einem leeren Bezugsrahmen, sondern blieb immer durch die Natur der in ihr gleichzeitig stattfindenden Ereignisse gekennzeichnet. Zugleich besaß das Universum eine zeitlich-rhythmische Natur, deren Grundrhythmus der Wechsel von Yang und Yin bildete. Mit deren Rhythmus

78. Vgl. M. Granet, *La pensée chinoise,* S. 127, S. 131.
79. Vgl. M.-L. von Franz, *Zahl und Zeit,* S. 30.
80. Ebenda, S. 77.

war zugleich die Idee der Enantiodromie verbunden: Wann immer eine Linie des I-Ging-Orakels ihren Höhepunkt erreicht, kippt sie in ihr Gegenteil um. Eine ähnliche Idee wurde von dem griechischen Philosophen Heraklit formuliert, welcher das Schicksal „einen weltordnenden Sinn (Logos)“ nannte, „der aus der Enantiodromie zum Erschaffer aller Dinge wird“.[81] Jung übernahm diesen Begriff, indem er das psychologische Gesetz aufzeigte, daß extreme seelische Zustände in ihr Gegenteil umzukippen neigen: Gutes in Böses, Liebe in Haß, übertriebene Geistigkeit in Triebhaftigkeit, usw.

Die nahe Beziehung von Zeit und Rhythmus wird auch in der Konstruktion der Uhr sichtbar in Gestalt des Pendels, das von Galilei erfunden und von Christian Huyghens für die Zeitmessung nutzbar gemacht wurde. Eine einfache Pendelbewegung markiert noch heute die Zeit in der Musik in der Form des Metronoms. Vor kurzem hat die Elektrizität die Rolle, synchrone Oszillationen zu erzeugen, übernommen[82]: Ein Wechselstrom unterhält die Vibrationen, wobei ein spezieller Mechanismus die Periode des Stroms reguliert. Heute sind wir noch einen Schritt weiter, indem nun piezoelektrische Quarz- oder Ammoniak-Moleküle benützt werden, um äußerst regelmäßige, kaum störbare Oszillationen zu erzeugen. Wenn man einen Quarzstreifen elektrisch „zusammendrückt“, entsteht an seinen Enden durch internes Wandern eine elektrische Spannungsdifferenz. Dieser piezoelektrische Effekt kann auch umgekehrt werden: eine an den Quarzstreifen angelegte Wechselspannung erzeugt mechanische Oszillationen von vielen Tausend Schwingungen pro Sekunde und auf Grund von Resonanzeffekten von solcher Regelmäßigkeit, daß da-

81. Aetius, *Placita Philosophorum, I,* 7.22: und Hermann Diels, *Doxographi graeci*, Berlin/Leipzig 1929, S. 303.
82. F. Le Lionnais, „Le Temps“, S. 71.

durch die Erregerfrequenz stabilisiert werden kann.[83] Quarz „altert" jedoch, weshalb für präzisere Zeitmessungen heute eher Atom- oder Molekülujhren, z.B. mit Ammoniak (NH_3), verwendet werden. Bei der Ammoniakuhr nützt man die Stabilität der Schwingung, die das N-Ion relativ zu der von drei H-Ionen gebildeten Ebene zwischen seinen beiden möglichen Polen ausführt. Das N-Ion vibriert mit 24000 Megahertz, also 24 Milliarden Schwingungen pro Sekunde. Dies führte zum Bau der sog. Masers (*m*icrowave *a*mplifications by *s*timulated *e*mission of *r*adiation, i.e. maser). „Alle Materie", sagt Capra, „nimmt an einem ständigen kosmischen Tanz teil."[84] „Jedes Partikel singt ein ewiges Lied und produziert rhythmische Energiestrukturen ...".[85] Die moderne Physik hat enthüllt, „daß jedes subatomare Teilchen nicht nur einen Energietanz aufführt, sondern auch ein Energietanz *ist*, ein pulsierender Prozeß von Erschaffung und Zerstörung".[86]

Auch wenn wir in den makrophysikalischen Bereich und zu den Körpern von Lebewesen zurückkehren, begegnen wir der gleichen Erscheinung: Sie alle folgen bestimmten Rhythmen, ihren sogenannten biologischen Uhren. Pflanzen und Tiere sind so nicht nur an ihre räumliche Umgebung angepaßt, sondern auch an die Zeit; z.B. an den Sonnentag, welches Phänomen man den zirkadianen Rhythmus nennt, aber auch an die Mondphasen, an Ebbe und Flut oder sogar an das Sonnenjahr. Gewisse Unternehmungen, wie die Nahrungssuche, werden im Tier nicht durch den Anreiz des Sonnenaufgangs ausgelöst, sondern durch einen inneren Rhythmus, der dem Tier erlaubt, „vorauszuplanen".[87] Auch Pflanzen be-

83. Ebenda, S. 72.
84. F. Capra, ebenda, S. 241.
85. Ebenda, S. 242.
86. Ebenda, S. 244.

sitzen so etwas wie ein Zeitgedächtnis, denn viele (nicht alle) beginnen ihre Blüten mehrere Stunden *vor* Sonnenaufgang zu öffnen, als ob sie „wüßten", daß die Sonne bald aufgeht. Wenn man sie künstlich im Dunkeln läßt, öffnen sie ihre Blüten immer noch zur selben Tageszeit.[88] Wahrscheinlich funktionieren die biologischen Uhren der Tiere durch Oszillatoren.[89] Oft haben Tiere eine übergeordnete Uhr, von welcher mehrere physiologische Prozesse zeitlich geregelt werden. Phasen von Aktivität oder Ruhe, Änderungen im Stoffwechsel, Körpertemperatur und andere Vorgänge scheinen in dieser Art geregelt zu werden. Diese Rhythmen scheinen angeboren und sind endogen – nicht durch Außenweltreize erzeugt.[90] Bei Einzellern und manchen Pflanzen ist das Ganze oft an *einen* Rhythmus gebunden. Niedrige Temperaturen (bei Pflanzen sogar Unterschiede von nur 5-10°C) verlangsamen die biologischen Uhren.

Bei differenzierten Lebewesen ist es noch nicht sicher, ob die verschiedenen Rhythmen durch *ein* Organ aufeinander abgestimmt oder über verschiedene Gewebe und Organe verteilt sind; beides scheint der Fall zu sein.[91] Bei höheren Tieren könnte ein zentraler Regulator im Hirn existieren.[92] Es scheint, wie G. Schaltenbrand ausführt, eine standardisierte rhythmische, chronologische Organisation im Hirn zu existieren, die als Ganzes funktioniert.[93]

87. Vgl. Erwin Bünning, *Die physiologische Uhr,* 2. Ausgabe, Berlin/New York 1963, S. 2.
88. Ebenda, S. 4.
89. Vgl. E. Pöppel, „Oscillations as a Possible Basis for Time-Perception", in *Study I*, S. 221.
90. Obwohl manchmal äußere Reize mitwirken.
91. Vgl. Bünning, ebenda, S. 40 f. u. 52.
92. Vgl. C.P. Richter, „Astronomical References in Biological Rhythms" in *Study II*, S. 52.
93. Vgl. G. Schaltenbrand, „Cyclic States as Biological Space-Time Fields," in *Study II*, S. 59.

Die grundlegend rhythmische Struktur unseres physiologischen Lebens ist nicht dessen einzige Beziehung zur Zeit. Wie Adolf Portmann hervorhob, zeigen ganze Verhaltensmuster von Tieren und Pflanzen eine zeitliche Natur: „Jede Lebensform ist vor uns als eine Gestalt, die nicht nur im Raum, sondern auch in der Zeit ihre artgemäße Entfaltung erfährt.“[94] Das soziale Jahr der Bewohner von Ozeanien (Samoa, Malekula) ist nach dem Zyklus des Palolo-Wurms (Eunice viridis) berechnet. Jedes Jahr stößt dieser Wurm einen mit Geschlechtsstoffen beladenen Teil seines Körpers ab, und die Befruchtung findet im Meer statt, wo sich der Wurm dann wieder ergänzt. Dieser Rhythmus hängt von den Mondphasen ab, zur gleichen Zeit blüht ein bestimmter Baum (Erythrina indica). Manche Seeigel des Mittelmeers vor Ägypten, sowie Austern und Pilgermuscheln in wärmeren Meeren folgen in ihrem Sexualtrieb einem ähnlichen Rhythmus. Die Wanderschaft von Vögeln gehorcht ebenfalls einem Jahreszyklus.

Die Entwicklung des Tieres selber ist zeitlich, aber kein „bloßes Ertragen und Bestehen im Zeitablauf; es ist ein Widerstand gegen die Zeit, eine im Protoplasma der einzelnen Art vorgesehene Weise der Gestaltung ... So wie in einem reichen Feuerwerk verschiedene Leuchtfiguren kunstvoll eingebaut und zu einer bestimmten Zeitgestalt verbunden sein können, so finden wir im Leben vieler Insekten von Stufe zu Stufe neue Organbildungen bereitgestellt, die ebenfalls in einem genau geregelten Zeitgeschehen zur Entfaltung kommen.“[95] Auch der Mensch besitzt eine oder mehrere biologische Uhren (die bei Langstreckenflügen in Unordnung geraten), aber er

94. Vgl. Adolf Portmann, „Die Zeit im Leben der Organismen“, in *Eranos Jahrbuch*, Band XX, Zürich 1951, S. 443.
95. Ebenda, S. 445 f.

„beherrscht" sie weitgehend mit seinem Uhrzeitbewußtsein.[96]

Im Bereich der Emotionen, die im psycho-physischen Grenzbereich liegen, ist Rhythmus von besonderer Bedeutung. In stark erregten Zuständen neigen wir zu rhythmischen Bewegungen (z.B. Stampfen) und wiederholen endlos gewisse Gedanken und Sätze. Dies veranlaßte Jung zu vermuten, daß unbewußte Komplexe Periodizität und eine rhythmische Komponente besitzen, welche Annahme nun auch durch Beobachtung sich periodisch wiederholender Traummotive in Serien weiter untersucht wird.[97]

Die großen allgemeinmenschlichen Komplexe der Menschheit – Jung nennt sie Archetypen –, die sich in unseren psycho-physischen Verhaltensweisen manifestieren, wurden früher als Götter oder mythische Figuren erlebt. Die zuvor erwähnten astrologischen Systeme waren in dieser Sicht Versuche des Menschen, eine Zeitfolge und -Ordnung, ein „Spiel der Archetypen" zu formulieren. Es schuf eine Art von äonischem Zeit-Rhythmus. Ein solches „Spiel" mag wohl existieren, ist uns aber heute noch unverständlich. Die Beziehung von bestimmten Göttern zu speziellen Zeiten und zum Zufall, von der unten die Rede sein wird, deutete auf eine teils zeitlose, teils zeitgebundene Natur der Archetypen hin.

Was heute vielmehr von den Psychologen erforscht wird, ist die ungeheure Vielfalt des subjektiven menschlichen Zeiterlebens. Junge Menschen leben mehr auf die Zukunft hin ausgerichtet, alte Menschen orientieren sich mehr nach der Vergangenheit. Für alternde Menschen scheint die Zeit schneller zu fließen (infolge der eigenen

96. Vgl. C.P. Richter, ebenda, S. 39, 52, und die weitere dort angeführte Literatur.
97. Durch Dr. Peter Walder. Zur Periodizität im Verhalten Schizophrener; vgl. B.S. Aaronson, „Time, Stance and Existence", in *Study I*, S. 308.

Verlangsamung.)[98] Außerdem ist das subjektive Zeiterleben wahrscheinlich von physiologischen Gegebenheiten (z.B. der Temperatur) bestimmt. Sie beeinflussen unsere Sinneswahrnehmung und Zeiteinschätzung. Auch Vergiftung durch Haschisch, Opium, Meskalin, usw. weitet unsere Zeiteinschätzung oder rafft sie.[99]

Das subjektive Zeiterleben ist nicht nur individuell verschieden, es variiert auch bei sozialen, ethnischen und psychologischen Gruppen. Die Anpassung an unsere Uhrzeit ist m.E. besonders für intuitive Menschen schwierig, während Empfindungstypen im Hier und Jetzt so sehr kleben bleiben, daß sie sich keine zukünftige Wandlung vorstellen können. Weil das Zeiterleben so eng mit unserem ganzen Lebensrhythmus verknüpft ist, ist es meistens im Falle einer Neurose oder Psychose gestört. Manche Leute leben schneller, als sie es sich leisten können, andere hinken hinter ihrer eigenen Entwicklungsmöglichkeit her. Letztere fühlen sich dann „von der Zeit verfolgt oder gehetzt“. Falls meine obige Darlegung stimmt, daß die Zeit mit dem inneren Rhythmus des Seelenkerns oder Selbst (der bewußt-unbewußten psychischen Ganzheit) verknüpft ist, wird es verständlich, daß jedes neurotische Abweichen vom Rhythmus des Selbst auch zu einer gestörten Zeitbeziehung führt.

Neben den genannten physiologischen Bedingungen spielt auch das Gedächtnis in unserem Zeiterleben eine Rolle, doch ist deren komplizierte Natur noch nicht erhellt worden. Gewisse Forscher nehmen an, daß das Gehirn alle in unseren Bewußtseinsabläufen registrierten Informationen behält (d.h. alle bewußt bemerkten und unbewußt wahrgenommenen Einzelheiten), daß aber

98. Vgl. R. Kastenbaum, „Time, Death and Old Age“, in *Study II*, S. 20 ff. und speziell H.B. Green, „Temporal Stages in the Development of the Self“, in *Study II*, S. 1 ff.
99. Vgl. Le Lionnais, „Le Temps“, S. 103 u. 107.

das meiste dann nicht mehr absichtlich erinnert werden kann.[100] Vieles davon können wir nur noch summarisch und generell erinnern. Dies bedeutet, daß die meisten Erinnerungen in „Schemata" (Bartlett) organisiert werden.[101] Suzanne Langer nennt dies eine „symbolische Verwandlung der Erfahrung".[102] Vom Jungschen Standpunkt aus gesehen würde diese Organisation und Verwandlung durch die Archetypen bewirkt, denn letztere sind die angeborenen „Ordner" menschlicher Erfahrung überhaupt. Was immer auch das Gedächtnis tut, ist, wie Whitrow betont, von zeitlicher Natur. Es erzeugt den „Gedankenfluß" unseres Bewußtseins.[103] Damit kehren wir wieder zu der ursprünglichen Zeitidee als eines Stromes koinzidierender innerer und äußerer, quantitativer und qualitativer Ereignisse zurück. J.W. Dunne hat in seinem Buch *Experiment with Time* versucht, die Zeit als multidimensional zu beschreiben, wobei die verschiedenen Zeitdimensionen verschiedenen seelischen Zuständen entsprechen. Mir erscheint dieses Modell grundsätzlich zutreffend, insofern es die Zeit als multidimensionale, durch die Gleichzeitigkeit von verschiedenen seelischen Zuständen charakterisiertes Phänomen sieht.

Notwendigkeit, Zufall und Synchronizität

Irgendeine Form der Kausalitätsidee findet man in fast allen Kulturen. Im Fernen Osten erscheint sie im Begriff des Karma. Durch zahllose Reinkarnationen hindurch bewahrt der einzelne eine gewisse Identität innerhalb der Kette karmischer Ursachen. „Falls wir im Zeitablauf eine

100. Vgl. G.J. Whitrow, *The Natural Philosophy of Time*, S. 105.
101. Ebenda, S. 107.
102. Ebenda, S. 111.
103. Ebenda, S. 111.

Erhaltung von Identität sehen können, ist diese von einer Kausalkette, die Ereignisse verbindet, bedingt."[104]

Was wir im Westen Kausalität nennen, wurzelt in den griechischen Mythologemen von Ananke (Notwendigkeit), Dike (Gerechtigkeit), Heimarmene (Gestirnszwang) und Nemesis (Vergeltung). Diese waren alle geehrte und gefürchtete Göttinnen. Sie herrschten über das Spiel der Gegensätze im All. So sagt Anaximander[105]: „Woraus aber die Dinge ihre Entstehung haben, darin findet auch ihr Untergang statt, gemäß der Notwendigkeit. Denn sie leisten einander Sühne und Buße für ihr Unrecht, gemäß der Ordnung der Zeit." Heraklit betont ebenfalls, daß „alles Geschehen vermittels des Streites und der Notwendigkeit erfolgt".[106] In der stoischen Philosophie wurde später Ananke, bzw. Heimarmene zum alles, sogar die Götter beherrschenden Weltgesetz. Nach Ansicht der Orphiker war Chronos (die Zeit) mit Ananke (Notwendigkeit) gepaart. Letztere hält das Universum „in ehernen Fesseln", indem sie es als Schlange umringt.[107] Sie ist auch die unerbittliche Göttin der Todesschlingen. Ananke spinnt unseren Lebensfaden und schneidet ihn am Ende grausam ab.

Im Christentum verschwand die Idee der Notwendigkeit nicht, sondern wurde auf die von Gott geschaffene Naturgesetzlichkeit projiziert, in welche er allerdings durch Wunder eingreifen konnte. Erst mit René Descartes (1596-1650) wurde die Idee der rationalen Determiniertheit, der absoluten Gültigkeit der Naturgesetze vorherrschend und jede Möglichkeit eines neuen schöpferi-

104. Übers. aus M.S. Watanabe, „Causality and Time," in *Study II*, S. 267 ff.
105. In: Simplicius, *In Aristotelis Physicorum libros Commentarius*, in H. Diels, *Doxographi graeci*, Berlin/Leipzig 1929, S. 476. Übersetzung in W. Capelle, *Die Vorsokratiker*, Leipzig 1935, S. 82.
106. Fragment 80 aus Clemens von Alexandria, in Capelle, *Vorsokratiker*, S. 135. Vgl. P.E. Ariotti, *The Concept of Time ...*, S. 71.
107. Vgl. R. Onians, *Origins of European Thought*, S. 332.

schen Einwirkens Gottes ausgeschlossen. Gottes Willensakte decken sich völlig mit den Naturgesetzen und fallen zugleich zusammen mit der intellektuellen Gesetzmäßigkeit.[108] Ähnliches gilt für die Mechanik von Isaac Newton. Auch in seiner Sicht hat zwar Gott zu Beginn die Materieteilchen geschaffen sowie die zwischen ihnen wirkenden Kräfte und die Bewegungsgesetze, nun aber funktioniert alles, von unwandelbaren Gesetzen diktiert, wie eine Maschine.[109]

Die Annahme der absoluten Gültigkeit des Kausalitätsgesetzes dauerte bis zu den Anfängen der Quantenphysik, als die Erforschung des Verhaltens der Elementarteilchen die Physiker zwang, den Begriff der Kausalität durch den der mathematischen Wahrscheinlichkeit zu ersetzen. Das Verhalten eines einzelnen Teilchens kann demnach nicht vorausberechnet werden, und ist vom Zufall regiert; d.h. es ist nur noch die Wahrscheinlichkeit des Verhaltens vieler Teilchen voraussagbar.

„Auf der subatomaren Ebene", formuliert es Capra,[110] „existiert Materie nicht mit Sicherheit an bestimmten Orten, sondern zeigt eher eine ‚Tendenz zu existieren', und atomare Vorgänge laufen nicht mit Sicherheit zu bestimmten Zeiten und auf bestimmte Weise ab, sondern zeigen eher ‚Tendenzen zu erscheinen'."

In der Formsprache der Quantentheorie werden diese Tendenzen als Wahrscheinlichkeiten ausgedrückt. Zudem können wir nie den Ort und Impuls (= Masse mal Geschwindigkeit) eines Teilchens gleichzeitig bestimmen, sondern *genau* nur je das eine. Das ist die bekannte Heisenbergsche Unschärferelation.[111] Albert Einstein

108. Vgl. Heinrich Barth, *Descartes' Begründung der Erkenntnis*, Diss., Bern 1913, und M.-L. von Franz, „Der Traum des Descartes", in *Träume*, Zürich 1985 / Einsiedeln 2001, S. 137 ff.
109. Vgl. F. Capra, *Tao der Physik*, S. 55 f.
110. Ebenda, S. 67, vgl. auch S. 134.
111. Ebenda, S. 142.

konnte diesen Einbruch in die allgemeine Gültigkeit der Kausalität zuerst nicht akzeptieren und sagte bekanntlich im Affekt zu Niels Bohr: „Gott würfelt nicht!"

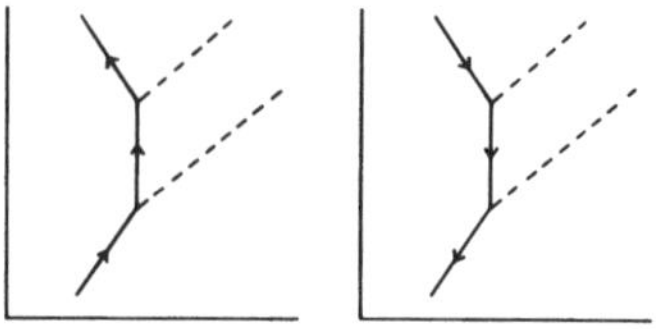

In der Quantenphysik berührt noch ein anderer Tatbestand das Problem der Zeit, nämlich die sogenannte Symmetrie der Zeitrichtung. Die zwei obenstehenden Diagramme können zwiefach gelesen werden: Entweder als eine Elektron-Photon-Streuung (das Elektron ist durch den durchgezogenen Pfeil dargestellt, das Photon als gestrichelte Linie), oder als eine Positron-Photon-Streuung (wobei das Positron als Abwärtspfeillinie dargestellt ist). Der mathematische Formalismus der Feldtheorie läßt diese Linien also zwiefach lesen: Als Positronen, die sich *in der Zeit vorwärts bewegen*, oder als Elektronen, die sich *in der Zeit rückwärts bewegen.*[112] Dies kann wie im Diagramm unten gelesen werden: Ein Elektron (durchgehende Linie) und ein Photon (gestrichelte Linie) nähern sich einander. Im Punkt A erzeugt das Photon ein Elektron-Positron-Paar, das Elektron bewegt sich nach rechts, das Positron nach links. Im Punkt B prallt das Positron mit dem ersten Elektron zusammen; sie vernichten sich gegenseitig und erzeugen ein Photon, das nach links wegfliegt. Wir können diesen Prozeß aber

112. Capra, S. 184 f. Capras Zeichnungen sind nicht die Feynmandiagramme.

auch „als eine Wechselwirkung zwischen den beiden Photonen und einem einzelnen Elektron deuten, das in der Zeit erst vorwärts, dann rückwärts und dann wieder vorwärts fliegt."[113] So kann der Prozeß auch in einer vierdimensionalen Struktur in der Raum-Zeit als ein Netzwerk zusammenhängender Ereignisse gedeutet werden, worin aber keine definitive Zeitrichtung existiert.[114]

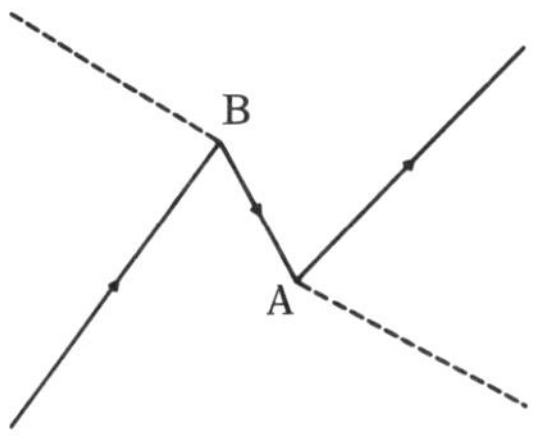

Trotz dieser Fragwürdigkeit der Zeit im subatomaren Bereich herrschen der „Zeitpfeil" (und eine relative Kausalität) noch immer in weiten Bereichen der Idee der Materie vor. Ein Mittel, um einen allgemeinen Bezugsrahmen für die Beschreibung von Protonen und Neutronen zu finden, ist heute die S-Matrix-Theorie, die zuerst von Heisenberg vorgeschlagen wurde.[115] Der abgebildete Kreis stellt einfach den Bereich dar, in welchem ein oder mehrere beobachtete Prozesse stattfinden. A und B sind irgendwelche Teilchen, die dort einen Zusammenstoßprozeß erleiden und als C und D, zwei andere Teilchen, wieder auftauchen.[116] Die Theorie umgeht dabei die Festlegung der speziellen Position und Natur einzelner Teilchen, sie ist an eine Zahl von Grundprinzipien gebunden.[117] Erstens, daß ihre Elemente von der räumlichen

113. Ebenda, S. 186.
114. Ebenda, S. 187.
115. Ebenda, S. 260.
116. Ebenda.

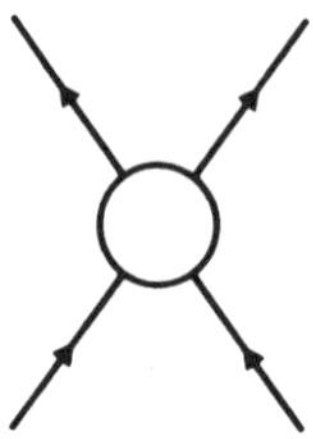

und zeitlichen Anordnung der Experimentiergeräte und dem Bewegungszustand des Beobachters unabhängig sein müssen. Zweitens, daß der Ausgang einer Reaktion nur als Wahrscheinlichkeit vorausgesagt werden kann und daß die Summe der Wahrscheinlichkeiten für alle möglichen Ausgänge – eingeschlossen den Fall, daß keine Wechselwirkung zwischen den Teilchen eintritt – gleich eins sein muß. Das dritte Prinzip bezieht sich auf die Kausalität, wonach Energie und Impuls über räumliche Entfernungen und durch Teilchen übertragen werden und diese Übertragung so erfolgt, daß ein Teilchen nur dann in einer Reaktion erzeugt und in einer anderen vernichtet werden kann, wenn die letztere Reaktion *nach* der ersteren erfolgt.[118] Für Werte, bei denen die Erzeugung neuer Teilchen möglich wird, ändert sich die Struktur der S-Matrix abrupt, sie bildet (mathematische) „Singularitäten“. Letztere sind zwar Folgen des Kausalitätsprinzips, „aber ihr Ort wird nicht von diesen bestimmt“.

Der logische Gegensatzbegriff zur Kausalität (und seiner historischen Wurzel, der Notwendigkeit) ist der Zufall. Sein Zeitaspekt, der numinose „Augenblick“, hat wahrscheinlich noch ältere religiöse Wurzeln als die Kausalität. Wie Hermann Usener nachwies,[119] besaßen die

117. Ebenda, S. 274.
118. Ebenda, S. 275.
119. Hermann Usener, *Götternamen*, Frankfurt 1948, S. 279 ff.

alten Griechen und Römer zahlreiche „Augenblicksgötter". Da gab es einen Gott des Moments, wenn die Pferde durchgehen, des richtigen Augenblicks, um das Unkraut auszurupfen, den Honig aus der Wabe zu nehmen, usw. Hermes war u.a. der Gott jenes Moments, wenn ein plötzliches Schweigen eine Gesellschaft befällt. Besonders wichtig war ein mit Hermes verwandter Gott, der Gott Kairos, der die zum Handeln günstige Koinzidenz von Umständen personifizierte. Man hatte ihn „beim Schopf zu packen", sonst entschwand er. Eine andere Gottheit eines Glücksmoments war Nike (die Siegesgöttin). Sie verkörperte jenes geheimnisvolle agens oder Moment, wenn sich im Krieg oder Wettspiel die Waagschale zugunsten eines Kämpfers neigte. Nike war die Tochter des Styx, des kreisförmigen Unterweltsflusses, welcher Okeanos glich, dem Zeit-Flußgott. Eine weitere Augenblicksgöttin ist Fortuna mit ihrem Zeitsymbol, dem Rad.

Ein bedeutender vorwissenschaftlicher Versuch der Menschheit, das numinose Geheimnis gewisser Zeitphasen zu ergründen, waren die schon erwähnten astrologischen Systeme: Mit ihnen hatte jeder Tag, Monat, jedes Jahr und Äon seinen eigenen „Gott", der dieser Zeitphase eine bestimmte Qualität verlieh. Doch waren diese astrologischen Zeitgötter keine Götter eines zufälligen Augenblicks mehr, sie bewegten sich in einer geordneten Zeitfolge über dem Himmel in einem „Spiel", dessen Gesetze wir allerdings noch nicht kennen.

Daß diese Götter nicht primär zum Himmelsraum, sondern eher zur Zeit gehören, beweist die Tatsache, daß die Chinesen, Azteken, Maya und westlichen Astrologen eine zusätzliche Technik erfanden, durch die man „astrologische" Voraussagen durch ein *erdgebundenes Zahlenorakel* erwirken konnte. Eines davon, das chinesische *I Ging*, ist heute berühmt geworden. Gemäß seiner Anleitung kann man den Sinn eines Moments dadurch ergründen, daß man ein Bündel (von insgesamt 49) zufällig ergriffener Schafgarbenstengel in Vierergruppen abzählt. Der Rest kann vier Arten von Linien ergeben: zwei männliche (——) und zwei weibliche (— —). Sechs solcher Linien (in zwei Trigrammen = Kua geordnet) ergeben eine Orakelantwort. Es gibt 64 Doppeltrigramme, welche nach chinesischer Ansicht *die* Grundsituationen des Lebens innerhalb der Weiterbewegung des Tao (Weltprinzips) symbolisieren. Im Westen wurde ein Parallelsystem in Form der sogenannten Geomantie entwickelt. Sie arbeitet mit vier gruppierten Zeilen, die aus entweder einem oder zwei Punkten bestehen; man zählt, um sie zu erhalten, Zufallsgruppen von Steinchen aus. Während das I Ging-Orakel in ein tiefgründiges philosophisches System ausgearbeitet wurde, blieb die Geomantie bei uns primitive Wahrsagerei. In Westafrika jedoch wurde sie mit einem differenzierten religiösen Mythos verknüpft[120]: Ihre Wirkung beruht auf einer Gottheit, *Fa*, die keinen kollektiven Kult genoß, aber „einzeln zum einzelnen" spricht. *Fa* ist der Gott der Wahrheit, der aber sein ganzes Geheimnis dem Menschen erst nach dem Tod enthüllt. Er ist keine Naturmacht, sondern verkörpert Gottes Fürsorge für seine Schöpfung. Er gilt als „Herr des Lebens" und ist „das Loch, das uns ins Jenseits hinüberruft". Vermittelst des geomantischen Orakels teilt er dem Medizinmann die innere Wahrheit jeder Lebenslage mit.

Von der Mathematik her gesehen bilden diese Wahrsagetechniken einen komplementären Gegensatz zum Wahrscheinlichkeitskalkül. Letzterer wird genauer, je mehr Fälle einbezogen sind, seine Antwort ist nie Ja oder Nein (1 oder 0), sondern ein Bruch. Der Zufall ist als existent anerkannt, aber möglichst an den Rand des

120. Vgl. M.-L. von Franz, *Zahl und Zeit*, S. 233 ff., nach Maupoil.

Gesichtsfeldes geschoben. Die Wahrsageorakel des *I Ging* und der Geomantie arbeiten dagegen nur mit ganzen Zahlen. Ihre Antwort beruht auf dem So-Sein des Zahlenresultats. Der Zufall steht im Zentrum der Beachtung, Wiederholung und Durchschnittswerte werden nicht berücksichtigt.[121]

Nachdem Jung den *I Ging* mehrere Jahre erforscht hatte, stellte er einen neuen Begriff auf, die unserem westlichen Kausalitätsbegriff komplementäre Synchronizität. Er beschreibt sie folgendermaßen:

> „Der chinesische Geist, wie ich ihn im *I Ging* am Werk sehe, scheint sich ausschließlich mit dem Zufallsaspekt von Ereignissen zu befassen. Was wir Koinzidenz nennen, scheint sein Hauptanliegen zu sein, und was wir als Kausalität verehren, bleibt beinahe unbeachtet. Wir müssen aber zugeben, daß an der großen Wichtigkeit des Zufalls etwas dran ist. Wir machen ungeheure Anstrengungen, um die Gefahr oder die Störungen des Zufalls zu bekämpfen und einzudämmen. Theoretische Überlegungen sehen aber oft blaß und staubig aus, verglichen mit den tatsächlichen Ergebnissen des Zufalls. Man kann zwar schon behaupten, daß ein Quarzkristall hexagonal sei; das stimmt für einen idealen Quarzkristall, aber in der Natur finden wir kaum je zwei gleiche Kristalle, obgleich sie alle hexagonal sind. Dieses wirkliche So-Sein war den chinesischen Weisen wichtiger als das Idealmodell. Die Wirrnis von Naturregeln, die die Wirklichkeit ausmacht, war ihnen wichtiger als eine kausale Erklärung von Ereignissen … Die Art, wie das I-Ging-Orakel auf die Wirklichkeit blickt, entmutigt unsere kausalen Verfahren. Der

121. Ebenda, S. 191 ff.

Augenblick einer aktuellen Beobachtung scheint den alten Chinesen eher ein Zufallstreffer zu sein als ein klar definierbares Ergebnis von Kausalverkettungen. *Was sie interessierte, war die Konfiguration, welche die Ereignisse im Moment der Beobachtung darbieten …* Das Synchronizitätsprinzip läßt die Koinzidenz von Ereignissen in der Raum-Zeit etwas Mehreres als nur Zufall bedeuten, nämlich eine eigenartige Wechselwirkung zwischen Ereignissen untereinander *und* mit dem subjektiven seelischen Zustand des Beobachters oder der Beobachter.

Die Sicht der alten Chinesen vom Kosmos kann mit der des modernen Physikers verglichen werden, der auch nicht mehr abstreitet, daß sein Modell der Wirklichkeit eine eindeutig psycho-physische Struktur besitzt. Mikrophysikalische Ereignisse schließen den Beobachter ebenso ein, wie das dem *I Ging* zugrundeliegende Wirklichkeitsmodell die subjektiven, d.h. seelischen Bedingungen in die Ganzheit der gegenwärtigen Situation einbezieht. Kausalität beschreibt die Zeitfolge von Ereignissen, Synchronizität (in China) betrifft die zeitliche Koinzidenz. Der kausale Gesichtspunkt erzählt uns eine dramatische Geschichte, wie D zustande kam: Es wurde von C erzeugt, welch letzteres vor D lag, C kommt seinerseits von B, usw. Der synchronistische Gesichtspunkt versucht im Gegenteil ein ebenso sinnvolles Bild einer Koinzidenz zu entwerfen: Wie kommt es, daß A', B', C', D' alle im selben Moment und am selben Ort in Erscheinung treten? Dies geschieht, weil vorerst die physikalischen Ereignisse A' und B' dieselbe Qualität wie die gleichzeitigen seelischen Ereignisse C' und D' besitzen und weil sie alle Exponenten ein und derselben momentanen Situation sind. Von dieser Situation nahm man an, daß sie ein ‚lesbares' oder verstehbares Bild biete."[122]

Neben seinen Experimenten mit dem *I Ging* stellte Jung die Beobachtungen an, daß seine Patienten oft von symbolischen Bildern träumten, die in seltsamer Art mit äußeren Ereignissen in eins fielen. Es sah so aus, als ob die äußeren Ereignisse wie Symbole den gleichen Sinn wie die Traumbilder aufwiesen.[123] Dies scheint am ehesten dann zu geschehen, wenn ein Archetypus im Unbewußten des Erlebenden aktiviert ist und einen Zustand starker emotionaler Spannung erzeugt. In solchen Augenblicken scheinen Psyche und Materie nicht mehr getrennte Realitäten zu sein, sondern sich zu *einer* sinnvollen symbolischen Situation zusammenzuordnen.[124] Es sieht dann so aus, als ob die physikalische und seelische Welt nur noch Facetten ein und derselben Wirklichkeit wären.

Diese Einheitswirklichkeit bezeichnete Jung als *unus mundus* (die *eine* Welt).[125] Synchronistische Ereignisse sind für ihn sporadische, unregelmäßig auftretende parapsychologische Erscheinungen. Sie scheinen jedoch nur Spezialfälle innerhalb eines allgemeinen Prinzips darzustellen, das Jung *akausales Angeordnetsein* nannte.[126] Letzteres sagt aus, daß gewisse Naturtatsachen als geordnet erscheinen, ohne daß man hierfür eine Ursache angeben könnte. Im Bereich der Materie sind dies z.B. das Zeitgesetz des radioaktiven Zerfalls oder die sich immer gleichbleibende Lichtgeschwindigkeit.[127] Im Bereich des

122. C.G. Jung, *Foreword to the „I Ching"*, Collected Works, Vol. XI, § 972 f., von mir aus dem Englischen übersetzt, da dies in der deutschen Ausgabe fehlt.
123. C.G. Jung, *Synchronizität als ein Prinzip ...*, GW 8, § 845.
124. Vgl. M.-L. von Franz, *Zahl und Zeit*, S. 19.
125. Ebenda, S. 15 ff.
126. C.G. Jung, *Synchronizität ...*, GW 8, § 955.

Geistes (der Psyche) findet man das akausale Angeordnetsein in solchen Tatsachen wie zum Beispiel, daß 6 eine vollkommene Zahl ist: Die Addition ihrer Faktoren 1+ 2+ 3 ergibt dasselbe wie ihre Multiplikation: 6. Wir müssen dies annehmen, ohne eine Ursache dafür angeben zu können. Solche Anordnungen können erforscht werden und liegen den erwähnten Zahlorakelverfahren zugrunde. Im Gegensatz hierzu sind synchronistische Ereignisse nur momentane Spezialfälle, bei denen der Beobachter in der Lage ist, das dritte, Psyche und Materie verbindende Element, nämlich die Sinngleichheit der inneren und äußeren Ereignisse, zu erkennen. „Diese Form des Angeordnetseins unterscheidet sich dadurch vom Angeordnetsein der Eigenschaften ganzer Zahlen oder Diskontinuitäten der Physik, daß letztere von jeher und regelmäßig vorgefunden sind, während erstere *Schöpfungsakte in der Zeit* darstellen“[128], im Sinne einer *creatio continua.* So wäre das Kontingente „als ein einerseits Allgemeines, seit jeher Vorhandenes, andererseits als die Summe vieler, sich in der Zeit ereignender individueller Schöpfungsakte“ zu verstehen.[129]

Solche Schöpfungsakte in der Zeit geschehen jedoch nicht völlig außerhalb aller Vorhersagemöglichkeiten, sondern innerhalb gewisser „Wahrscheinlichkeitsfelder“ im akausalen Angeordnetsein.[130] Es sind diese psychophysikalischen Wahrscheinlichkeitsfelder, welche die Orakel mit Hilfe von Zahlverfahren zu erfassen versuchen.

Seit Jung seine Arbeit über die Synchronizität veröffentlicht hat, haben Entwicklungen in der Physik stattge-

127. Man kann sie verschieden messen, aber das Resultat bleibt eine just-so-Tatsache.
128. C.G. Jung, *Synchronizität ...*, GW 8, § 955 ff. und Fußnote § 957.
129. Ebenda, § 958.
130. Vgl. M.-L. von Franz, *Zahl und Zeit*, S. 12.

funden, die, wie mir scheint, näher an seine Ideen herankommen. Nach der bereits erwähnten S-Matrix-Theorie lassen sich der Ort und Augenblick des Entstehens eines neuen Teilchens nicht voraussagen. Immerhin besteht aber noch ein Unterschied zwischen solchen physikalischen „Singularitäten" und synchronistischen Ereignissen, weil wir bei ersteren keinen psychologischen *Sinn* für ihr Entstehen feststellen können. Jung hat vorgeschlagen, von „Gleichheit" zu sprechen, wenn bei einem synchronistischen Ereignis kein Beobachter anwesend ist, um den Sinn festzustellen.[131] Dies erinnert an L.L. Whytes Ausführungen,[132] wonach in der Natur „unvollständige Strukturen sich zu vervollständigen streben". Die mathematische Struktur scheint sich vollenden zu „wollen". Dies zeigt sich nicht nur bei Kristallstrukturen, sondern überhaupt bei mikrophysikalischen Strukturen. Alle unvollständigen Muster sind unstabil und streben entweder danach, sich zu vervollständigen oder zu zerfallen.[133] So definiert Whyte sogar das Leben selbst als eine pulsierende, sich ausbreitende Struktur.[134] Ein solches Ausbreiten ließe sich mit der erwähnten „Gleichheit" Jungs vergleichen. Sinn hierin kann hingegen nur das menschliche Bewußtsein erleben, nur es kann die Einheit von Geist und Materie erfahren.

Die modernen Physiker sind unabhängig hiervon ebenfalls zur Idee einer letztlichen Einheit des Universums gelangt und haben gesehen, daß alles, was wir darüber aussagen, eine Konstruktion unseres Geistes ist.

In dieser *einen* Welt, sagt Capra, „besteht jedes Teilchen aus allen anderen Teilchen".[135] Gleichzeitig stehen

131. C.G. Jung, *Synchronizität ...*, GW 8, § 955. Bei Jung: „Gleichartigkeit".
132. Lancelot L. Whyte, *Accent on Form*, New York 1954, S. 97 f.
133. Ebenda, S. 101.
134. Ebenda, S. 104 f.

sie mit sich selbst in Wechselwirkung, indem sie andauernd „virtuelle" Teilchen aussenden und sofort wieder absorbieren.[136] Die Teilchen sind aber keine „isolierten Materiekörnchen, sondern Wahrscheinlichkeitsstrukturen, Verknüpfungen in einem untrennbaren kosmischen Gewebe".[137] Sie bilden „ein Gewebe von Relationen zwischen den verschiedenen Teilen eines Ganzen".[138]

Was die *eine* Welt der Physiker vom unus mundus Jungs unterscheidet, ist, daß letzterer den psychischen Bereich mit einbeschließt, beziehungsweise den Unterschied zwischen Psyche und Materie transzendiert. Diese letzte Wirklichkeit des unus mundus ist transzendent, d.h. sie kann von unserem Bewußtsein nicht erfaßt werden.[139] Synchronistische Ereignisse sind Einmaligkeiten, in denen sporadisch die Einheit von Psyche und Materie, der unus mundus, manifest wird. Nun scheint insbesondere die Zahl zu beiden Bereichen eine besonders nahe Beziehung aufzuweisen, insofern sie ein Aspekt sowohl aller energetischen Phänomene als auch alles mathematisch-rationalen Denkens unseres Bewußtseins ist. Die Zahl ist deshalb, nach Jung, die primitivste Form der Archetypen, jener „Anordner" unserer bewußten Überlegungen.[140] In der Zahl verbinden sich Quantität und Sinn.

Was aber hat die Zeit damit zu tun? Um dies zu erörtern, müssen wir kurz zu den erwähnten zwei chinesischen Himmelsordnungen zurückkehren. Die ältesten chinesischen Schamanen zeichneten deren Zahlmuster, das Ho-t'u Kreuz und das Lo-schu-Quadrat, auf zwei

135. F. Capra, *Tao der Physik*, S. 296.
136. Ebenda, S. 239 f.
137. Ebenda, S. 202.
138. Ebenda, S. 159.
139. C.G. Jung, *Theoretische Überlegungen zum Wesen des Psychischen*, GW 8, §§ 420, 439.
140. Vgl. M.-L. von Franz, *Zahl und Zeit*, S. 180 ff.

Bretter, ein rundes (Ho-t'u) und ein viereckiges (Lo-schu), steckten einen Stab durch ein Loch in deren Mitte und drehten sie gegeneinander. Wo sie anhielten, konnte man aus der Zahlenkonstellation die Zeitsituation „lesen“: Das Zusammenspiel der zwei Brettchen wurde als heilige Hochzeit zwischen Himmel und Erde gedeutet, als Vereinigung der ewigen zeitlosen Ordnung mit dem zeitgebundenen gegenwärtigen Augenblick. Es zeigte gleichsam „Wahrscheinlichkeitsfelder“ für synchronistische Ereignisse an.[141] Die ältere Himmelsordnung gleicht dem, was Jung als akausales Angeordnetsein bezeichnet, sie ist zeitlos. Die jüngere Himmelsordnung ist zeitgebunden. Ihre Zeit war ein „Feld“, das allen in ihm koinzidierenden Ereignissen eine bestimmte Qualität verlieh. Das „Feld“ vermittelt, wie die Hopi schon sahen, zwischen einem potentiellen und einem aktuellen Zufallsereignis. Zwischen dem Bereich der Zeitlosigkeit und der Zeit steht der Mensch, der die zwei Brettchen in Bewegung setzt. Hier kommen Zufall und Freiheit ins Spiel und dessen Regeln hinein; doch auch der Spieler ist Teil der Koinzidenz. Darum sahen die alten Chinesen die Beziehung des Menschen zum Kosmos als ein rituelles Spiel, durch das der Weise die Herrschaft über die Welt gewinnt:

„Sie beruht auf mit ganzem Herzen vollzogenen Riten und auf Spielen, denen man sich mit allen Fasern seines Wesens hingibt ... Die Riten erfordern Aufrichtigkeit, die Spiele bedürfen fester Regeln oder zumindest der Vorbilder.“ Die Regeln sind keine absoluten Gesetze, sie lassen einen *Spiel-Raum* frei, sogar da, wo es sich um Zahlenwerte handelt.[142]

Der Nobelpreisträger Manfred Eigen hat neuerdings versucht, die biologische Evolution und andere biologi-

141. Ebenda, S. 201 f.
142. Vgl. Granet, *La pensée chinoise*, S. 320 f.

sche Prozesse durch einen Vergleich mit Zahlen-Spielen zu erhellen.[143] Doch sieht er im Zufälligen keinen Sinn; es gibt für ihn nur blinden Zufall. Letzterer ist aber vielleicht oft nur deshalb „blind", weil *wir* seinem Sinn gegenüber blind sind.

Jenseits der Zeit

Es hat sich gezeigt, daß das Bild und der Begriff der Zeit immer mehrere Gegensatzpaare oder sogar Triaden enthalten: In China haben wir eine zeitlose Weltordnung, eine zyklische Zeitordnung und eine lineare historische Zeitidee. In Indien ist Brahma die Zeit und die Nichtzeit. Die Maya bezeichnen „kin", die Zeit, durch ein Bild mit dem statischen Element einer Blüte und einem fließenden Element, den „Sonnenpfeilen". Die Azteken kennen eine zyklische Zeit und die lineare historische Zeit der 5 „Sonnen". Das System Platos enthält die zeitlose Welt der Ideen, eine zyklische Äonenzeit und die Zeitlinie der vergänglichen sublunaren Welt. Die alten Perser besaßen zwei Zurvān-Götter, die „unendliche Zeit" und die „Zeit von langer Dauer" (äonische Zeit). In seiner hervorragenden Darstellung der verschiedenen Zeitphilosophien hat G.J. Whitrow gezeigt, daß grundsätzlich die einen die Zeit auszuschalten streben, andere hingegen sie als etwas real Existierendes ansehen. Die Zeit gilt als Leben und Tod, Gut und Böse. Hierauf (und auf anderen Argumenten) gründet J.T. Fraser seine Definition der Zeit als eines Konflikts. Ich selber würde eher die Gottesdefinition des Nikolaus von Kues auf die Zeit anwenden: Sie ist eine

143. Manfred Eigen und Ruthild Winkler, *Das Spiel: Naturgesetze steuern den Zufall*, München/Zürich 1975.

„Koinzidenz von Gegensätzen" (coincidentia oppositorum).

Der äußere Gegensatz ist hierbei der komplementäre Gegensatz von Zeit und Nicht-Zeit. Die östlichen Weisheitslehrer haben sich besonders bemüht, die Zeit zu überwinden, z.B. in vielen Formen des Yoga. Der Yogin tut dies allerdings nicht in einem einzigen Sprung. Durch Atemübungen versucht er zuerst, die gewöhnliche Zeit zu überwinden und alle kosmischen Verkettungen aufzulösen. Dann atmet er in Einklang mit dem Rhythmus der großen kosmischen Zeit.[144] Sein Einatmen entspricht der Sonnenbahn, sein Ausatmen der des Mondes. „So lebt der Yogin in der kosmischen Zeit, fährt aber trotzdem fort, auch in der (gewöhnlichen) Zeit weiterzuleben." Dann erst versucht er, die zwei Rhythmen zu einem einzigen zu verschmelzen und dadurch den Kosmos und alle Gegensätze ganz aufzuheben. Wie aus einer Eierschale bricht er aus dem Mikrokosmos aus und übersteigt die Welt des Zufälligen und der Zeit. Die Wirklichkeit, in die hinein er durchbricht, ist beides: Zeit und Nicht-Zeit. Was er dabei überwinden muß, ist die falsche Vorstellung, daß außerhalb der gewöhnlichen Zeit nichts weiteres mehr existiere.

In der taoistischen Geheimlehre und im Zen-Buddhismus findet man ähnliche Vorstellungen: Die *Lankavatara Sutra* sagt z.B.:

> „Warum verschwinden alle Dinge weder, noch treten sie in Erscheinung? Das ist, weil sie durch Masken eigener und allgemeiner Natur charakterisiert sind, (aber) diese auftretenden und verschwindenden Masken erscheinen weder, noch verschwinden sie ...

144. Vgl. Eliade, „Temps et Eternité dans la Pensée Indienne" in *Eranos Jahrbuch*, Bd. XX, Zürich 1951.

Warum sind alle Dinge von Dauer? Obwohl sie Gestalt annehmen, nehmen sie nicht wirklich Gestalt an; in Wirklichkeit wird nichts geboren und entschwindet nichts dahin."[145]

„Sein und Nichtsein – zwischen diesen Grenzen bewegt sich der Geist; wenn dieses Feld verschwindet, hört der Geist auf zu wirken. Wenn eine Objektwelt nicht mehr erfaßt wird, besteht auch kein Verschwinden oder Nicht-Sein mehr, nur noch etwas Absolutes bleibt, das als So-Sein (tathātavastū) den Bereich bildet, der dem Weisen gehört."[146]

In den alten *Traktaten von Seng-Chao* ist diese buddhistische Lehre noch ausführlicher in bezug auf die Zeit formuliert[147]:

„Wenn (die Sutras) behaupten, daß die (Dinge) vergehen, so meinen sie dies mit einem Vorbehalt; denn sie wollen dem Glauben der Leute an eine Dauer widersprechen. Wenn sie sagen, daß die Dinge dauern, so sagen sie dies auch mit einem Vorbehalt, um ihre Mißbilligung dessen, was die Leute als ‚vergehen' ansehen, auszudrücken ... Ihre Worte mögen widersprüchlich erscheinen, aber nicht ihre Absicht. Für die Weisen bedeutet ‚Dauer' nicht, daß man zurückbleibt (während das Zeitrad oder Karma sich weiterbewegt) ... Vergehen hat nicht die Bedeutung von einem Entgehen (aus dem Rad) ... Leute, die vergeblich vergangene Ereignisse in den gegenwärtigen Zei-

145. Von mir übersetzt aus D.T. Suzuki, *Studies in the Lankavatara Sutra*, London, 1930, Neudruck 1957/1968, S. 304.
146. Ebenda, S. 306.
147. Vgl. Ebenda, S. 49. Chao-Lun (Seng-Chao) gehört in die Zeit vor der Tang-Periode.

ten suchen, meinen zu wissen, daß die Dinge nicht dauern ... Ich, der ich vergeblich gegenwärtige Ereignisse in den alten Zeiten suche, weiß, daß die Dinge dauern ... Buddha ist darum wie die Leere, er erscheint weder, noch vergeht er. Er taucht im richtigen Moment auf, besitzt aber keinen festen Ort (inmitten der Dinge)."[148]

Auf welche Weise man gleichzeitig in der gewöhnlichen *und* der äonischen Zeit und Ewigkeit leben kann, illustriert am besten die Geschichte vom Tod des großen Zen-Meisters Ma. Als dieser sich seinem Lebensende näherte und schwerkrank in seinem Bett lag, besuchte ihn der Vorsteher des Klosters und fragte ehrfürchtig: „Wie war, Ehrwürdiger, in den letzten Tagen das Befinden?" Ma antwortete: „Buddha mit dem Sonnengesicht, Buddha mit dem Mondgesicht." Wie Wilhelm Gundert erläutert, spielen diese Worte auf die dritte der Buddhanamensutras an, in der ausgeführt wird, daß die Lebenszeit des Buddha mit dem Mondgesicht einen Tag und eine Nacht dauert, die des Buddha mit dem Sonnengesicht über eintausendachthundert Jahre.[149] Doch beide Buddhas sind nur Facetten des Großen Einen. Nach einem Tag und einer Nacht starb Ma, sein Mondgesicht – der sterbliche Teil – dauerte nur noch so lange, doch ein anderer Teil, der archetypische Kern seines Wesens, lebte viel länger, und darüber hinaus besteht noch ein Ewiges, über das Ma nicht sprach, weil es unaussprechlich ist.

148. Ebenda, S. 110.
149. Bi-Yän-Lu, *Niederschrift von der smaragdenen Felswand*, Bd. II, S. 97. Vgl. S. 81 f.

Man könnte – auf das Frühergesagte zurückgreifend – das Problem der Zeit und Nicht-Zeit in folgender Art veranschaulichen:

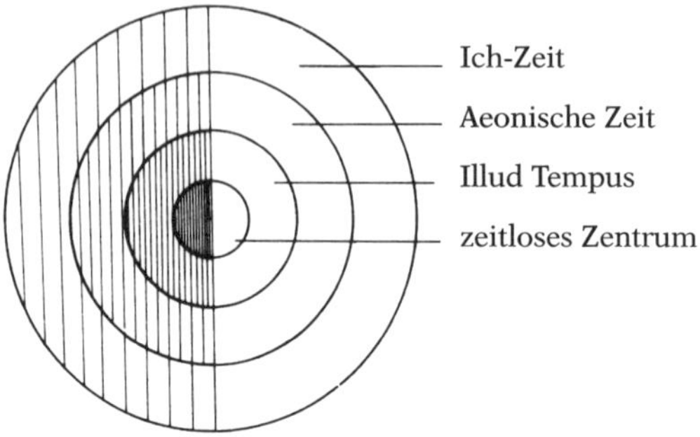

d.h. man könnte die Zeit mit einem sich drehenden Rad vergleichen. Die gewöhnliche Uhrzeit, in der das Ich lebt, wäre der äußerste Ring, der sich am schnellsten bewegt. Der nächste Ring nach innen wäre die „langsamere" äonische Zeit, z.B. die der astrologischen Weltzeitalter oder der aztekischen „Sonnen"-Jahre. Der letzte Ring nach innen illustriert das illud tempus (Eliade), das auf Messers Schneide zwischen Zeit und Nicht-Zeit liegt, „im außerzeitlichen Moment der Schöpfung". Und schließlich ist in der Mitte eine Leere, das stillstehende Zentrum des Rades, das außerhalb von Bewegung und Zeit verharrt. Das wäre z.B. das chinesische Tao, das jenseits der Weltrhythmen von Yang und Yin besteht:

> Es gibt ein Wesen
> von unbegreiflicher Größe
> noch ehe Himmel und Erde entstanden
> Still, übersinnlich, unveränderlich bleibt es
> und unwandelbar

Durch alles geht es – unberührt
Es ist die Mutter der Welt[150]

Es ist völlig leer und still:

Dreißig Speichen münden in die Nabe –
der Raum zwischen ihnen macht sie erst zum Rade
Zum Formen knetet man den Ton –
der leere Raum darin jedoch macht erst die Vase
…
Der Stoff macht den Besitz daran
Das Nichts jedoch das Wesen
So entsteht aus Nicht-Sein Sein[151]

Auch die westlichen Mystiker kennen einen Schritt, durch den die Zeit völlig überwunden wird: Die unio mystica mit der zeitlosen Gottheit. Einer ihrer größten Vertreter, Meister Eckehart, schreibt:

„Sankt Paulus sagt: ‚Als die Zeit erfüllt war, sandte Gott seinen Sohn' … Wo es die Zeit nicht mehr gibt, da ist die ‚Erfüllung' der Zeit. Dann ist der Tag voll, wenn vom Tag nichts mehr übrig ist. Soviel ist sicher, alle Zeit muß fort sein, wo diese Geburt (Gottes in der Seele) anheben soll! Denn nichts gibt es, was sie so sehr hindert, wie Zeit und die Kreaturen … vermöchte die Seele von der Zeit berührt werden, so wäre nicht Gott. Gesetzt aber, es hätte die Zeit mit der Seele etwas zu schaffen, so könnte Gott nimmermehr in ihr geboren werden. Dazu muß alle Zeit abgefallen oder sie der Zeit entfallen sein mit ihrem Wünschen und Trachten."[152]

150. Lao Tse, *Tao Te King*, hrsg. v. O. Sumitomo, Zürich 1945, S. 35.
151. Ebenda, S. 21.
152. Hermann Büttner, *Meister Eckeharts Schriften*, Jena 1934, S. 37.

Und: „Wer die Kunst besäße und die Macht, daß er die Zeit und alles, was in den sechstausend Jahren geschehen ist und noch geschehen wird bis an das Ende, wieder zusammenziehen könnte in ein gegenwärtiges Jetzt der Ewigkeit, das wäre die Erfüllung der Zeit! Das ist das Jetzt der Ewigkeit, wo die Seele in Gott alle Dinge neu und frisch und gegenwärtig gewahrt ...“[153]

Vom zeitlosen Gott aber strömt der „Strom der Gnade“, der dieses allgegenwärtige Jetzt erzeugt. So ist Gott für Meister Eckehart zugleich eine ewige Stille und ein ewiges Strömen.

153. Ebenda, S. 38; vgl. auch S. 41.

IV. Die psychologische Erfahrung der Zeit

Wie G.J. Whitrow in seiner klaren Überschau[1] gezeigt hat, bedeutete das Phänomen der Zeit für Philosophen wie Platon und Aristoteles bis zu Augustinus, Thomas von Aquin, Kant, Leibniz, Bergson, Einstein und vielen anderen immer ein schwieriges und widersprüchliches Thema. All ihre Versuche, die Zeit zu definieren, befaßten sich vor allem mit dem bewußten Erleben des Menschen. Durch die Entdeckung des Unbewußten wurde das Thema noch komplizierter. C.G. Jung fand bei seiner Arbeit schon früh heraus, daß die Zeit im Unbewußten immer relativer wird, in je tiefere Schichten wir eindringen, und daß es in bestimmten Bereichen des Unbewußten überhaupt keine Zeit zu geben scheint. In den Träumen können wir uns von der entferntesten Vergangenheit zur Gegenwart und sogar in die Zukunft bewegen. Der Traum selbst, der sich in einem kurzen Zeitraum zu ereignen scheint, ist in gewisser Weise beinahe zeitlos, denn oft erinnern wir ihn als ein Bündel von gleichzeitigen Szenen, die wir nach ihrer zeitlichen Abfolge sortieren müssen, wenn wir sie erzählen oder aufschreiben, und unzählige Male sagen die Leute: „Und dann kam irgendwie eine andere Szene, aber ich weiß nicht, in welche Reihenfolge sie gehört."

Die Relativität der Zeit im Unbewußten wurde oft in Volksmärchen ausgedrückt. Besonders in keltischen Län-

1. G.J. Whitrow, *The Natural Philosophy of Time*, passim.

dern finden wir unzählige Geschichten, in denen jemand in einen Feenhügel oder ins Geisterland ging und meinte, er sei nur einen Tag oder eine Nacht dort gewesen, – und wenn er zurückkehrt, findet er seine Angehörigen nicht mehr, sein Dorf ist verschwunden; in Wirklichkeit ist er viele hundert Jahre fort gewesen. Wenn er das realisiert, fällt er meistens tot um und löst sich in Staub auf. In anderen Ländern werden Hölle, Paradies oder Totenreich auf ähnliche Art beschrieben. Eine slowenische Erzählung zum Beispiel berichtet, wie Gott einst in einem Eselskarren als Bettler über die Erde fuhr.[2]

> Er kommt zu einem Armen, der ihm Obdach gibt. Am nächsten Tag bittet Gott seinen Gastgeber, ihn in *seinem* Haus zu besuchen. „Du wirst es leicht finden, wenn du der Spur meines Wagens folgst, die breiter ist als üblich und niemals zusammenläuft." Zuerst versuchen die beiden Stiefbrüder des Armen, dieser Spur zu folgen, aber sie verhalten sich falsch und geraten ins Unglück. Dann begibt sich der Arme selbst auf die Reise. Als erstes kommt er zu einer eisernen Brücke. In der Nähe sind zwei Ziegen in einen blutigen Kampf verwickelt. Die Spur fängt an, wie Silber zu glitzern. Die nächste Brücke ist aus Kupfer. Dort sieht er zwei schwarze Hündinnen miteinander kämpfen. Danach kommt eine Brücke aus Silber, „so schön wie ein Traum." Hier wird ein Mann von Raben angegriffen, und Ochsen reißen ihm die Haare aus. Die letzte Brücke ist aus Gold. Schließlich kommt der Mann zu einer kreisförmigen Mauer aus kostbaren Steinen mit einem vielfarbigen Eingang. Drinnen ist ein schöner Garten voller Blumen und singender Vögel. „Er fühlte weder Hunger noch Durst

2. „Der Bettler und das Paradies", in *Märchen aus dem Balkan*, Sammlung Diederichs, Jena 1919.

und vergoß Freudentränen." Dort erscheint Gott und erklärt ihm, daß die verschiedenen Tiere und gequälten Leute, die er gesehen hat, Menschen waren, die auf Erden gesündigt haben. Dann führt Gott ihn zum Eingang zurück und sagt lächelnd: „Komm wieder, ich warte heute abend auf dich." Der Mann findet sich plötzlich zuhause wieder, aber er kann weder sein Dorf noch seine Angehörigen erkennen. Er fragt nach ihnen, aber die Leute starren ihn verwirrt an. „Was soll er tun? Er kann nur auf der Spur des Wagens zurückgehen und den Bettler fragen, was das alles bedeutet. Der Bettler empfing ihn freundlich, und er ging nie mehr fort und blieb bei ihm im Paradies."

Diese Art von Erzählung ist überall in Europa zu finden.[3] Psychologisch gesehen beschreibt sie die tieferen Schichten des kollektiven Unbewußten, wo „tausend Jahre wie ein Tag" zu sein scheinen. Die silberne Spur ist besonders interessant: sie stellt das berühmte strittige Axiom von Euklid dar, nämlich daß sich zwei Parallelen in der Unendlichkeit schneiden.[4]

Ein anderes Zeugnis für die Relativität der Zeit in den tieferen Schichten des Unbewußten sind die seltsamen Durchbrüche in die Vergangenheit, die von der Parapsychologie berichtet werden. Am bekanntesten ist das Erlebnis von den zwei Engländerinnen Miss C.A.E. Moberly und Miss E.F. Jourdain, erstere Vorsteherin des St. Hugh's Womens College in Oxford, letztere ihre Vizepräsidentin und später auch Vorsteherin des College.

An einem Nachmittag im Jahre 1901 machten die beiden Damen einen Spaziergang durch Versailles in

3. Siehe P.M. Huber, *Die Wanderlegende von den Siebenschläfern*, Leipzig 1910, zum Motiv „Tausend Jahre wie ein Tag".
4. Die Mathematiker Schläfli und später Riemann haben gezeigt, daß dieses Axiom nur relativ ist, denn man kann geometrische Figuren konstruieren, bei denen es nicht gilt.

Richtung des Petit Trianon. Sie sahen eine Frau ein weißes Tuch aus einem Fenster schütteln und zwei Gärtner in graugrünen Mänteln mit Dreieckshüten. Auf einmal fühlte Miss Moberly „eine plötzliche Düsternis in ihrem Gemüt“, sagte aber nichts, und sie gingen weiter. Sie kamen zu einem runden Kiosk. „Alles sah unnatürlich aus, sogar die Bäume schienen flach und leblos geworden zu sein, wie ein Wald in einem Wandteppich ... Es herrschte eine intensive Stille.“ Sie gehen einen langen Weg weiter und begegnen verschiedenen Leuten in altmodischen Kleidern und kehren schließlich nach Paris zurück.

Erst hinterher tauschten sie ihre Eindrücke aus und beschlossen dann, alles, was sie gesehen haben, jede für sich niederzuschreiben. Nach Jahren sorgfältigen Nachforschens fanden sie heraus, daß sie das Versailles von Marie Antoinette gesehen hatten, und nicht nur Menschen aus dieser Zeit, sondern auch Gebäude, die es nicht mehr gibt, ebenso eine kleine Brücke, die sie überquerten und die seit damals verschwunden ist.[5] J.W. Dunne, der Autor der berühmten Abhandlung *An Experiment with Time*, hat ihren Bericht kommentiert, denn er paßt zu seiner Theorie der Mehr-Dimensionalität der Zeit. Jungs Erlebnis in Ravenna, wo er zusammen mit einem Freund Mosaiken sah, die es nicht mehr gibt, ist ein ähnliches Beispiel.[6] Es zeigt, daß die Vergangenheit auf irgendeine Weise im tiefen Unbewußten noch völlig präsent sein kann.

Tatsächlich kann man Menschen nicht eingehend analysieren, ohne Traummotive anzutreffen, die aus der ent-

5. C.A.E. Moberly und E.F. Jourdain, *An Adventure*, London 1907, Neudruck 1948. Siehe auch Aniela Jaffé, *Geistererscheinungen und Vorzeichen*, Zürich 1958 / Einsiedeln 1995, S. 149.
6. C.G. Jung, *Erinnerungen, Träume, Gedanken*, hrsg. v. A. Jaffé, S. 288 f.

fernten Vergangenheit ihres kulturellen Hintergrundes kommen. Einmal versäumte es ein katholischer Analysand aus Mexiko, mir von seiner aztekischen Abstammung in der Analyse zu erzählen, und trotz Sympathie und Bemühung auf beiden Seiten blieb die Analyse stekken. Dann hatte er folgenden Traum:

> In einem Baum sah er einen Obsidian (Halbedelstein), der heruntersprang und ihn verfolgte. Er lief davon und stand in der Mitte eines ausgegrabenen Vierecks, wo der Stein allmählich kleiner wurde und sich ihm endlich ruhig zu Füßen legte.

Ich rief: „Was haben Sie denn mit Tezcatlipoca zu tun!?" Da erzählte er mir endlich, daß er zu dreivierteln Azteke war! Ich paßte meine Sprache dieser Tatsache an, und die Analyse ging gut weiter.

Nicht nur die Vergangenheit ist im Unbewußten aufbewahrt und vollkommen lebendig, sondern auch die Zukunft. Das ist sogar so sehr der Fall, daß das jahrhundertalte Interesse der Menschheit in allen Kulturen bis heute, das Studium der Träume, sich ausschließlich um den „prognostischen" Aspekt der Träume gedreht hat. Orientalische, mittelöstliche und antike Traumbücher bezeugen diese Tatsache. Bei Träumen, die sich mit der Zukunft befassen, müssen jedoch zwei Formen unterschieden werden: Telepathische Träume, die ganz direkt ein zukünftiges Ereignis schildern, und Träume, die zukünftige Entwicklungen in symbolischer Form vorwegnehmen.

Als Beispiel für den ersten Typus möchte ich eine Geschichte wiedergeben, für die sich besonders Schopenhauer interessierte.[7] Sie wurde ursprünglich in der „Times" vom 2. Dezember 1852 berichtet:

7. Zitiert aus W. von Scholz, *Der Zufall als Schicksal*, Berlin 1924, S. 151.

> Ein Mr. Marclane war ertrunken. Bevor man seine Leiche fand, sagte sein Bruder, er wisse, wo sie sei, weil er in der Nacht davor geträumt habe, daß er im Fluß in der Nähe vom Oxenhall-Tor gestanden habe und ihn herauszuziehen versuchte. Eine Forelle sei neben der Leiche geschwommen. Er alarmierte einige Leute, und tatsächlich fanden sie die Leiche genau am angegebenen Ort. Gerade daneben schwamm eine Forelle.

Wie Schopenhauer betonte, war sogar dieses Detail, das nur einige Sekunden dauerte, nämlich das Vorüberschwimmen einer Forelle, im Traum vorausgesehen worden.

Der zweite Typus ist in seiner prognostischen Funktion schwieriger zu entdecken, weil er eine symbolische Deutung erfordert. Es kann aber auch vorkommen, daß er durch ein synchronistisches Ereignis in der äußeren Realität bestätigt wird. Das war zum Beispiel beim Traum vom Skarabäus der Fall, den Jung in seinem Aufsatz über Synchronizität wiedergibt. Der Traum hätte ohne das nachfolgende „Wunder" eines Käfers, der während der analytischen Sitzung auftauchte, auftreten können. Der altägyptische Skarabäus symbolisiert das Agens, das jeden Morgen die neue Sonne über dem östlichen Horizont aufsteigen läßt. Er symbolisiert daher eine totale Erneuerung des Bewußtseins – genau das also, was sich gerade in der Träumerin vorbereitete und zum Durchbruch kommen wollte. Das synchronistische Erscheinen eines dem Skarabäus ähnlichen Insekts im analytischen Raum, als die Patientin ihren Skarabäus-Traum erzählte, war für Jung eine Art numinose Bestätigung der Wichtigkeit dieser Erneuerung.

Ich möchte diesen Punkt auch durch eine kleine persönliche Erfahrung illustrieren: Als ich durch Kanada reiste, weilte ich bei einer sehr netten Familie in Toronto.

In der Nacht vor meinem Abflug nach Chicago träumte ich, daß ich tiefer und tiefer im treibenden Schnee versank. Plötzlich bewegte sich ein Schneefahrzeug drohend auf meinen Kopf zu – ich erwachte mit einem Hilfeschrei. Die übliche Erklärung, daß Schnee Gefühlskälte bedeutet, ergab keinen Sinn. Ich verließ Toronto bei Sonnenschein, doch über Chicago kamen wir in einen furchtbaren Schneesturm, der uns schließlich zur Landung in Cleveland zwang. Das hektische Treiben und die Brutalität der in Panik geratenen Menschenmenge war gräßlich, und erst nach acht Stunden Wartezeit, die mir eine schreckliche Erkältung einbrachte, konnte ich ein armseliges Zimmer für die Nacht bekommen. Die Telefonleitungen waren zusammengebrochen, der Sturm blies Schnee durch die Fensterritzen herein. Als ich in das kalte Bett kroch, dachte ich: „Das ist mein Traum!"

Es war jedoch nicht wirklich ein telepathischer Traum. Er skizzierte eher symbolisch, was mir sowohl physisch als auch psychisch passieren sollte. Diese zweite, indirekte Form der Vorwegnahme der Zukunft ist nach meiner Erfahrung häufiger als die erste. Selten scheint die Zukunft so vorgeformt geträumt zu werden, wie sie später tatsächlich stattfindet, sondern oft wird sie symbolisch vorweggenommen, und in diesem Falle scheint noch ein kleiner Bereich von Freiheit zu existieren, der uns manchmal die Wahl läßt, ob etwas innerlich oder äußerlich wirklich werden soll. Ich hätte zum Beispiel nach meinem Traum meinen Flug absagen und die ganzen Schwierigkeiten vermeiden können.

Bekanntlich hat C.G. Jung gezeigt, daß die meisten Träume dieselbe Grundstruktur wie das klassische Drama haben: 1. Eine Exposition, wo Ort, Zeit und Personen vorgestellt werden; 2. Die Benennung des Problems; 3. Die Peripetie oder mehrere Peripetien; 4. Die Lysis-Lösung oder Katastrophe. Aufgrund eines eigenen Traumes fügte Paul Walder dieser Idee eine weitere Beobachtung hinzu, daß nämlich die beiden ersten Traumteile mehr von der Vergangenheit handeln, die Peripetie die Gegenwart und der letzte Teil die Zukunft behandelt. Er konnte das bekräftigen, nachdem er über hundert Träume untersucht hatte, und ich selbst habe es oft bestätigt gefunden. Wir können deshalb wagen, das folgende Schema zu zeichnen:

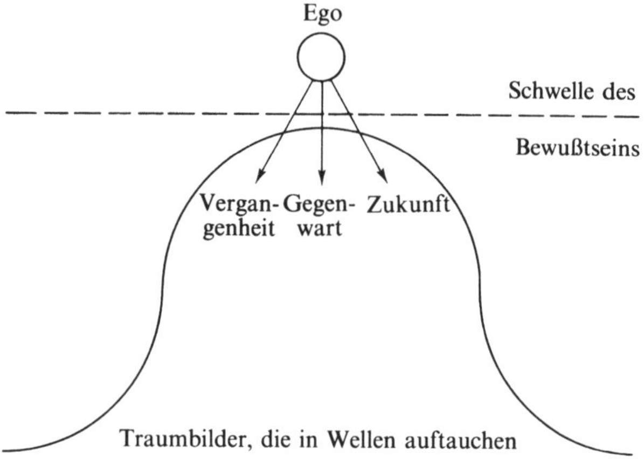

Das Ich bewegt sich in der Zeit von der Vergangenheit in die Zukunft. Der Traum kommt zu ihm aus dem Unbewußten nach oben, wie eine Welle, die ein Bündel von Bildern enthält. Die drei Pfeile zeigen den Wahrnehmungsbereich, wenn wir einen Traum erinnern: zuerst nehmen wir die Vergangenheit wahr, dann trifft uns die Gegenwart, und danach sehen wir die Lösung vor uns. All dies macht es wahrscheinlich, daß das, was wir heute als reguläre Uhrzeit erfahren, eng mit der spezifischen

Struktur unseres Bewußtseins verknüpft ist. Jung nennt es sogar einen reinen modus cogitandi. Auch Jean Piaget hat gezeigt, daß Kinder nur langsam einen Zeitsinn durch einen Lernprozeß entwickeln, und daß sie vorher viel mehr und viel eher einen Sinn für Rhythmus, Frequenz und Schnelligkeit haben.[8] Viele Kulturen, etwa einige afrikanische Stämme und viele nordamerikanische Indianer, besitzen unser Zeitgefühl überhaupt nicht. Besonders interessant sind die Hopi-Indianer, die in ihrer Sprache gar keine Form zu haben scheinen, um Gegenwart, Vergangenheit oder Zukunft auszudrücken.[9] Sie haben auch kein Wort für „schnell" oder „rasch", sondern gebrauchen statt dessen Wörter, die eine Intensität ausdrücken.[10] Ihre Verben haben auch keine Zeitform,[11] und ihre Substantive haben nur zwei Formen: eine, in der der Sprecher von einer Tatsache oder einem Ereignis erzählt, was unserer Vergangenheit und Gegenwart entspricht, und eine, wo er etwas erwartet – was unserer Zukunft entspricht.

Die Welt der Hopis hat also nur zwei große Zeitformen: das Manifeste oder das sich Manifestierende (oder noch nicht Manifeste).[12] Manifest ist alles, was wir mit den Sinnen wahrnehmen; es ist objektiv und vergangen. Das sich Manifestierende ist rein subjektiv und ist Inhalt unseres Herzens. Es ist zugleich im „Herzen der Natur", im „machtvollen Etwas" (a'ne himu) oder im Geist des Atems (hi'wsn) gegenwärtig; es umfaßt alles Zukünftige. Der schmale Grat zwischen dem Subjektiven und seinem objektiv Gewordensein ist das, was wir Gegenwart nennen würden. Aber die Hopi umschreiben sie, indem sie

8. Jean Piaget, *Le Développement de la notion de temps chez l'enfant*.
9. Benjamin L. Whorf, *Sprache, Denken, Wirklichkeit*, S. 15 ff.
10. Ebenda, S. 17.
11. Ebenda, S. 85.
12. Ebenda, S. 104 ff.

zeigen, daß die Verursachung von etwas aufgehört hat, oder durch Verwendung einer Nachsilbe, die besagt, daß die Endsituation sich zu manifestieren beginnt. Die „subjektive“ oder „futurische“ Form ist das reine Reich der Hoffnung.[13] Das Hopi-Verbum tunatya bedeutet „denken“, „wünschen“ und „verursachen“; es ist das Wort für das Subjektive und noch nicht Manifeste. Im Gegensatz dazu ist die Vergangenheit manifest und wahrnehmbar, bis sie in ihrer entferntesten Form ins Reich des Ursprungs, in die Zeit und den Ort der Mythen zurücksinkt. Dort wird sie wieder „subjektiv“, da nur unserem Bewußtsein bekannt, nachdem sie in dieser Welt sichtbare Gestalt angenommen hatte. Es ist, als würde aus dem ursprünglichen göttlichen „Herzen der Natur“ ein Strom von Ereignissen herausfließen, die sich manifestieren und so schon Vergangenheit sind, während sich jeweils neue Ereignisse aus dem Reich des Subjektiven in die aktuelle Manifestation herauspressen. Die entfernte Vergangenheit ist, wie gesagt, wieder „subjektiv“, weil sie nicht mehr wahrnehmbar ist. Dies erinnert an die Aljira der australischen Aborigines, die eine mythische Traumzeit kannten, in der die großen mythischen Gestalten lebten und die Welt erschafften, aus der die Seelen der Kinder heute noch kommen und in die die Seelen der Sterbenden zurückkehren. Das ist ein weiteres Beispiel für die relative Zeitlosigkeit dessen, was wir das kollektive Unbewußte nennen.

Die Hopi-Anschauung der Zeit scheint mir eine gewisse Ähnlichkeit mit der chinesischen Vorstellung von den sogenannten „Keimen“ aufzuweisen, die die „ersten Zeichen der Zeit“ genannt werden. „Die Keime sind der erste unmerkliche Beginn der Bewegung, das, was von Heil (und Unheil) zuerst sich zeigt. Der Edle sieht die Keime

13. B.L. Whorf, *Sprache, Denken, Wirklichkeit*, S. 105 f.

und handelt sofort", lesen wir im *I Ging*.[14] Die materielle Welt entsteht laut den Chinesen auf folgende Weise: zuerst gibt es ein präexistentes Bild (Trigramm), dann nimmt eine Nachbildung von ihm körperliche Gestalt an. Das, was diesen Imitationsprozeß reguliert, wird Muster (pattern) genannt. „Was oberhalb der Form ist, heißt der SINN, was innerhalb der Form ist, heißt das Ding."[15] „Die Bewegungen der Striche und Bilder und der durch sie symbolisierten kleinsten Geschehenskeime sind unsichtbar, aber ihre Wirkungen zeigen sich in Heil und Unheil in der sichtbaren Welt."[16] „Die Striche und Bilder bewegen sich im Innern, und Heil und Unheil offenbaren sich im Äußern."[17] (Die Hopi würden diese „Keime" subjektiv und noch nicht manifest nennen, Heil und Unheil manifest und daher vergangen und in der Raum-Zeit ausgedehnt.) Hier finden wir die Tatsache angedeutet, daß die Archetypen des kollektiven Unbewußten ähnlich diesen „Keimen" sind, nämlich nicht wahrnehmbar, in gewisser Weise unsichtbar, nur potentiell wirklich; nur wenn sie in Form eines archetypischen Bildes aktualisiert sind, werden sie „real", und nur dann scheinen sie in unser Bewußtsein und damit in unsere raumzeitliche Welt zu kommen. Was sie an sich sind, bleibt, wie Jung betonte, für immer unbekannt.

Was die „Keime" sind, kann für uns fühlbar werden, wenn wir sensibel und empfänglich dafür sind. Am Ende seines Lebens gebrauchte Jung das *I Ging* nicht mehr, da er, wie er sagte, ohnehin immer schon wußte, welches Resultat er erhalten würde. Es scheint, daß er Chu Hsi's Rat gefolgt ist, der schrieb:

14. *I Ging*, übersetzt u. hrsg. v. Richard Wilhelm, Zürich 1976, S. 80 f.
15. Ebenda, S. 299
16. Ebenda, S. 303
17. Ebenda, S. 303

> Wir studieren die Wandlungen, nachdem die Linien zusammengefügt sind.
> Warum sollten wir unseren Geist nicht auf das richten, was vor dem Ziehen der Linien war?
> Wenn wir verstehen, daß die beiden Formen aus dem Letzten hervorgegangen sind, dann können wir sicher sagen, daß wir das *I Ging* nicht mehr zu befragen brauchen.[18]

Die größere Zeitlosigkeit der archetypischen „Keime" zeigt sich auch in der folgenden Tatsache: wenn man bei der analytischen Arbeit mit einem Traum zu tun hat, der nur persönliches Material enthält, kann man seine Bedeutung generell auf die unmittelbare Gegenwart beziehen und ihn als Reaktion auf Dinge nehmen, die man am Tag vorher getan oder erlebt hat oder die einem am Tag nach dem Traum begegnen können. Wenn wir es mit einem archetypischen Traummotiv zu tun haben, gilt sein Sinn für einen viel längeren Zeitraum, für die nächsten Monate oder sogar Jahre. Archetypische Träume, die aus der frühen Kindheit erinnert werden, nehmen oft das ganze Lebensschicksal einer Person vorweg, oder zumindest das Schicksal der ersten Lebenshälfte. Die „Keime" der Chinesen ähneln daher dem, was wir eine archetypische Konstellation im tiefen Unbewußten nennen. Wenn wir einen Traum deuten, versuchen wir – und oft gelingt es uns auch –, die betreffende Person zur Realisierung eines solchen inneren „Keimes" zu bringen, damit er – falls er negativ ist – nicht zu einem äußeren „Unheil" wird.

Die Archetypen (nicht die archetypischen Bilder) sind darum wahrscheinlich per se außerhalb der Zeit. Sie

18. Zitiert aus Chang Chung-Yuan, *Creativity and Taoism*, New York 1963, S. 183.

liegen auch hinter den synchronistischen Ereignissen, hinter sogenannten „sinnvollen Zufällen", denn diese geschehen uns hauptsächlich dann, wenn ein Archetyp konstelliert oder – wie die Physiker sagen – in einem „erregten" Zustand ist. Solche Koinzidenzen entstehen in emotionalen Zuständen oder bei einer bevorstehenden objektiven äußeren Situation von grundlegender Bedeutung, wie Tod, Krankheit[19] usw. Jung schreibt: „Anscheinend manifestiert sich der kollektive Charakter der Archetypen auch in den sinngemäßen Koinzidenzen, so als ob der Archetypus (oder das kollektive Unbewußte) nicht nur im Individuum selbst, sondern auch außerhalb, d.h. in seiner Umgebung, lebte, oder als ob Sender und Empfänger sich im gleichen psychischen Raum befänden, resp. in der gleichen Zeit (bei Fällen von Präkognition). Da es in der psychischen Welt keine durch den Raum bewegten Körper gibt, existiert auch keine Zeit. Die archetypische Welt ist ‚ewig', d.h. außerhalb der Zeit, und ist überall, denn unter psychischen, d.h. archetypischen, Bedingungen existiert kein Raum. Wo ein Archetypus sich durchsetzt, können wir mit synchronistischen Phänomenen rechnen, d.h. mit *akausalen Korrespondenzen*, den Parallelanordnungen von Fakten in der Zeit."[20]

Wir können darum die Zeit mit dem folgenden Schema darstellen, wobei wir im Auge behalten müssen, daß jedes schematische Modell die Fakten, die man damit zu beschreiben versucht, sowohl deutlich macht als auch verwischt.

Auf dem äußeren Rand bewegt sich das Ich in einem Strom von äußeren und inneren Ereignissen – in der Zeit. Darunter ist die psychische Sphäre des sogenannten per-

19. C.G. Jung, *Briefe*, Bd. II, Olten 1972, S. 254 (an Smythies, 29. Febr. 1952)
20. Ebenda, S. 254-255.

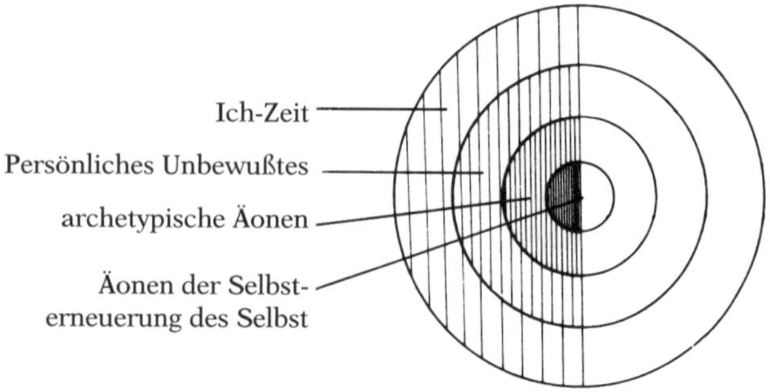

sönlichen Unbewußten, das noch relativ eng an die Zeit gebunden ist. Innen kommt die Sphäre der archetypischen Bilder, die auch noch zeitgebunden zu sein scheint, aber in einer viel ausgedehnteren Zeit existiert, wobei sich einige sogar in Äonen von Tausenden von Jahren bewegen. Sie können sich jedoch „konstellieren", wie wir es nennen, ein Ausdruck, der auf die Existenz der Zeit anspielt. Weiter innen ist die Bewegung der inneren Selbsterneuerung des Selbst, die Jung in seinem Werk *Aion* beschrieben hat, und noch weiter innen wären die ewigen Archetypen, ihre Viel-Einheit und das Selbst. Im Zentrum finden wir die leere Radnabe, den Bereich der reinen Nicht-Zeit.

> Dreißig Speichen umgeben eine Nabe:
> In ihrem Nichts besteht des Wagens Werk.
>
> (Lao Tse)[21]

Je näher wir dem äußeren Ring kommen, desto mehr kommen wir ins Reich der Zeit in der uns bekannten Form. Unsere Uhrzeit ist jedoch, wie gesagt, eine spezifische Errungenschaft unserer Zivilisation, genau wie der

21. Lao Tse, *Tao Te King*, Zürich 1976 (Kap. 11), S. 51.

Parameter „t" in der modernen Physik. Sie ist im Gegensatz zu allen ursprünglicheren archetypischen Vorstellungen der Zeit ein reines Konzept der gemessenen Zeit. Diese Meßbarkeit der Zeit beruht in meinen Augen auf ihrer natürlichen Beziehung zur Zahl. Gewöhnlich messen wir die Zeit durch eine regelmäßige Bewegung, und die meisten Bewegungen des Universums sind Oszillationen, Wellenbewegungen oder wellenähnliche Erscheinungen. Sie zeigen meistens drei Grundzüge: Rhythmik (Oszillationen), Serialität (sich wiederholende Muster) und Periodizität.[22]

Rhythmus, Serialität und Periodizität sind ebenfalls grundlegende Aspekte der natürlichen Zahlenreihe. Diese schafft die Basis, um aus der Zeit ein meßbares Phänomen zu machen. Heute messen wir die Zeit durch atomare Oszillationen.[23] In der Vergangenheit wurde sie überall durch die Bewegung der Himmelskörper gemessen, meistens der Sonne, aber andere Kulturen, wie auch die Vorläufer unserer Kultur, betrachteten die Zeit nicht nur als regelmäßige Bewegung, sondern faßten sie intuitiv mehr als linearen Fluß oder Strom auf.

Jung definierte die Zeit, wie ich schon erwähnt habe, deshalb als reinen modus cogitandi; was wir tatsächlich wahrnehmen, ist ein Strom von inneren und äußeren Erfahrungen – die Zeit ist der Fluß außen wahrgenommener Ereignisse und innerlich erfahrener Gedankengänge, Gefühle und Emotionen.[24] In dieser breiteren Weise betrachtet, als Strom von Ereignissen, basiert die Idee der Zeit auf einer archetypischen Grundlage, die durch die Tatsache bestätigt wird, daß ihre religiösen und mythi-

22. Hans Jenny, *Kymatik*, Basel 1976, S. 12 und S. 176 ff.
23. Siehe F. Le Lionnais, „Le Temps", S. 71 ff.
24. C.G. Jung, *Briefe*, Bd. I, S. 181 und Bd. II, S. 401 (Briefe vom 29.1.1934 u. vom 26.5.1954).

schen Bilder in den verschiedenen Kulturen eine gewisse Einheitlichkeit zeigen.

In der Bhagavadgita enthüllt der Gott Krishna dem Arjuna seine wahre schreckliche Gestalt[25]: „Ich sehe eine unendliche Gestalt, in der alle Figuren zu zahllosen Leibern, Armen und Augen verschmelzen." In einem riesigen Strom verschwinden diese Gestalten in seinem Rachen aus flammendem Feuer, „sie treten in ihn ein mit eiligem Schritt". Er ist die Zeit, die alles verschlingt.

Die alten Griechen setzten ihre Vorstellung der Zeit (Chronos) mit dem großen Strom Okeanos gleich, der die Erde umkreist, und stellten sich das Universum in Form einer Schlange vor, die die Zeichen des Tierkreises auf ihrem Rücken trägt. Okeanos ist auch die Weltseele, denn die Griechen stellten sich die Seele als Flüssigkeit oder Ausdünstung von Feuchtigkeit vor. Der Alchemist Zosimos sagt über diese Feuchtigkeit: „Das runde Element aus zwei Teilen, das zur siebten Zone des Kronos gehört, so wird es in der profanen Sprache genannt. Was es aber in der mystischen Sprache ist, kann nicht erklärt werden ... In der profanen Sprache ist es jedoch Okeanos, Ursprung und Keim aller Götter ... dieses große und wunderbare Element Ω, das alles umgreift, was über die Instrumente des göttlichen Wassers gesagt worden ist."[26]

Die Flüssigkeit bzw. Schlange war in kleinerem Maße auch ein Symbol für den „Aion", die zugeteilte Lebenszeit eines Individuums, und wir finden die Schlange in derselben Bedeutung im alten Ägypten wieder, wo geglaubt wurde, daß jeder eine „Schlange der Lebenszeit" hat, die ihn in diesem Leben und nach dem Tode bewacht.

25. *The Bhagavadgita*, Univ. of Chicago Press, kein Datum.
26. M. Berthelot, *Collections des anciens alchimistes grecs*, Vol. I, S. 228.

Im späten Altertum wurde dieser Gott Okeanos-Chronos-Aion mit dem persischen Gott Zurvān in seinen beiden Aspekten als „Unendliche Zeit" und „Zeit der langen Herrschaft" gleichgesetzt. Späte Mithras-Texte preisen ihn als „Geist, der vom Himmel bis auf die Erde dringt und von der Erde ... bis zu den Grenzen des Abgrundes ... Sei gegrüßt ... Beglänzung der Welt ... O großes, größtes, kreisförmiges, unbegreifliches Gebilde der Welt! ... erdgestaltiger, feuergestaltiger, windgestaltiger, dunkelgestaltiger, ... feuchtfeurigkalter Geist ..."[27] In dem berühmten aztekischen Kalender-Stein wird der äußerste Ring von zwei Feuerschlangen gebildet, die sich am Boden treffen, Kopf an Kopf. Hier haben wir wieder die Schlange und das Symbol der Gegensätze in ihrer Beziehung zur Vorstellung der Zeit.

In China wird die Zeit nicht mit der Schlange assoziiert, sondern mit dem Drachen. Er ist das Symbol des Yang, des hellen, männlichen, dynamischen, schöpferischen kosmischen Prinzips, das nach dem *I Ging* Geist und Zeit als Wirkungsbereich hat, während Yin, das Empfangende, im Raum auf die Materie einwirkt.[28]

Was wir bis hierhin gesehen haben, ist, zusammenfassend gesagt, die psychologische Verbindung der Zeit mit dem Bild des Selbst oder der Gottheit in ihrem dynamischen, schöpferischen und aktiven Aspekt. Es gibt im Selbst sozusagen ein Zeitelement, und zwar in Bezug auf seine Energie, Ausstrahlung und Bewegung. Oder: Weil das Selbst sich bewegt, bewirkt es in uns das Erlebnis der Zeit.

Ich möchte diesen Punkt anhand eines Traumes illustrieren, den ein Mann mit etwa 40 Jahren hatte. Er war in der Ausbildung als Analytiker, und am Tag, bevor er

27. Karl Preisendanz, *Papyri graecae magicae*, Bd. I, S. 111.
28. R. Wilhelm, Hrsg., *I Ging*, S. 265.

seine ersten Patienten sehen sollte, geriet er in Panik. Er fühlte sich der Aufgabe nicht gewachsen und begann, sich den Kopf darüber zu zerbrechen, was eigentlich „richtige" Traumdeutung und Analyse überhaupt ist. „Was geschieht, wenn wir einen Traum deuten?" Mit dieser Frage schlief er ein und träumte:[29]

> „Ich sitze auf einem offenen viereckigen Platz in einer alten Stadt. Da gesellt sich ein junger Mann zu mir ... voller Kraft und Vitalität, mit blonden Haaren ... und erzählt mir seine Träume ... Die Träume sind wie eine Art Stoff, den er beim Erzählen vor mir ausbreitet. Jedesmal, wenn er einen Traum erzählt, fällt ein Stein vom Himmel, der dem Traum einen Schlag versetzt. Dadurch fliegen Stücke des Traumes davon. Als ich sie in die Hand nehme, erweist sich, daß sie aus Brot bestehen. Indem die Stücke wegfliegen, legen sie eine innere Struktur frei, die einer abstrakten modernen Skulptur gleicht ... die aus Muttern und Bolzen besteht. Ich sage zu dem Jüngling, daß dies zeige, wie man einen Traum entblößen müsse, bis man zu den Bolzen und Muttern komme. Es heißt dann noch: Traumdeutung ist die Kunst, zu wissen, was man wegwirft und was man behält, es ist wie das Leben auch. Dann wandelt sich die Traumszenerie: Der Jüngling und ich sitzen nun ... am Ufer eines wunderschönen breiten Flusses ..., die durch die Träume aufgebaute Struktur hat eine andere Gestalt angenommen. Sie formen nicht mehr eine Pyramide aus Bolzen und Muttern, sondern ... aus Tausenden von kleinen Vierecken und Dreiecken. Es gleicht einer kubistischen

29. Gekürzte Fassung. Ich habe diesen Traum ausführlich gedeutet in „Die religiöse Dimension in der Analyse", in Ursula Eschenbach, Hrsg., *Die Behandlung in der Analytischen Psychologie*, Stuttgart 1979, 1. Halbband, S. 15 ff. Auch in M.-L. von Franz, *Psychotherapie*, Einsiedeln 1990 u. 2002, S. 12 ff. und S. 275 ff.

Malerei von Braque, aber es ist dreidimensional und lebt. Die Farben und Schattierungen der kleinen Vierecke und Dreiecke ändern sich andauernd. Ich erkläre, daß es für einen Menschen essentiell sei, das Gleichgewicht der ganzen Komposition zu erhalten, indem man immer sofort eine Farbänderung durch eine entsprechende Änderung auf der Gegenseite kompensatorisch ausgleiche. ... Dann blicke ich zur Spitze der Traumpyramide: Dort ist Nichts ... leerer Raum. Als ich hinblicke, beginnt dieser Raum in einem weißen Licht zu strahlen.
Wieder ändert sich die Traumszenerie: Die Pyramide bleibt da, aber besteht nun aus festgewordenem Kot. Die Spitze leuchtet noch immer. Ich realisiere plötzlich, daß die unsichtbare Spitze durch den soliden Kot sichtbar gemacht wird ... und umgekehrt ... Ich schaue tief in den Kot und erfasse, daß ich auf die Hand Gottes blicke. In einer augenblicklichen Erleuchtung verstehe ich, warum die Spitze unsichtbar ist: Es ist das Antlitz Gottes."

Danach kommt noch ein kleiner eher persönlicher Schluß des Traumes.

Ich werde diesen Traum im ganzen nur kurz interpretieren und mich hauptsächlich auf die Bedeutung des Flusses konzentrieren. Zuerst versucht der Traum, dem Träumer zu sagen, was bei der Traumdeutung geschieht: es ist ein Aspekt des eigenen Selbst, der vitale junge Mann, der die Träume produziert, und es ist nicht er, bzw. sein Ich, das sie interpretiert, sondern sie werden von Geschossen getroffen, die vom Himmel fallen. Letzteres umschreibt die Tatsache, daß eine richtige Intuition über den Traumsinn ebenfalls aus dem Unbewußten kommt; es ist ein „Treffer", etwas, das „ins Schwarze trifft". Teile des Traumes offenbaren sich dann als „Brot des Lebens", aber noch wichtiger ist die pyramidenförmige Struktur, die langsam sichtbar wird und die, laut Jung, ein Symbol des Selbst ist – der göttliche Seelenkern. Helmuth Jacobsohn hat gezeigt, daß der pyramidenförmige Stein auf der Spitze der ägyptischen Pyramide immer so plaziert wurde, daß er am Morgen vom ersten Sonnenstrahl getroffen wurde. Er stellte den unsterblichen Seelenkern des Toten dar, der bei seiner Auferweckung erscheint und eins mit dem kosmischen Gott Atum wird, ohne seine individuelle Identität zu verlieren.[30]

Während der Träumer diesen Aspekt der Pyramide betrachtet, befindet er sich auf einem viereckigen Platz in einer Stadt – in einer von Menschen gemachten statischen Umgebung. Doch dann sitzt er plötzlich mit seinem Gesprächspartner am Ufer eines breiten Flusses, und in diesem Augenblick sieht er, daß die Pyramide etwas Lebendiges ist, das sich ohne Unterlaß wandelt. Die Zeit betritt die Szene. Es ist, als wollte der Traum sagen, daß es im Individuationsprozeß eine erste Phase gibt, in der man das Selbst durch das „ins Schwarze Treffen" realisiert, wenn man nach dem Sinn der Träume sucht. Dadurch wird man der Existenz des Selbst bewußt. Aber das ist nicht alles, weil es nun die Aufgabe ist, innerhalb der Zeit in einem ständig wechselnden Balanceakt in Kontakt mit dem Selbst zu bleiben. Aus diesem Grunde haben wir nun den Fluß, und zugleich beginnt das Bild des Selbst, die Pyramide, lebendig zu werden und sich zu bewegen. Dadurch wird der Träumer mit einem neuen Paradox konfrontiert: die Pyramide besteht aus „Kot", höchst nutzlosem Stoff, und offenbart zur selben Zeit die „Hand Gottes". Das Vergänglichste und das Ewigste sind darin enthalten. (Das erinnert uns an das alchemistische Sprichwort, daß der Stein der Weisen

30. Helmuth Jacobsohn, „Das göttliche Wort und der göttliche Stein im alten Ägypten," in *Eranos-Jahrb.* Bd. 39, Zürich 1970, S. 217 ff.

im Kot zu finden ist.)

Die beiden Orte (Stadt und Fluß) und Phasen des Traumes erinnern mich an die Unterscheidung einiger chinesischer Zen-Buddhisten zwischen „Substanz“ und „Funktion“. Erstere bedeutet die Realisierung des Selbst, doch nachher entwickelt ein Zen-Meister seine sogenannte „große Funktion“, sein beständiges Handeln und Nichthandeln in richtiger Weise aus diesem inneren Zentrum heraus, so daß er dadurch auch andere zur Erleuchtung führt.[31] Die „Substanz“ ist sozusagen außerhalb der Zeit, das sprachlose Bewußtsein des immateriellen Körpers, das Dharma-Kaya, aber die „große Funktion“ ist seine zeitgebundene Manifestation im fortlaufenden Leben des Meisters.

Etwas Ähnliches gilt auch für den sogenannten Individuationsprozeß. Es genügt nicht, die Existenz des Selbst wahrzunehmen, sondern es ist nötig, weiterhin mit ihm zu leben, aus diesem Zentrum heraus zu handeln und nicht aus dem Ich. Hier tritt im Traum der Fluß der Zeit in Erscheinung, und mit ihm die Erkenntnis, daß das Selbst lebendig und in ständigem Wandel ist, aber auch festgefügt und ruhig. Und beides gehört zum Selbst: der „Scheißdreck“ unseres vergänglichen Alltagslebens und der unsichtbare leuchtende Punkt, das „Antlitz Gottes“, der ruhende Angelpunkt in allem Wandel.

Was dieser Traum mit der „Hand Gottes“ symbolisiert, die der Träumer im „Kot“ sieht, nannte Jung das „auf Unendliches Bezogensein“ während unseres Erdenlebens. „Nur wenn ich weiß, daß das Grenzenlose das Wesentliche ist, verlege ich mein Interesse nicht auf Futilitäten und auf Dinge, die nicht von entscheidender Bedeutung sind.... Wenn man versteht und fühlt, daß man schon in diesem Leben an das Grenzenlose angeschlossen ist, ändern sich Wünsche und Einstellung.

31. Lu K'uan Yü, *Ch'an and Zen Teaching*, London 1961, S. 61 f.

Letzten Endes gilt man nur wegen des Wesentlichen, und wenn man das nicht hat, ist das Leben vertan.... Das Gefühl für das Grenzlose erreiche ich aber nur, wenn ich auf das Äußerste begrenzt bin. Die größte Begrenzung des Menschen ist das Selbst; es manifestiert sich im Erlebnis ‚ich bin *nur* das!'... In dieser Bewußtheit erfahre ich mich zugleich als begrenzt und ewig, als das Eine und das Andere."[32] Für „begrenzt" könnte man auch „zeitgebunden" sagen, denn das ist eine unserer vielen Begrenzungen, die uns besonders schmerzhaft beim Älterwerden bewußt wird.

Ein anderes archetypisches Bild der Zeit, das wir in vielen Mythen und in religiösen Dokumenten dargestellt finden, ist das einer Prozession – und in den Träumen moderner Menschen eines Eisenbahnzuges. Lassen Sie mich das anhand von zwei Träumen illustrieren, die ein siebenjähriges Mädchen hatte. Jung hat sie in einem seiner Kindertraum-Seminare[33] analysiert. Der erste Traum lautete:

> „Es gehen sieben weiße Gänse der Straße entlang; alle Wesen, an denen sie vorbeikommen, fallen auf der Stelle tot zur Erde."

Der zweite Traum heißt:

> „Es fährt eine Lokomotive durch die Straße. Sie tötet nicht durch Überfahren, nur durch das bloße Vorbeikommen."

Jung wies darauf hin, daß die Zahl Sieben zum Mond gehört, der nach Auffassung der Griechen die Welt der Vergänglichkeit regiert, und zu den Zeitprozessen. Der

32. C.G. Jung, *Erinnerungen, Träume, Gedanken*, S. 328.
33. C.G. Jung, *Psychologische Interpretation von Kinderträumen* (Wintersem. 1938/39), in C.G. Jung, *Seminare Kinderträume*, hrsg. v. Lorenz Jung u. Marie Meyer-Grass, Olten/Freiburg 1987, S. 246 ff.

Zug ist etwas, das in einem bestimmten Rhythmus an uns vorüberfährt.

Die Grundidee ist das „Vorübergehen“, welches das Wesen der Zeit ist. Die Gänse sind reine Natur, animalische Natur; die Lokomotive ist dagegen eine Erfindung des Menschen; aber beide gehen oder fahren vorbei, und alles Leben fällt tot um – geht auch vorbei. Nach Jung war dieses Kind, das die Träume hatte, nicht abnormal, sondern ein bißchen naiv, und hatte Schwierigkeiten, sich dieser Welt anzupassen. Unsere Seele kommt aus dem Reich der Zeitlosigkeit und hat die Tendenz, dahin zurückzufallen, in die Urform, wo das Leben nicht ein kurzer, sondern ein ewiger Traum ist. Diese beiden Traumvisionen sollten dem Mädchen einen hilfreichen Schock versetzen, damit es zu unserer zivilisierten Zeitwelt erwachte, an die sie sich jetzt zu Beginn ihrer Schulzeit gewöhnen mußte. Sie muß lernen, daß alles schnell vorübergeht und sie nun in der Zeit leben muß. Der Primitive hat keine solche Zeit, er lebt, als hätte er Ewigkeiten zu verschenken; aber wir sind leider nicht mehr im Paradies, wir haben eine Uhr und wir sind uns des Vorbeigehens der Zeit klar bewußt.

Wahrscheinlich hatten die meisten schon diesen typischen qualvollen Traum, einen Zug erreichen zu müssen und einem Hindernis nach dem andern zu begegnen. Das bedeutet im allgemeinen, daß wir nicht in Übereinstimmung mit der Zeit leben, daß wir auf die eine oder andere Art nicht „up to date“ sind, sondern wir lassen uns verschlafen durchs Leben treiben, ohne zu realisieren, was in diesem Moment verwirklicht werden sollte.

In der psychologischen Praxis sehen wir oft, daß junge Leute eine neurotische Schwierigkeit haben, vollkommen in die Zeit einzutreten, während alte Leute im Gegenteil den Zeitfluß nicht verlassen und zu den Gestaden der Ewigkeit zurückkehren können.

Bevor es die Eisenbahn gab, wurde dieser Aspekt der Zeit durch eine Prozession ausgedrückt, wie im Traum von den sieben Gänsen. Am Seth-Fest im alten Ägypten marschierten zum Beispiel hinter dem König 14 Standartenträger zum Heiligtum. Die Standarten stellten die Ka's dar, d.h. die Seelen seiner 14 Vorgänger. Der König ging also gewissermaßen mit dem Gefolge seiner ganzen Vergangenheit – er hatte die Geschichte als Rückenstärkung. In vielen anderen Kulturen wurden endlose Totenlisten von früheren Häuptlingen oder Königen aufbewahrt und bei wichtigen Anlässen rezitiert – sie hatten dieselbe Funktion, die Vergangenheit lebendig zu erhalten. Bei der Prozession haben wir eine Beziehung zwischen Zeit und Zahl, denn man kann ihre Reihen abzählen. Das brachte Seidenberg zu der Annahme, daß Prozessionen zum Ursprung des Zählens führen.[34]

Die majestätischsten aller Zeit-Prozessionen sind die Tierkreise der verschiedenen Kulturen – ein „fortschreitendes Abbild der Ewigkeit", wie Platon den Sternenhimmel nannte.[35] In Perioden von Tausenden von Jahren – oder bei anderen in jährlichen oder monatlichen Perioden – laufen göttliche Bilder in geordneter Reihenfolge über den Himmel.

Einige unserer Tierkreiszeichen haben sich als irdische Stammesgötter erwiesen, die dann auf die Sternbilder projiziert wurden. Es muß eine Ahnung gegeben haben, daß sich die Archetypen des kollektiven Unbewußten nicht willkürlich konstellieren, sondern in einer geheimnisvollen Ordnung oder in einem „Spiel der Archetypen" auftreten, wie Jung es nennt – einem geordneten Spiel, das wir jedoch in keiner Weise verstehen. Sehr eindrucksvoll sind die Daten-Symbole des Kalenders der

34. Abraham Seidenberg, „The Ritual Origin of Counting", *Archive for History of Exact Sciences*, Vol. II (1962-66) No. 7, S. 10.
35. Platons *Timaios*, übers. und erläutert von R. Kapferer, Stuttgart 1952, S. 13 (Disposition).

Mayas und Azteken: sie sind als göttliche Gestalten dargestellt, die Bündel tragen – Zeichen für Perioden von Tagen oder Jahren –, und sie machen so in einer Reihe buchstäblich mit der Zeit auf dem Rücken eine mühsame Wanderung über den Himmel. Die indischen und chinesischen Tierkreise sind weitere Beispiele für eine kreisförmige Zeitordnung der archetypischen Bilder. Dies alles hat mit dem zu tun, daß wir häufig etwas eine psychologische „Konstellation" nennen, ohne genau zu wissen, was wir damit meinen.

Die Beziehung der Götter zur Zeit hat jedoch nicht mit der Geburt der Astrologie begonnen. Die alten slowenischen Völker, die alten Griechen und Römer kannten zum Beispiel Götter, die bestimmte numinose Zeitmomente darstellten, Momente, die auch eine bestimmte emotionale Qualität hatten. So gab es etwa einen Gott jenes Augenblicks, in dem die Pferde durchgehen, oder einen für den richtigen Zeitpunkt des Honigsammelns. Pan war der Gott des Augenblicks, in dem während der Schlacht Panik ausbricht. Und dann gibt es noch Kairos – den Gott der glücklichen Fügungen, der in der Kunst als geflügelter Jüngling mit kleinen Rädern unter den Füßen dargestellt wurde, weil er so flüchtig ist; wenn wir den Augenblick nicht „packen", ist er vorbei. Außerdem haben wir noch Nike, die Göttin des magischen Augenblicks, wenn sich die Waagschale in einer Schlacht oder einem Wettspiel dem Sieger zuneigt. Und Fortuna mit ihrem Rad! Sie ist eigentlich eine alte Muttergöttin, wurde aber später zum Symbol jener blinden Macht, die im Laufe der Zeit einige Leute nach oben zu Glück und Erfolg trägt und andere ins Elend wirft. Wenn in Mesopotamien etwa im sechsten Jahrhundert vor Christus einige Götter mit dem Sternenhimmel assoziiert wurden, scheint das ein Versuch der Menschheit gewesen zu sein, eine Ordnung hinter der zeitlichen Erscheinung bestimmter Götter zu erfassen, sie in eine Zeit-Prozession einzuordnen, durch die wir die Wahrscheinlichkeit ihres Erscheinens oder Verschwindens berechnen können. Kairos, Fortuna, Pan, Nike, Eros und andere solche „Augenblickgötter", wie Hermann Usener sie genannt hat,[36] sind hingegen Verkörperungen von Archetypen, die sich in synchronistischen Ereignissen zeigen. Diese geschehen zufällig, und deshalb bleibt das Erscheinen dieser Götter unvorhersehbar.

Manchmal sind synchronistische Ereignisse nicht nur regelwidrig, sondern scheinen geradezu willkürlich zu sein. Aus diesem Grund wurden sie in unserer christlichen Vergangenheit „Wunder" genannt, die entweder von Gott oder vom Teufel vollbracht wurden. Auf vielen mittelalterlichen Bildern und Renaissance-Gemälden, wie auch bis zum heutigen Tag in der Volkskunst, sehen wir bei der Darstellung eines Wunders eine Hand – die Hand Gottes –, die aus den Wolken nach unten zeigt. Auf diese Weise mischte Gott sich in seine Schöpfung ein, und deshalb war das Universum in christlicher Sicht nie ein rein zeitgebundener Mechanismus. Wunder und die Schöpfung neuer Dinge waren immer möglich.

Jung nannte synchronistische Ereignisse „Schöpfungsakte in der Zeit" und spricht auch von einer „creatio continua, einesteils von jeher, teils sporadisch sich wiederholenden Angeordnetseins, das aus keinerlei feststellbaren Antezedentien abgeleitet werden kann".[37] „Unter dem Begriff der creatio continua ist nicht nur eine Reihe sukzessiver Schöpfungsakte, sondern auch die ewige Gegenwart des *einen* Schöpfungsaktes zu denken ..."[38] Synchronistische Ereignisse scheinen, wie Jung am Schluß seines Aufsatzes über die Synchronizität schreibt,[39] nur

36. Hermann Usener, *Götternamen*, Frankfurt a.M. 1948, S. 279 f.
37. C.G. Jung, *Synchronizität*, GW 8, § 957.
38. Ebenda, § 957, Anm. 151.
39. Ebenda, § 955.

„ein besonderer Fall des allgemeinen ursachelosen Angeordnetseins" als ein Naturprinzip zu sein. In der Physik manifestiert sich dieses akausale Angeordnetsein zum Beispiel in der Zeitrate des radioaktiven Zerfalls, die eine schlichte Tatsache ist, denn wir können keine Ursache für sie nennen. Im Bereich der Psyche wäre ein Beispiel des akausalen Angeordnetseins das einfache Sosein der natürlichen Zahlen 1, 2, 3 usw. Niemand kann einen „Grund" dafür angeben, warum gerade die Sechs eine vollkommene Zahl sein soll (außer er verwendet eine Tautologie!).

Diese Idee des „akausalen Angeordnetseins" hat ihren Ausdruck in den verschiedenen Tierkreisen wie auch in den beiden chinesischen arithmetischen Weltmodellen gefunden, die der Wirkungsweise des *I Ging* zugrunde liegen. In dem Weltmodell, das die „Reihenfolge des Älteren Himmels" oder „vorweltliche Ordnung" genannt wird, waren die acht universalen Prinzipien (K'ua) in Gegensatzpaaren angeordnet:[40]

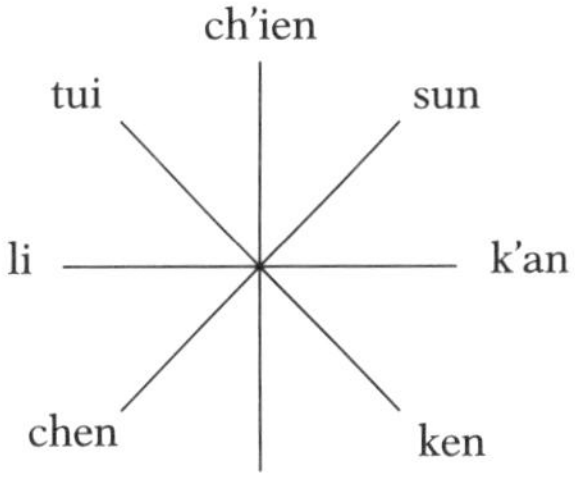

Diese Gegensätze „bekämpfen einander nicht", sondern sind im Zustand des dynamischen Gleichgewichts.[41]

40. R. Wilhelm, *I Ging*, S. 246 ff. (s.a. M. Granet, *La pensée chinoise*).
41. R. Wilhelm, ebenda, S. 247; siehe auch M.-L. von Franz, *Zahl und Zeit*, S. 206 f.

Auf diese Weise ist das Modell als Ganzes zeitlos. Die sogenannte „Ordnung des Königs Wen" oder „Reihenfolge des späteren Himmels" dreht sich dagegen in einem Kreis:

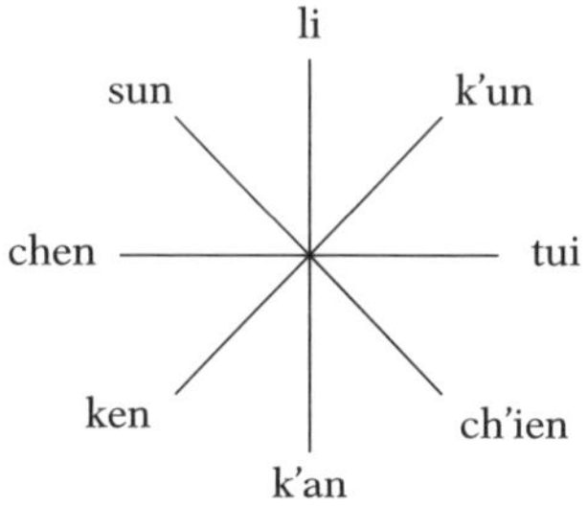

Das erste Modell ist außerzeitlich, das zweite zeitlich. Ersteres symbolisiert die Welt des „akausalen Angeordnetseins", letzteres bringt die Zeit hinein und wurde als Indikator für mögliche synchronistische Ereignisse benutzt. Diese Modelle sind nach Richard Wilhelm nicht gegensätzlich, sondern es ist, als wäre die „Reihenfolge des späteren Himmels" transparent, wobei die ältere Himmelsordnung durchschimmert.[42] Die Chinesen haben also eine Auffassung des Universums, in der Zeitlichkeit und Nicht-Zeit eine komplementäre Zwei-Einheit bilden; und synchronistische Ereignisse wären dann die sporadischen Manifestationen der völligen Einheit. Um ein Orakel des *I Ging* zu erhalten, muß man ein Bündel von Schafgarbenstengeln rückwärts zählen, bis ein Rest von ein oder zwei Stengeln bleibt. Das wurde folgendermaßen erklärt: es gibt die „normale" Vorwärtsbewegung der Zeit von der Vergangenheit zur Zukunft, aber es gibt auch die Bewegung nach rückwärts, die sich im Zeitverlauf zusammenfaltet und kontrahiert. „Die Kenntnis dieser Bewegung verleiht das Wissen der Zu-

42. R. Wilhelm, Hrsg., *I Ging*, S. 251.

kunft. Bildlich ausgedrückt: Wenn man versteht, wie der Baum sich im Samenkorn zusammenzieht, so versteht man die künftige Entfaltung des Samenkorns zum Baum."[43] Aus diesem Grunde benutzten die Chinesen eine rückläufige Methode des Zählens, um die Zukunft zu erraten.

Die Zahlen wurden in China insgesamt in enger Beziehung zur Zeit gesehen. Sie waren, wie Marcel Granet es formuliert, klassifizierende Anzeiger. Das Universum wurde als endliches Ganzes aufgefaßt, und die verschiedenen Zahlen, nämlich eins, zwei, drei usw., beschreiben alle dasselbe Ganze, jedoch in seinen unterschiedlichen Qualitäten, die sich in aufeinander folgenden verschiedenen Zeitmomenten zeigen. Die Zahlen „bezeichnen die verschiedenen Organisationstypen, die sich den Dingen auferlegen, wenn sie sich im Kosmos in ihrem Rang verwirklichen".[44] Die Zahlen sind nicht nur Bezeichnungen für Quantitäten, sondern zeigen auch *qualitative Zeitphasen* im Dasein des Ganzen an. Deshalb arbeitet das *I Ging* mit einem Zählsystem, indem es die Gegebenheit der Zahlen benutzt, um die Gegebenheit eines bestimmten Zeitmomentes herauszufinden. Wie alle anderen Archetypen haben die Zahlen sowohl einen „ewigen" als auch einen zeitlichen Aspekt. Sie verkörpern das „akausale Angeordnetsein", zeitgebundene Reihenfolge und Periodizität und, als Individuen betrachtet, „einfaches Sosein".

Das dritte große Symbol der Zeit ist das Rad, das ich schon in meinem eigenen Schema verwendet habe. Kairos und Fortuna haben beide das Rad als Kennzeichen. Letztere war ursprünglich eine der großen vorrömischen matronae – die Muttergöttinnen der Natur.

43. Ebenda, S. 248.
44. Zitiert nach M.-L. von Franz, *Zahl und Zeit*, S. 77.

Auch unser Tierkreis wurde oft als ein solches Himmelsrad gedeutet. Die berühmtesten Bilder des Rades der Zeit sind wohl die indischen und tibetanischen Darstellungen des Rades der Sangsara (Rad des Werdens oder der Wiedergeburt) – das die Welt der Anityata, die Welt der Unbeständigkeit und Vergänglichkeit, sichtbar macht –, dem der Buddhist ins Nirvana zu entfliehen strebt. Im Zentrum sind drei Tiere dargestellt: ein Schwein (Begierde, Leidenschaft), ein Hahn (Haß) und eine Schlange (Dummheit, Unbewußtheit). Sie halten das Rad für alle Ewigkeit in Bewegung. Im Gegensatz zu diesem negativen Aspekt des Rades der Zeit gab es den „achtfachen Pfad" der Erlösung (Dharma), der ebenfalls als Rad (mit acht Speichen) dargestellt wurde. Dieses rollt durch die Welt und bringt der Menschheit die Erlösung.[45]

Die Beobachtung aller regelmäßig wiederkehrenden kreisförmigen Himmelserscheinungen führte die Menschheit schließlich zur Erfindung des Zahnrades, das es ermöglichte, zuerst Kalender und dann Uhren zu konstruieren. Diese Erfindung führte jedoch zu einer seltsamen Entwicklung. Ursprünglich war die Uhr als Darstellung der göttlichen Macht der Zeit im Universum gedacht, wurde dann aber *das* Modell einer mechanischen, gottlosen Welt. Nikolaus Cusanus zum Beispiel sah in der Uhr noch ein göttliches Bild. Er schreibt in seiner *Vision Gottes*: „Das Konzept der Uhr repräsentiert das Selbst der Ewigkeit, die Bewegung in der Uhr repräsentiert die Reihenfolge. Die Ewigkeit umhüllt und enthüllt daher die Zeitfolge, so wie das Konzept der Uhr, welches die Ewigkeit ist, alle Dinge umhüllt und entfaltet."[46] Nur zur Zeit

45. Caroline A.F. Rhys Davids, „Zur Geschichte des Radsymbols", *Eranos-Jahrbuch 2*, 1934, S. 153 f.
46. F.C. Haber, „The Darwinian Revolution in the Concept of Time", in *Study* I, S. 390.

der Aufklärung und dann bis zum Ende des 19. Jahrhunderts dachte sich der Mensch die Uhr ohne ihren göttlichen Uhrmacher als Modell eines rein mechanischen Universums. Wenn wir das psychologisch betrachten, bedeutet es, daß sich das Ich selbst in die Position des kosmischen Uhrmachers gesetzt hat (weil es mechanische Uhren machen kann) und in eine Inflation gefallen ist. Regelmäßigkeit wurde mit mechanischem Funktionieren verwechselt, die Elemente von Zufall und Kreativität in der Zeit wurden endgültig aus dem Gesichtskreis ausgeschlossen. Erst jetzt wenden wir uns in der modernen Physik und in der Tiefenpsychologie der Wiedererwägung dieser irrigen Sichtweise zu.

In modernen Träumen bedeutet die Uhr manchmal die Erinnerung an unsere Zeitlichkeit. Einige Zeit vor ihrem Tod träumen Leute zum Beispiel manchmal, daß ihre Uhr irreparabel zerbrochen ist. Ein solcher Traum scheint dem Träumer zeigen zu wollen, daß nicht er, sondern seine zeitliche Existenz bald zu Ende sein wird. In anderen Träumen haben die Uhren manchmal die Bedeutung einer zeitgebundenen/nichtzeitgebundenen Weltordnung und sind dann ein Symbol des Selbst. Ich erinnere an die Vision eines Physikers, die Jung in *Psychologie und Alchemie* veröffentlicht hat:

> „Es ist ein vertikaler und ein horizontaler Kreis mit gemeinsamem Mittelpunkt. Das ist die Weltuhr. Sie ist vom schwarzen Vogel getragen. Der vertikale Kreis ist eine blaue Scheibe mit weißem Rand, in 4 mal 8 = 32 Teile geteilt. Darauf rotiert ein Zeiger.
> Der horizontale Kreis besteht aus vier Farben. Darauf stehen vier kleine Männchen mit Pendeln, und darum herum liegt der ehemals dunkle und jetzt goldene Ring ... Die ‚Uhr' hat drei Rhythmen oder Pulse:
> Der kleine Puls: Der Zeiger des blauen Vertikalkreises

springt 1/32 weiter
Der mittlere Puls: Eine ganze Umdrehung des Zeigers. Zugleich rückt der horizontale Kreis um 1/32 weiter.
Der große Puls: 32 mittlere Pulse machen einen Umlauf des goldenen Ringes aus.“[47]

Jung kommentiert diese Vision, indem er zunächst verschiedene Parallelen aus der Alchemie und mittelalterlichen Kalendern anführt. Dann schreibt er: „Wenn wir ... von der Annahme ausgehen, daß die ‚Mitte‘ und ihr Umfang die Ganzheit des seelischen Wesens, mithin das Selbst, darstellen, so sagt das Gebilde aus, daß im Selbst sich zwei heterogene Systeme schneiden, welche funktional in einem gesetzmäßigen, durch ‚drei Rhythmen‘ regulierten Zusammenhang stehen. Das Selbst ist per definitionem die Mitte und der Umfang des bewußten und des unbewußten Systems.“[48] Und weiter: „Da das Gebilde kosmischen Aspekt hat (Weltuhr!), muß man vermuten, daß es eine Reduktion oder vielleicht sogar ein Ursprung der Raum-Zeit, auf alle Fälle aber ein Inbegriff von Raum-Zeit sei, mathematisch also von vierdimensionalem Charakter und bloß anschaulich in dreidimensionaler Projektion.“[49] An anderer Stelle fügt Jung hinzu: „Wenn es erlaubt ist, hier die alte pythagoräische Idee heranzuziehen, daß die Seele ein Quadrat ist, würde das Mandala die Gottheit durch den dreifachen Rhythmus ausdrücken und die Seele durch die statische Quaternität, den in vier Farben geteilten Kreis. Und so wäre die innerste Bedeutung der Vision nichts Geringeres als die Vereinigung der Seele mit Gott.“[50]

47. C.G. Jung, *Psychologie und Alchemie*, GW 12, § 307 ff.
48. Ebenda, § 310.
49. Ebenda, § 312.
50. C.G. Jung, *Psychologie und Religion*, GW 11, § 124.

Wenn Jungs Deutung dieser zwei sich schneidenden Systeme als Ursprung der Raum-Zeit richtig ist, würde das nichts Geringeres bedeuten, als daß die bewußte Wahrnehmung der Zeit im Schnittpunkt des bewußten mit dem unbewußten psychischen System „erzeugt" wird. Das duale Weltmodell der alten Chinesen, das Ineinandergreifen der älteren und der jüngeren Himmelsordnung, wäre ein anderes Beispiel, das diese Idee unterstützt – nämlich da, wo die ewige außerzeitliche Ordnung des Selbst mit der zeitgebundenen Ordnung unserer bewußt erlebten Welt zusammentrifft, wird die Zeit geboren. Das würde uns zu dem Schluß führen, daß unsere Beziehung zur Zeit nur „richtig" sein kann, wenn unser Ich in enger Verbindung mit dem Selbst lebt. Dies erklärt auch, warum neurotische Menschen so oft von der Zeit „verfolgt" werden – sie leben nicht in rhythmischer Übereinstimmung mit dem Selbst, und darum wird die Zeit für sie vollkommen negativ. Baudelaire nennt die Uhr in seinem Gedicht „l'Horloge" zum Beispiel „ce Dieu effrayant et sinistre". Doch er ist nur einer von vielen modernen Dichtern, die die Zeit in ihrem erschreckenden Aspekt beschreiben.[51] Immer wenn es einem Menschen nicht gelingt, Sinn und Ziel seines Lebens zu leben, oder er sein „ewiges" Grundmuster wegen rationaler Vorurteile aus den Augen verliert, steht er auf Kriegsfuß mit der Zeit, und wenn das zu vielen Leuten so geht, „gerät die Zeit aus den Fugen". So gesehen können wir nun besser verstehen, warum im klassischen China die Kalenderreformen, die von einigen Kaisern durchgeführt wurden, als große Ereignisse gefeiert wurden. Durch die Umgestaltung der „Kalenderzahlen" tat der Kaiser nichts Geringeres, als die soziale und religiöse Ordnung seines

51. H. Meyerhoff, „The Broken Center", aus T. Ungvar, „Time and the Modern Self: A Change in Dramatic Form", in *Study* I, S. 475.

Volkes wiederherzustellen und so das ganze Reich ins „Tao" zurückzubringen.[52] In seinem Werk *Aion* versuchte Jung zu zeigen, daß innerhalb des Selbst eine wiederholte Bewegung der Selbsterneuerung stattzufinden scheint. Der Verlauf dieses Prozesses ist entweder kreisförmig oder eher noch spiralförmig und hat mit dem langsam sich entwickelnden Bewußtsein des Menschen in Bezug auf seine Ganzheit, das Selbst, zu tun.[53] Das Selbst, schreibt er, „ist nicht nur eine statische Größe oder eine beharrende Form, sondern zugleich auch ein dynamischer Vorgang.... Die ... Wandlungen stellen einen Wiederherstellungs- oder Verjüngungsprozeß dar, der sozusagen im Innern des Selbst stattfindet, etwa vergleichbar dem Kohlenstoff-Stickstoffzyklus in der Sonne, bei welchem ein Kohlenstoffkern vier Protonen einfängt (von denen zwei unmittelbar zu Neutronen werden) und sie am Ende des Zyklus in Form eines α-Teilchens wieder entläßt. Dabei kommt der Kohlenstoffkern unverändert wieder hervor, ‚wie der Phönix aus der Asche'. Es ist zu vermuten, daß das Geheimnis des Seins, d.h. der Existenz des Atoms und dessen Bestandteilen, in einem sich beständig wiederholenden Verjüngungsprozeß besteht, und man kommt zu ähnlichen Vermutungen, wenn man sich die Numinosität der Archetypen zu erklären versucht."[54] „Psyche kann kein ‚ganz anderes' sein als Materie ... Psyche und Materie sind in einer und derselben Welt, und eines hat am anderen teil ..."[55] So betrachtet ist das Selbst nicht nur ein Zentrum der Stille außerhalb der Zeit, sondern lebt in einem dynamischen Prozeß, wie es

52. siehe M.-L. von Franz, *Zahl und Zeit*, S. 144 (nach M. Granet, S. 114)
53. C.G. Jung, *Aion*, GW 9/II, § 260.
54. Ebenda, § 411.
55. Ebenda, § 413.

auch die Pyramide im oben erwähnten Traum auszudrücken scheint.

Wir können den drei großen archetypischen Symbolen der Zeit, dem Fluß (oder der Schlange), der Prozession (oder Zug) und dem Rad (oder Uhr) noch ein weiteres archetypisches Bild, nämlich die Gottheit des Todes, hinzufügen. In der Antike wurde Chronos-Zeit mit dem alten Mann Saturn und seiner Sense gleichgesetzt und in dieser Form abgebildet. Wie Saturn wurde auch er seine Kinder verschlingend dargestellt. Diese Figur lebte durch das ganze Mittelalter weiter bis ins 17. Jahrhundert als Bild des alten „Vaters Zeit". Oft wird er zusammen mit dem Tod dargestellt, der als Skelett ein Stundenglas hält. In modernen Träumen habe ich nie ein ähnliches Motiv angetroffen. In den düsteren Stimmungen und depressiven Schüben, unter denen viele alternde Menschen leiden und die sogar zu bestimmten Alterspsychosen führen, könnte man jedoch das Wirken dieses Archetyps vermuten. Mir scheint, die Gestalt des „Vaters Zeit" ist in Wirklichkeit ein autonomer, abgespaltener Teil des Gottesbildes selbst, eine dunkle Seite Gottes, vor der man sich scheute, sie Gott direkt zuzuschreiben. In den europäischen Volkssagen wird der Tod oft als nicht unfreundlicher, aber als sehr ernster, geheimnisvoller Mann personifiziert, der Gottes Befehle ausführt. Die einzigen Träume, die mir in meiner Praxis begegnet sind, die sich in ähnlichem Sinn auf den Tod beziehen, waren Träume, in denen der Träumer mit einem Erschrecken erwachte, weil er fühlte, daß ein unheimlicher unbekannter Besucher an die Tür klopfte.

In Indien werden Tod und Verfall offener mit der höchsten Gottheit in Verbindung gebracht. In der *Bhagavadgita* (XI) sagt Vishnu über sich selbst: „Wisset, daß ich die Zeit bin, die macht, daß die Welt vergeht, wenn sie reif ist, und daß ich komme, um Zerstörung über sie zu bringen."[56] Auch Shiva ist der Tod; er wird Bhairava = schrecklicher Zerstörer oder Mahā-Kāla = große Zeit oder Kāla-Rudra = allverschlingende Zeit genannt. Seine Shakti ist Kāli, deren Name die weibliche Form von Kāla = Zeit ist. Sie ist schwarz und trägt einen Kranz von abgetrennten Köpfen und hält zerstörerische Waffen in ihren vielen Händen.[57]

Häufiger als die Personifikation des Todes findet man in modernen Träumen eine Anspielung auf den Tod in Form von Zerstörung tierischen oder pflanzlichen Lebens: ein Pferd wird getötet, der Lebensbaum wird gefällt, ein Weizenfeld wird niedergetrampelt usw. Das erinnert daran, daß der Tod in der Kunst mit einer Sichel oder Sense wie der alte Gott Saturn dargestellt wird. Es scheint zu bedeuten, daß nicht unser ganzes Leben zerstört wird, sondern nur das animalische oder vegetative Leben unseres Körpers.

Unser spezieller Zeitsinn ist bestimmt auch mit dem Funktionieren unseres lebenden Körpers verbunden. Ich möchte nur an die Tatsache erinnern, daß wir eine biologische Uhr in uns haben, die die Zeiten von Aktivität und Schlaf, hormonellen Rhythmen usw. reguliert. Auch variiert unsere Einschätzung des Zeitverlaufs, wenn wir unter Drogen sind, oder durch den Einfluß von Fieber oder von Jugend und Alter. Physiologische Uhren scheinen teilweise ohne äußere Stimuli zu funktionieren, also endogen zu sein. Es ist noch nicht sicher, aber wahrscheinlich, daß viele dieser Rhythmen vom Gehirn gesteuert werden. Unsere Wahrnehmung der Zeit ist daher eng mit der Existenz unserer Psyche in ihrer im Gehirn inkarnierten Form verbunden; in ihrem nichtinkarnier-

56. zitiert nach Samuel G.F. Brandon, „The Deification of Time", in *Study* I, S. 378.
57. Ebenda, S. 379.

ten Aspekt scheint die Psyche eher zumindest teilweise außerhalb der Zeit zu sein, wie ich vorhin schon erwähnt habe.

In einem Brief aus dem Jahre 1952 hat Jung eine spekulative Erklärung dieses Problems gewagt.[58] Zunächst drückt er seine Verwunderung darüber aus, daß „einerseits das Bewußtsein fast keine direkte Information über die inneren Vorgänge des Körpers erhält und daß andrerseits das Unbewußte ... sich nur selten auf den Körper bezieht oder nur über Umwegen, nämlich in stark ‚symbolisierten' Bildern." Es scheint „eine seltsame Lücke zwischen Geist und Körper" zu bestehen. Was Jung wohl damit meint, ist zum Beispiel die Tatsache, daß wir an bestimmten Körperstellen einen ausgewachsenen Krebs haben können, ohne daß wir davon wissen, und sogar einen Spezialisten brauchen, der ihn anhand indirekter Symptome entdeckt.

Dann erwähnt Jung die Relativität der Raum-Zeit bei parapsychologischen Phänomenen, mit denen ich mich schon befaßt habe, und stellt schließlich die Frage: „Sollen wir die Zeit-Raum-Kategorien überhaupt aufgeben, wenn es um die psychische Realität geht?" „Es könnte sein," fährt er fort, „daß die Psyche als unausgedehnte Intensität aufzufassen wäre und nicht als ein in der Zeit sich bewegender Körper. Man könnte annehmen, daß die Psyche allmählich von kleinster Extensität zu unendlicher Intensität aufsteigt und den Körper irrealisiert, wenn sie z.B. Lichtgeschwindigkeit überschreitet. Das würde die ‚Elastizität' des Raumes bei außersinnlichen Wahrnehmungen erklären. Ohne einen im Raum bewegten Körper kann es keine Zeit geben, und das würde die ‚Elastizität' der Zeit erklären."[59]

58. C.G. Jung, *Briefe*, Bd. II, S. 252 ff.
59. Ebenda, S. 253

Lassen Sie mich diese Idee etwas weiter ausführen. Wir wissen, daß ein Atomkern z.B. eine minimale Extension im Raum hat, aber einen riesigen intensiven und kompakten Energiebetrag enthält, wie man bei einer Atomexplosion sehen kann. Angenommen, diese räumliche Ausdehnung wird noch kleiner – bis zum Nullpunkt – und die Intensität der Energie noch größer, dann würden wir die Schwelle erreichen, wo die Psyche den Körper „irrealisiert" und zu reiner Intensität wird. Wie schon erwähnt wies B.L. Whorf in seiner Studie über die Hopi-Sprache darauf hin, daß die Hopi kein Wort für „schnell" oder „geschwind" haben, sondern nur eines für Intensitäten.[60] Vielleicht, so schreibt er, brauchen wir einen neuen physikalischen Begriff „I" (Intensität).[61] Auch Beschleunigung müßte in anderer Weise verstanden werden, indem alles einen Faktor I hat, egal ob es ruht oder in Bewegung ist. Wenn B.L. Whorf recht hat, würde das Hopi-Wort für Intensität mehr den psychischen als den physischen Aspekt von Ereignissen betonen, anders als unsere physikalischen Begriffe.

Jung fährt nach dieser Postulierung einer psychischen Intensität fort: „Wahrscheinlich werden Sie einwenden, das Paradox der ‚unausgedehnten Intensität' sei eine contradictio in adiecto. Das gebe ich zu. Energie ist Masse, und Masse besitzt Ausdehnung. Auf alle Fälle ist ein Körper, der sich mit höherer Geschwindigkeit als Licht bewegt, nicht mehr sichtbar, und über das, was mit einem solchen Körper sonst noch geschieht, gibt es nur Ungewißheiten. Auf jeden Fall besteht keine Möglichkeit, irgend etwas über seinen Ort oder überhaupt seine Existenz auszusagen. Ebenso unmöglich wäre es, seine Zeit festzustellen."[62]

60. B. L. Whorf, *Sprache, Denken, Wirklichkeit*, S. 45.
61. Ebenda, S. 17.
62. Jung, *Briefe*, Bd. II, S. 253.

Ich möchte das noch einmal kommentieren: Wir kennen solche Körper, die „unsichtbar" werden, in den sogenannten „schwarzen Löchern" des Weltalls. In ihnen sind keine Licht-Signale und daher auch keine Raum-Zeit mehr zu beobachten. Einmal traf ich auf einen telepathischen Traum einer Analysandin, der auf einen ähnlichen Vorgang im Moment des Todes anzuspielen scheint, wenn die Seele den Körper verläßt.

> Sie träumte von einer Party, an der sie C.G. Jung begegnete. Er trug einen Anzug, der vorne grün und hinten schwarz war. In einer Wand befand sich ein Loch, das genau nach Jungs Körperform geschnitten war. Er trat in das Loch hinein, und dann sah man nur noch eine gleichmäßig schwarze Wand; aber die Träumerin wußte, daß Jung noch da war, wenn auch unsichtbar.

Am Morgen nach diesem Traum hörte sie im Radio, daß Jung am Abend zuvor gestorben war. Der Traum scheint vermitteln zu wollen, daß das psychische Wesen beim Tod über eine Schwelle der Sichtbarkeit geht, wie in ein schwarzes Loch, in Wirklichkeit jedoch weiterlebt.

Aber wir sehen daraus immer noch nicht, wie die Psyche mit dem Körper verbunden ist. Jung schreibt weiter: „Von diesem Gesichtspunkt aus könnte das Hirn eine Umschaltstation sein, in der die relativ unendliche Spannung oder Intensität der Psyche an sich in wahrnehmbare Frequenzen oder ‚Ausdehnungen' gewandelt wird. Umgekehrt erklärt sich das Ausbleiben introspektiver Körperwahrnehmungen durch eine graduelle ‚Psychifizierung', d.h. Intensivierung auf Kosten der Ausdehnung. Psyche = höchste Intensität auf kleinstem Raum."[63]

Jung betont, daß all dies reine Spekulation ist. Mir

63. Ebenda, S. 254.

scheint jedoch, daß die Brauchbarkeit einer erklärenden Hypothese davon abhängt, wie viele bis dahin unerklärliche Tatsachen sie in einen sinnvollen Zusammenhang bringen kann. Und diese Idee leistet für mich in dieser Hinsicht eine ganze Menge. Sie erklärt die meisten ASW-Phänomene, die alle beweisen, daß die Psyche nicht absolut an unsere Raum-Zeit-Kategorien gebunden ist. Sie paßt auch zu den Zeugnissen der östlichen und westlichen Mystik, daß in bestimmten ekstatischen Zuständen die Raum-Zeit mit einer gleichzeitigen enormen Intensivierung der psychischen Bewußtheit überschritten wird. Sie erklärt, warum bei der Behinderung der Gehirnfunktionen durch toxische Wirkungen (Drogen oder Schizophrenie) auch eine starke Intensivierung der psychischen Erfahrung stattfindet, wenn auch in diesem Falle desorganisierter und fragmentarischer. Sie erklärt auch, warum so viele Schizophrene behaupten, daß ihr psychotischer Schub mit einer „Explosion im Gehirn" begann – und als positives Gegenstück die Behauptung von Yoga-Praktizierenden, daß bei der Geburt des Buddha-Leibes ihr Schädel sich öffnet und er mit einem Schrei herauskommt. Die Behauptungen von Menschen, die eine kurze Zeit klinisch „tot" waren und dann wieder zurückgekommen sind, weisen auf etwas Ähnliches hin. Jungs eigene Vision, die er 1944 hatte und die er in seinen *Erinnerungen* beschreibt, ist ein weiteres Beispiel.

Im täglichen Leben setzen wir eine gewisse Dichotomie von Geist und Materie voraus, die jedoch nur eine Art der bewußten Wahrnehmung ist. In Wirklichkeit wissen wir weder, was Materie an sich, noch was Geist oder Psyche an sich sind. Sie sind nach Jung höchstwahrscheinlich einfach zwei Facetten desselben lebendigen Geheimnisses, das er unus mundus nannte, die *eine* Welt. Durch die Hypothese, daß Psyche und Materie zwei Formen ein und derselben Manifestation von Energie sind (die eine in niedrigen Frequenzen und Ausdehnung in Zeit und Raum, die andere als reine Intensität), wäre die Welt von Psyche und Materie tatsächlich eins. Wenn das stimmt, dann sind das Zeitliche und Nichtzeitliche auch nur zwei Facetten eines Geheimnisses, das man Zeit und Nicht-Zeit in einem nennen müßte. Die Zeit scheint mit anderen Worten als Aspekt des Gottesbildes oder des Selbst eine coincidentia oppositorum zu sein. Aus diesem Grunde bezeichnet das Symbol der Uhr in den Träumen manchmal unsere sterbliche, zeitgebundene Person, deren Funktionieren beim Tode aufhört, aber zugleich kann sie auch das Selbst in seinem ewigen Aspekt bezeichnen.

Dieses Paradox der Zeit ist nicht schwer zu verstehen, aber damit zu leben – die Erfordernisse der Uhrzeit zu erfüllen und gleichzeitig dem Rhythmus des Selbst zu folgen –, erfordert beträchtliche Reife. Es bedeutet, daß man manchmal alle Pläne und Pflichten, die uns von außen auferlegt werden, fallenlassen muß, wenn das Selbst plötzlich von uns verlangt, daß wir etwas anderes tun, daß man aber auch fähig sein muß, zu unterscheiden, ob eine solche Forderung vom Selbst oder von anderen unbewußten Komplexen kommt. In dieser Weise betrachtet wird die Zeit zu einem Prüfstein, der uns genau zeigen kann, wie sehr oder wie wenig wir in Harmonie mit uns selbst sind.

V. Psyche und Materie in Alchemie und moderner Wissenschaft

Die abendländische Alchemie ist in alexandrinischer Zeit aus der Begegnung des griechischen Geistes mit der Techno-Magie des vorderen Orients entstanden.[1] In Griechenland hatte sich zuvor, zirka vom 6-ten bis 4-ten Jahrhundert vor Chr., jene große Wende ereignet, welche man als Geburt der abendländischen theoretischen Naturwissenschaft bezeichnen könnte.[2] Sie besteht letztlich in einer Wandlung des Gottesbildes: Während zuvor eine Gruppe anthropomorpher Göttergestalten verehrt wurde, kam als Neues die archetypische Idee eines einzigen göttlichen Weltgrundes (Arche) auf, welcher entweder etwas Geistiges war: die Zahl (Pythagoras), der Geistwirbel (Anaxagoras), das Unbegrenzte (die Sphaira des Seins bei Parmenides oder das Apeiron Anaximanders), eine Urmaterie, d.h. das Wasser (Thales), das sinnbegabte Weltfeuer (Heraklit), die Luft (Anaximenes), die Atome (Leukippos und Demokrit), die vier Elemente (Empedokles), oder später, in der Stoa, das feurige, welterfüllende göttliche Pneuma. Die alten Götter wurden teilweise aufklärerisch als nicht existent verworfen, häufiger aber durch eine neuaufgekommene Deutungswissenschaft,

1. Vgl. Jack Lindsay, *The Origins of Alchemy in Graeco-Roman Egypt*, London 1970.
2. Vgl. S. Sambursky, *Das physikalische Weltbild der Antike*, S. 36, 43, 47, 133 und passim.

die Hermeneutik, die von Theagenes von Rhegion begründet wurde, in die neuen Weltprinzipien umgedeutet. Zeus war demnach das Weltpneuma, Ares das Feuer, Hera die Luft, Demeter die Erde usw. Einen eigentlichen Gegensatz von Geist oder Psyche versus Materie, wie er heute besteht, kannten die Griechen kaum, denn ihr materielles Weltprinzip war meistens als beseelt oder geistbegabt gedacht, ihr geistiges Prinzip nicht eigentlich von der Materie geschieden (außer bei Plato und Parmenides), sondern als Formprinzip mit der Materie zum mindesten koexistent (Aristoteles). Vielmehr war aber ein großer Teil dessen, was wir heute als zur Psyche gehörig ansehen, mehr als Aspekt einer objektiven außerindividuellen Weltseele gedacht. So stellen in der Sicht der stoischen Hermeneutik die Götter Ares-Mars den zornigen Affekt, Aphrodite-Venus die Liebesleidenschaft oder Athene die besonnene Vernunft dar, welche aber gleichsam im objektiven Weltraum existieren und den einzelnen „von außen" von Zeit zu Zeit ergreifen. Noch in einer anderen Sphäre sahen die Griechen gewisse seelische Teilkomplexe, wie wir sie heute nennen würden, nämlich in den verschiedenen Körperteilen, wie etwa den „phrenes" (Lunge, später Zwerchfell), der Leber, dem Herz usw., Körperzentren, mit denen noch Odysseus wie mit einem objektiven Gegenüber Zwiesprache halten konnte.[3]

Mit der in den letzten Jahrzehnten des vorchristlichen Zeitalters ungeheuer anwachsenden Verbreitung der aus dem vorderen Orient stammenden Astrologie verfestigte sich noch zunehmend die Idee einer Identität von Göttern mit seelischen Grundstimmungen: Saturn ist die schöpferische Depression, Venus die Liebe, Hermes der versatile Verstand usw. Ihre „Konstellation" in den Ster-

3. Vgl. R.B. Onians, *The Origins of European Thought*, S. 35 ff.

nen im Moment der Geburt bedingt die seelische Anlage des einzelnen. Durch diese Einflußnahme der Astrologie kommt ein dem griechischen Geist vorher eher fremd gewesenes Element in das Blickfeld, nämlich der Gedanke einer Beziehung gewisser seelischer Grundstrukturkomponenten (wir würden sie heute als Archetypen bezeichnen) *zur Zeit* und *zum Zeitmoment* (gr. kairós). Wie bekannt, setzten die babylonische, die chinesische und die Maya-Kultur – alles Hochkulturen – gewisse Götter mit gewissen Kalenderdaten in Eines: Die Götter „konstellieren" sich (man beachte das Wort) in einer großen Zeitablauf-Ordnung in bestimmter Folge. Dies war, ebenso wie der *I Ging* in China, wie Jung einmal betont hat, ein erster Versuch, eine Ordnung des kollektiven Unbewußten und ein geordnetes „Spiel" seiner Archetypen zu erfassen. Diese Grundidee der Astrologie spielt bei dem frühen Alchemisten Zosimos von Panopolis (III. Jahrh.) eine wichtige Rolle und ist seither immer in der Geschichte der Alchemie bald stärker, bald schwächer, hervorgetreten; der lapis mußte z.B. durch die Jahreszeiten oder Planetenhäuser „zirkuliert" werden.

Was bis etwa zur Zeit von Christi Geburt in der Naturwissenschaft griechischer Herkunft (bis auf wenige kleine Ansätze bei Pseudo-Demokritos) fast völlig fehlte, war *das tatsächliche, praktische chemische Experiment*. Dieses kam von einer ganz anderen Seite herein: aus dem, was ich als Techno-Magie des vorderen Orients, besonders Ägyptens bezeichnen möchte.

In der ältesten Metallurgie des mesopotamischen Raumes wurden, wie bereits Mircea Eliade gezeigt hat,[4] die Substanzen Kupfer, Erz, Eisen usw. als göttliche Wesen angesehen. Noch viel stärker und ausgeprägter war dies jedoch im alten Ägypten der Fall. Dort erhielt sich auch

4. Mircea Eliade, *Schmiede und Alchemisten*, Stuttgart 1956, S. 23 ff.

noch in den Perioden höchster Kulturdifferenzierung eine urmagische Einstellung zur Materie, alle chemischen Substanzen wurden als göttlich, ja sogar einfach als Götter betrachtet.

So waren die steinernen Götterstatuen noch wirklich die lebendigen Götter selber. Besonders aber kommt dies in der Totenliturgie zum Ausdruck: Jeder Verstorbene wird zum Gottmenschen Osiris, dem deus absconditus der Unterwelt, und die Leiche wurde durch die konkreten Maßnahmen der Mumifikation, dem Bad in Natronlauge z.B., dem Einwickeln in die Mumienbinden, dem Tränken mit Öl, in Osiris und dann in einen kosmischen Allgott verwandelt, der alle einzelnen Götter (= Substanzen) umfaßt. Natron heißt auf ägyptisch n-t-r = Gott; das Eintauchen in Natronlauge ist somit wortwörtlich eine Deifikation. Die Leinenbinden stellen die Göttinnen Isis und Nephthys dar, die den Toten umarmen, das Öl ist der Ausfluß des Sonnengottes Re usw.[5]

Wenn man sich von der primitiven Mentalität dieser Art von Auffassung der Materie ein Bild machen will, so empfehle ich die Bücher von Carlos Castaneda über seine Lehre beim Yaqui-Indianer-Zauberer Don Juan. Dort wird sehr schön deutlich, wie die Kräuter und chemischen Substanzen für Don Juan noch heute einfach Götter sind. Peyote z.B. ist der Gott Mescalito, der sich genau wie der Mercurius der Alchemisten manifestiert, nämlich als ein Symbol des Selbst.

In der altägyptischen religiös-kultischen Techno-Magie war ein ungeheuerlicher Gedanke mit eingeschlossen, von dem wir allerdings kaum annehmen können, daß er den damaligen Ägyptern bewußt war: Nämlich daß dem Menschen – in diesem Fall dem den Gott Anubis

5. Vgl. Günther Roeder, *Urkunden zur Religion der alten Ägypter,* Jena 1923, S. 297 ff.

darstellenden Sem-Priester, dem Leiter des Mumifikationsprozesses – die Rolle zukam, die Götter selber zu handhaben. Und noch ein weiteres archetypisches Grundmotiv der alchemistischen Gedankentradition trat als etwas Neues erstmals zu jener Zeit in den Vordergrund: die Beschäftigung mit der Herstellung eines ewigen, unzerstörbaren feinstofflichen Auferstehungsleibes für den Toten. Es ist ja klar, daß das Problem der Materie auch heute noch uns da am brennendsten berührt, wo wir mit der Vergänglichkeit unseres Körpers, mit dem wir uns unbewußt als Person im Leben identifizieren, konfrontiert sind: verschwinden wir zusammen mit jener geheimnisvollen körperlichen Lebensgrundlage unserer Individualität oder nicht? – wie kann die Seele oder der Geist überleben, ohne sich in einen Körper zu individualisieren oder so vor einer Zerstreuung im All zu retten? Hier spielt nicht mehr nur eine wissenschaftliche Neugier am Wesen der Materie eine Rolle, sondern eine religiöse Fragestellung, welche die Menschen seit jeher aufs tiefste beschäftigt hat.

Als der spekulative naturphilosophische Geist der Griechen mit dem magisch experimentierenden Wissen des vorderen Orients zusammentraf, fand eine große gegenseitige Befruchtung statt, aus der die Alchemie im eigentlichen Sinn geboren wurde. Einer der ältesten uns erhaltenen Texte mit dem Titel „Komarios an Kleopatra" kreist fast ausschließlich um den Gedanken der Herstellung eines Unsterblichkeitsleibes und stellt ein eigentliches Auferstehungsmysterium dar. Dort wird das Geheimnis des Steins beschrieben, wie dessen „Körper, Seele und Geist zuerst in der Finsternis der Totenwelt darnieder liegen", bis die Dunkelheit von ihnen weicht. „Und die Seele ruft den erleuchteten Körper an: ‚Wach auf aus der Unterwelt, und steh auf aus dem Grabe ... Bekleide dich mit der Vergeistigung und Vergöttlichung, da dich der Ruf der Auferstehung erreicht hat ...‘ Und die Seele erfreut sich in ihrem Hause (dem Auferstehungsleib), denn, nachdem sie ihn zuerst in Finsternis gehüllt hatte, fand sie ihn nun von Licht erfüllt ... und die Statue voll Licht und Göttlichkeit wurde aufgerichtet. Das Feuer hat sie nämlich einsgemacht und gewandelt ... Der Mutterleib des Feuers hat sie geboren ... und das Bild (eikon) wurde vollendet durch Körper, Seele und Geist und sie sind alle Eines geworden“ usw. So „entsteht die *eine* Natur, die alle anderen Naturen besiegt“. Dieser Auferstehungsleib ist auch im gleichen Text als „Geheimnis des Wirbelwindes“ und als „Rad“ der um den Nordpol kreisenden Gestirne beschrieben, im Bilde eines kosmischen Mandalas.[6] Dies entspricht dem altägyptischen Glauben, daß der zum Osiris (= Anthropos) gewordene erlöste Tote mit den nicht untergehenden Sternen am Himmel kreist.

Ebenfalls sehr alte Texte, aus dem III. Jahrhundert, stammen von dem in Ägypten lebenden Griechen Zosimos von Panopolis (Achmin), dessen Werk C.G. Jung so ausführlich und tief gedeutet hat.[7] Zosimos verließ sich bei seiner Suche nach dem „göttlichen Wasser“, dem Urstoff der Welt, auf seine Traumvisionen, welche ihm in seltsamen archetypischen Bildern ein göttliches Opferungs- und Wandlungsmysterium zu offenbaren schienen. In einem seiner Werke taucht ein Motiv auf, das aus der Gedankenwelt der Gnosis stammt und zu einem weiteren Leitmotiv alchemistischen Denkens wurde, die Vorstellung des in die Materie hinabgestürzten oder hinabgestiegenen Anthropos – des Gottmenschen –, der vom Menschen aus den Banden der vergänglichen materiellen Welt wieder erlöst und befreit werden muß. Es handelt

6. M. Berthelot, *Collection des Anciens Alchimistes Grecs*, Vol. I, S. 289 ff.
7. C.G. Jung, *Psychologie und Alchemie*, GW 12, § 456 ff., und ders., *Das Wandlungssymbol in der Messe*, GW 11, § 344 ff.

sich, wie Jung dargelegt hat[8], um die Darstellung eines unbewußten Projektionsvorganges im wörtlichen Sinn: der Gottmensch wird von da an nicht mehr, wie manche Gnostiker es taten, in einem überweltlichen, geistig metaphysischen Existenzraum gesucht, sondern in der Materie. Es ist die Materie, welche im Verborgenen das Geheimnis des inkarnierten, d.h. menschgewordenen Gottes enthält – in moderner Sprache: das Geheimnis des Selbst, der bewußtseinstranszendenten Ganzheit des Menschen. Weil die Materie von nun an dieses Gott-Mensch-Mysterium in sich barg, bahnte Zosimos auch einen neuen Weg im Vorgehen der Alchemisten an, nämlich unter Berücksichtigung von Traumoffenbarungen, Visionen und Meditationsübungen das alchemistische Laboratoriumswerk zu vollbringen, d.h. sich bei ihm von Eingebungen des Unbewußten leiten zu lassen. Diese introvertierte schöpferische Methode haben fast alle späteren bedeutenden Alchemisten beibehalten. Ihr Werk ist im Grunde eine Art aktiver Imagination, die aber nicht mit Worten oder Malfarben, sondern mit chemischen Substanzmischungen bewerkstelligt wurde – mit Substanzen, die aber, das darf man nicht vergessen, immer auch Götter oder Dämonen waren. So ist z.B. Blei auch der Saturn oder ein Wahnsinn erzeugender gefährlicher Dämon; Hermes, das Quecksilber, aber auch der zu Materie gewordene göttliche Logos oder Anthropos, Gold der gleiche Anthropos in seiner glorifizierten, unzerstörbaren Endgestalt.

Zosimos hat ebenfalls, wie der Verfasser des Komariostextes, gleichzeitig immer „astrologisch" gedacht in dem Sinne, daß er den Kairós, den magisch qualitativen Zeitmoment, beim Opus mit in Betracht zog. Er warnt in einer seiner Schriften davor, sogenannte „kairikai ba-

8. C.G. Jung, *Psychologie und Alchemie*, GW 12, § 447 ff.

phai", astrologisch-momentbedingte Stoffwandlungen, vorzunehmen; sie seien täuschendes, falsches Dämonenblendwerk. Nur wenn sich der Laborierende zuerst durch Meditation mit dem göttlichen Nous, dem Anthropos in der Materie verbunden habe, könne er die „richtige" Wandlung der Materie erwirken. Hier zeichnet sich zum ersten Mal der Gedanke einer kritischen Einstellung zu den Manifestationen des Unbewußten ab, eine Unterscheidung von Teilkomplexen (d.h. von Dämonen) bewirkten irreführenden Synchronizitätsereignissen und vom Selbst bewirkten positiv aufbauenden synchronistischen Ereignissen. Das ist ein brennendes, modernes Problem, auf das ich noch zurückkommen werde.

Wie aus dieser kurzen historischen Übersicht hervorgeht, war in der spätantiken Vermischung von Religion und philosophischen Lehren der größte Teil dessen, was wir heute als Psyche bezeichnen, draußen außerhalb des Individuums ausgebreitet in der beseelten Materie des Weltalls und bestand zudem aus einer Vielheit getrennter, z.T. sich sogar bekämpfender Komponenten: aus den Göttern, Sterngöttern oder Sterndämonen und aus den Organgöttern im Körper oder aus den Substanzgöttern verschiedener chemischer Stoffe. Wie Jung dargelegt hat[9], war ja das, was wir heute das kollektive Unbewußte nennen, noch nie im modernen Sinn des Wortes psychologisch gewesen, immer war es vorher hinausgewiesen worden in den kosmischen außerseelischen Raum, und der Mensch hat sich sogar mit religiösen Symbolen und Riten gegen ein innerseelisches Erleben der objektiven Psyche geschützt. Erst heute finden wir das kollektive Unbewußte auf der Ebene des innerseelischen Urerlebnisses in rein seelischen Vorgängen. Das bewußte Ich des

9. Vgl. C.G. Jung, *Über die Archetypen des kollektiven Unbewußten*, GW 9/1, § 1 ff.

Menschen war zudem damals völlig der Spielball der verschiedensten Einflüsse dieser Götter, und erst allmählich zeichnete sich eine moralische Problemstellung bezüglich des Verhaltens des Menschen gegenüber diesen Mächten ab.

Die Verbreitung des Christentums brachte in diese Situation in erster Linie einen ethischen Fortschritt herein, eine Differenzierung des moralischen Gefühls, im Ganzen sogar unter einer Minderung des naturwissenschaftlichen geistigen Niveaus der damaligen Menschen.

Die seelische Vielheit der Seelengötter im einzelnen Menschen wurde dadurch erstmals zum Problem: Origenes hat z.B. an die Bibelstelle 1. Könige 4: „Und es war *ein* Mann ..." (vir unus) folgenden Kommentar zugefügt: „Solange wir noch Sünder sind, können wir diese Bezeichnung *(ein* Mann) nicht erwerben, weil ein jedes von uns nicht *einer* ist, sondern viele ... Du kannst sehen, wie derjenige, der für einen Menschen gehalten wird, gar nicht einer ist, sondern es scheinen in ihm so viele Personen zu sein wie Verhaltensweisen (mores), weil gemäß der Hl. Schrift der Tor wie der Mond sich wandelt ..." Und zu Leviticus 52 sagt Origenes: „Verstehe, daß du in dir selbst ganze Herden von Rindern hast, Herden von Schafen und Ziegen. Verstehe, daß in dir auch die Vögel des Himmels sind ... Verstehe, daß du eine zweite Welt bist im kleinen, daß in dir Sonne, Mond und die Sterne sind." Diese vielen „mores" werden erst durch Christus, welcher der „vir unus" ist, zu einer seelischen Einheit zusammengefaßt.

Der alttestamentliche Monotheismus und die Idee des inneren Christus als des *einen* Menschen verlangte vom einzelnen eine moralische Stellungnahme gegenüber den sich widersprechenden Einflüssen seiner vielen Geister- und Tiergötterseelen. Doch auch dann wurden letztere noch immer als teilweise außen und nicht als subjektzugehörig angesehen, wenn schon immerhin als „darangewachsen“, als irgendwie dem einzelnen „angehängt“.

Wie bereits in vorchristlicher Zeit die Hermeneutik – die *symbolische* Interpretation der Göttergestalten – zu einer „Verseelung“ derselben beigetragen hatte, so setzte die christliche Interpretation der Hl. Schrift diese Tradition in identischer Weise fort: Der Vorarbeit Philos von Alexandrien folgend, welcher viele Stellen des Alten Testamentes symbolisch in neuplatonisch-stoischem Sinn gedeutet hatte, hat der große Kirchenvater Origenes die symbolisch *psychologische* Deutung vieler Stellen des Neuen Testamentes in Angriff genommen: Viele wunderbare Ereignisse, die im Neuen Testament beschrieben werden, sind nach seiner Ansicht nicht wörtlich konkret zu verstehen, sondern als Symbole (eikones), die das Handeln Gottes darstellen. Die sichtbare materielle Welt weist nämlich über sich selbst hinaus auf das unsichtbare Prinzip der geistigen Wahrheit. Besonders sind auch viele Geschichten und Motive des Alten Testamentes als Präfigurationen, verhüllte Hinweise, auf das sich im Neuen Testament deutlicher offenbarende Geheimnis zu verstehen, auf etwas Geistiges, das sich erst allmählich offenbart. Viele Wunder, von welchen das Neue Testament berichtet, fanden nach Origenes nicht konkret statt, sondern ereigneten sich in einer Art von hauchkörperlicher geistiger Wirklichkeit. Christus erschien nämlich „in der Mitte zwischen den geschaffenen und den ungeschaffenen Dingen“. Diese Mittelschicht von hauchkörperlicher Realität entspricht bei Origenes in vieler Hinsicht der pneumatischen Weltseele der Stoa. Was die christlichen Wunderberichte von den heidnischen auszeichne, sei, so betont Origenes, nicht ihre andersartige Form, sondern ihre höhere sittliche Wirkung, welche sich im moralisch besseren Lebenswandel Jesu und vieler Christen manifestiere.

Mit diesem positiven Fortschritt einer relativen Vereinheitlichung der menschlichen moralischen Persönlichkeit durch das Christentum ging aber ein großer Verlust Hand in Hand: das Psychische und das Göttlich-Numinose wurde nicht mehr in den Naturdingen und chemischen Substanzen gesehen, dort hausten höchstens noch böse Geister. Das Christussymbol zog alle positiven Projektionen psychischer Inhalte von den Naturdingen weg auf sich selbst. So kann ein frühchristlicher Dichter, Ephraem der Syrer, sogar sagen: „Weil die Geschöpfe es müde waren, die Präfigurationen (= Symbole) von Christi Herrlichkeit zu tragen, hat er sie davon entlastet, wie er den Mutterleib entlastete, der ihn trug." Oder: „Christus bekleidete sich mit den Symbolen (figuris) und trägt die typoi (archetypischen Bilder) seiner selbst, dies ist ein verborgener Schatz, der, wenn man ihn erschließt, große Wunder offenbart." Durch diese Entlastung der Natur, wie Ephraem es nennt (wir würden es einen teilweisen Projektionsrückzug nennen), verlor sich jedoch auch das Interesse des Menschen an den Naturdingen.

Mit der Verbreitung des Christentums ist darum die abendländische Alchemie allmählich verkümmert und ausgestorben. Ihre Tradition verlagerte sich in den heidnisch verbliebenen nordafrikanischen Raum, besonders nach der Stadt Harran, und gelangte dort auch unter der Herrschaft des Islam zu weiterer Blüte. Besonders die schiitische Richtung des Islam hat einige große Alchemisten hervorgebracht, so z.B. Mohamed ibn Umail (10. Jahrh.), der als „Senior" später die abendländische Alchemie entscheidend beeinflussen sollte, weitere Namen wie Rases, Alphidius usw. sind auch bekannt. Jung hat oft hervorgehoben, daß der Islam eine Religion des reinen Eros sei. Dementsprechend spielt bei Senior die Vereinigungssymbolik, der Hierosgamos von Sonne und Mond, eine zentrale Rolle.[10] An sich stammt das Hierosgamosmotiv ebenfalls aus dem ägyptischen Totenritual und ist im Komariostext erwähnt: Von da an bedeutete die heilige Hochzeit der Substanzen *das* zentrale Motiv der Alchemie, ein Bild dessen, was wir einerseits heute als chemische Affinität bezeichnen würden, andererseits als *das* zentrale Motiv der Individuation oder inneren Vereinigung psychischer Gegensätze, wie dies Jung so tief und eindrücklich in *Psychologie der Übertragung* und *Mysterium Coniunctionis* dargestellt hat.

Ungefähr mit dem Jahr Tausend begann dann ein Zurückströmen der antiken naturwissenschaftlichen Erkenntnis aus dem islamischen Bereich in das Abendland. Dies war hauptsächlich eine Folge der Kreuzzüge; die spanischen und sizilianischen Mauren und Juden fungierten als die Hauptvermittler. Besonders der sogenannte *Liber sextus* des großen persischen Alchemisten und Philosophen Ibn Sina (= Avicenna) übte im 12. und 13. Jahrhundert einen entscheidenden Einfluß auf das Denken der großen Scholastiker, wie Albertus Magnus, Thomas von Aquin, Roger Bacon und andere aus, nämlich in der Übermittlung des Grundgedankens, *daß eine imaginative Macht in der Seele des Menschen existiere, welche im Zustand hoher affektiver Spannung und bei passender astrologischer Konstellation konkrete Veränderungen in der materiellen Welt bewirken könne.* Damit kehrte der erwähnte Aspekt der Alchemie als einer introvertiert-schöpferischen aktiven Imagination, die mit Substanzen ausgeführt wird, in den Bereich des abendländischen Denkens zurück, was in den erwähnten Werken Castanedas der mexikanische Medizinmann Don Juan als „dreaming" bezeichnet. Don Juan erklärt seinem Schüler

10. Vgl. seinen „Brief der Sonne an den zunehmenden Mond" publ. und kommentiert von M.-L. von Franz in dies., *Alchemy, An Introduction to the Symbolism and the Psychology,* Toronto 1980, S. 107 ff.

Castaneda, wie man lernen kann, das, was man träumend sieht, so im Blickfeld zu fixieren, daß es ganz real wird. „Dann besteht kein Unterschied mehr zwischen dem, was du im Traum tust und was du in Wirklichkeit tust.“[11] Hierauf gehen er und Castaneda ins Freie. Im Halbdunkel sieht Castaneda plötzlich ein sterbendes Tier, das ihm unglaubliche Angst einflößt – aber nach einiger Zeit entdeckt er, „daß es nur ein verkohlter Ast ist“.[12] Da wirft ihm Don Juan vor: „Da – du hast eine wunderbare Macht vertrieben – zunichte gemacht! – jene Macht, welche den Zweig in ein Tier verwandelt hatte! Du hättest durchhalten sollen ‚bis die Welt aufhörte zu existieren‘ – aber es gelang dir nicht.“ In die Sprache der Jungschen Psychologie übersetzt, will Don Juan dem Castaneda die aktive Imagination beibringen, worin die innere Welt so real wird, daß sie realer ist als die Außenwelt (= stopping the world). Diese Macht ist natürlich das Unbewußte. Seine aktive Imagination macht Don Juan gleichsam mit Dingen der Natur, mit Zweigen, Steinen – was immer sich ihm gegenüber numinos manifestiert.

Ganz ähnliche Erlebnisse berichtet auch Albert der Große und manch anderer mittelalterlicher Alchemist, der sich mit dem Geheimnis der Steine und Erze und chemischen Substanzen beschäftigte. Sie gewannen Leben und begannen zu sprechen.

Die Beziehungen der neu auflebenden antiken Vorstellungen zu den offiziell-theologischen Anschauungen der Kirche blieben zunächst fluktuierend: bald wurde z.B. die Weltseele mit dem Hl. Geist identifiziert, bald als neben ihm existierend, bald wurde der Lapis mit dem inneren Christus gleichgesetzt, bald als Auferstehungs-

11. Carlos Castaneda, *Journey to Ixtlan*, Harmondsworth, England, (1972) 1974, S. 127.
12. Ebenda, S. 130-133.

leib gedeutet ohne direkte Gleichsetzung mit Christus (Petrus Bonus). Und der ungeheuerliche Gedanke, daß der Alchemist eigentlich das Göttliche handhabt und zu seiner Erlösung oder Vollendung zu bringen gesucht hat, ist, wie Jung betont hat, nie bewußt zuende gedacht worden.[13] Hätte dieser fluktuierende Zustand weitergedauert, so wäre es meiner Ansicht nach zu großen gegenseitigen schöpferischen Befruchtungen zwischen Alchemie und christlicher Theologie gekommen; aber *eine* Entwicklungslinie hat dem im Wege gestanden, und weil diese heute besonders destruktiv und gefährlich geworden ist, möchte ich näher auf sie eingehen und darum kurz noch einmal zu den historischen Anfängen zurückkehren, von denen ich ausging.

Ich erwähnte, daß einige griechische Sophisten die alten Göttergestalten nicht hermeneutisch in die neuen Geist-Materie-Symbole übersetzten, sondern einfach als nicht existent erklärten (Euhemeros). Das war die Geburt eines aufklärerischen Rationalismus, der uns noch heute zu schaffen macht – eine Entgötterung und Entseelung der Welt. Die Motivation hinter dieser Art des Denkens ist letztlich *Angst*; man fühlt sich, wie Jung einmal betonte, in einer „aufgeklärten" Welt bedeutend heimischer. Das zweite Motiv ist der Machttrieb – denn alles genau und ganz Wissenwollen ist letztlich ein Machtanspruch –, gepaart mit dem Wunsch, sich gegen alles Unerwartete, Irrationale für immer sichern zu können. Die antike sophistische Aufklärung hatte nur wenig und kurzen Erfolg und konnte die Religiosität des damaligen Menschen nicht aufheben, aber leider blieb sie zäh an *einem* Ort weiter erhalten: in der religiösen Polemik Philos und dann besonders der frühen christlichen Apologeten

13. Vgl. C.G. Jung, *Psychologie und Alchemie*, GW 12, § 332 ff. und § 462 ff.

gegen andere Religionen. Letztere wurden mit aufklärerischem Hohn und Spott als angebliche Illusionen und Altweiberfabeleien „entlarvt". Meines Erachtens hängt dies mit dem Vorherrschen des patriarchalen Elementes im judäo-christlichen Geistesbereich zusammen, einer gewissen Aggressivität und Intoleranz des religiösen Denkens. Weil das weibliche Element in der göttlichen Dreifaltigkeit nicht enthalten war, macht das weibliche Prinzip, wie Jung in *Antwort auf Hiob* ausführt, um so intoleranter und in konkret verhärteter Form seine Präsenz in der sichtbaren Mater Ecclesia fühlbar – gerade dadurch, daß die Materie nicht mehr in der göttlichen Ganzheit einbezogen war, entstand ein *kompensatorischer, materialistischer Konkretismus* –, gleichsam als eine Rache des verdrängten Mutterarchetyps. Wer ein Buch über Bestimmungen der Moraltheologie aufschlägt, oder wer das Finanzgebahren des Vatikans studiert, weiß, was ich meine. Im Mittelalter war das aber alles noch viel primitiver und plumper – damals als die Päpste sich offen um Geld und Ländereien stritten. Die eheliche Eintracht zwischen Geist-Vater und Mutter-Materia war zerrüttet und dadurch entartete der Geist zum machtbesessenen dogmatischen Besserwissen, die Materie zur Dominanz einer konkretistischen materialistischen Einstellung. In diesem Sinn gehören Rationalismus und Materialismus zusammen und beherrschen darum auch heute wieder zusammen in der marxistischen Doktrin einen großen Teil unserer Welt. Gott ist, wie die Kabbalisten sagen würden, von seiner Schechinah getrennt worden, was alles Unheil auf Erden bewirkt.

Diese verhängnisvolle Entwicklung trat, obwohl ihre Wurzeln, wie wir sahen, sehr alt sind, im siebzehnten Jahrhundert unverhüllt in den Vordergrund und bezeichnenderweise ist *das* die Zeit, in der die Hypothese einer Weltseele und Beseeltheit der Natur definitiv aufgegeben wurde. Damals – nämlich mit Descartes – begann das, was Jung „jene blöde Uhrwerksphantasie" nannte, wonach Gott ein für alle Mal die Welt erschaffen hat, und diese seither mechanisch als Kombination toter Materie weitertickt. Descartes begründete seine mechanische Kausalitätsidee ausdrücklich damit, daß sich Gott immer an seine eigenen, einmal geschaffenen Regeln halten werde. Er darf also nicht mehr schöpferisch sein. Während die Theologie in dieser Zeit der Gegenreformation sich immer dogmatischer versteifte, verhärtete sich gleichzeitig auch die Ratio des damaligen Naturforschers, begünstigt durch das Vorurteil, daß die Materie tot und nur von mechanischen Gesetzen regiert sei. Was sie an Geheimnis noch bergen könnte, konnten deshalb nur noch nicht entdeckte mechanische Gesetze sein.

Wo aber war die Psyche, die Weltseele (das, was Jung das kollektive Unbewußte oder die objektive Psyche nennt)? Meistens wurde ihre Existenz einfach geleugnet; was übrig blieb, war das bewußte Ich und über dieses machte sich das Ich der verschiedensten Denker seine Theorien; Descartes identifiziert es mit der Denkfunktion (je pense, donc je suis) andere mit der Intuition (Spinoza, Hegel). Was früher die Organ-Seelengötter waren, ging ein in den Streit um den Sitz der Seele: Zirbeldrüse (Descartes), Blutkreislauf, Hirn usw., und da man die Seele dort nie fand, verlor sich das Interesse an diesen Fragen. Unerbittlich wirkte sich aber auch weiter die Rache der verachteten Muttergöttin aus: im immer mehr sich ausbreitenden Konkretismus des wissenschaftlichen und sogar religiösen Denkens. Und weil, wie Jung erwiesen hat, *alle* religiösen Aussagen prinzipiell paradox und nicht physisch wirklich sind, sondern essentiell die Wirklichkeit der Seele dartun und zu ihr gehören, zerfiel der christliche Glaube Stück um Stück; zuerst im protestantischen Raum, heute aber auch weitgehend im Katholizismus. Die These Sigmund Freuds hat scheinbar gesiegt, die die Religion als komplexbedingte, neurotische Illusion zu erweisen suchte. Sie wird heute von Theologen beider Konfessionen gerne zitiert.

Wo aber ist die Psyche geblieben, die einst eine Vielheit von Naturgeistern war und dann zur *einen* Weltseele wurde, die die vielen Stern- und Substanzgötter enthält? Im Aberglauben an Dämonen oder „Tierseelen", welche gewisse Menschen besessen machen können (Hexenverfolgung), war noch ein Rest von ihr erhalten, aber sie wurde ganz „verteufelt" und aufs äußerste bekämpft – als jene „Schlammflut des Okkultismus", vor der Freud seinen Schüler Jung so ernsthaft warnte. Wenn auch manche Philosophen der Romantik im Gegensatz zum sich mehr und mehr ausbreitenden Wissenschaftsrationalismus auf die Existenz eines unbewußten Seelenteils, einer „Nachtseite der Seele" (Schubert) hinwiesen, wenn auch im Rosenkreuzertum und im süddeutschen Pietismus noch späte Blüten alchemistischen Denkens aufgingen, so konnten sie sich nicht mehr wirklich durchsetzen.

Es ist in diesem Zusammenhang gesehen *das* große, nicht klar genug zu realisierende Verdienst Jungs gewesen, die *objektive Psyche empirisch* wieder entdeckt zu haben. Eine seiner größten Geistestaten, durch die sich meiner Ansicht nach alle schöpferischen Keime und tastenden Ansätze der Alchemisten zu einer neuen Sicht der Wirklichkeit werden weiter entwickeln können. Das kollektive Unbewußte ist nämlich nicht nur eine angeborene psychische Strukturidentität in allen Menschen, sondern zusätzlich auch „ein omnipräsentes Kontinuum, eine unausgedehnte Allgegenwart. … Wenn hier im Punkt a etwas geschieht, welches das kollektive Unbewußte berührt oder in Mitleidenschaft zieht, so ist es überall geschehen."[14] Darauf begründet sich z.B. der erstaunliche Parallelismus chinesischer und europäischer Stilepochen oder das gleichzeitige Auftauchen der gleichen Idee bei zwei unabhängig forschenden Wissenschaftlern, wie das in der Wissenschaftsgeschichte wiederholt vorgekommen ist.

In dieser neuen Sicht von Jung steht das Problem von Geist und Materie oder Psyche und Materie in einem ganz neuen Aspekt vor uns: Geist erscheint als der dynamische Aspekt der objektiven Psyche, das Bewegende, Beflügelnde, Inspirierende, das, was spontan im inneren Gesichtsfeld symbolische Bilder erzeugt und anordnet. Seine einfachste, ursprünglichste Manifestationsform im psychischen Raum ist die Zahl. Das transpsychische Sein des Geistes hingegen können wir nicht erkennen. Materie bildet hiezu den Gegenpol, sie manifestiert sich in der mit instinktiven, d.h. physiologischen Prozessen gekoppelten Sphäre der Psyche und in den Phänomenen, welche wir über die Verarbeitung der Sinneswahrnehmungen (inklusive ihrer experimentellen technischen Verlängerungen) erfassen können. Die Unterscheidung von Geist und Materie sind, wie Jung betont, letztlich nur Etikettierungen für zwei an sich unbekannte Seinsmanifestationen, die wir als geistig innerlich oder materiell äußerlich erleben. Der Nötigung zu einer doppelten Etikettierung liegen die Archetypen von Geist-Vater und Materie-Mutter zugrunde, über deren letztes Wesen wir nichts wissen können – wir können nur ihre Wirkungen im psychischen Raum beobachten. Der einzig wirkliche Wesensgrund, die einzig unmittelbare Wirklichkeit *ist psychisch*[15], bzw. das psychische Erleben. Dies war den alten Alchemisten auch deutlich gewesen, weshalb sie nicht nur extravertiert mit dem Stoff experimentierten, sondern zugleich ihre psychische Situation eines Beobachters mit in Rech-

14. Vgl. C.G. Jung, *Briefe*, Bd. I, S. 84.
15. C.G. Jung, *Briefe*, Bd. I, S. 86.

nung stellten. Bei ihrer damaligen geringen Sachkenntnis vom Wesen der Materie und vielmehr noch des Objektiv-Psychischen war es unvermeidlich, daß sie vieles, das wir heute als psychische Manifestation ansehen, dem Stoff zurechneten. Der vom 17. Jahrhundert an immer einflußreicher werdende Wissenschaftsrationalismus hatte in dieser Hinsicht immerhin ein gewisses Verdienst, daß er nämlich den Gegensatz Vater-Mutter – innerpsychisch Geistiges versus äußerlich Materielles – immer weiter auseinanderriß, was eine Klärung vorbereiten konnte. Um die Jahrhundertwende kam dieser Prozeß zum Stillstand, damals, als die Physiker einsehen mußten, daß sie den Beobachter und seine geistigen Voraussetzungen nicht mehr aus ihrer Wissenschaft ausklammern konnten, sobald sie in die mikrophysikalische Sphäre einzudringen versuchten. Dies bedeutet eine Rückkehr auf höherer Stufe zum Denken des Alchemisten. Der Alchemist erlebte, wie Jung ausführt,[16] seine Projektion unbewußt als Eigenschaft des Stoffes. Was er aber in Wirklichkeit erlebte, war sein Unbewußtes. „Denn alles Unbewußte war, sofern aktiviert, ins Stoffliche projiziert, d.h. es trat dem Menschen von außen entgegen. Es bleibt ..., wegen der Vermischung von Physischem und Psychischem, stets dunkel, ob die endgültigen Veränderungen im alchemischen Prozeß mehr im materiellen oder mehr im geistigen Gebiet zu suchen seien ... Es gab ... kein Entweder-Oder, *sondern es gab einen Zwischenbereich zwischen Stoff und Geist:* nämlich ein *seelisches Reich subtiler Körper*, denen sowohl geistige wie stoffliche Erscheinungsweise eignete ... Selbstverständlich nimmt die Existenz dieses Zwischenreiches ein plötzliches Ende dann, wenn man versucht, den Stoff an und für sich ... zu untersuchen und so lange ... als man glaubt, über Stoff

16. C.G. Jung, *Psychologie und Alchemie*, GW 12, § 394 f.

und über die Seele Endgültiges zu wissen. Kommt aber der Augenblick, wo die Physik an ein ‚Unbetretenes, nicht zu Betretendes' rührt und wo gleichzeitig die Psychologie anerkennen muß, daß es noch andere psychische Existenzformen gibt als persönliche Bewußtseinserwerbungen, d.h. wo sie ebenfalls an ein undurchdringliches Dunkel stößt, dann belebt sich dieses Zwischenreich aufs neue, und Physisches und Psychisches sind wiederum gemischt in untrennbarer Einheit. Wir sind heute dieser Wendung schon sehr nahe gekommen."

Seit Jung dies 1944 schrieb, hat sich diese Wendung weltweit verdeutlicht. Überall zeigen sich Hinweise, daß eine neue Hinwendung zur Wirklichkeit der Seele geschieht, zum einzig wahren Wesensgrund der schöpferischen Phantasie[17], während unser Rationalismus-Materialismus, mehr und mehr in die Hände der Industrien oder machtbesessener Staatsmänner entgleitend, seinem eigenen Zerfall zustrebt. Aber seine Macht hat er deswegen noch nicht ausgespielt, und darf auch nicht nur bei diesen „Anderen" gesehen werden. Die Dämonie dieser Macht lebt in jedem von uns. Überall, wo Planung geschieht, die sich nur nach der Ratio und den konkreten Sachzwängen (ein schönes Wort für etwas, was es gar nicht außen gibt, sondern eine Zwangsneurose zu nennen wäre!) richtet, ist dieser destruktive Teufel am Werk, überall, wo wir glauben, die äußere Natur planerisch verändern oder den anderen Menschen mit technischer Planung oder Manipulation soziologisch oder psychologisch „verbessern" zu müssen, arbeiten wir für die Zerstörung der Seele und damit unseres eigenen Lebens.

Den großen Durchbruch, der das Scheinproblem Psyche versus Materie aufhebt, hat Jung in seiner Arbeit

17. Vgl. C.G. Jung, *Briefe*, Bd. I, S. 109: „Die Götter leben nur im Schöpferischen."

über das Synchronizitätsprinzip geleistet. Es ist kein Zufall, daß es ein Problem ist, das mit dem Wesen der Zeit zusammenhängt, denn das Zeitproblem ist *das* noch ungelöste Rätsel auch für den modernen Physiker.[18] Spiegelsymmetrie versus Asymmetrie, Zeitreversibilität im Bereich der Elementarteilchen versus einliniger Zeitablauf (2. thermodynamisches Gesetz!) sind *die* heute umstrittenen Fragen.[19] Merkwürdigerweise ist es auch der Faktor Zeit, der in der Tiefenpsychologie mit der Aufstellung der Synchronizitätshypothese zu tun hat. Da – an diesem Ort der wissenschaftlichen Problemstellung – trifft Jungs Forschungsvorstoß im objektivpsychischen Bereich mit den Fragestellungen des Physikers zusammen; in jenem Randgebiet des psychoiden Archetyps, d.h. jener Zone, wo angeregte, konstellierte Archetypen sich relativ simultan sowohl psychisch wie physikalisch in einer direkten oder symbolischen Sinngleichheit manifestieren. Damit ergibt sich eine andere Sicht der Zeit. Sie erscheint als ein qualitativ gekennzeichneter Strom von Ereignissen. Jung hat nun im Bereich seiner Synchronizitätsforschung eine weitere wichtige Unterscheidung aufgestellt, nämlich zwischen dem regelmäßig sich manifestierenden ewigen, bzw. zeitlosen Aspekt des Synchronizitätsprinzips, den er ein „akausales und apriorisches Angeordnetsein" nannte, und den sporadisch unregelmäßig vorkommenden synchronistischen Ereignissen, welche auf eine creatio continua – auf eine Aktivität oder *willkürliche* Anordnung des bewußtseinstranszendenten Seinsgrundes hinweisen.[20] Das erstere, das akausale Angeordnetsein, könnte mit einer Erforschung der Zahlenarchetypen wissenschaftlich weiter erhellt wer-

18. Vgl. J. Fraser, *Voices of Time*, passim.
19. Vgl. Gerhard Wehr, „Beiträge zur Zeitstruktur", in *Offene Systeme I*, hrsg. Ernst von Weizsäcker; Stuttgart 1975.
20. C.G. Jung, *Briefe*, Bd. III, S. 13.

den, – jedenfalls ist es zeitinvariant; das letztere, die spontan-willkürlichen synchronistischen Ereignisse jedoch nicht, denn sie sind nicht voraussagbar, sondern könnten höchstens a posteriori jeweils erhellt werden. Sie sind zudem an das einzelne sinnerlebende Individuum und seine Gesamtsituation unlösbar gebunden.

An dieser Stelle meiner Überlegungen möchte ich auf jene Unterscheidung des Zosimos zwischen dämonischen kairikai baphai, zeitbedingten Synchronizitätsereignissen zurückkommen und solchen, in denen sich der göttliche Geist, das Selbst manifestiert. Es ist mir nämlich aufgefallen, daß sich Synchronizitätsphänomene hauptsächlich in zwei Erfahrungsgebieten zeigen: dann, wenn einem zum Schöpferischsein aufgerufenen Individuum ein Bewußtseinsfortschritt bevorsteht und zweitens in den Anfangsstadien eines psychotischen Intervalls. Kranke, welche in Gefahr stehen, in ein solches Intervall abzugleiten, erleben fast andauernd synchronistische „Zeichen und Wunder“, was sie in ihrem Abgleiten ins Unbewußte oft noch besonders verstärkt. Das sind jene dämonischen „Stoffwandlungen“, die „kairikai baphai“, welche Zosimos verwarf. *Es fehlt in diesem Fall eine Besinnung des Ich auf das Selbst.* Dann offenbart sich der *Schatten* des Selbst als eine chaotische Vielheit von Dämonen, was meistens zusätzlich gekoppelt scheint mit jenem Konkretismus des Denkens, welches die schizophrene Mentalität so auffallend kennzeichnet.

Positiv kann sich also auch das göttliche Zentrum der objektiven Psyche als sinngebende Ordnung nur offenbaren, wenn sich das Ich des einzelnen auf das Selbst ausrichtet und sich den Inhalten des Unbewußten aktivgestaltend zur Verfügung stellt, so daß sie sich in ihm verwirklichen können, sonst zeigen sie ihre Verwirklichungstendenz in parapsychologischen Poltergeistphänomenen und Spukphänomenen an, welche keinen Sinn zu haben scheinen, jedoch einen haben *könnten*, wenn das Ichbewußtsein die Sinnfrage stellte.[21] Die Götter leben, so schreibt Jung, nur im Schöpferischen.[22] Dort scheint mir ein noch nicht genügend gesehenes Problem der modernen, so sehr in den Vordergrund drängenden parapsychologischen Forschung zu stecken.

Zunächst hat sich allerdings heute die erwähnte „Schlammflut des Okkultismus" in Amerika regressiv ans Licht gedrängt: im Satanismus oder einer Pflege der schwarzen Magie, der ein recht hilfloses, neubelebtes Interesse an Exorzismen gegenüber steht. Trotz aller Nachteile scheint mir darin jedoch etwas Hoffnungsreiches zu stecken, nämlich eine Annäherung an die Einsicht in die Einheitswirklichkeit von Psyche und Materie, aus der eine neue Alchemie, die aktive Imagination, als Weiterweg führen könnte. Durch sie, und nur durch sie, kann sich der einzelne von Besessenheitszuständen befreien.

Immer bleibt dann aber noch die bange Frage, ob das auch im Großen für die ganze Weltlage hilfreich sein könnte? Deshalb möchte ich mit einer Geschichte enden, die der Sinologe Richard Wilhelm selbst erlebt hat. Sie lautet folgendermaßen:

> In Kiou-chou herrschte eine so große Dürre, daß Menschen und Tiere zu Hunderten starben. In höchster Verzweiflung ließen die Bewohner einen alten „Regenmacher" aus den Bergen kommen. Richard Wilhelm sah, wie er in einer Sänfte zur Stadt getragen wurde; ein uraltes Männchen. Dieses bittet, daß man ihm außerhalb der Stadt eine kleine Hütte zur Verfügung stelle und ihn dort allein lasse. Nach drei Tagen

21. Vgl. C.G. Jung, *Briefe*, Bd. III, S. 47.
22. Vgl. C.G. Jung, *Briefe*, Bd. I, S. 109.

schneit und regnet es in Strömen! Es gelang Wilhelm, mit dem alten Regenmacher sprechen zu dürfen, und er frug ihn, wie er den Regen gemacht habe. Da antwortete er: „Ich habe doch den Regen nicht gemacht! Natürlich nicht! Sehen Sie, es war so. Durch und mit der Dürre war die Natur und alle Menschen hier gestört, nicht im Tao. Als ich hieherkam, wurde ich auch gestört, – es war sehr schlimm – ich brauchte drei Tage, um mich wieder in Ordnung, ins Tao, zu bringen, und dann" – fügte er lächelnd hinzu – „hat es natürlich geregnet."

Wenn wir das kollektive Unbewußte als „omnipräsentes Kontinuum" oder als eine „unausgedehnte Gegenwart" ansehen, so ist eben etwas, das an *einem* Ort geschieht und das kollektive Unbewußte berührt, zugleich überall geschehen.[23]

Was Jung hier als Omnipräsenz bezeichnet, nennt er an anderen Orten eine Relativität des Zeitraumkontinuums in bezug auf die tieferen Schichten der Psyche. „Die archetypische Welt ist ‚ewig', d.h. außerhalb der Zeit, und ist überall, denn unter ... archetypischen Bedingungen existiert kein Raum."[24] Vielleicht „sollten wir die Zeit-Raumkategorien", sagt er in einem Brief[25], „überhaupt aufgeben, wenn es um die psychische Realität geht? Es könnte sein, daß die Psyche als *unausgedehnte Intensität* aufzufassen wäre und nicht als ein in der Zeit sich bewegender Körper. Man könnte annehmen, daß die Psyche

23. In der Sicht der Physik gäbe es in einem solchen Fall „einen absoluten unbewußten Raum, in welchem unendlich viele Beobachter denselben Gegenstand beobachten". Dieser *eine* Beobachter ist das, was Jung das Selbst nennt, das sich in jedem einzelnen zu verwirklichen sucht. (Brief an Pauli, C.G. Jung, *Briefe,* Bd. I, S. 227).
24. C.G. Jung, *Briefe*, Bd. II, S. 255.
25. Ebenda, S. 253 f.

allmählich von kleinster Extensität zu unendlicher Intensität aufsteigt und den Körper *irrealisiert,* wenn sie z.B. Lichtgeschwindigkeit überschreitet ... Von diesem Gesichtspunkt aus könnte das Hirn eine Umschaltstation sein, in der die relativ unendliche Spannung oder Intensität der Psyche an sich in wahrnehmbare Frequenzen oder ‚Ausdehnungen' gewandelt wird." In sich selber hätte dann die Psyche keine raumzeitliche Dimension. Jung hat diese Idee als Spekulation bezeichnet. Sie scheint sich mir aber durch seither gemachte Entdeckungen mehr und mehr als Schlüssel zur Erklärung vieler Tatsachen nützlich zu erweisen. Wenn wir diese Idee zu Ende denken, können wir auch die Geschichte vom Regenmacher besser verstehen: Er hat jenes Zentrum höchster Intensität in der kollektiven Psyche, das Tao, berühren können, daher die riesige Ausgedehntheit des simultanen Geschehens.

Das scheint mir – und hier möchte ich schließen – eines der größten Verdienste Jungs zu sein, daß er uns nicht eine abgeschlossene Doktrin hinterlassen hat, sondern viele Türen auftat, von wo aus sich noch unwahrscheinliche neue schöpferische Möglichkeiten auftun.

VI. Die alchemistische Makrokosmos-Mikrokosmos-Idee im Lichte der Jungschen Psychologie

Man könnte sich vielleicht über den Titel meines Beitrags wundern, der so weitabliegende Themata wie die alchemistische Symbolik mit der modernen Psychologie des Unbewußten zusammenzubringen versucht. Für diejenigen, die mit dem Werk Jungs nicht vertraut sind, möchte ich daher die Bemerkung vorausschicken, daß die moderne Psychologie des Unbewußten als Zweig der Medizin letztlich ein Abkömmling jenes naturwissenschaftlichen Geistes ist, der sich früher in der Alchemie manifestiert hat, so daß wir modernen Psychologen eigentlich auf die Wurzeln unseres eigenen geistesgeschichtlichen Standpunktes zurückblicken, wenn wir uns für die alchemistische Symbolik interessieren. Außerdem befassen wir uns weitgehend mit demselben Objekt, nämlich mit jenem unbekannten, lebendigen Faktor, den die Alchemisten in der Beseeltheit der Materie vermuteten, und den wir heute mit dem Verlegenheitsbegriff des Unbewußten bezeichnen, wobei wir die Frage zunächst offenlassen müssen, wie sich letzteres zur anorganischen Materie verhält. Doch ist es nicht ausgeschlossen, daß es sich um dieselbe Realität handelt, die sich, von innen und außen betrachtet, komplementär durch die Physik und die Tiefenpsychologie beschreiben läßt.

Schon in den ältesten uns bisher bekannten Texten der Alchemie taucht der Gedanke auf, daß die Entstehung des Steins der Weisen einen Parallelvorgang zur Entstehung der Welt darstelle. Gewisse Spuren einer Analogie der Metallurgie zur Weltschöpfung weisen dabei sogar bis auf babylonisches Gedankengut zurück.[1] Die im Schmelzofen zu schmelzenden Minerale heißen in den babylonischen Texten der Bibliothek Assurbanipals „Kubu", ein Wort dessen Übersetzung umstritten ist und zwischen Embryo und Foetus schwankt.[2] Entweder sind die Erze Ku-bus oder sie wurden mit solchen Ku-bus zusammen im Ofen erhitzt. Ku-bu heißt aber auch der monströse Leib der Urgöttin Tiamat, nachdem Marduk sie getötet hat, als er daraus als Demiurg die Welt erschafft. Ku-bu-Embryo bezeichnet also auch die Urmaterie des Kosmos, so daß sich eine Analogie zwischen der embryonalen Urmaterie der Welt und den zu bearbeitenden Erzen der ersten Metallchemie ergibt.

Dieselbe Analogie taucht dann wieder in den allerältesten, eigentlich alchemistischen Texten, d.h. den griechischen Dokumenten des 3. nachchristlichen Jahrhunderts, auf und ist dort deutlicher ausgeführt in völliger Parallelität zu den etwa gleichzeitig verfaßten sogenannten hermetischen Schriften (3. Jahrhundert). So heißt es z.B. in *Corp. Hermet.* lib. 8.5[3]: der Mensch sei *κατ' εἰκόνα τοῦ κόσμου γενόμενος* nach dem Bilde des Kosmos entstanden, und später[4] wird gesagt, der Kosmos sei ein Sohn Gottes, der Mensch ein Enkel Gottes. Sie seien

1. Mircea Eliade, „Symbolisme et Rituels métallurgiques Babyloniens", in *Studien zur Analytischen Psychologie C.G. Jungs*, Zürich 1955.
2. Ebenda Vol. II, S. 425-9. Man ist nicht sicher, ob die Metalle so heißen oder ob man zu den Metallen als „Zauber" noch Embryonen hinzufügte.
3. *Corpus hermeticum,* hrsg. von W. Scott, Vol. I, Oxford 1924-1936, S. 176.
4. Ebenda, S. 197.

dadurch alle nach demselben Bild geformt. Bei dem Kompilator älterer griechischer alchemistischer Texte, die größtenteils Demokrit zugeschrieben wurden, bei Olympiodor, steht nun folgendes Zitat[5]: „Hermes bezeichnet den Menschen als kleinen Kosmos *(μικρὸν κόσμον)*, denn alles, was der Kosmos habe, besitze auch der Mensch. Der große Kosmos hat Wasser und Landtiere, der Mensch hat Flöhe und Läuse und die Würmer. Der große Kosmos hat Flüsse, Quellen, Meere, so hat der Mensch die Eingeweide. Der Makrokosmos hat die Luftbewohner, und der Mensch hat die Stechmücken. Der Makrokosmos hat Lufthauche, die als Winde aufsteigen, der Mensch hat das Entsprechende. Der Makrokosmos hat Sonne und Mond, der Mensch hat die zwei Augen; das rechte Auge setzt man in Analogie zur Sonne, das linke zum Mond. Der Makrokosmos hat Gebirge und Hügel, und der Mensch die Knochen. Der Makrokosmos hat den Himmel, der Mensch den Kopf. Der Himmel hat 12 Zodia vom Widder als Kopf bis zu den Fischen als Füßen. Und dies ist das von ihnen (d.h. den Alchemisten) so oft erwähnte *kosmische Abbild (μίμημα)*, das auch Zosimos in seinem Buch *Περὶ ἀρετῆς* erwähnt. Dies ist auch die Erde des Kosmos.

So müssen wir den Menschen also aufweichen *(λεῶσαι)* und projizieren *(ἐπιβαλεῖν*, d.h. die alchemistischen Grundoperationen am Menschen selber vollziehen), denn Zosimos sagt: ‚Ich habe den Beweis gebracht aus dem Kosmischen, daß es das Ei sei.' Und in der ‚Pyramide' verwendet Hermes das Ei symbolisch, indem er sagt, die Substanz von Chrysokolla und Silber sei das Ei. Und er nennt vorher das Ei auch *den goldhaarigen*

5. M. Berthelot, *Collection des Anciens Alchimistes Grecs*, Vol. I, S. 100: Sur l'art sacré, § 51-52.

Kosmos, denn es sagt Hermes, daß ‚der Hahn eigentlich ein von der Sonne verfluchter Mensch sei ...'[6]

Dieser grundlegende Text bedarf wohl einiger Erläuterungen: Zuerst wird ein einfacher Strukturparallelismus von Mensch und Kosmos ausgesprochen, der ohne weiteres verständlich ist. Dann aber wird behauptet, das sei das kosmische Abbild der Alchemisten und die *Erde des Kosmos*. Somit ist der Parallelismus selber nicht nur eine Idee, sondern auch eine Substanz, und zwar ist sie der „Mensch" als ein im alchymischen Werk zu bearbeitender Stoff. Dies scheint aber nicht der empirische Mensch direkt zu sein, z.B. der Alchemist, sondern ein „Stoff", der irgendwie auch Mensch ist. Und von letzterem Mensch-Stoff wird all das Weitere ausgesagt, nämlich, daß er ein kosmisches Ei, der Hahn (im Ei) oder der Maulwurf (in der Erde) bzw. der „von der Sonne verfluchte Mensch" sei. Den Alchemisten als Bearbeitenden müssen wir wohl als ein empirisches Ich des Menschen auffassen, der Kosmos-Ei-verfluchte-Mensch aber scheint mit ihm identisch zu sein und ist doch nicht derselbe. Er ist wahrscheinlich eine Art von „Anthropos" im gnostischen Sinn des Wortes. Die Texte assoziieren ihn mit Adam, dem ersten Menschen, welcher nach zeitgenössischer Lehre wie der Kosmos aus den vier Elementen erschaffen wurde[7], deshalb bedeute sein Name: jungfräuliche Erde, feurige Erde, fleischliche Erde, rote Erde und blutige Erde. Bei dem oben zitierten Alchemisten Zosimos von Panopolis (in Ägypten, 3. Jahrhundert n. Chr.) findet sich eine ganze gnostische Lehre über diesen Adam, welche Jung in seinem Werk *Psychologie und Alchemie* veröffentlicht und erläutert hat[8], so daß ich sie nur kurz zusam-

6. In einer Textvariante ist es nicht der Hahn, sondern der Maulwurf.
7. Berthelot, Vol. I, S. 89.
8. C.G. Jung, *Psychologie und Alchemie*, GW 12, § 456 ff.

menfasse: Der erste Mensch Thot, bzw. Adam, ist ein himmlischer Lichtmensch. Sein Name heißt jungfräuliche Erde, fleischliche Erde, feurige oder blutige Erde, und die vier Buchstaben seines Namens sind mit den vier Elementen und den vier Himmelsrichtungen assoziiert. Sein Rufname bedeutet „Licht". Im Paradies überreden ihn nun die sogenannten Schicksalsmächte und Elemente, daß er den aus den vier Elementen bestehenden äußeren, körperlichen, sterblichen Adam anziehen solle. Dadurch wird er zum geknechteten, leidensfähigen Menschen, aber er leidet nur scheinbar, wirft dabei den bösen Mächten seinen sterblichen Leib als Opfer hin, *kehrt ins Lichtreich zum Vater zurück und zieht alle ihm zugehörigen Lichtmenschen nach sich.*

Offenbar besteht nun das alchemische Werk nach Zosimos' Auffassung darin, diesen Urmenschen zu behandeln, und dieser ist auch wie der latente Hahn (= Sonnenvogel) im Ei verborgen und muß ausgebrütet werden – weshalb Zosimos das Werk sogar auch *ὀρνιθογονία*, Vogelerzeugung, nennt. Man ersieht aus diesen Texten zunächst Folgendes: der Mensch ist ein Abbild, *μίμημα*, des Kosmos, aber es besteht nicht nur eine Analogie, sondern der *Parallelismus selber ist etwas Konkretes*, ist sozusagen ein Stoff, nämlich die *Erde des Kosmos*, das heißt die Urmaterie des Kosmos. Diese Urmaterie ist, wie andere Texte aussagen, durch Gegensätze gekennzeichnet: mann-weiblich, oder aus Chrysokolla und Silber bestehend usw. Sie ist der Anthropos, das Ei, der Hahn (im Ei), der Maulwurf, ein von der Sonne „verfluchter Mensch", eine fleischliche Substanz. Diese Analogie, als Stoff gesehen, ist latent als der „Lichtmensch" in jedem einzelnen Menschen angelegt. Wir müssen nun das Problem im Auge behalten, wieso ein Parallelismus, d.h. etwas, was für uns eine abstrakte Vorstellung (d.i. Bewußtseinsinhalt) zu sein scheint, zugleich etwas Konkretes, eine Art von kosmischer Ursubstanz sein kann. Zunächst möchte ich mich aber noch einigen anderen alten Textstellen zuwenden.

Wir sahen bereits, daß eine Analogie gesehen wird zwischen dem Urmenschen Adam, der Urmaterie der Welt (dies erinnert an Tiamats Körper Ku-bu) und der Urmaterie des Lapis, die unter anderem als Ei bezeichnet wurde. Ein Text schreibt daher dem Ei wieder die vier Elemente zu[9]: „Sie nannten das Ei *τετράστοιχον*, weil es ein Abbild des Kosmos ist und die vier Elemente in sich enthält, sie nannten es auch den Stein, den der Mond wälzt, den Stein, der kein Stein ist, den im Hirn befindlichen Alabasterstein. Er heißt auch das *Lebewesen* der Philosophen." Vom Stein heißt es auch[10]: „Sie nennen ihn Erz-Stein, Stein im Hirn, ägyptischen Stein oder ‚Abbild des Kosmos', *μίμημα κόσμου*." Über dieses selbe Ei hören wir noch mehr durch Olympiodor[11]: Es sei auch der sich in den Schwanz beißende Drache, der voller Punkte (Sterne) sei *wegen der Anordnung der himmlischen Sterne*, und er ist da *vor* den vier Elementen und ist das Allgemeinere, Mittlere, das Göttliche, das Ei, der unbewegliche, unendliche und (zugleich) begrenzte Ursprung.

Wie ferner die Ausgangsmaterie der Alchemisten eine Analogie zu dem Urstoff der Schöpfung darstellt, so bildet auch das alchemistische Werk eine solche Analogie. So sagt Zosimos[12]: so wie der demiurgische Nous (Weltgeist) Himmel und Erde getrennt habe[13], so müsse man auch im Opus Seele und Körper trennen. Man fragt sich nun zunächst, ob er die Weltseele oder die eigene Seele meint. Für erstere spricht z.B. folgende Stelle, an welcher

9. Berthelot, Vol. I, S. 20 (I. 4. 1.).
10. Ebenda, S. 10.
11. Ebenda, S. 80.
12. Ebenda, S. 135
13. Zosimos kennt die Bibel und bezieht sich hier auf die Genesis.

er sagt[14]: „Ein Symbol der Chemie ist aus der Kosmogonie abzuleiten, für solche Leute, welche die *in den Elementen gebundene göttliche Seele retten und reinigen wollen*, oder das göttliche Pneuma aus dem Leib zu retten suchen, für sie gilt folgende Analogie: Wie die Sonne die himmlische Blüte des Feuers und das rechte Auge des Kosmos ist, so ist auch das Erz, wenn es durch die Reinigung zur Blüte gebracht wird, eine irdische Sonne, ein König auf Erden, wie die Sonne am Himmel." Letzterer Text spricht dafür, daß die „Seele" hier kosmisch gemeint sei; aber es gibt auch innermenschliche Aspekte, wie wir gerade noch sehen werden.

Die Bedeutung der Analogie schwankt somit zwischen bloßem *Parallelismus* oder einer noch exakter zu bestimmenden *Beziehung* zwischen dem makro- und mikrokosmischen Aspekt des alchemistischen Opus. Eine direkte *Beziehung*, die über die Idee der bloßen Parallelität hinausgeht, liegt in der seit frühester Zeit auftauchenden Vorstellung, daß man den „kairos", den magisch-richtigen Moment für die chemische Operation zu berücksichtigen habe. Diese Idee findet sich schon im bereits erwähnten babylonischen Text, wo es heißt[15] *„Quand tu disposeras le plan d'un fourneau à Ku-bu, tu chercheras un jour favorable dans un mois favorable et alors tu disposeras le plan du fourneau ...*" Es werden noch Opfer, Libationen und Reinigungszeremonien erwähnt. *Le jour favorable* entspricht der Grundtendenz fast aller Magie, auch die Zeit zu berücksichtigen, hier – da es sich um Babylon handelt – dürfen wir sogar genauer an eine astrologische Beziehung denken. Der magisch günstige Moment heißt auf griechisch kairos und spielt eine enorme Rolle in der

14. Buch des Sophè. Berthelot, Vol. I, S. 213.
15. M. Eliade, „Symbolisme et Rituels métallurgiques Babyloniens", S. 43; der Text stammt aus der Bibliothek Assurbanipals.

Alchemie des Zosimos und anderer früher Alchemisten. Sie geht bei Zosimos so weit, daß er technisch von *καιρικαὶ βαφαί*, *καιρός*-bedingten Färbungen, d.h. chemischen Wandlungen spricht. Dieser Text ist wesentlich; denn bevor Zosimos die oben angeführte gnostische Anthroposlehre vorbringt, redet er zuerst im selben Traktat[16] von der geheimen, zweiteiligen, runden Urmaterie als dem *„runden Element"*, das nach der exoterischen Sprache Ozean, Ursprung der Götter heiße, dessen esoterischer Name aber nicht erfahrbar sei. Dieses runde Element umfasse das Wissen um das göttliche Wasser. Nun aber hätten sogenannte *καιρικαὶ βαφαί* = *καιρός*-Färbungen des Zosimos Buch über die Öfen lächerlich gemacht, indem gewisse Leute von ihrem Dämon begünstigt worden seien und *καιρός*-Färbungen erlangt hätten, so daß sie sich über Zosimos lustig machten. Aber, sagt Zosimos, man könne sie nicht zur Vernunft bringen, bis ihr Dämon (*ἴδιος δαίμων*) „nach den Zeiten der ‚Heimarmene' sich wandelnd ihnen Unglück bringe". Solche Leute seien vernunftlose Nachläufer der Heimarmene, d.h. des Gestirnszwanges, im Gegensatz zu denen, die, dem Lichtmenschen folgend, den Gestirnszwang überwinden. Der Text verrät deutlich, daß *καιρικαὶ βαφαί* hier soviel bedeutet wie eine *durch glückliche astrologische Konstellationen erzeugte Metallverwandlung*. Solche entstehen aber nach Zosimos durch das Wirken des eigenen Dämons und letzterer ist dem Gestirnszwang, der Heimarmene, unterworfen und daher letztlich nicht zuverlässig, weshalb man über solche astrologisch bedingte Erfolge hinweg sich zu der höheren Macht der göttlichen Gnosis des „Lichtmenschen" erheben müsse.

Für uns ist besonders der Hinweis wichtig, daß offensichtlich schon damals eine verbreitete Beziehung der

16. M. Berthelot, Vol. I, S. 228.

Alchemie zur Astrologie bestand, die sich ja auch besonders deutlich in der Vertauschbarkeit der Planeten und Metallbezeichnungen ausdrückt. (Mars ist Eisen, Saturn ist Blei, Venus Kupfer, Jupiter Zinn oder Elektron, Sonne Gold, Mond Silber oder Magnesia, Merkur Quecksilber usw.) Durch diese Beziehung zum Kairos und zum astrologisch definierbaren Augenblick ist indirekt bereits auch eine Beziehung zur *seelischen Stimmungslage* im Alchemisten mitgegeben, da letzterer über seinen Dämon ebenfalls in Beziehung zur astrologischen Konstellation steht. Daher neigten von Anfang an gewisse temperamentsmäßig introvertierte Alchemisten dazu, eine positive Beeinflussung der eigenen seelischen Situation als Ausgangspunkt des chemischen Opus zu nehmen, weil sie richtigerweise einsahen, daß das jener Punkt im großen Gewebe innerer und äußerer Ereignisverknüpfung sei, wo der Mensch mit seinem Einfluß am ehesten direkt eingreifen könnte. Bei Zosimos geht diese Einsicht so weit, daß er sogar die astrologische Beziehung zugunsten der inneren Gnosis, d.h. Bewußtwerdung, verwirft, weil erstere Unfreiheit, letztere hingegen Freiheit ermöglicht. Eine Textstelle, welche dies verdeutlicht, ist z.B. folgende: Zosimos sagt zu seiner geistigen Freundin Theosebeia[17]: „Eile nicht herum, Gott zu suchen, oh Frau, sondern setze dich zu Hause nieder, und Gott, der allüberall Sehende, wird zu dir kommen und nicht nur ein lokal gebundener Dämon. Wenn du dich körperlich gesetzt hast, setze dich auch in bezug auf die Emotionen Begierde, Lust, Zorn, Trauer und den 12 Tausend des Todes. Und wenn du dich so gestimmt hast, so rufe das Göttliche zu dir … Und wenn du so arbeitest, so wirst du auch die *echten und natürlichen kairikai erwerben.* Dies tue, bis du die Seele allseitig vollendet hast. Wenn du aber merkst,

17. Ebenda, S. 244.

daß sie vollendet ist, dann verlasse das Natürliche des Stoffes und eile herab zum Poimandres, tauche dich im Mischkrug unter und eile empor zu deinem Geschlecht."

Dies bezieht sich, wie Jung nachwies (*Psychologie und Alchemie*), auf die Lehre der hermetischen Poimandres-Sekte, wonach Gott ein mit Nous (Bewußtwerdung, Erleuchtung) gefülltes Gefäß zur Erde sandte, so daß die Seelen, die darin eintauchen, erleuchtet werden. Das Emporeilen zum eigenen Geschlecht meint wieder die Rückkehr ins Paradies zum oben erwähnten Lichtmenschen. Dies ist ein Endstadium einer inneren Wandlung, welche zwar mit sogenannten echten *καιρικαὶ βαφαί*, also stofflichen Wandlungen, beginnt, aber über sie hinausführt. Diese Stelle, die noch in anderen Varianten überliefert ist[18], weist aber besonders auf die erwähnte Idee hin, daß die Bearbeitung der eigenen seelischen Disposition von essentieller Bedeutung für das Opus sei, und wirft deshalb noch ein neues Licht auf die oben erwähnte Stelle über die Trennung von Körper und Seele, indem sie nämlich zeigt, daß diese Trennung doch auch innerseelisch, also mikrokosmisch, zu verstehen sei, als mystische Mortifikation und Vergeistigung, als *mors voluntaria*, wie sie ein späterer Autor[19] nannte. Eine solche Auffassung findet sich bei einzelnen alchemistischen Autoren immer wieder. Das Bisherige zusammenfassend, können wir somit von folgenden Aspekten der mikrokosmischen und makrokosmischen Idee in der Alchemie sprechen: Es sind vier Dinge parallel gesetzt: Gott, der Kosmos, der Mensch und der Stein. Der Parallelismus geht immer über dasselbe Bild, d.h. Gott schuf den Kosmos und den Menschen nach seinem Bild, und der Mensch schafft den Lapis nach demselben Vorbild,

18. Ebenda, S. 84.
19. Gerhard Dorn, ein Paracelsus-Schüler; vgl. oben S. 55.

dem Gottesbild, das er in sich selber trägt. Der Parallelismus *ist* aber auch eine Substanz, nicht eine Anschauung; er besteht eigentlich in dem Anthroposbild, dem Lichtmenschen, Ei, Maulwurf usw. Neben dem Parallelismus gibt es auch eine Beziehung, einerseits zwischen den astrologischen Konstellationen im Kosmos und dem alchemistischen Werk, und andererseits zwischen der innerseelischen Disposition und dem alchemistischen Werk. Letztere ist der Ort, wo der Mensch eine gewisse Freiheit hat und wo deshalb vielleicht die innigste Beziehung der Chemie zum Ich des empirischen Menschen besteht.

Zu diesen Überlegungen kam dann noch ein weiterer Gedankengang, der allerdings mehr indirekt aus den Texten hervorzugehen scheint, nämlich daß der Mensch ja selber in seinem Körper aus denselben Elementen wie der Makrokosmos bestehe und daher durch Kenntnisnahme des eigenen körperlichen Wesens zum Geheimnis des Stoffes gelangen könne. Diese Kenntnisnahme geschah aber nicht etwa von „außen", z.B. durch Leichensezierung, sondern durch meditative Introspektion, durch Versenkung in die endosomatischen seelischen Empfindungen sozusagen. Wie der östliche Yoga zu einem psychischen Innenmodell physischer Vorgänge gelangte, so auch die Alchemie. Ein schönes Beispiel hiefür bietet z.B. folgender arabischer Text von Morienus, der wahrscheinlich dem 8. nachchristlichen Jahrhundert entstammt[20]: „Dieser Stein ist jene Sache, die mehr (als sonstwo) in dir sich findet, von Gott geschaffen, und du bist ihre prima materia, und aus dir wird sie ausgezogen, und wo auch immer du sein wirst, so bleibt sie untrennbar bei dir … Und wie der Mensch aus vier Elementen

20. *Artis Auriferae, quam Chemiam vocant*, Basel 1593, Vol. II, Pars I, S. 322 f.; vgl. C.G. Jung, *Aion*, GW 9/2, § 258, Anm. 54.

zusammengesetzt ist, so auch der Stein, und so stammt er vom Menschen, und du bist seine prima materia, nämlich vermöge des Verfahrens; und aus dir wird er ausgezogen, nämlich durch die Teilung; und in dir verharrt er untrennbar, nämlich wegen der Wissenschaft. Anders (ausgedrückt) steckt die Sache in dir, nämlich im Mercurius des Weisen; du bist *ihre prima materia*, in dir ist sie eingeschlossen, und du bewahrst sie im Verborgenen, und aus dir wird sie ausgezogen, da sie von dir (auf ihre Essenz) zurückgeführt und gelöst wird, weil sie ohne dich nicht vervollständigt werden kann und du ohne sie nicht leben kannst, und so erinnert sich das Ende an den Anfang und umgekehrt."[21] Auch die alte Idee, daß der Lapis *im Hirn* zu finden sei, weist auf eine innerseelisch-somatische Herkunft hin, wobei in das Hirn, wie noch heute oft, der Sitz der Seele und des Bewußtseins projiziert wurde.

Ebenso gelangt der im Abendland als Senior bekannte Mohammed ibn Umail, ein arabischer Alchemist und Mystiker des 10. Jahrhunderts, zu ähnlichen Formulierungen: Nach seiner Aussage hat Gott alles aus Wasser erschaffen.[22] Dieses Wasser ist die Arche der Welt[23] (caput mundi) und des Mikrokosmos[24], es ist das eine Lebendige, das nicht stirbt, solange die Welt dauert, und das alles Tote belebt und die verborgenen Farben offenbar macht und die manifesten Farben verbirgt, und jeder Mensch braucht dieses Wasser, und *es ist bei ihm*, und er kann *nicht ohne es sein;* es ist auch das „rote Ei" zwischen Himmel und Erde, das alle vier Elemente enthält, und das Hermes einen Mikrokosmos nannte.[25]

21. Von Jung in *Aion*, GW 9/2, § 259 ff. gedeutet.
22. H.E. Stapleton und M. Hidayat Husain, Hrsg., in *Memoirs of the Asiatic Society of Bengal*, Vol. XII, Calcutta 1933, S. 174.
23. Ebenda, S. 75.
24. Ebenda.

In einer anderen Textpartie erklärt dazu Mohammed ibn Umail weiter, das Wasser sei das, was die Dinge aus ihrem potentiellen Zustand in den aktuellen überführen könne, so daß es klar wird, daß sein Wort „Wasser" ein mystisch göttliches weltschöpferisches Prinzip beschreibt. Im Menschen wird dasselbe Wasser zum Samen und dabei zur *Ursache der Entstehung des Menschen*[26]; dieses Wasser (Samen) koaguliert in der Frau, die als Gefäß dient, zu einem menschlichen Wesen, wird ein fertiges Kind und tritt in die Welt; das alles – fährt Senior fort – ist die Beschreibung der Präparation des Steins.

In solchen Textstellen wird nun jener unbekannte Stoff, um den es bei den Alchemisten geht, dem Menschen gleichsam physisch nahegerückt als ein mit dem Körper verbundenes Geheimnis. Wenn man nun zahlreiche alchemistische Texte synoptisch vergleicht, so zeigt sich, daß die Mikrokosmos-Makrokosmos-Beziehung *besonders in zwei Phasen des alchemistischen Werkes auftritt,* nämlich ganz zu Beginn bei der Beschreibung der Ausgangsmaterie – ich erinnere nur an die Beispiele vom kosmischen Ei und vom Wasser – und zweitens in der Endphase des Werkes, so z.B. wenn am Schluß eines der ältesten Texte die „Kunst" am Schluß der Rotation des Sternhimmels angeglichen wird.

In einem Text *Komarios an Kleopatra,* der wahrscheinlich auf das erste nachchristliche Jahrhundert zurückgeht, wird beschrieben, wie die Seele dem Körper zuruft: „Wach auf aus der Unterwelt und steh auf aus dem Grabe. Bekleide dich mit der Vergeistigung und der Vergöttlichung, da dich die Stimme der Auferstehung erreicht hat und das Lebenselixier zu dir hineingetreten ist. Geist, Seele und Körper werden dann Eins und zu einem un-

25. Ebenda, S. 180.
26. Ebenda, S. 181.

wandelbaren göttlichen Wesen." Dann geht der Text über zu dem Geheimnis des Wirbelwindes, welches der Körper und zugleich die Kunst sei, welche sei wie das Rad, das sich über ihr befinde, d.h. der Himmelspol mit seinen Sternbildern. Und es wird klar, daß die Alchemie eine Identität zum oberen Himmel herstellt, und dieser untere Himmel ist auch ein alle Körper durchdringendes Elixier.

In anderen Texten wird der Stoff in der Retorte direkt dem toten Osiris in seinem Bleisarg gleichgesetzt, und die Bearbeitung der Metalle hieß mumifizieren.[27] Wichtig für unser Thema ist dabei nur, daß *im Endstadium des Werkes eine Einswerdung von Geist und Körper stattfindet und über sie hinaus eine Einswerdung mit dem Makrokosmos*, da das Endprodukt eine alldurchdringende Hauchkörper-Substanz ist. All dies geht wahrscheinlich auf die chemisch-magischen Prozeduren der Einbalsamierung im ägyptischen Totenritual zurück, insofern die Mumifikation als Herstellung eines unvergänglichen Körpers aufgefaßt wurde und zugleich als Aufgehen des Toten als Osiris im Allgott.[28] Diese Idee eines meist in die Zeit nach dem Tode projizierten Aufgehens des Menschen im Kosmos geht durch die ganze alchemistische Tradition hindurch und findet sich z.B. bei dem Paracelsus-Schüler und Alchemisten Gerhard Dorn deutlich ausgesprochen. Die Alchemie besteht für ihn aus folgenden Grundprozeduren: Extraktion der Seele aus dem Körper und Einigung der Seele mit dem Geist (unio mentalis). Das ist, sagt Dorn, was alle christlichen Mystiker als Scheidung vom Körper, als mors voluntaria und Unterwerfung der Sinne unter den geistigen Seelenteil verstehen. Als Endresultat liegt aber der Körper abgeschieden da. So ent-

27. Vgl. den Irrtum E. v. Lippmanns in Julius Ruska, *Tabula Smaragdina*, Heidelberg 1926, S. 18 f.
28. Vgl. Günther Roeder, *Urkunden zur Religion der alten Ägypter*, Jena 1923, passim.

wirft Dorn eine über das christliche hinausgehende unio corporalis, wo auch der Körper wieder in die innere Einswerdung miteingebaut wird. Dies geschieht durch eine alchemistische Prozedur in der Retorte. Gleichzeitig erfolgt damit aber auch noch eine Einswerdung der (bereits zu Einem vereinigten) Seele-Geist-Leib-Triade mit dem unus mundus, der einen Welt, worunter Dorn den potentiell ganzheitlichen Makrokosmos vor der Schöpfung meint.[29] Diese Idee beleuchtet auch die oben zitierte Morienus-Stelle, wonach „Anfang und Ende sich die Hände reichen". Am Schluß findet gleichsam auf höherer, d.h. geistig-bewußterer Stufe eine Rückkehr und Einswerdung mit der Urmaterie des Kosmos statt.

Wenn wir nun diese Gegebenheiten nicht nur als historische, bzw. ideengeschichtliche Kuriosa sammeln wollen, so stellt sich natürlich die Frage nach der noch heute möglichen Gültigkeit und nach der modernen Auffassungsmöglichkeit dieser Vorstellung, und da kann man wohl nicht umhin, auf die parallelen Entdeckungen der modernen Psychologie des Unbewußten hinzuweisen, besonders aber auf diejenigen *C.G. Jungs*, der ja selbst die oben zitierten alchemistischen Dokumente als erster wieder in den Vordergrund wissenschaftlicher Diskussion gerückt hat. Jung versuchte cum grano salis dasselbe wie die Alchemisten, nämlich eine rein empirische, durch religiöse oder weltanschauliche Programme möglichst wenig präjudizierte Introspektion in die seelischen Hintergrundvorgänge im modernen Menschen. Abgekürzt und auf das Wesentlichste reduziert kam er zu folgenden Resultaten:

Die seelischen Reaktionen im Menschen, einschließlich seiner intellektuellen Tätigkeiten sind beeinflußt und energiegespeist von sogenannten Komplexen, d.h. ge-

29. Vgl. C.G. Jung, *Mysterium Coniunctionis*, GW 14/2, § 413 f.

fühlsbetonten Vorstellungsgruppen, die sich um ein „Kernelement" gruppieren. Gewisse dieser Komplexe scheinen durch Lebenserfahrungen erworben, viele jedoch scheinen jedem Menschen strukturell angeboren, was sich darin äußert, daß sie ohne Beeinflussung von außen in Menschen der verschiedensten Zeiten und Gegenden ähnliche Emotionen, Gefühle und Vorstellungsanordnungen und Zusammenhänge auslösen. Diese allgemeinen, man könnte sagen, Normal-Komplexe, welche als dynamische nuclei in der menschlichen Psyche funktionieren, nennt Jung Archetypen. Sie sind unter anderem die Erzeuger gleichartiger oder ähnlicher symbolischer Bilder im Geist der verschiedensten Völker und Kulturen. So wie der Mensch trotz allen individuellen Unterschieden überall den aufrechten Gang, zwei Augen, eine Nase usw. hat, so scheint er auch in seiner psychischen Struktur fundamentale Strukturelemente zu besitzen, die die relative Gleichartigkeit seiner seelischen Tätigkeit ausmachen. Diese Grundlagenschicht der menschlichen Psyche bezeichnete Jung als das kollektive Unbewußte. Seine Inhalte sind einerseits die Ursache seelischer Auflösungserscheinungen, wie man sie in der Schizophrenie beobachten kann, andrerseits aber auch die Heilfaktoren par excellence in der Therapie, denn sie funktionieren als Auslöser von Instinktreaktionen, ähnlich dem „pattern of behaviour" in der Tierwelt. Während dieser Periode seiner Entdeckungen ließ Jung die Frage der Relation dieser Archetypen zu den Körpervorgängen offen und ging zunächst von der Voraussetzung aus, die Psyche als ein für sich Seiendes, dessen Wesen wir aber nicht kennen, phänomenologisch zu studieren. Die Tatsache, daß es aber psychogene Erkrankungen und psychogene Heilungen physischer Krankheitserscheinungen gibt, ließ von Anfang an einen Zusammenhang mit den Körpervorgängen vermuten, über den wir aber heute eben genau so viel oder wenig wissen wie die gesamte psychosomatische Medizin, d.h. wir wissen, *daß* ein Zusammenhang besteht, aber wir können die Details und Gesetzmäßigkeiten desselben noch nicht exakter *kausal* beschreiben. Daß dieser psycho-physische Aspekt des Unbewußten im Rahmen einer naturwissenschaftlichen Psychologie entdeckt werden würde, war eigentlich beinahe zu erwarten. Doch zeigte sich Jung bei der Bearbeitung der unbewußten Probleme seiner Patienten ein anderer Aspekt, der völlig unerwartet und überraschend auftrat, nämlich die Tatsache, daß bei der intensiven Konstellation eines archetypischen Komplexes in der Außenwelt um das betreffende Individuum herum Ereignisse wahrgenommen wurden, welche in einem Sinnzusammenhang mit den sich in symbolischen Bildern abbildenden inneren Vorgängen zu stehen schienen. Jung prägte für solche sinnvolle „Zufalls"-Koinzidenzen innerer und äußerer Ereignisse den Terminus des *Synchronizitätsphänomens.*[30] Es handelt sich hiebei um eine durch Gleichsinnigkeit gegebene und nicht kausal bedingte Ereignisverknüpfung. Es ist wahrscheinlich, daß mit den *καιρικαὶ βαφαί* des Zosimos solche synchronistische Ereignisse gemeint sind.

Die Feststellung eines Sinnes in der Anordnung zweier Ereignisse basiert aber auf einer anthropomorphen Deutung.[31] Was nämlich „Sinn" an sich sei, entzieht sich unserer Erkenntnismöglichkeit. Auch die chinesische Philosophie gelangte zur Auffassung, daß in den Dingen selber etwas Rationales stecke. Dem entspricht die spätere peripatetische Lehre vom Nous, Weltbewußtsein, der als ein Teil der Physik behandelt wurde. Der schon oben zitierte Dorn[32] sagt auch: „In der Tat ist die *Form, welche*

30. C.G. Jung und W. Pauli, *Naturerklärung und Psyche*, S. 26 ff.
31. Ebenda, S. 69.

der Intellekt des Menschen ist, der Anfang, die Mitte und das Ende des Verfahrens, und diese Form wird deutlich gemacht durch die gelbe Farbe, durch welche nämlich angezeigt wird, daß der Mensch die größere und hauptsächliche Form des alchemistischen Opus ist." Dies entspricht der Idee einer dem menschlichen Bewußtsein ähnlichen Sinnanordnung im Kosmos. Wenn nämlich kausal nicht zusammenhängende Außenweltereignisse zu Anordnungen zusammentreffen, die den Menschen als „sinnvoll" berühren, so setzt dies eigentlich voraus, daß nicht nur im kollektiven Unbewußten und dessen Archetypen ein Wissen oder ein latentes Bewußtsein existiert, sondern daß letzteres auch außerhalb des Menschen erscheinen kann.[33] Dies setzt ein a priori gegebenes *psychisches Angeordnetsein voraus*, und der Archetypus wäre der durch Introspektion erworbene innerseelische Aspekt dieses Angeordnetseins.[34]

Was nun die zitierten Alchemisten als Bild Gottes, Ei, Wasser, Licht-Urmensch und Anfangs- und Endstadium beschreiben, entspricht genau dem in uns empirisch nachweisbaren kollektiven Unbewußten, bzw. es wird auch in den Träumen moderner Menschen genau gleich symbolisiert. Nun scheint aber das Unbewußte nicht aus einer chaotischen Ansammlung archetypischer „Kerne" zu bestehen, sondern es weist eine Strukturierung auf, welche sich um ein Zentrum kristallisiert, welches Jung das Selbst genannt hat. Dieser Zentralinhalt des kollektiven Unbewußten bildet sich empirisch in verschiedenen Gottesbildern und in Symbolen, wie dem östlichen Mandala Dorje oder im Westen im Stein der Weisen, ab. Dieser Inhalt scheint nun auch in besonderem Maße

32. *Theatrum Chemicum* 1602, Vol. I, zit. in C.G. Jung, *Psychologie und Alchemie*, GW 12, § 366.
33. C.G. Jung und W. Pauli, S. 87.
34. Ebenda, S. 104.

jenes „sinnvolle Angeordnetsein", jenen bewußtseinsähnlichen Faktor im anorganischen, materiellen Außenweltsgeschehen zu bedingen, bzw. in ihm zu erscheinen. Der anthropomorphe Sinn im Außenweltgeschehen ist nun aber nicht nur ein formaler Faktor, sondern eine Wirklichkeit, die wir aber leider bisher nicht näher zu definieren, sondern nur zu umschreiben vermögen.

Ich möchte nun beispielshalber den schon erwähnten Morienus-Text kurz psychologisch interpretieren, um die Parallelität zur Psychologie aufzuweisen.

„Dieser Stein ist jene Sache, die mehr als sonstwo in dir sich findet." Das Selbst ist in der unbewußten Psyche des Menschen als am stärksten wirkender Faktor nachweisbar. Er ist „von Gott geschaffen" – das Selbst ist eine imago Dei, ein Bild Gottes. – „Und du bist ihre prima materia." Das menschliche Individuum ist der Ausgangspunkt jener Erlebnisse, welche zur Bewußtwerdung des Selbst führen. – „Aus dir wird sie ausgezogen." Wenn wir einen unbewußten Inhalt bewußt machen, extrahieren wir ihn gleichsam aus uns selber. – „Und wo auch immer du sein wirst, so bleibt sie untrennbar bei dir." Wem ein solcher Inhalt durch Erlebnis bewußt wird, wird für immer mit dem unpersönlichen Ich vereinigt, es ist eine verwandelnde Erfahrung, die dem Menschen unverlierbar bleibt. – „Das ist, was die Alchemisten fixatio nennen." – Religiöse und traditionelle, symbolische Begriffe und Lehren dienen dabei als Instrumente, durch welche der Inhalt ins Bewußtsein übergleitet und integriert, d.h. fixiert werden kann. – „Und wie der Mensch aus vier Elementen zusammengesetzt ist, so auch der Stein." Sowohl das Selbst wie das Bewußtsein weist eine quaternäre Struktur auf.[35] – Und „du bist seine prima materia,

35. Den Nachweis kann ich hier nicht erbringen, sondern muß allgemein auf die Arbeiten Jungs verweisen.

nämlich vermöge des Verfahrens; und aus dir wird er ausgezogen, nämlich durch die Teilung; und in dir verharrt er untrennbar, nämlich wegen der Wissenschaft." Hier werden die früheren Gedanken wiederholt und variiert. – Das Ende des Textes zeigt, wie Jung sagt, eine Wiederholung des anfänglichen Zustandes.[36] Das ist genau, was im seelischen Bewußtwerdungsprozeß geschieht, indem dort die *ursprüngliche, unbewußte Ganzheitsanlage zum bewußten Ereignis wird.*

Alle Symbole, die ich oben in den Texten erwähnte, d.h. das Ei, der Stein, der Lichtmensch, Adam usw., sind Symbole des Selbst, und von diesem gehen nach Zosimos die *richtig* erfaßten *καιρικαὶ βαφαί* als synchronistische Sinnerlebnisse aus.

Falls die Jungsche Idee der Synchronizität sich für die Naturwissenschaft als brauchbare Hypothese erwiese, so würden wir in der modernen empirischen Naturwissenschaft unerwarteterweise zu einer Rehabilitierung der Mikro-Makrokosmosidee auf einer wissenschaftlichen, differenzierteren Stufe gelangen. Wieder erscheint diese Idee (in der modernen Psychologie) nicht nur als Vorstellung, sondern auch als Manifestation eines konkret lebendigen Prinzipes, welches sich weder als tote Materie noch als „nur" psychisch (mit der Implikation von nicht mit der Materie verbunden) beschreiben läßt. Es ist ein Wirkendes, von welchem gleichsam Schöpfungsakte in die Zeit auszugehen scheinen. In diesem uns noch völlig unbekannten Prinzip aber verschmelzen Mikro- und Makrokosmos tatsächlich zu einer völligen psychisch-materiellen bzw. menschlich-kosmischen Einheitswirklichkeit[37], indem sich fernste angeblich zufällige Ereignisse

36. C.G. Jung, *Aion*, GW 9/2, § 259, Anm. 54 und § 260.
37. Erich Neumann prägte diese Übersetzung des Jungschen „unus-mundus"-Begriffs.

im Makrokosmos in einem ganzheitlichen Sinnzusammenhang mit den seelischen Konstellationen im einzelnen Menschen manifestieren.

VII. Einige historische Aspekte zu C.G. Jungs Synchronizitäts-Hypothese

Bevor ich auf die historischen Aspekte von Jungs Synchronizitätshypothese eingehe, möchte ich seine Definition des Synchronizitätsprinzips kurz rekapitulieren: es handelt sich um nichts weniger als den Vorschlag, eine neue grundlegende Hypothese, ein neues Paradigma aufzustellen. Zusammen mit Wolfgang Pauli hat Jung folgenden Quaternio von Grundprinzipien der Naturerklärung vorgeschlagen[1]:

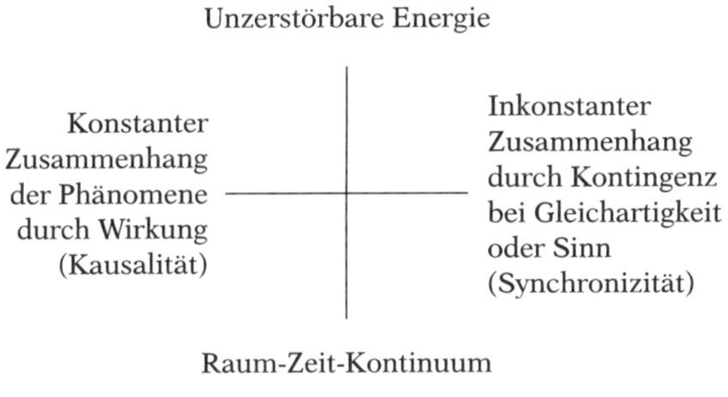

Was Jung in diesem Schema Kontingenz nennt, meint ein zufälliges, aber sinngemäßes Zusammentreffen von äußeren und inneren Ereignissen, wobei sich beobachten läßt, daß Individuen dies hauptsächlich dann erleben, wenn in ihrem Unbewußten ein Archetypus besonders

1. C.G. Jung, *Briefe*, Bd. II, S. 255.

intensiv konstelliert ist. Dann erscheint es so, als ob das archetypische Muster nicht nur im Individuum selber wirke, sondern sich auch in seiner Umgebung manifestiere, wobei zwischen dem innerlich Erlebten und dem außen Wahrgenommenen kein kausaler Zusammenhang besteht, ja sogar oft nicht einmal denkbar ist. Jung nennt deshalb in seinem Hauptwerk über die Synchronizität[2] die synchronistischen Ereignisse „Schöpfungsakte in der Zeit", was nichts weniger impliziert, als daß die Schöpfung in der Natur kontinuierlich als creatio continua weitergeht. Diese „Schöpfungsakte in der Zeit" sind aber keine totalen „Sprünge" der Natur (so wie wenn auf einem Planeten ohne Leben plötzlich ein blauer Hund entstünde), sondern diese neuen Schöpfungen treten jeweils nur als ein besonderer Fall innerhalb eines „allgemeinen ursachelosen Angeordnetseins" auf und zwar als der Fall einer Gleichartigkeit psychischer und physischer Vorgänge. Die erkennbare Form eines apriorischen psychischen Angeordnetseins ist der Archetypus.[3]

Diese abstrakte Definition möge durch ein kurzes Beispiel illustriert werden: vor einigen Monaten erhielt ich von einem jungen jüdischen, in Hawaii stationierten Arzt, einem Internisten, folgende Mitteilung, die er mir zu veröffentlichen erlaubt: An einem freien Tag wollte er sich durch Lesen der Texte auf die „Bar mitz'vah" seines Neffen vorbereiten, da er keine Ahnung von der Zeremonie hatte. Gelangweilt griff er statt dessen nach meinem Buch *Die Suche nach dem Selbst*, in welchem ich ein spanisches Märchen deute, in dem die Aufgabe des Helden darin besteht, im richtigen Moment einen weißen Papagei zu greifen, der die Lebensquelle bewacht. Greift

2. C.G. Jung, *Synchronizität als ein Prinzip akausaler Zusammenhänge*, GW 8, § 816 ff.
3. Ebenda, § 955 f.

man im falschen Moment nach ihm, so wird man versteinert. Der weiße Papagei wird später zum Schutzgeist des Helden und seiner Familie. Er ist in Jungscher Terminologie ein Symbol des die Ganzheit der Psyche umfassenden Zentrums, das Jung das Selbst nennt. Der negative Aspekt des Papageis bezieht sich auf die Gefahr, von der alle religiösen Traditionen und besonders die Buchreligionen bedroht sind, daß man nämlich ihre Einsichten nur papageienhaft als Formeln wiedergibt und lernt. Dann hat die religiöse Tradition keine belebende, sondern versteinernde Wirkung.

Ihr geistiger Inhalt muß also richtig „gefaßt" werden, um den positiven Aspekt zu erlangen. Der junge Arzt fühlte sich von dieser Deutung sehr betroffen, weil er die religiösen jüdischen Texte und Formeln gerade papageienhaft auswendig lernen wollte.

In diesem Moment hörte er ein krächzendes Gegackel vor dem Fenster. Er blickte hinaus, und dort saß in einem Busch, vis-à-vis des Fensters, ein weißer Papagei! Zugegeben, in Hawaii kann ein entflogener Papagei besser überleben als bei uns, aber deswegen fliegen noch lange nicht etwa weiße Papageien normalerweise frei herum! Es ist kaum denkbar, daß das Lesen des Märchens den Papagei kausal angezogen hat, und es ist auch nicht denkbar, daß die Nähe des Papageis das Lesen des Märchens bewirkt hat. Ein kausaler Zusammenhang ist also höchst unwahrscheinlich. Deshalb fassen wir ein solches Ereignis lieber als sinngemäße Koinzidenz auf. Daß es sich beim Symbol des magischen Vogels um einen Archetypus von großer Verbreitung handelt, kann ich hier nicht belegen und muß auf mein Buch[4] verweisen. Daß ein verdrängtes religiöses Problem im jungen Arzt berührt worden war, und damit ein Archetypus, ist offensichtlich.

4. M.-L. von Franz, *Die Suche nach dem Selbst, Individuation im Märchen,* München 1985.

Dieses Beispiel läßt sich gut verwenden, um zu erklären, warum Jung von Gleichartigkeit statt Sinn spricht, wenn kein erlebendes Subjekt in das Geschehen einbezogen ist. Wenn kein Beobachter vorhanden wäre, gäbe es in dieser Geschichte nur zwei gleichartige Papageien, einen innen und einen außen. Sinn hingegen offenbart sich nur, wenn ein Beobachter hinzutritt.

Wir wenden uns nun dem historischen Aspekt der Synchronizitätsidee zu, wobei wir zuerst auch den Begriff der Kausalität betrachten müssen. Der strenge moderne wissenschaftliche Kausalitätsbegriff hat sich allmählich im Laufe der Zeit aus einer Sicht entwickelt, in welcher Magie, religiöses Wunder und naturwissenschaftlich erweisbare Wirkung völlig vermischt waren. Erst mit dem Beginn der modernen Naturwissenschaft sind die magischen und religiösen Beimischungen allmählich als sogenannter Aberglaube eliminiert worden. Doch heute noch weisen alle Wissenschaften Randgebiete auf, wo noch immer gestritten wird, ob etwas streng wissenschaftlich gültig sei oder nicht. Am meisten sieht man das bei den vielen Formen von heutiger Paramedizin, deren Prinzipien für die einen als kausal wissenschaftlich erwiesen, für die anderen als reine Placebo-Technik betrachtet werden. In der Physik spielt die Annahme verborgener Parameter oder Phantompartikel eine ähnliche Rolle.

Außerdem sind wir gerade daran, vieles aus dem Gebiet der Magie und Religion aus dem Papierkorb der Geschichte wieder herauszuholen infolge der Einsicht, daß es sich hier zwar nicht um materiell naturwissenschaftliche gültige Erkenntnisse handelt, wohl aber um psychologisch zutreffende Einsichten.

Betrachten wir z.B. ein magisches Mittel, „um Zorn niederzuhalten, Sieg und Gunst zu erlangen“ aus der Antike. Es ist ein Rezept aus hellenistischen, in Ägypten gefundenen Zauberpapyri: „Sprich so zur Sonne siebenmal ... Sei mir gegrüßt, der du gesetzt bist über den Osten und über die Welt, den alle Götter als Speerträger begleiten, in deiner guten Stunde, an deinem guten Tage, du guter Dämon der Welt, du Kranz der ganzen bewohnten Erde, der du aus dem Abgrund aufgehst, der du täglich als Jüngling geboren wirst und als Greis untergehst. Ich bitte, Herr, laß mich nicht zu Schaden kommen, nicht Intrigen erleiden, keinen Schadentrank erhalten, nicht in Unglück und Verarmung geraten!“[5]

Wenn wir psychologisch überlegen, daß die Sonne ein Symbol des Bewußtseinsprinzips und der Klarheit des Bewußtseins ist, so scheint es gar nicht so absurd, sie gegen chaotische Affekte und schwierige Außenwelt-Situationen in sich selber heraufzubeschwören.

In den selben Schriften finden wir ein anderes Zaubergebet, ein „Mittel, die Geliebte herbeizuführen“: „Schreib mit bronzenem Griffel auf eine ungebrannte Scherbe: Hekate, Hekate, dreigestaltige, vollzählig sind alle Zauberzeichen jeder (Gestalt): dich beschwöre ich bei dem großen Namen des (Zauberwort) und bei der Kraft des (Zauberwort); denn ich beschwöre dich, dich, der du das Feuer in Gestalt eines Habichts hältst ... daß die NN verbannt werde, und daß du sie zu mir, dem NN, herjagst, weil ich in meiner Rechten die zwei Schlangen halte und den Sieg des Iaô Sabaôth, und bei dem großen Namen (Zauberwort), ... damit sie mich innig liebe, indem sie verbrannt, von Liebesfeuer zu mir verzehrt, ja, indem sie von ihm aufs stärkste gequält werde.“ usw.[6]

Auch hier ist die Beschwörung, wenn man sie psychologisch betrachtet, nicht sinnlos: Der Zauberer ruft Hekate, die Göttin der Unterwelt, an, d.h. sein eigenes Unbe-

5. K. Preisendanz, Hrsg., *Papyri Graecae Magicae*, Stuttgart 1974, Bd. 2, S. 170.
6. Ebenda, S. 169 f.

wußtes, welches in einem Mann weiblich ist. Außerdem ruft er das Feuer an, das in der Gewalt eines Habichts ist. Feuer ist ein Symbol der Leidenschaft und der Habicht als Raubvogel ein Bild des Begehrens. Wenn solche Zauberhandlungen ausgeführt werden, die den Archetypus stark konstellieren, dann geschehen manchmal, *aber nicht immer,* Synchronizitätsereignisse. Aus diesem Grund ist die Magie bis heute nicht ausgestorben!

Stärker noch als die Magie spielte in der Antike das astrologische Denken eine dominante Rolle. Der bedeutendste Alchemist des 3. Jahrhunderts nach Chr., Zosimos von Panopolis, hat bezüglich der Astrologie eine interessante Theorie entwickelt. Er spricht von zwei Arten von chemischen Verwandlungen, erstens von sogenannten „Kairikai baphai“ und zweitens von „echten Metallverwandlungen“. Die ersteren werden vom Kairos erzeugt, d.h. vom Gott des geeigneten Augenblicks. Man könnte ihn den griechischen Gott des Synchronizitätsprinzips nennen. Er steckt (nach Zosimos) hinter allen astrologischen Einflüssen, welche das alchemistische Werk beeinflussen. Zosimos verwirft nun aber diese Art von Alchemie als irreführend und täuschend, und ermahnt seine Schülerin Theosebeia, sich statt dessen an den kosmischen Nous (Weltgeist) zu wenden, um die „richtigen“ Metallverwandlungen zu erlangen.

Das führt uns zu einer notwendigen Ergänzung der Synchronizitätsdefinition, die ich vorher übergangen habe, nämlich zum Problem des Sinnes. Unter Sinn versteht Jung nicht etwas Partielles, wie z.B. den Sinn eines linguistischen Satzes, sondern den sinnvollen Zusammenhang des *gesamten* Seins. Am nächsten kommt seiner Anschauung der chinesische Begriff des Tao, auf den er sich auch öfters ausdrücklich beruft. Im Abendland entspricht diesem Begriff am ehesten das Logos-Feuer des Heraklit, und später dann auch der eben zitierte spätantike Begriff des Nous als einer kosmischen Intelligenz, wie sie z.B. im Corpus Hermeticum beschrieben ist.[7]

Zugleich wurde in der Antike dieser kosmische Geist auch als „Sympathie aller Dinge" verstanden. In einer hippokratischen Schrift (*De alimento*) wird dieser Sinn folgendermaßen beschrieben: (Er ist) „ein Zusammenfließen, ein Zusammenhauchen (conflatio, sympnoia), alles zusammen empfindend. Alles hinsichtlich der Ganzheit, hinsichtlich des Teiles aber die in jedem Teil (vorhandenen) Teile mit Absicht auf die Wirkung. Das große Prinzip (Arche) reicht bis in den äußersten Teil, aus dem äußersten Teil gelangt es (zurück) in das große Prinzip: *eine* Natur, das Sein und das Nichtsein."[8]

Diese Art von antiken Anschauungen verschwand aus Europa mit dem Aufkommen der frühchristlichen Religion, blieb aber mit allen anderen naturwissenschaftlichen Kenntnissen der Antike im arabischen Kulturraum erhalten. Dort fügte die religiöse arabische Mystik einige neue Elemente hinzu, speziell in dem, was die kreative und visionäre Gabe der seelischen Imagination des Adepten betrifft.

Ich möchte hier kurz auf die bedeutenden Ausführungen von Henri Corbin verweisen. Nach der Ansicht des Mystikers Suhrawardi (gest. 1191) existiert zwischen der sichtbaren Welt und der platonischen Welt der sogenannten Intelligenzen (und Seelen der göttlichen Sphären) eine dritte Zwischenwelt, die Erde Hurqalya, das ist die Welt der autonomen archetypischen Bilder, welche der Visionär mittels seiner Imagination wahrnimmt.[9] Dort existieren die Urformen all dessen, was in der sichtbaren

7. *Corpus Hermeticum*, hrsg. W. Scott, Oxford 1924-1936.
8. *De alimento*, Zit. in Jung, *Synchronizität als ...*, GW 8, § 914, Anm. 79.
9. Henri Corbin, *Spiritual Body and Celestial Earth*, Princeton University Press 1977.

Welt vorkommt. Diese imaginäre Erde ist nicht materiell, sondern ein feinstofflicher „mundus archetypus“.[10]

Alles, was der Mystiker dort erblickt, bedarf einer symbolischen Interpretation. Der Visionär erlebt dort eine Wirklichkeit, die essentiell symbolische Bedeutung hat und die auf die über ihr liegenden göttlichen Geheimnisse hinweist.[11]

Zwischen den platonischen Ideen und der Welt liegt somit ein psychoides Zwischenreich, so daß ein Aspekt, der in der antiken Magie und Alchemie nur implizit vorhanden war, sich nun zu größerer Bedeutung entfaltet, nämlich der Aspekt, wonach die archetypische Welt etwas mit dem Seeleninneren des Menschen zu tun hat und durch gewisse Formen religiöser Meditation erreicht und beeinflußt werden kann.

Es ist die Welt der kreativen Imagination, wie sie hauptsächlich vom Mystiker Ibn 'Arabi (1165-1240) beschrieben wurde.[12]

Dem Abendland vermittelt wurde diese Tradition hauptsächlich durch den Peripatetiker, Arzt und Alchemisten Ibn Sina (980-1037). Sein *Liber de Anima seu Liber Sextus de Naturalibus*[13] wurde bekanntlich nach 1150 von Gundissalinus ins Lateinische übersetzt und beeinflußte nachhaltig die scholastische Philosophie und Theologie. Auch Avicenna vertritt eine Lehre der „Imaginatio“, welche magisch-schöpferische Eigenschaften aufweist. Weil archetypische „Formen“ in der Seele existieren, könne die Materie von ihnen beeinflußt werden und zwar nicht nur innerhalb des Körpers, sondern – und das ist das

10. H. Corbin, *Spiritual Body and Celestial Earth*, S. 118 ff.
11. Ebenda, S. 128 ff.
12. Vgl. Henri Corbin, *L'imagination créatrice dans le Soufisme d'Ibn'Arabi*, Paris 1958.
13. Vgl. Avicenna, *Latinus Liber de Anima, seu Sextus de Naturalibus*, 2 Bände, Louvain/Leiden 1972.

Entscheidende – auch außerhalb des Körpers, „wie das beim bösen Blick oder der Einbildung der Fall ist, ja sogar, wenn die Seele konstant, erhaben, den Prinzipien ähnlich ist, dann gehorcht ihr die Materie, die in der Außenwelt ist, und wird von ihr beeinflußt, und man wird in der Außenweltmaterie vorfinden, was immer sich in der Seele formt, und das geschieht, weil die menschliche Seele nicht in der Materie gefangen ist, sondern sie regiert".[14]

Diese Auffassung Avicennas beeinflußte nachhaltig besonders Albertus Magnus[15] (1206-1280) und Thomas von Aquin.[16] Beide benützten sie auch zur Erklärung der alchemistischen Metallverwandlung. Letzte geschieht ihrer Ansicht nach nicht auf gewöhnlich kausal-technischem Weg, sondern magisch durch den Einfluß der kreativen Imagination der Alchemisten. Bei Albertus finden wir ein schon von Avicenna erwähntes wichtiges Element besonders betont: daß diese materielle Kreativität der Seele nämlich mit Affektzuständen zusammenhängt. Jung zitiert aus einer Albertus zugeschriebenen Schrift folgende Passage: [17] „Ich fand eine einleuchtende Darlegung im sechsten Buch der Naturalia des Avicenna, daß der menschlichen Seele eine gewisse Kraft, die Dinge zu verändern, innewohne und ihr die anderen Dinge untertan seien; und zwar dann, wenn sie in einem großen Exzeß von Liebe oder Haß oder etwas ähnlichem hingerissen ist. Wenn also die Seele eines Menschen in einen

14. Avicenna, *De Anima* IV, 4, S. 64-65.
15. Vgl. *Albert der Große – Seine Zeit, sein Werk, seine Wirkung*, hrsg. von Albert Zimmermann, Berlin/New York 1981, passim.
16. Für neueres vgl. *Tommaso d'Aquino nel suo settimo centenario*, Le Fonti del Pensiero di S. Tommaso, Atti del Congresso internazionale, Napoli 1975, passim.
17. C.G. Jung, *Synchronizität ...*, GW 8, § 859 f. Näheres vgl. M.-L. von Franz, Aurora Consurgens in C.G. Jung, *Mysterium Coniunctionis*, GW 14/3, Olten 1971.

großen Exzeß von irgendeiner Leidenschaft gerät, so kann man experimentell feststellen, daß er die Dinge bindet und sie in eben der Richtung hin verändert, wonach er strebt, und ich habe es lange nicht geglaubt, aber nachdem ich nigromantische Bücher und solche über Zauberzeichen und Magie gelesen habe, fand ich, daß die Emotionalität der menschlichen Seele die Hauptwurzel all dieser Dinge ist, sei es entweder, daß sie wegen ihrer großen Emotion ihren Körper und andere Dinge, wonach sie tendiert, verändert, oder daß ihr, wegen ihrer Würde, die anderen, niedrigeren Dinge untertan sind, oder sei es, daß mit einem solchen, über alle Grenzen hinausgehenden Affekt die passende Sternstunde oder die astrologische Situation oder eine andere Kraft parallel läuft, und wir glauben, daß das, was diese Kraft mache, dann von der Seele bewirkt würde ... Wer also das Geheimnis hievon wissen will, um jenes zu bewirken und aufzulösen, der muß wissen, daß jeder alles magisch beeinflussen kann, wenn er in einen großen Exzeß gerät ... und er muß es dann eben gerade in jener Stunde tun, in welcher ihn jener Exzeß befällt, und mit *den* Dingen tun, die ihm die Seele vorschreibt. Die Seele ist nämlich dann so begierig nach der Sache, die sie bewirken will, daß sie auch von sich aus die bedeutendere und bessere Sternstunde ergreift, die auch über den Dingen waltet, die besser zu jener Sache passen ... Und so ist es die Seele, welche die Sache intensiver begehrt, welche die Dinge mehr wirksam und ähnlicher macht, was herauskommt ... In ähnlicher Weise nämlich funktioniert die Herstellung bei allem, was die Seele mit intensivem Wunsch begehrt ..." usw.

Bei Albertus gehört die „wahre" Alchemie nicht zu den gewöhnlichen Naturwissenschaften, sondern zur Magie, die nur ein „Magister" ausüben kann und die eben durch die erwähnten seelischen Zustände, welche auch mit astrologischen Einflüssen zusammenhängen, bewirkt wird. Thomas von Aquin ist seinem Lehrer Albertus in diesen Anschauungen gefolgt: auch *er* sagt, die gewöhnliche Alchemie ändere die Metalle nur zum Schein, während die echte Alchemie eine okkulte Kunst sei, die mit dem Einfluß der Sterne zusammenhängt.[18]

Halten wir einen Moment inne und vergleichen unser eingangs erwähntes Beispiel mit diesen antiken und mittelalterlichen Anschauungen. Ihnen zufolge hätte die „bewegende begehrende Kraft der Seele" oder der Imagination des jungen Arztes in einer günstigen Sternstunde den Papagei herbeigezogen. Was wir heute synchronistische Ereignisse nennen, wurde damals durch eine psychologisch-magische Kausalität erklärt.

Nicht nur in der Lehre von der Imaginatio, sondern auch in einem weiteren Bereich der mittelalterlichen Psychologie finden wir Hinweise auf das, was wir heute Synchronizität nennen würden. Es ist dies die aristotelische, bei den Arabern ausgebaute und die mittelalterliche Scholastik beherrschende Vorstellung des Nous poiētikos. In der arabischen Mystik ist der Nous poiētikos die ausstrahlende, dem Licht vergleichbare, schöpferische Energie des göttlichen Geistes. Er ist, wie Henri Corbin es passend ausdrückt, eine „Theophanie", eine Erscheinungsweise der Gottheit. Dieses schöpferische Licht Gottes erleuchtet und inspiriert auch den Geist der auserwählten Theologen, Propheten und Mystiker. Bei Avicenna ist die „Intelligentia Agens" eine kosmische Realität.[19] Ihr Licht wohnt in den Planetensphären und ist letztlich die außerseelische Wurzel alles

18. Näheres vgl. M.-L. von Franz, *Aurora Consurgens*, in Jung, GW 14/3, § 73 ff.
19. Vgl. E. Gilson, „Pourquoi St. Thomas a critiqué St. Augustin", in *Archives d'histoire doctrinale et littéraire du Moyen Age*, Vol. I, Paris 1926-1927, S. 5 ff.

menschlichen Erkennens.[20] Wenn sich nämlich die menschliche Seele in der Ekstase erhebt, so strömt deren heilige Kraft in sie ein und bewirkt prophetische Gaben. Die Lehre vom Nous poiētikos gehört zur Physik, denn es handelt sich um eine in der Außenwelt befindliche göttliche Intelligenz, an der aber unsere Seele teilhaben kann.

Thomas von Aquin hat nun einen entscheidenden Schritt getan und den Begriff des Nous poiētikos in zwei Teile geteilt. Den einen Teil identifizierte er mit Gott oder der Sapientia Dei, den anderen aber mit einem innerseelischen natürlichen Licht, einem lumen naturale im Menschen.[21] Das trug zur Spaltung zwischen profanen Wissenschaften und religiösem Glauben bei, die in der Renaissance manifest wurde. Damals begannen mehr und mehr Wissenschaftler die Information, die aus dem „natürlichen Licht“ stammt, zu entwickeln, was zu einem offenen Konflikt mit den überlieferten theologischen Anschauungen führte.

Neben dem Nous poiētikos spielte im Mittelalter aber eine weitere „Theophanie“ eine entscheidende Rolle. Es ist das die Gestalt der Sapientia Dei. In den gnostisch beeinflußten, späten Schriften des Alten Testaments (Sprüche 8, 22 ff. und Spruchsammlung Jesu, des Sohnes Sirachs, 23, 3, und die apokryphe „Weisheit Salomonis“) tritt die Weisheit Gottes als ein schöpferisches Pneuma weiblicher Natur auf.

Diese göttliche Hypostase „spielte“ als Geliebte und „Werkmeisterin“ vor Gott, als er die Schöpfung schuf. Sie ist eine parallele Gestalt zur semitischen Liebes- und Muttergöttin des vorderen Orients. Sie hat Eros-Qualität,

20. Vgl. ebenda S. 38-49 und E. Gilson, „Les sources gréco-arabes de l'augustinisme avicennisant“, in *Archives d'histoire*, Vol. 4, Paris 1929, S. 106.

21. Vgl. St. Thomas, *Opus Tertium* 29; vgl. E. Gilson, „Pourquoi St. Thomas“, ebenda, S. 41 f. und ders., „Les sources gréco-arabes“, ebenda, S. 107.

denn sie ist ein „menschenfreundlicher“ (philanthropon) Geist. Daher ist sie besonders geeignet, die im alttestamentlichen Gottesbild enthaltenen Gegensätze zu versöhnen.[22] Während der Nous poiētikos eher die übernatürliche Intelligenz der göttlichen Schöpferkraft hypostasiert, stellt die Sapientia Dei mehr die sympnoia, die psychische Allverbundenheit des Universums durch einen Geist der Liebe dar. Dieser weibliche, kreative Liebesgeist Gottes spielte in der islamischen Mystik eine große Rolle.[23] Der Dichter Jalâluddîn Rûmi sagt über sie: „Die Frau ist der Strahl des göttlichen Lichtes, sie ist nicht jenes Wesen, das das sinnliche Begehren als Objekt begehrt. Sie ist Schöpfer, müßte man sagen, sie ist nicht Kreatur.“

Im christlichen Raum wurde sie auch mit Maria identifiziert, im islamischen mit Fatima. In dieser Gestalt erlebte der islamische Mystiker den „Seufzer von Gottes Erbarmen“ für seine Schöpfung.[24] Auch diese Personifikation gewann im 11. und 12. Jahrhundert in der Scholastik mehr und mehr Bedeutung. Doch schon zuvor ist ein einsamer Denker zu erwähnen: Joannes Scotus Erigena, der 800-877 lebte. Er beschreibt den Schöpfungsprozeß (in Anlehnung an Dionysos Areopagita) als einen Übergang der Güte Gottes von einem Nichts, das jenseits alles Seienden und Nichtseienden liegt, in zahllose Einzelformen.[25] Diese Güte ist zuerst eine Samenkraft, „die noch in den Geheimnissen der Natur schweigt“.[26] Gott erschafft die Welt durch seine Weisheit, „durch die er sich

22. Näheres siehe C.G. Jung, *Antwort auf Hiob*, Kap. 3, GW 11, § 609 ff.
23. Vgl. Henri Corbin, *L'imagination créatrice ...* , S. 121.
24. Ebenda, S. 122.
25. Joannes Scotus Erigena, *De Divisione Naturae*, III, 19, Migne, *Pat. Lat.*, t. CXXII.
26. Ebenda, Liber I, 5.

selber weiß".[27] Sie ist dasselbe, wie die Primärursachen, die nicht nur in Gott, sondern Gott selber sind.[28]

Die Sapientia Dei ist eine Art Ur-Einheit, einförmiges Bild, das sich zu einer Unzahl von Urformen vervielfältigt, die jedoch zugleich in der Ur-Einheit verbleiben. (Wir würden das heute die Archetypen nennen.) Diese Urformen besitzen nach John Scotus Erigena ein Bewußtsein ihrer selbst. Er nennt sie auch ideae oder prototypa.[29] Andere Theologen, z.B. Hugo von St. Victor, nennen die Sapientia das „exemplar" des Universums oder auch den „archetypus mundus", den Entwurf im Geiste Gottes, nach dessen Vorbild er die sichtbare Welt schuf.[30]

Da Gott die Welt „nach Maß, Zahl und Gewicht erschaffen hat", (Weisheit 11, 21) wurde die *Sapientia Dei* auch einer mathematischen Ordnung der Schöpfung gleichgesetzt.[31] Auch bei diesen Theologen hat die Sapientia Eros-Bedeutung. Am deutlichsten wird dies in der Theorie der Prophetie von Thomas von Aquin. In seiner Sicht gibt es zwei Formen der Wahrheitserkenntnis. Erstens eine spekulative Erkenntnis, die darin besteht, daß jemandem göttliche Geheimnisse offenbar werden, und zweitens eine „affektive Erkenntnis", welche die Liebe zu Gott im Menschen hervorruft.[32] Dies ist ein „donum sapientiae".[33] Die Sapientia enthält höhere Mysterien als der bloße Glaube.[34] Sie hat als weibliche Figur mehr mit

27. Lib. II, 31.
28. Lib. III, 8.
29. Vgl. Wilhelm Preger, *Geschichte der deutschen Mystik im Mittelalter*, Neudruck, Aalen 1962, Bd. 1, S. 161.
30. Annot. elucid. in Evang. Joannis, zit. nach Preger, ebenda, S. 328.
31. Vgl. Augustinus, *De Genesi ad. litt*. 1, IV, 3 und 8. Näheres vgl. M.-L. von Franz, *Zahl und Zeit*, S. 52 ff.
32. *Summa* II, 171/173, *de Veritate* 12, 7/8, vgl. Victor White, „St. Thomas' Conception of Revelation", in *Dominican Studies*, St. Giles-Oxford Jan. 1948, Vol. I, No. 1, S. 5.
33. *Summa* I, Quaest. 64, art. 1.
34. Näheres vgl. M-L. von Franz, *Aurora Consurgens*, S. 149.

dem Gefühl zu tun, eine Tatsache, die wir auch bei der Synchronizitätsidee von Jung berücksichtigen müssen, denn die Feststellung von Sinn ist nicht nur ein denkerischer Erkenntnisvorgang, sondern etwas, was auch das Gefühl berührt.

Die Sapientia Dei hat ferner mit einer latenten mathematischen Gesamtordnung des Seins zu tun. Diese Ordnung wurde teilweise arithmetisch im Bild von Zahlenverhältnissen konzipiert oder auch geometrisch als unendlicher Kreis, „dessen Circumferenz nirgends und dessen Mittelpunkt überall ist". (Für die Geschichte dieses berühmten Satzes muß auf die Arbeit von Dietrich Mahnke, *Unendliche Sphäre und Allmittelpunkt*, verwiesen werden.)[35]

Bevor ich aber auf dieses mathematische Gottesbild in seiner weiteren historischen Entwicklung eingehe, möchte ich einen weiteren Aspekt von Jungs Synchronizitätsprinzip aufgreifen. Ich zitiere Jung ausführlich[36]: „Die Frage erhebt sich nun, ob unsere Definition der Synchronizität, welche sich auf die Gleichartigkeit psychischer und physischer Vorgänge bezieht, nicht einer Erweiterung fähig wäre, bzw. eine solche erfordern würde. Diese Forderung scheint sich aufzudrängen, wenn wir unsere obige allgemeinere Fassung der Synchronizität als ein ‚ursacheloses Angeordnetsein' in Betracht ziehen. Unter diesen Begriff fallen nämlich schlechthin alle ‚Schöpfungsakte', respektive Apriori-Gegebenheiten, wie z.B. die Eigenschaften ganzer Zahlen, die Diskontinuitäten der modernen Physik usw. Damit würden wir nun allerdings konstante und experimentell jederzeit reproduzierbare Phänomene in den Umkreis unseres erweiter-

35. Neudruck, Stuttgart/Bad Cannstatt 1966, S. 189 ff. und bes. Anm. 2, S. 193.
36. GW 8, § 955 f.

ten Begriffs einbeziehen, was der Natur der unter dem engeren Begriff von Synchronizität verstandenen Phänomene nicht zu entsprechen scheint. Letztere sind ja meist Einzelfälle, welche experimentelle Reproduzierbarkeit vermissen lassen ...“ Doch scheint es, „daß in dem Gebiete inkommensurabler Einzelfälle, vulgo curiosa, es doch auch gewisse Regelmäßigkeiten gibt und damit konstante Faktoren, woraus man schließen muß, daß unser engerer Synchronizitätsbegriff wahrscheinlich wirklich zu eng ist und deshalb der Erweiterung bedarf.

Ich neige in der Tat der Annahme zu, daß die Synchronizität im engeren Sinne nur ein besonderer Fall des allgemeinen ursachelosen Angeordnetseins ist, und zwar der Gleichartigkeit psychischer und physischer Vorgänge, wobei der Beobachter in der vorteilhaften Lage ist, das tertium comparationis erkennen zu können. Mit der Wahrnehmung der archetypischen Grundlage gerät er aber auch in die Versuchung, die Assimilation gegenseitig unabhängiger psychischer und physischer Vorgänge auf eine (kausale) Wirkung des Archetypus zurückzuführen und damit deren bloße Kontingenz zu übersehen. Diese Gefahr wird vermieden, wenn man die Synchronizität als einen Sonderfall des allgemeinen Angeordnetseins betrachtet. Damit wird auch eine unzulässige Vermehrung der Erklärungsprinzipien vermieden: der Archetypus ist die durch Introspektion erkennbare Form des apriorischen psychischen Angeordnetseins. Gesellt sich dazu ein äußerer synchronistischer Vorgang, so folgt er derselben Grundzeichnung, d.h. er ist in derselben Weise angeordnet. Diese Form des Angeordnetseins unterscheidet sich dadurch vom Angeordnetsein der Eigenschaften ganzer Zahlen oder der Diskontinuitäten der Physik, daß letztere von jeher und regelmäßig vorgefunden sind, während erstere Schöpfungsakte in der Zeit darstellen. Hierin liegt, beiläufig gesagt, der tiefere Grund, warum ich gerade das Moment der Zeit als für diese Phänomene charakteristisch hervorgehoben und sie als synchronistische bezeichnet habe."

Heute gilt nicht nur die Halbwertszeit[37] als ein akausales Angeordnetsein. Der Astrophysiker Hubert Reeves[38] diskutiert den Vorschlag, daß auch das EPR-Paradox, das fossile Leuchten und der Foucaultsche Pendel als Zeugnisse eines akausalen Angeordnetseins anzusehen wären. Im Gebiet der Psychologie wären es hauptsächlich die ganzen natürlichen Zahlen, die auf ein solches hinweisen, und im Zwischengebiet zwischen den beiden Wissenschaften bewegt sich meine Entdeckung, daß die numerische Struktur des *I Ging* mit derjenigen des genetischen Codes übereinstimmt.[39]

Die erwähnten mittelalterlichen Auffassungen der Sapientia Dei, als eines mathematischen Vorentwurfs der Welt im Geiste Gottes, tasteten nach einem Begreifen des ursachelosen Angeordnetseins. Die damaligen Philosophen versuchten ihm dadurch näherzukommen, daß sie Mandala-Modelle dieses Vorentwurfs skizzierten, wobei besonders John Scotus Erigena einen großen Einfluß ausübte. Von ihm führt eine direkte Linie zu Ramon Lull und von dort zu Giordano Bruno und anderen Renaissance-Philosophen.[40] Während Lull aus seinem Gottesmandala eine Art theologischen Ideencomputer zu kon-

37. Diejenige Zeit, nach der die Hälfte einer ursprünglich vorhandenen Anzahl radioaktiver Atome zerfallen ist; die Halbwertszeit ist ein für jeden radioaktiven Kern charakteristischer Wert.
38. Hubert Reeves, „Incursion dans le monde acausal", in ders. et al., *La synchronicité, l'âme et la science*. Vgl. ebenfalls R.A. Wilson, „Die neue Physik und C.G. Jung", in *Sphinx Magazin*, Basel April/Mai 1986.
39. M.-L. von Franz, *Zahl und Zeit*, S. 102 f. Ausführlich hat diese Entdeckung Martin Schönberger beschrieben in *Verborgener Schlüssel zum Leben*, Frankfurt 1977.
40. Vgl. Frances A. Yates, *Lull and Bruno*, Collected Essays I, London 1982.

struieren versuchte, betonten die italienischen Philosophen mehr den magischen und den Eros-Charakter ihres kreisförmigen Gottesmodells.[41]

So sagt Marsilio Ficino in seinem *Symposium*:[42] „Alle Macht der Magie besteht in der Liebe. Das Werk der Magie ist eine gewisse Attraktion von einem Ding zum anderen, durch natürliche Gleichartigkeit. Alle Teile dieser Welt hängen, wie die Glieder eines Lebewesens, von der *einen* Liebe ab und sind miteinander durch natürliche Verbundenheit verknüpft ... und das ist die wirkliche Magie." Ficino konstruierte u.a. mandalaförmige Talismane, um diese positive kosmische Liebe Gottes magisch anzuziehen. Am weitesten ging Giordano Bruno in dieser Richtung. Er schuf zahlreiche magische Mandalas, welche „das Gedächtnis prägen und den Menschen in eine religiöse Persönlichkeit verwandeln sollten".[43] Seine Schrift „Gegen die Mathematiker" ist mit solchen von Bruno skizzierten Mandalas angefüllt. An anderen Stellen seiner Werke[44] vergleicht Bruno diese allesdurchströmende Liebe mit einem Blitz (fulgur) oder einem Licht und bezeichnet sie auch als „Weltseele" oder „Geist des Universums".[45]

In Deutschland sind in dieser Zeit Agrippa von Nettesheim (der Ficino, Bruno und Pico della Mirandola nachhaltig beeinflußte) und Paracelsus zu erwähnen, die ebenfalls tief in das Gebiet der Magie eingedrungen sind.[46]

In den nachfolgenden Jahrhunderten bricht die Tradition von Entwürfen solcher mathematischen Weltmodel-

41. Vgl. Frances A. Yates, *Giordano Bruno and the Hermetic Tradition*, London 1964.
42. Vgl. Yates, *Giordano Bruno*, S. 127.
43. Ebenda, Kap. XII.
44. Ebenda, S. 313 ff.
45. Ebenda, S. 309.
46. Vgl. Yates, ebenda.

le nicht mehr ab, wobei besonders Athanasius Kircher, Fludd und Kepler zu erwähnen wären.[47] Der letzte große Denker dieser Richtung war Leibniz mit seinem Weltmodell einer akausalen Harmonia Praestabilita.[48] Da Jung ausführlich auf Leibniz eingeht, verweise ich auf seine Ausführungen.[49] Es scheint mit eine „sinnvolle Koinzidenz“ zu sein, daß Leibniz gerade dann, als er sich mit diesen Problemen befaßte, durch Pater Bouvet mit dem *I Ging* bekannt wurde.[50] Von da an beginnt der große Einstrom orientalischer Einflüsse auf den abendländischen Geist, dessen Blüte wir heute erleben. Die entscheidende Tat von Leibniz war, daß er endlich definitiv mit einer verunreinigten, nämlich magischen Kausalität aufgeräumt hat.

Was hingegen Jungs Synchronizitätsidee von der harmonia praestabilita grundlegend unterscheidet, ist die Tatsache, daß bei Leibniz ein konstanter Zusammenhang postuliert wird, während die Synchronizitätsereignisse nach Jung empirisch gesehen nur inkonstant und sporadisch arbiträr auftreten, wobei sie letztlich von einer archetypischen, psychischen Situation des Beobachters abhängen.[51] Mit der Opferung der Idee eines konstanten Zusammenhangs ist der magische Aspekt und damit auch die ganze Manipulierbarkeit des Phänomens definitiv annulliert. Insofern die Synchronizitätsereignisse „Schöpfungsakte“ sind, sind sie eben gerade nicht voraussagbar und entziehen sich daher der wissenschaftlichen Erforschbarkeit, falls nicht die wissenschaftliche Methode grundlegend geändert wird. Jung entdeckte,

47. Vgl. allgemein Paolo Rossi, *Clavis Universalis, Arti Mnemoniche e Logica Combinatoria da Lullo a Leibniz*, Milano/Napoli 1960.
48. Vgl. Gottfried Wilhelm Leibniz, *Grundwahrheiten der Philosophie: Monadologie*, Hrsg. J.C. Horn, Frankfurt 1962.
49. C.G. Jung, *Synchronizität ...*, GW 8, § 927 ff.
50. Näheres siehe M.-L. von Franz, *Zahl und Zeit*, S. 97 f.
51. Vgl. C.G. Jung, *Briefe*, Bd. II, S. 255.

daß doch eine gewisse Voraussagbarkeit, zwar nicht der Synchronizitätsereignisse, wohl aber des „akausalen Angeordnetseins", möglich ist, nämlich durch numerische Divinationsmethoden. Das bedeutet, daß die natürliche Zahl etwas mit dem akausalen Angeordnetsein zu tun hat. Es scheint so etwas wie ein zeitgebundenes „Spiel der Archetypen" zu geben. Mit einem Zahlenorakel, wie z.B. mit dem *I Ging*, blicken wir gewissermaßen auf eine kosmische Weltuhr und ersehen daraus, wie das akausale Angeordnetsein in diesem Zeitpunkt gerade aussieht. Jung definierte deshalb die natürliche Zahl als *den Archetypus einer bewußt gewordenen Ordnung.*[52] Was das akausale Angeordnetsein im psychischen Unbewußten an sich ist, entzieht sich unserer Erkenntnis, aber wenn wir etwas davon bewußt machen, ist der primitivste und archaischste Ausdruck davon die Zahl.

Ausblick

Nun möchte ich ganz kurz skizzieren, wie dieser Gedankengang weitergehen könnte. Seit Jungs Tod sind hauptsächlich zwei Schritte unternommen worden: Der Anthropologe Dr. Hansueli Etter hat die Synchronizitätsidee meines Erachtens erfolgreich auf die Evolutionstheorie anzuwenden versucht,[53] und in seinem hervorragenden Buch *La science et l'âme du monde*[54] hat Michel Cazenave die heutige interdisziplinäre Grundlagendiskussion vorangetrieben und die Idee nahezubringen versucht, daß es so etwas wie eine anima mundi

52. C.G. Jung, *Synchronizität ...*, GW 8, § 870 f.
53. Hansueli Etter, „L'Évolution en tant que continu synchronistique", in H. Reeves, M. Cazenave, P. Solié, K. Pribham, H.U. Etter, M.-L. von Franz, *La synchronicité, l'âme et la science*, Paris 1984.
54. Michel Cazenave, *La science et l'âme du monde*, Paris 1983 u. 1996.

tatsächlich gibt, d.h. daß das Jungsche „kollektive Unbewußte" nicht nur im Menschen existiert, sondern gleichsam einen psychischen Aspekt des ganzen Universums darstellt. Einen dritten Schritt habe ich selber unternommen, nämlich die von Werner Heisenberg bereits geforderte Rückkehr zu einem gewissen Pythagoräismus ein Stück voranzutreiben.[55] Auf dem Gebiet der Mathematik ist nämlich 1931 eine umstürzende Entdeckung gemacht worden, aus der bis heute zu wenig Konsequenzen gezogen worden sind. Es ist dies der rigorose Nachweis von Kurt Goedel, daß das ganze Gebäude der Mathematik auf der Naturgegebenheit der natürlichen Zahlen aufgebaut ist, wobei letztere selber irrational sind und bleiben. Auch Goedel forderte eine Rückkehr zum Platonismus, was ja in etwa einem Pythagoräismus gleichkommt.

Ich habe zu zeigen versucht, daß der natürlichen Zahl nicht nur ein quantitativer, sondern auch ein qualitativer Aspekt zukommt, und daß letzterer mit dem Problem der Zeit zusammenhängt. Nach dieser Anschauung bestünde die natürliche Zahlenreihe nicht nur aus quantitativ addierten Einsern, sondern wäre zugleich auch ein Kontinuum, das immer aus derselben Ureins besteht, die sich *in der Zeit* in einer Abfolge von qualitativen Veränderungen manifestiert. Diese qualitativen Zahlen werden retrograd gezählt. Bezeichnenderweise verwenden alle numerischen Orakel eine retrograde Zählmethode, wie den meisten wahrscheinlich aus dem *I Ging* bekannt ist.[56] Nachträglich entdeckte ich, daß die ältere chinesische Mathematik fast ausschließlich mit „Zeitzahlen" rechnet, also eine Mathematik des Synchronizitätsprinzips darstellt. Mein Versuch, in die Grundlagenproblematik der

55. M.-L. von Franz, *Zahl und Zeit*.
56. Vgl. M.-L. von Franz, *On Divination and Synchronicity*, Toronto 1980, passim. Deutsch: *Wissen aus der Tiefe. Über Orakel und Synchronizität*, München 1987.

Mathematik einzudringen, ist bisher beinahe vollständig ignoriert worden. Aber ich bin überzeugt, daß die nächsten Schritte des kreativen wissenschaftlichen Denkens dorthin weitergehen werden: das „Zeitspiel" der Archetypen weist in diese Richtung.

Was der Rezeption der Synchronizitätshypothese große Schwierigkeit bereitet, ist die Tatsache, daß sie uralte Denkgewohnheiten durchbricht. Die Allmacht der Kausalität ist zwar schon durchbrochen worden, so daß die einfältige Uhrwerksphantasie eines determinierten Universums angezweifelt wird, aber auch die Allmacht des magischen Denkens wird dadurch zum erstenmal durchbrochen. Es ist ein Schachmatt für den Machttrieb des wissenschaftlichen Intellekts. Was hingegen die neue Hypothese empfehlenswert macht, ist die Tatsache, daß sie in das Naturgeschehen ein kreatives Element und einen Sinnfaktor einführt. Mit letzterem muß aber auch das Gefühl und die Wert-Ethik des Beobachters in die wissenschaftliche Arbeit miteinbezogen werden, etwas, was von der bisherigen Wissenschaft, sehr zu unserem Schaden, ausgeklammert worden war.

VIII. Das Synchronizitätsprinzip C.G. Jungs

Obschon C.G. Jung durch seine tägliche Beschäftigung mit Träumen schon längere Zeit zuvor beobachtet hatte, daß Traummotive relativ häufig mit sinngleichen oder sogar identischen Realsituationen zu koinzidieren belieben, äußerte er sich zum ersten Mal im Jahre 1929 offiziell zu diesem Thema, in seiner Einleitung zu *Das Geheimnis der Goldenen Blüte*[1] von Richard Wilhelm, und 1930 in seiner in der zweiten Auflage abgedruckten Gedächtnisrede zum Tode Richard Wilhelms.[2] Er spricht dort von dem chinesischen Wissenschaftsprinzip, das, im Gegensatz zu unserer Kausalitätshypothese, von einer ganz anderen Idee ausgeht und das besonders im Zusammenhang mit dem *I Ging*, dem *Buch der Wandlungen*, von Bedeutung ist. Die Zeit ist in dieser fernöstlichen Weitsicht nicht wie bei uns ein linearer Vektor und ein leerer Rahmen für konkrete Ereignisse, sondern ein Kontinuum, welches Grundbedingungen enthält, die sich in relativer Gleichzeitigkeit an verschiedenen Orten in kausal nicht zu erklärendem Parallelismus von Ereignissen manifestieren. Nach Jung wäre auch das kollektive Unbewußte, wie wir es nennen, „ein omnipräsentes Kontinuum, eine unausgedehnte Allgegenwart … Wenn hier im Punkt a etwas geschieht, welches das kollektive Unbe-

1. R. Wilhelm, *Das Geheimnis der goldenen Blüte*, Vorwort von C.G. Jung, Berlin 1929.
2. Siehe C.G. Jung, *Zum Gedächtnis Richard Wilhelms*, GW 15, § 74-96.

wußte berührt oder in Mitleidenschaft zieht, so ist es überall geschehen ...“[3]

Die Zeit ist in dieser Sicht „ein mit Qualitäten erfüllter Ereignisstrom“.[4] Erst 1951 entschloß sich Jung, dieses Thema systematischer darzustellen[5] und gemeinsam mit einer Arbeit des Physikers Wolfgang Pauli zu veröffentlichen.[6]

Erste Beschreibung der Synchronizität

Ein synchronistisches Ereignis kann entweder darin bestehen, daß eine z.B. vorausgeträumte, also nur innerseelisch wahrgenommene Szene sich etwas später (seltener genau gleichzeitig) in der Außenwelt abspielt oder daß überhaupt mehrere Außenwelts- und Innenweltsereignisse, welche durch ihren Sinn verbunden sind, in unwahrscheinlicher Weise koinzidieren, wie etwa, wenn jemand durch einen Irrtum der Verkäuferin ein schwarzes statt des bestellten farbigen Kleides gerade am Todestag einer nahen Verwandten erhält. Jung verweist neben der Anführung selbstbeobachteter Beispiele auf die Sammlung von Wilhelm von Scholz *Der Zufall und das Schicksal*[7] hin, welche die erstaunlichsten und gutbeglaubigten Beispiele von Ereignissen solcher Art anführt. Auch die Experimente von J.B. Rhine, bei denen noch auszuspielende Karten oder eine durch Würfelwurf erreichte Zahl

3. C.G. Jung, *Briefe*, Bd. I, S. 84.
4. C.G. Jung, *Briefe*, Bd. I, S. 181.
5. Indirekt allerdings unterliegt die Idee der Synchronizität bereits völlig Jungs historischer Darstellung des Christussymbols in *Aion* und *Antwort auf Hiob*, welche im gleichen Jahr wie die Synchronizitätsarbeit verfaßt wurde.
6. C.G. Jung, Wolfgang Pauli, *Naturerklärung und Psyche*, Zürich 1952.
7. Wilhelm von Scholz, *Der Zufall und das Schicksal*, Berlin 1924.

im voraus erraten werden müssen, können unter diesem Gesichtspunkt eines sinnvollen Zusammentreffens von innerem Einfall mit äußerem Geschehen betrachtet werden. Bei solchen inneren Vorwegnahmen äußerer Ereignisse wird ein Kausalzusammenhang ausgesprochen undenkbar, weil man sich weder vorstellen kann, daß ein noch nicht passiertes Ereignis eine Wirkung auf unsere Psyche ausüben könnte, noch annehmen kann, daß eine psychische Vorstellung ein äußeres Ereignis bewirken könnte (wie etwa, daß Swedenborgs Vision des Brandes von Stockholm diesen bewirkt haben könnte).[8] „Da man etwas nicht Existierendes nicht wahrnehmen kann, muß angenommen werden, daß es in irgendeiner Form doch existiert, so daß es gleichwohl wahrgenommen werden kann. Die Erklärung liegt in der Annahme, daß parallel zum (zukünftigen) objektiven Ereignis eine ähnliche oder identische subjektive, d.h. psychische, Anordnung bereits besteht, die sich ihrerseits durch keine antizipierende kausale Wirkung erklären läßt."[9] Bevor wir diese Überlegungen über Synchronizität fortsetzen, müssen wir uns ihren komplementären Gegensatz, das Kausalitätsprinzip, genauer ansehen.

Wir wissen heute durch die Ergebnisse der modernen Atomphysik, daß strenge Kausalität nur ein Anschauungsmodus unseres Verstandes ist, daß es in der Natur nur Wahrscheinlichkeiten gibt (im Sinne des Wahrscheinlichkeitskalküls) und daß darum logischerweise auch Zufälle existieren müssen. Unter diesen zahllosen Zufällen, die wir als „blinde" Zufälle zu bezeichnen pflegen, stechen uns jene sinnvollen Koinzidenzen in die Augen, welche dem Erlebenden als „kein bloßer Zufall",

8. Bei Würfelexperimenten könnte allerdings Telekinese in Betracht kommen, falls diese, was noch nicht sicher erwiesen ist, eine energetische Wirkung wäre.
9. C.G. Jung, *Briefe*, Bd. II, S. 408.

sondern als „sinnvoll", „wunderbar" oder „wie von einer Vorsehung angeordnet" vorkommen. Hierher gehören alle „Zeichen und Wunder", alle Numina (göttlichen Winke) und alle orakelhaften Geschehnisse, welche immer und überall in primitiven, aber auch in Hochkulturen beobachtet worden sind. Natürlich haben solche koinzidierenden Ereignisse jeweils ihren eigenen Kausalzusammenhang, nur die Koinzidenz selber ist akausal zu verstehen.

Jungs astrologisches Experiment

Jung versuchte nun, dem Vorbild J.B. Rhines folgend, eine solche Ereigniskombination, welche gut verifizierbar schien, zahlenmäßig zu erfassen: nämlich die Koinzidenz klassischer astrologischer Heiratskonstellationen (Sonne-Mond, Mars-Venus usw.) bei Verheirateten, verglichen mit derjenigen beliebig gepaarter Einzelpersonen.[10] Beim ersten Anlauf erhielt er ein unglaublich signifikantes Resultat. Trotzdem bedeutete dieses Ergebnis, statistisch gesehen, selber nichts anderes als eine ganz unwahrscheinliche Zufallskombination, welche jedoch („zufällig"?) mit der traditionellen astrologischen Erwartung in auffallender Weise übereinstimmte.[11] Das Resultat war so unerwartet, wie wenn man drei Schachteln nähme, zwei mit je 9999 schwarzen Ameisen und einer weißen Ameise füllte, und eine Schachtel mit 2999 Ameisen und einer weißen Ameise, und wenn dann aus einem kleinen Loch aus allen drei Schachteln zuerst die weiße Ameise herauskäme! Obwohl das Experiment keinerlei statistische Beweiskraft besitzt, sieht es doch

10. Vgl. auch den wichtigen Brief Jungs an H. Bender vom 6. 3. 1958 über die Rhine'schen Experimente, *Briefe*, Bd. III, S. 160-162 u. Bd. II, S. 383 f., 400 ff., 408.
11. Vgl. C.G, Jung, *Synchronizität als ...*, GW 8, § 898.

genau wie ein vorbedachtes „Arrangement“ aus.[12] Ein so positives Ergebnis scheint sich nun aber nur dann einzustellen, wenn beim Experimentator ein lebhaftes, affektiv betontes Interesse am Versuch vorliegt; durch Beiziehung vieler Versuchspersonen oder durch häufige Wiederholung des Experimentes verschwindet dieser emotionale Faktor und das Experiment liefert nur noch entsprechend negative Resultate.[13] Wenn hingegen Interesse, Neugier, Erwartung und Hoffnung wach sind, entsteht ein Übergewicht des Unbewußten, bzw. eine Aktivierung von dessen Archetypen.[14] Soweit wir die Lage heute beurteilen können, stehen Synchronizitätsereignisse immer mit einem aktivierten Archetypus in Zusammenhang.[15]

Die Archetypen des kollektiven Unbewußten

Unter einem Archetypus versteht Jung bekanntlich ein vererbtes, psychisches Verhaltensmuster, das der ganzen Menschenspezies gemeinsam ist. Es handelt sich dabei nicht um vererbte Vorstellungen, sondern um den geistigen Ausdruck der Instinkte, d.h. um Strukturen und nicht um Inhalte.[16] Der Archetypus ist vielmehr eine unanschauliche allgemeine Struktur, welche nur im Einzelfall, wenn erregt, in der Innenwahrnehmung mythischer Bilder und Ideen oder in der Äußerung ritueller Gesten, die alle von einer starken Emotion begleitet sind, manifest wird.[17] Archetypen stellen somit ein psychisches Wahr-

12. Vgl. C.G. Jung, GW 8, § 897.
13. Ebenda, § 902 ff.
14. C.G. Jung, *Briefe*, Bd. III, S. 234.
15. C.G. Jung, GW 8, § 955; sowie *Briefe* Bd. III, S. 106 ff., 135 ff., 245.
16. C.G. Jung, *Briefe*, Bd. III, S. 273, 304.
17. Ebenda, S. 235.

scheinlichkeitsfeld dar, indem sie ein durchschnittliches, instinktmäßig unbewußtes Geschehen in Typen abbilden; sie sind „die durch Introspektion erkennbare Form des apriorischen Angeordnetseins".[18] Da die Archetypen kollektiv sind, kann man sie in ihrem aktivierten Zustand nicht nur beim einzelnen lokalisieren, denn von dem, was im kollektiven Unbewußten eines einzelnen Individuums vorzugehen scheint, ist nie mit Sicherheit anzugeben, ob es sich nicht auch in anderen Individuen oder Lebewesen oder Dingen oder Situationen ereignet. Als z.B. in Swedenborgs Vision der Brand von Stockholm als Bild auftauchte, wütete dort auch tatsächlich die entsprechende Feuersbrunst. Jung hat deshalb den Archetypus als „psychoid" bezeichnet, weil er sich in seinem unanschaulichen Grundwesen nicht mehr von den ebenfalls unanschaulichen Objekten der Mikrophysik unterscheiden läßt, also nicht mehr mit Sicherheit als rein psychisch beschreibbar ist.[19]

Physik und Psychologie

Wie in der Weitsicht der Quantenphysik Wirkungen des Beobachters auf das beobachtete System nicht mehr ignoriert werden können, wodurch ein subjektiver psychischer Faktor in das physikalische Weltbild eindringt, so entstand, komplementär dazu, auch in der Tiefenpsychologie die Ansicht, daß wir uns in der Beschreibung der tiefsten Schichten des kollektiven Unbewußten an etwas Unanschauliches annähern, das sich von der Materie nicht unterscheiden läßt.[20] Auf dieser Stufe manifestiert

18. C.G. Jung, *Synchronizität*, GW 8, § 955.
19. C.G. Jung, *Theoretische Überlegungen*, GW 8, § 439.
20. Näheres über die Beziehung von Mikrophysik und Psychologie des kollektiven Unbewußten, siehe C.G. Jung, GW 8, § 416 ff.

sich eine gewisse latente physikalische Energie des Psychischen, der entsprechend man auch der Materie eine latente Psyche zuschreiben müßte.[21] Es ist dieser Zwischenbereich, in dem sich parapsychologische Ereignisse konstellieren.[22] Jung vermutete, daß allen Formen von Telepathie, Präkognition usw. und auch der Psychokinese dasselbe Prinzip zugrunde liege, d.h. die Identität einer subjektiven und einer objektiven Anordnung, die in der Zeit zusammenfallend erscheint (daher der Begriff der Synchronizität). Die Synchronizitätsphänomene gehen dabei mit einer seltsamen Relativierung, ja sogar Annullierung der gewöhnlichen Raum-Zeit-Relation und des Kausalzusammenhangs zusammen, weil letzterer ja die Existenz von Raum und Zeit voraussetzt und von der Beobachtung bewegter Körper abhängt. Die Kausalität, bzw. der physikalische Wahrscheinlichkeitsbegriff, ist an eine energetische Betrachtungsweise der Natur gebunden, in welcher kinetische Energie meßbare Faktoren enthält, welche mit der psychischen Realität zunächst inkommensurabel zu sein scheinen. Doch auch die moderne Tiefenpsychologie verwendet einen Energiebegriff, der allerdings auf archaischeren Wurzeln beruht. Sie bezeichnet damit psychische Intensität, welche zwar mit Apparaten nicht meßbar ist, wohl aber mit dem Gefühl abgeschätzt werden kann.[23] „Während die psychologische Feststellung im wesentlichen qualitativ ist, besitzt sie aber auch eine ... latente ‚physikalische' Energetik, denn die psychischen Phänomene lassen einen gewissen quantitativen Aspekt erkennen. Könnten diese Quantitäten irgendwie gemessen werden, so müßte die Psyche als

21. C.G. Jung, *Theoretische Überlegungen*, GW 8, § 441 ff.
22. Vgl. auch Jungs Brief an Rhine vom 25.9.1953 *(Briefe*, Bd. II, S. 344 f.) und Jungs Brief an St. Abrams vom 21.10.1957 (Bd. III, S. 135 ff; Bd. II, S. 28 f.).
23. Vgl. C.G. Jung, *Theoretische Überlegungen*, GW 8, § 441.

etwas im Raume Bewegtes, auf das die Energieformel Anwendung hat, erscheinen.[24] ... Da Masse und Energie gleichen Wesens sind, so müßte die Psyche ... einen Aspekt besitzen, unter welchem ... sie als bewegte Masse erscheint. Wenn man in bezug auf physisches und psychisches Geschehen nicht direkt eine prästabilierte Harmonie postulieren will, so kann es nur eine interactio sein. Letztere Hypothese fordert aber eine Psyche, welche irgendwie die Materie berührt, und umgekehrt, eine Materie mit latenter Psyche ... Bestehen diese Überlegungen zu Recht, so würden sich daraus folgenschwere Schlüsse für das Wesen der Psyche ergeben, indem dann deren Objektivität nicht nur in engstem Zusammenhang mit den physiologischen und biologischen Phänomenen, sondern auch mit den physikalischen stünde, und zwar, wie es scheint, zu allermeist mit denjenigen der Atomphysik."[25] So wie die Physik eine mentale psychische Rekonstruktion materieller Vorgänge ist, wäre vielleicht in der Natur selber auch eine physikalische Rekonstruktion psychischer Vorgänge möglich, „sie geschieht vermutlich so beständig, wie die Psyche die physikalische Welt wahrnimmt".[26] In einem Brief an John R. Smythies geht Jung in seinen Äußerungen über dieses Problem noch einen Schritt weiter, allerdings unter ausdrücklicher Betonung, daß es sich vorläufig um Spekulation handle.[27] Einleitend weist Jung auf die Relativierung des Raumes und der Zeit bei parapsychologischen Ereignis-

24. Vgl. Jungs Ansicht über Materialisationen im Brief an C. Bendit vom 12.11.1945 (Bd. I, S. 480 ff.). Hierin hält Jung eine Ausdehnung psychischer Realität auf die Materie für möglich und fordert die Wissenschaftler auf, eine neue Wissenschaft der Parapsychologie für solche Probleme zu schaffen. Vgl. auch Jungs Brief an G. Frei vom 17.1.1949 (*Briefe*, Bd. II, S. 148).
25. C.G. Jung, *Theoretische Überlegungen*, GW 8, § 441-442.
26. C.G. Jung, *Psychologie und Erziehung*, GW 17.
27. C.G. Jung, *Briefe*, Bd. II, S. 252 ff.

sen hin, und fährt fort: „Es könnte sein, daß die Psyche als unausgedehnte Intensität aufzufassen wäre und nicht als ein in der Zeit sich bewegender Körper. Man könnte annehmen, daß die Psyche allmählich von kleinster Extensität zu unendlicher Intensität aufsteigt und den Körper irrealisiert, wenn sie z.B. Lichtgeschwindigkeit überschreitet ... Das ... ist natürlich in hohem Maße spekulativ oder sogar unverantwortlich und kühn. Doch sind die Psi-Phänomene ebenso beunruhigend und provozieren einen ungewöhnlichen Gedankensprung. Aber jede Hypothese läßt sich verantworten, insofern sie beobachtbare Tatsachen erklärt und innere Folgerichtigkeit besitzt. Von diesem Gesichtspunkt aus könnte das Hirn eine Umschaltstation sein, in der die relativ unendliche Spannung oder Intensität der Psyche an sich in wahrnehmbare Frequenzen oder ‚Ausdehnungen' gewandelt wird ... Da es in der psychischen Welt keine durch den Raum bewegte Körper gibt, existiert auch keine Zeit. Die archetypische Welt ist ‚ewig' d.h. außerhalb der Zeit und ist überall, denn unter psychischen, d.h. archetypischen, Bedingungen existiert kein Raum. Wo ein Archetypus sich durchsetzt, können wir mit synchronistischen Phänomenen rechnen ...“[28] An anderer Stelle betont Jung: „Es gibt in der Natur einen Hintergrund von Akausalität, Freiheit und Sinnhaftigkeit, welche sich zur Gebundenheit, Mechanik und Sinnlosigkeit wie komplementär verhalten.“[29] In den synchronistischen Ereignissen offenbart sich „ein und derselbe (transzendentale) Sinn ... in der menschlichen Psyche und zugleich in der Anordnung eines gleichzeitigen äußeren und unabhängigen Ereignisses“.[30] Die synchronistischen Sinnphänomene werden

28. C.G. Jung, *Briefe*, Bd. II, S. 253-255.
29. C.G. Jung, „Ein astrologisches Experiment“ *Zeitschrift für Parapsychologie und Grenzgebiete der Psychologie*, 1957, S. 87.
30. C.G. Jung, *Synchronizität*, GW 8, § 905.

dabei nie den zweifelerregenden Charakter des Zufälligen ablegen. Würden sie es tun, so wären sie nicht mehr, was sie sind, nämlich akausal, indeterminiert und sinnhaft.

Nähere Definition der Synchronizität

Zusammenfassend läßt sich sagen, daß ein Synchronizitätsphänomen aus zwei Teilen besteht: 1. Ein unbewußtes Bild kommt direkt (d.h. der später eintretenden Realsituation entsprechend) oder symbolisiert (d.h. dem Symbolsinn nach auf die Realsituation hinweisend) zum Bewußtsein, als Traumbild, Einfall oder Ahnung; 2. mit dieser Vorstellung koinzidiert ein sinngleicher äußerer Tatbestand.[31] Insofern die Wahrnehmung des letzteren ebenfalls ein psychisches Ereignis ist, müßte man noch genauer formulieren: Es handelt sich um die Koinzidenz zweier psychischer Zustände: 1. des normalen, kausal erklärbaren Zustandes unserer Außenweltwahrnehmung; 2. des Zustands des kritischen Erlebnisses, das wie eine Überlagerung oder Unterbrechung des Normalzustandes durch eine archetypisch bedingte Konstellation aussieht. Die zwei Tatbestände sind oft nicht ganz gleichzeitig (das wäre synchron), sondern synchronistisch, insofern das oft etwas später verifizierbare Ereignis in der inneren Vorstellung als bereits gegenwärtig gesehen wird.[32] Es ließe sich aber auch denken, daß solche gleichartigen Ereignisse ohne einen Beobachter, der ihren Sinn feststellen könnte, häufig vorkommen. Jung schlägt vor, in diesem Fall von Gleichartigkeit oder Konformität zu sprechen; zum Synchronizitätsphänomen hingegen ge-

31. Ebenda, § 855 ff.
32. Ebenda, § 849.

hört unabdingbar der Faktor des Sinnes. Worin letzterer allerdings besteht, entzieht sich weitgehend unserer Erkenntnismöglichkeit.[33]

Vorläufer von Jungs Synchronizitätshypothese

Die Vorstellung eines Weltsinnes hat in vielen Variationen in der Ideengeschichte der Menschheit eine Rolle gespielt.[34] Besonders ausgeprägt findet sich der Gedanke in China, im Begriff des Tao, welcher einen sinnvollen Ganzheitszusammenhang allen Seins meint. Überhaupt dachten die Chinesen gewissermaßen synchronistisch: Jeder Augenblick war für sie eine zufällige, aber sinnvolle Konfiguration von Dingen und nicht das Resultat zusammentreffender Kausalketten. Alles, was in einem Moment geschieht, nimmt unvermeidlicherweise teil an der eigentümlichen Qualität dieses Augenblicks, einschließlich der seelischen Verfassung des Beobachters. Der kausale Standpunkt dagegen berichtet die Geschichte, wie D aus C entstand und C aus B, B aus A usw.; vom synchronistischen Standpunkt ausgehend, fragt der Chinese danach, wieso A', B', C', D' alle in einem gewissen Zeitpunkt zusammentreffen, wobei vorausgesetzt wird, daß die Situation selber ein lesbares verständliches „Bild" darstelle. Das ist die grundlegende Ansicht, nicht nur der Taoisten, sondern aller klassischen chinesischen Wissenschaften.[35]

Im Abendland gehören zu den Vorläufern der Synchronizitätsidee die Hippokratische „Sympathie aller

33. Ebenda, §§ 932-933, 905.
34. Vgl. ebenda, § 906 f., 942, Kap. C.
35. Vgl. Jungs Einleitung zur englischen Ausgabe des *I Ging* (Übersetzg. G. Baynes), die nicht identisch mit der in den gesammelten Werken übersetzten Einleitung ist. Vgl. auch Jungs Brief an P. Jordan vom 10. 11. 1934 (*Briefe,* Bd. I, S. 229 f.).

Dinge" – ein Zusammenhauchen oder -fließen aller, auch der kleinsten Dinge im Kosmos. Theophrast (371-288 v. Chr.) sieht in diesem „Gemeinschaftsband" aller Dinge die Gottheit selber. Philo von Alexandrien (25 v. Chr. - 42 n. Chr.) sieht in dieser Sympathie eine „Notwendigkeit und Freundschaft, die das All verbindet" (Notwendigkeit antizipiert unsere Kausalität, Freundschaft die Synchronizität). Auch die Monas des Alchemisten Zosimos (3. Jahrhundert) hat die ähnliche Bedeutung einer Einheit allen Seins.

In der Zeit der Scholastik hat hauptsächlich Albert der Große (vom Liber Sextus des persischen Mystikers Ibn Sina inspiriert) ähnliche Ideen vertreten. Nach seiner Ansicht besitzt die Psyche ein Vermögen (virtus), äußere materielle Dinge verändern zu können, wenn sie in einem extremen Emotionszustand verweilt und wenn damit gerade auch die astrologische Konstellation günstig zusammentrifft. Darauf beruhen alle Magie und alle übernatürlichen Ereignisse.

In der Renaissance griffen Pico della Mirandola, Marsilio Ficino, Agrippa von Nettesheim und andere den Faden wieder auf, ebenso Johannes Kepler und Robert Fludd.

Auf diesem Hintergrund steht G.W. Leibniz' Idee einer prästabilierten Harmonie, einer von Gott angeordneten akausalen Zusammenordnung aller Dinge, insbesondere auch von Seele und Körper. Arthur Schopenhauer gibt dieser Idee, die er von Leibniz übernahm, eine wieder mehr deterministische Färbung, insofern er diese Zusammenordnung oder synchronisierte Querverbindung aller Ereignisse dem Willen des Weltgrundes zuschreibt. Jung, der diese Vorläufer ausführlicher beschreibt, betont, daß seine eigene Auffassung nur in einem Punkt von derjenigen von Leibniz abweicht, nämlich darin, daß für ihn, Jung, die synchronistische Querverbindung der Ereignisse keine allgemeine Regel sei. In der empirischen Wirklichkeit treten nämlich die beobachtbaren Synchronizitätsereignisse nur sporadisch und unregelmäßig auf. Nach Jung ist die Synchronizität sogar ganz eigentlich das Prinzip der einzigartigen Fälle. Aus solchen besteht aber, so gibt er zu bedenken, im Grunde alle Realität.[36] Im Gegensatz zu dieser erschaffen unsere statistischen Methoden nur ein mentales abstraktes Schema der Realität in unserer Vorstellung. Wenn wir z.B. statistisch feststellen, daß die Steine in einem bestimmten Haufen durchschnittlich ein Kilo schwer seien, so kann es doch sein, daß wir keinen oder kaum einen Stein von genau diesem Gewicht herausholen könnten. Die aktuelle Wirklichkeit besteht eigentlich aus einer Summe von lauter individuellen Ausnahmen.

Das „Absolute Wissen" im kollektiven Unbewußten

Agrippa von Nettesheim, Leibniz und andere postulierten, daß in jenem eine Gesamtordnung aller Dinge verursachenden Weltgrund auch eine Art von „Vorauswissen" allen Geschehens vorhanden sei.[37] Jung selber kommt, besonders durch die Arbeit von Driesch[38] inspiriert, zu einem ähnlichen Schluß. „Man gerät in der Tat *nolens volens* in die Verlegenheit – sobald man ernstlich über die zielgerichteten Vorgänge in der Biologie nachdenkt oder die kompensierende Funktion des Unbewußten untersucht oder gar das Synchronizitätsprinzip erklären will – ein Vorauswissen irgendwelcher Art anzunehmen."

36. Vgl. C.G. Jung, *Synchronizität,* GW 8, § 928; sowie C.G. Jung, *Briefe*, Bd. I, S. 255, Bd. III, S. 154 ff.
37. Vgl. C.G. Jung, *Über Synchronizität*, GW 8, § 963-964.
38. Hans Driesch, *Die Seele als elementarer Naturfaktor,* Leipzig 1903.

Es ist sicherlich keine Kenntnis, die mit dem Ich verbunden wäre, also kein bewußtes Wissen, wie wir es kennen, sondern ein an sich bestehendes oder vorhandenes unbewußtes Wissen, das ich als absolutes Wissen bezeichnen möchte. „Es ist darunter keine Erkenntnis zu verstehen, sondern, wie Leibniz treffend formuliert, ein Vorstellen, das aus subjektlosen ‚simulacra', aus Bildern besteht." Der Bereich dieser Strukturen wäre (nach Jung) das kollektive Unbewußte.[39] Dieses „absolute Wissen" im kollektiven Unbewußten, welches die Synchronizitätsphänomene kennzeichnet, unterstützt die Annahme eines an sich – in der Natur – bestehenden Sinnes,[40] ist aber nicht mit ihm identisch.[41] Was dieses absolute Wissen betrifft, d.h. dieses nicht von den Sinneswahrnehmungen und ihrer zerebralen Verarbeitung abhängige Wissen oder Erkennenkönnen, so hat die medizinische und zoologische Forschung einige Überraschungen zutage gefördert. Jung selber erwähnt die Beobachtungen von Jantz und Beringer, die bei tiefen Synkopen nach akuten Hirnverletzungen gemacht wurden.[42] Es zeigte sich, daß der Verletzte mit geschlossenen Augen klare Außenweltbeobachtungen machen konnte und intensive psychische Erlebnisse hatte. Jung bringt noch einen ähnlichen Fall einer eigenen Patientin vor, die, nicht verletzt, aber in tiefer Ohnmacht, trotzdem klare Außenweltswahrnehmungen verarbeiten konnte. „Solche Erfahrungen scheinen", wie er betont, „darauf hinzuweisen, daß in Ohnmachtszuständen, wo nach allem menschlichen Dafürhalten jede Garantie dafür besteht, daß die Bewußtseinstätigkeit und vor

39. C.G. Jung, *Synchronizität*, GW 8, § 921.
40. Ebenda, § 938.
41. C.G. Jung, *Briefe*, Bd. II, S. 224 f.
42. H. Jantz und Beringer, „Das Syndrom des Schwebeerlebnisses unmittelbar nach Kopfverletzungen", in *Der Nervenarzt*, Nr. 17, 1944, S. 181-210.

allem die Sinneswahrnehmungen aufgehoben sind, gegen alle Erwartung dennoch Bewußtsein, reproduzierbare Vorstellungen, Urteilsakte und Wahrnehmungen bestehen können".[43] Das damit oft zusammengehende Gefühl des Schwebens weist auf eine Veränderung der Bewußtseinslokalisation im Sinn einer Abtrennung in der Hirnrinde oder vom Cerebrum hin. Möglicherweise könnte in solchen Fällen der Bereich des Sympathikus als ersatzmäßiges nervöses Substrat in Funktion treten. Es hat sich ja erwiesen, daß Insekten, die nur ein Strickleitersystem besitzen, ein zweifellos „intelligentes" Verhalten aufweisen (Jung bezieht sich auf K. von Frischs Bienenforschung). Doch auch in diesem Bereich käme immer noch eine „interactio" von Psyche und Soma infrage, und Jung dachte sich im allgemeinen die Beziehung der beiden als eine statistisch erfaßbare Beziehung. Erst wenn es sich um Fälle von ESP (Extrasensory Perception – außersinnliche Wahrnehmung), welche Zeit, Raum und Kausalität aufheben, handelt, könnte man mit mehr Sicherheit von einer synchronistischen Beziehung reden. Das Leib-Seele-Problem bleibt noch in vielem undurchsichtig.[44] Außerhalb dieses Bereiches jedoch können wir mit ziemlicher Sicherheit sagen, daß synchronistische Ereignisse sporadisch und selten sind. Im Gegensatz zur Idee einer prästabilierten Harmonie empfindet man ebensosehr die Disharmonie der Dinge, wie man von deren gelegentlicher Harmonie überrascht ist.[45]

Mit relativer Regelmäßigkeit ergeben sich experimentell synchronistische Phänomene bei den intuitiven „magischen" Prozeduren, wo sie zwar subjektiv überzeugend, aber objektiv kaum oder recht schwer zu beweisen und

43. C.G. Jung, *Synchronizität,* GW 8, § 945; vgl. auch *Briefe,* Bd. I, S. 106.
44. Vgl. C.G. Jung, *Seele und Tod,* GW 8, § 805.
45. C.G. Jung, *Synchronizität,* GW 8, § 948.

statistisch nicht faßbar sind. (Jung erwähnte dies auch in anderen Zusammenhängen und verlangte, daß zuerst die Grundlagen des Wahrscheinlichkeitskalküls neu überdacht werden müßten.) Im weiteren käme die Synchronizitätshypothese vielleicht als Erklärungsprinzip für gewisse Aspekte der biologischen Morphogenese in Betracht.[46] Letzteren Gedanken hat Wolfgang Pauli besonders aufgegriffen und die Biologen zu seiner Erforschung aufgerufen.

Das akausale Angeordnetsein

Ein weiterer in der Synchronizitätsidee implizierter Tatbestand, welcher (wie das absolute Wissen) im Gegensatz zum „Sinn" empirisch feststellbar ist, aber auf die Existenz jenes transzendentalen Sinnes hinweisen könnte, sind die Halbwertszeit beim Radiumzerfall und ähnliche Phänomene. Sir James Jeans schreibt darüber in *Physik und Philosophie*: „Radioaktiver Zerfall stellt sich als eine Wirkung ohne Ursache dar und legte den Gedanken nahe, daß die letzten Gesetze der Natur nicht einmal kausal seien."[47] Jung wählte daher für diesen und, wie wir sehen werden, weitere ähnliche, auch psychische Phänomene den Terminus des akausalen Angeordnetseins. Letzteres ist mit dem erwähnten „Sinn" nicht identisch; „ein organisches Wesen ist trotz seiner in sich sinnvollen Anordnung nicht notwendigerweise sinnvoll im Gesamtzusammenhang ... Ohne das reflektierende Bewußtsein des Menschen ist die Welt von gigantischer Sinnlosigkeit, denn der Mensch ist nach unserer Erfahrung das einzige Wesen, das ‚Sinn' überhaupt feststellen

46. Ebenda, GW 8, § 949.
47. Zitiert in Jung, GW 8, § 949.

kann".[48] Beim akausalen Angeordnetsein handelt es sich im Gegensatz zum ‚Sinn' um eine Klasse von empirisch feststellbaren allgemeinen Tatsachen. Einerseits liefern die Diskontinuitäten der Physik, z.B. das Angeordnetsein des Energiequants, Belege für ein solches Angeordnetsein im physikalischen Bereich; das einfachste Beispiel im psychischen Bereich liefern die Just-so-Eigenschaften der natürlichen ganzen Zahlen. Auch sie sind ein ursacheloses psychisches Angeordnetsein. Es ist z.B. absolut evident, daß Sechs die Summe seiner Teiler ist, ohne daß sich dies irgendwie logisch von Antezedenzien ableiten ließe. Im Gegensatz zu den bisher beschriebenen Synchronizitätsereignissen sind solche Beispiele akausalen Angeordnetseins von völlig konstanter, allgemeiner Natur. Jung kommt deshalb abschließend zu nachstehenden Folgerungen: „Die Frage erhebt sich nun, ob unsere Definition der Synchronizität, welche sich auf die Gleichartigkeit psychischer und physischer Vorgänge bezieht, nicht einer Erweiterung fähig wäre, beziehungsweise eine solche erfordern würde. Diese Forderung scheint sich aufzudrängen, wenn wir unsere obige allgemeine Fassung der Synchronizität als ein ‚ursacheloses Angeordnetsein' in Betracht ziehen. Unter diesen Begriff fallen nämlich schlechthin alle ‚Schöpfungsakte', Apriori-Gegebenheiten, wie z.B. die Eigenschaften der ganzen Zahlen, die Diskontinuitäten der modernen Physik usw. Damit würden wir nun allerdings konstante und experimentell jederzeit reproduzierbare Phänomene in den Umkreis unseres erweiterten Begriffs einbeziehen, was der Natur der unter dem engeren Begriff von Synchronizität verstandenen Phänomene nicht zu entsprechen scheint … Ich neige in der Tat der Annahme zu, daß die Synchronizität im engeren Sinne nur ein besonderer Fall des allge-

48. C.G. Jung, *Briefe*, Bd. III, S. 239.

meinen ursachlosen Angeordnetseins ist, und zwar derjenige der Gleichartigkeit psychischer und physischer Vorgänge, wobei der Beobachter in der vorteilhaften Lage ist, das tertium comparationis (den Sinn) erkennen zu können ... Diese Form des Angeordnetseins unterscheidet sich dadurch vom Angeordnetsein der Eigenschaften ganzer Zahlen oder der Diskontinuitäten der Physik, daß letztere von jeher und regelmäßig vorgefunden sind, während erstere Schöpfungsakte in der Zeit darstellen ..."[49] (Es sind Schöpfungsakte) „im Sinne einer creatio continua, einesteils von jeher, teils sporadisch sich wiederholenden Angeordnetseins, das aus keinerlei feststellbaren Antezedentien abgeleitet werden kann." In dieser Sicht wäre „das Kontingente (das Zufällige) ... ein einerseits Allgemeines, seit jeher Vorhandenes, andererseits die Summe vieler, sich in der Zeit ereignender individueller Schöpfungsakte ..."[50]

Die Bedeutung der natürlichen Zahlen

Wie die Rhine'schen Experimente und Jungs eigenes astrologisches Experiment zeigen, scheinen die natürlichen ganzen Zahlen in besonderer Art mit dem Synchronizitätsprinzip verbunden zu sein. Deshalb verwenden wohl die westlichen wie auch die östlichen Divinationskünste besonders gerne Zahlenkombinationen, um eine Situation ganzheitlich und intuitiv „lesen" zu können. Die Affinität der Zahlen zum Auftreten synchronistischer Ereignisse hat Paul Kammerer[51] veranlaßt, eine ganze Sammlung von Vorkommnissen anzulegen, in denen sich

49. C.G. Jung, *Synchronizität*, GW 8, § 955. Weil die Zeit eine essentielle Rolle spielt, wählte Jung den Ausdruck „synchronistisch". Vgl. auch C.G. Jung, *Briefe*, Bd. II, S. 401.
50. C.G. Jung, GW 8, § 957 u. § 958.
51. Paul Kammerer, *Das Gesetz der Serie*, Stuttgart/Berlin 1919.

ganze Zahlen aperiodisch koinzident „ballten“, etwa wie wenn am selben Tag das Trambillett einer Person dieselbe Nummer aufweist wie das Theaterbillett und ihr noch bei einem Telephonanruf dieselbe Nummer angegeben wird. Kammerer erklärt solche Phänomene durch Attraktion, Imitation oder „gesetzmäßige Serialität“, was, wie Jung kritisch anmerkt, einer pseudokausalen, statistisch nicht nachweisbaren Erklärung gleichkommt.[52] Arthur Koestler[53] griff ebenfalls auf Kammerer zurück, ohne sich mit Jungs Kritik auseinanderzusetzen. Die Beziehung der Zahlen zum Synchronizitätsprinzip müßte nach Jung in anderer Art gesucht werden, nämlich durch eine Untersuchung der mantischen Verfahren, die sich auf Zahl und Zählen begründen. Berühmt geworden ist heute unter diesen Verfahren der *I Ging*, das chinesische *Buch der Wandlungen*, dessen divinatorische Mitteilungen aus der Kombination der ersten ungeraden Zahl (1=Yang) und der ersten geraden Zahl (2=Yin) hervorgehen. Leibniz, der westliche Entdecker der Binärarithmetik, nimmt darauf Bezug. Jung betont: „Die Reihe der ganzen Zahlen ist unerwartet mehr als eine Aneinanderreihung identischer Einheiten: sie enthält in sich die ganze Mathematik und alles, was in ihr noch zu entdecken sein wird. Die Zahl ist daher eine unabsehbare Größe, und es ist wohl kein Zufall, daß gerade das Zählen die der Behandlung des Zufalls adäquate Methode ist … (Deshalb) kann ich nicht umhin, hervorzuheben, daß nicht nur Zahl und Zählen mit der Synchronizität schon von jeher in Verbindung gebracht wurden, sondern beide auch Numinosität und Geheimnis als gemeinsame Eigenschaft besitzen … Zur Ordnung des chaotischen Vielerlei der Erscheinung hilft in allererster Linie die Zahl. Sie ist das gegebene Instru-

52. C.G. Jung, *Synchronizität,* GW 8, § 824-825.
53. Arthur Koestler, *The Roots of Coincidence*, London 1972.

ment zur Herstellung einer Ordnung oder zur Erfassung einer schon bestehenden, aber noch unbekannten Regelmäßigkeit, d.h. eines Angeordnetseins. Sie ist wohl das primitivste Ordnungselement des menschlichen Geistes, wobei den Zahlen von eins bis vier die größte Häufigkeit und die allgemeinste Verbreitung zukommt, denn primitive Ordnungsschemata sind meist Triaden oder Tetraden. Daß die Zahl einen archetypischen Hintergrund besitzt, ist nicht etwa meine Vermutung, sondern diejenige gewisser Mathematiker ... Es ist darum wohl keine allzu kühne Schlußfolgerung, wenn wir die Zahl psychologisch als einen bewußt gewordenen Archetypus der Ordnung definieren."[54] Die Zahlen sind „wahrscheinlich die ursprünglichsten Archetypen", die es gibt; „sie stellen die eigentliche Matrix aller Archetypen dar".[55] Durch eine Sammlung ihrer „biologischen" Eigenschaften könnte man diese Grundwesen der Physik und der objektiven Psyche am ehesten besser verstehen.[56]

Die Zahl ist gleichsam hinter dem Psychischen als Urelement dessen, was Jung als Geist bezeichnet, nämlich als dynamisches Ordnungsprinzip.[57] Als Archetypus wird dadurch die Zahl zu einem nicht nur psychischen, sondern allgemeiner zu einem weltgestaltenden Faktor; mit andern Worten: die Zahlen weisen auf einen Wirklichkeitshintergrund hin, in welchem Psyche und Materie nicht mehr unterscheidbar werden. Jung war besonders davon beeindruckt, daß z.B. die sogenannte Fibonacci-Serie der Zahlen mit Gesetzen des Pflanzen-

54. C.G. Jung, *Synchronizität,* GW 8, § 870.
55. C.G. Jung, *Briefe*, Bd. III, S. 53.
56. Ebenda, S. 54 ff., 80 f.
57. Vgl. das Protokoll einer Diskussion im Anschluß an W. Nowackis Vortrag „Die Idee einer Struktur der Wirklichkeit" vom 7. Dez. 1957 im C.G. Jung Institut, Zürich, zitiert mit Erlaubnis von F. Riklin (publ. in *Mittellungen der Naturforschenden Gesellschaft*, Bd. 14, Bern 1957).

wuchses übereinstimmte, sowie überhaupt von dem, was Eugene Wigner „the unreasonable effectiveness of mathematics in the natural sciences" (die unvernünftige Effektivität der Mathematik in den Naturwissenschaften) genannt hat.[58] Dies schien ihm besonders zu unterstreichen, daß ein und dieselbe Anordnung sowohl der lebenden Materie, als auch der menschlichen Psyche zugrunde läge, „ergo eine allgemeine Eigenschaft der Materie (oder der ‚Energie' ...) und infolgedessen auch aller bewegten Körper, einschließlich der psychischen ‚Bewegung'".[59] Trotzdem scheint dies mit keiner Regularität zusammenzugehen, vielmehr weist die Synchronizität eher auf eine unbestimmbare, „offenbar willkürliche Anordnung hin". Letztere irregulären Synchronizitätsphänomene sind im Verhältnis zur primären Koinzidenz psychischer und physikalischer Ereignisse etwas Sekundäres. Die Zahlen scheinen somit die eigentliche Brücke zwischen dem regelmäßigen akausalen Angeordnetsein und den irregulären Synchronizitätsphänomenen zu bilden.[60]

Unus Mundus und Creatio Continua

Diesen Welthintergrund hat Jung als unus mundus bezeichnet. Der Terminus stammt aus der Scholastischen Philosophie und bezeichnet dort den potentiellen archetypischen Weltplan im Geiste Gottes, bevor er die Schöpfung begann. Im unus mundus sind noch alle Gegensätze, sogar derjenige von Vielheit und Einheit, von psychisch und materiell, vereint. Mit dem unus mundus stehen auch die Zahlen in einem Zusammenhang. Jung

58. Eugene Wigner, *Symmetries and Reflections*, Indiana University Press 1967.
59. C.G. Jung, *Briefe*, Bd. III, S. 13.
60. Ebenda, S. 13 f. und S. 29.

betont, daß zwar die Synchronizität ein praktisch selten vorkommendes Phänomen sei, es sich aber dabei dennoch um einen allgemeinen Faktor handle, „oder (um) ein Prinzip im Universum, d.h. im unus mundus, wo die sogenannte Materie und die sogenannte Psyche keine inkommensurablen Größen sind ... In diesem Zusammenhang stoße ich immer auf das Rätsel der natürlichen Zahlen. Ich habe das bestimmte Gefühl, daß die Zahl einen Schlüssel des Rätsels darstellt, denn sie ist ebenso entdeckt wie erfunden. Sie ist ebenso Qualität wie Sinn.“[61] Der unus mundus ist gleichsam der Urgrund, der sich sporadisch in den Synchronizitätsereignissen manifestiert im Sinne einer creatio continua als einesteils von jeher vorhandenen, teils sporadisch sich wiederholenden Angeordnetseins, das aus keinerlei feststellbaren Antezedentien abgeleitet werden kann. Man muß sich jedoch davor hüten, jedes Geschehen, dessen Ursache unbekannt ist, als ursachelos aufzufassen, letzteres ist nur in solchen Fällen statthaft, wo eine Ursache nicht einmal denkbar ist.[62] Dies ist besonders dann der Fall, wenn Raum und Zeit ihren Sinn verlieren bzw. relativiert erscheinen, wodurch auch der Kausalzusammenhang undenkbar wird. Eine andere Gefahr, das Synchronizitätsprinzip zu mißdeuten, liegt darin, daß man leicht in eine magischkausale Denkform regrediert, welche allen primitiven Kulturen eignet und aus der sich unser präziseres wissenschaftliches Denken nur mit größter Anstrengung befreit hat. Ein solcher Rückschritt bestünde z.B. darin, daß man den Archetypus als Ursache der synchronistischen Ereignisse ansähe.[63]

61. C.G. Jung, *Briefe*, Bd. III, S. 137 f.
62. Am deutlichsten zum Beispiel bei der Präkognition; natürlich kommt das synchronistische Prinzip auch eventuell in Fällen, wo Kausalität denkbar ist, als Erklärung in Frage, nur läßt es sich dann nicht mit Sicherheit nachweisen.

Arthur Koestler beschuldigt Jung dies zu tun, obwohl sich letzterer ausdrücklich dagegen verwahrt hatte. Abschließend schlug Jung in seiner Arbeit über Synchronizität zusammen mit dem Physiker W. Pauli vor, folgenden Quaternio von Hypothesen aufzustellen, welche einer vollständigeren als der bisherigen Naturerklärung gerecht werden könnten.[64]

Unzerstörbare Energie

Konstanter Zusammenhang durch Wirkung (Kausalität)

Inkonstanter Zusammenhang durch Kontingenz, bzw. Gleichartigkeit oder „Sinn“ (Synchronizität)

Raum-Zeit-Kontinuum

Durch ein solches Modell ließen sich Mikrophysik, Tiefenpsychologie und Parapsychologie einander annähern, gipfelnd in der Auffassung der Archetypen als psycho-physikalischer Naturkonstanten und als schöpferisch weltgestaltender Faktoren. Die relative Vielheit dieser Archetypen erscheint dabei in der tiefsten Seinsschicht, im unus mundus, in einer Einheit aufgehoben.[65]

Auf letztere Tatsache weisen die Mandalastrukturen des kollektiven Unbewußten hin.[66] Das Mandala wäre nämlich nach Jung das psychische, das Synchronizitätsereignis das parapsychologische Äquivalent des unus mundus. „Zweifellos beruht die Idee des unus mundus

63. C.G. Jung, *Synchronizität,* GW 8, § 955.
64. Ebenda, § 953 ff., und C.G. Jung, *Briefe,* Bd. II, S. 255.
65. C.G. Jung, *Briefe,* Bd. III, S. 212,
66. Ebenda, S. 187 f.

auf der Annahme, daß die Vielfältigkeit der empirischen Welt auf der Grundlage einer Einheit derselben beruhe, und daß nicht zwei oder mehrere prinzipiell geschiedene Welten zusammen existieren oder miteinander vermengt seien. Vielmehr gehört nach dieser Ansicht alles Getrennte und Verschiedene in eine und dieselbe Welt, die allerdings nicht sinnenfällig ist, sondern ein Postulat darstellt, dessen Wahrscheinlichkeit durch die Tatsache erhärtet wird, daß es bis jetzt nicht gelungen ist, eine Welt zu entdecken, in welcher die uns bekannten Naturgesetze ungültig wären ... Die Mikrophysik tastet sich in das Unbekannte der Materie vor, wie die Komplexe Psychologie in das Unbekannte der Psyche. Beide Forschungsrichtungen gelangen zu Befunden, die sich nur durch Antinomien veranschaulichen lassen, und entwickeln Begriffe, die in mehr als einer Hinsicht merkwürdig analog sind."[67] „Sollte sich diese Entwicklungstendenz in der Zukunft noch stärker ausprägen, so würde die Hypothese einer Einheit des Gegenstandes beider Forschungsrichtungen an Wahrscheinlichkeit gewinnen. Freilich besteht wenig oder gar keine Hoffnung, daß das einheitliche Sein je veranschaulicht werden kann ... Aber soviel wissen wir heutzutage über allen Zweifel hinaus, daß die empirische Erscheinung auf einem transzendentalen Hintergrund beruht." Letztere ist „ebenso physisch wie psychisch, und daher keines von beiden, sondern vielmehr ein Drittes, eine neutrale Natur, die sich höchstens andeutungsweise erfassen läßt."[68]

67. C.G. Jung, *Mysterium Coniunctionis*, GW 14/2, § 422-423.
68. Ebenda.

Weitere Autoren, Schüler und Kritiker

Wolfgang Pauli, der mit Jungs Aufsatz seine Arbeit über Johannes Kepler publizierte, ist zwar nicht in dieser Arbeit, jedoch in einem späteren Aufsatz „Naturwissenschaftliche und erkenntnistheoretische Aspekte der Ideen vom Unbewußten“ sympathisierend auf Jungs Synchronizitätsprinzip eingegangen.[69] Er hat dessen mögliche Bedeutung für die biologische Evolutionslehre unterstrichen. Auch akzeptiert er die archetypische Bedeutung der Zahlen, betonend, daß auch weitere mathematische „Ur-Intuitionen“, wie die des Kontinuums und der Unendlichkeit der Zahlenreihe archetypisch sein könnten. Ein weiterer Physiker, der sich der Synchronizitätsidee besonders annahm, ist J.T. Fraser, der Herausgeber von *Voices of Time.*[70] Auch in seinem neuen umfassenden Werk *Time, Passion and Knowledge* geht er auf die Synchronizitätsidee Jungs mehrfach sympathisierend ein.[71]

Verschiedene Schüler Jungs haben die Synchronizität dargestellt, so Aniela Jaffé in ihrem Buch *Themen bei C.G. Jung*, sowie in *Der Mythus vom Sinn im Werk C.G. Jungs*.[72] Leider setzt die Autorin das „akausale Angeordnetsein“ mit dem „präexistenten Sinn“ bei Jung in eins, was der Ansicht Jungs nicht entspricht. Für Jung scheint der „Sinn“ a priori in der Natur zu existieren. Erschaffen wird dieser Sinn vom Menschen höchstens insofern, als seinem Bewußtsein, nach Jung, überhaupt kosmogonische Bedeutung zukommt, doch das betrifft nicht nur den Sinn, sondern alle Naturtatsachen. Wichtig ist ferner

69. Siehe Beitrag von Wolfgang Pauli in *Aufsätze und Vorträge über Physik und Erkenntnistheorie*, Braunschweig 1961, S. 113-129.
70. J.T. Frazer, Hrsg., *Voices of Time*, New York 1966.
71. J.T. Frazer, *Of Time, Passion and Knowledge*, New York 1975.
72. Beide Daimon, Zürich.

Jaffés Aufsatz „C.G. Jung und die Parapsychologie".[73] Eine gute Darstellung von Jungs Ansichten bieten ferner zwei Aufsätze von Fordham.[74] Der Jung-Schüler C.A. Meier, der auf die Synchronizität öfters zu sprechen kommt, vertritt gegenüber Jung in einem wesentlichen Punkt eine abweichende Ansicht, welche sich wieder mehr derjenigen von Leibniz annähert; er postuliert nämlich, daß im Verhältnis von Körper und Seele eine regelmäßige Synchronizitätsbeziehung bestehe.[75] Der „Ort" des Zusammentreffens ist in einer Art von „subtle body" („Hauchkörper") zu suchen. Neben einer speziellen Synchronizitätstheorie müßte daher noch eine allgemeinere Synchronizitätstheorie entworfen werden.

Jung antwortete auf diesen Vorschlag, daß dies vorläufig bloß eine Vermutung sei, betonte jedoch, daß falls sich dies bestätigen sollte, die Auffassung der Synchronizität als relativ seltenes Phänomen korrigiert werden müßte.[76] Er glaubte jedoch nicht, daß sich diese Ansicht C.A. Meiers als richtig erweisen würde; er dachte sich die Beziehung von Psyche und Soma hauptsächlich als „interactio", und nur ausnahmsweise als Synchronizitätsbeziehung.

Über Präkognition im Sinne der Synchronizitätsidee hat der Schüler C.A. Meiers, M. Rhally, in „Varieties of paranormal cognition" referiert.[77] Im selben Buch teilt auch C.T. Frey-Wehrlin den Fall eines präkognitiven Traumes mit.[78] Über „Archetypische Symbolik und Syn-

73. In *Zeitschrift für Parapsychologie und Grenzgebiete der Psychologie* 4, 1960, S. 8-23.
74. Michael Fordham, *New Developments in Analytical Psychology*, London 1957; ders., *The Objective Psyche*, London 1958.
75. C.A. Meier, *Zeitgemäße Probleme der Traumforschung*, ETH Zürich 1950.
76. Siehe C.G. Jung, *Synchronizität*, GW 8, § 928, Anm. 127
77. In *Festschrift zum 60. Geburtstag von C.A. Meier*, Zürich 1965, S. 253-266.
78. Ebenda.

chronizitäten im Weltgeschehen“ hat der unabhängige Psychiater L.C. Kling berichtet.[79]

Eine kritische Auseinandersetzung bietet K. Friedrichs in seinem Aufsatz „Über Koinzidenz und Synchronizität“.[80] Friedrichs möchte das Wort Synchronizität durch Koinzidenz ersetzen, weil er die von Jung betonte Beziehung zur Zeit nicht sieht. Er beschuldigt Jung auch, von der Idee einer psychoiden Gesamtordnung der Natur keinen genügenden Gebrauch zu machen (was wohl durch die Darstellung in diesem Beitrag widerlegt ist). Im zweiten Teil kommt Friedrichs hauptsächlich auf das Problem der Morphogenese und einer möglichen Rolle der Synchronizität im Evolutionsgeschehen zu sprechen, worauf bereits Pauli hingewiesen hatte. In der gleichen Zeitschrift, in der Friedrichs Artikel erschien, kam auch eine kritische Auseinandersetzung von Peter Urban mit Jungs Synchronizitätshypothese heraus.[81] Urban ist viel verständnisvoller als Friedrichs, weist aber mit Recht darauf hin, daß noch viele Einzelfragen ungelöst seien, die zu lösen noch der Zusammenarbeit vieler Disziplinen erfordere. Er betont, vermeintlich im Gegensatz zu Jung, daß Synchronizität, Kausalität und Finalität als Hypothesen nebeneinander bestehen könnten, was Jung zweifellos selber nicht abstreiten würde. Urban meint ferner, daß Jung nicht genug betont habe, daß die Synchronizität als übergeordnetes Prinzip zu gelten hätte. Er möchte ferner auch E. Ringgers „Magische Kausalität“ gelten lassen, welche Jung hingegen von sich wies. Als letztes schlägt Urban vor, den Begriff einer Zeit-Emotion-Relation aufzustellen. Bei allen drei erwähnten Kritikern, C.A.

79. L.C. Kling, in *Verborgene Welt*, 6, 1955, S. 273 ff.
80. K. Friedrichs, „Über Koinzidenz und Synchronizität“, in *Grenzgebiete der Wissenschaft*, 16, 1967.
81. Peter Urban, „Philosophische Aspekte der Synchronizitätstheorie“, in *Grenzgebiete der Wissenschaft*, 17, 1968.

Meier, P. Urban und K. Friedrichs, spürt man, daß die Spontaneität und Unregelmäßigkeit der Synchronizitätsphänomene sie stört und daß sie in irgendeiner Form lieber wieder zu so etwas wie der Leibnizschen prästabilierten Harmonie zurückkehren möchten. Jungs Vorbehalte dagegen sind bereits erwähnt worden. Meines Erachtens liegt im „akausalen Angeordnetsein" und im Unus-Mundus-Begriff das von den Kritikern Gesuchte bereits vor, während es gerade das Besondere der Synchronizität bleibt, daß sie nur sporadisch arbiträr vorkommt.

Wie Urban mehr von der Philosophie herkommt, so auch das umfassende Werk von Ernst Anrich, *Physik und Tiefenpsychologie*.[82] Anrich stellt die Begegnungspunkte der beiden Gebiete ausführlich dar und ergänzt sie durch eine wertvolle Darlegung über den möglichen quantitativen und qualitativen Aspekt der in der Physik vorkommenden Zahlen. Die Synchronizität stellt er zwar dar, ohne aber aus ihr weitere Schlüsse zu ziehen oder ihr die Schlüsselposition zuzubilligen, die sie meines Erachtens besitzt. In einer lesenswerten Studie bringt Mary Gammon die Synchronizitätsidee mit Einsteins Relativitätstheorie in Verbindung.[83]

Jung hat die Synchronizitätsereignisse als parapsychologische Phänomene bezeichnet. Dementsprechend haben sich auch hauptsächlich Parapsychologen für seine Hypothese näher interessiert. Hans Bender hat sie als mögliche Erklärung gewisser telepathischer Erscheinungen näher angesehen.

Zusammen mit J. Mischo untersuchte er eine Traumserie von über 1000 Träumen einer Schauspielerin nach

82. Stuttgart 1963.
83. Mary R. Gammon, „Window into Eternity. Archetype and Relativity", in *Journal of Analytical Psychology*, 18, 1973, S. 11-24.

sinnvollen Koinzidenzen mit Realsituationen und kommt zu folgendem Schluß: „Die Koinzidenzen zwischen Träumen und Realsituationen scheinen dem Geschehenstypus ‚einer Anziehungskraft des Bezüglichen' zu entsprechen. Manche scheinen besser mit dem Modell der Synchronizität erfaßbar (‚das Außerordentliche liegt im Ereignis') als mit dem Modell einer Psi-Fähigkeit, bei der das zukünftige Ereignis nur als Gegenstand einer außersinnlichen Wahrnehmung betrachtet wird. Die beiden Auffassungen schließen sich nicht aus, sondern können sich ergänzen."[84]

In den heutigen Begegnungsversuchen von Physikern mit Parapsychologen wird Jungs Idee bisweilen erwähnt, so auf dem Kongreß „Quantumphysics and Parapsychology" in Genf 1974 durch C.T.K. Chari und N. Whiteman, sowie Arthur Koestler. Auch in dem von Edgar Mitchell herausgegebenen Buch *Psychic Exploration* wird Jung verschiedentlich angeführt, ohne daß aber eine Diskussion der Synchronizitätsidee zustande käme.[85]

Trotz seiner auf Mißverständnissen beruhenden Angriffe gegen Jung hat Arthur Koestler in *The Roots of Coincidence* recht eigentlich zur Verbreitung der Synchronizitätshypothese beigetragen.[86] Obwohl sich Jung selber ausdrücklich dagegen verwahrte, wirft ihm Koestler vor, den Archetypus zu einer Ursache des synchronistischen Geschehens zu machen. Er stellt dann seine eigene Hypothese eines „janusgesichtigen Holon" auf,[87]

84. Hans Bender, J. Mischo „Präkognition in Traumserien", in *Zeitschrift für Parapsychologie und Grenzgebiete der Psychologie*, 4, 1960/61, S. 114-200; H. Bender, „Von sinnvollen Zufällen", in *Zeitschrift für Parapsychologie und Grenzgebiete der Psychologie, 15*, 1973, S. 203-212; H. Bender, *Verborgene Wirklichkeit*, Olten/Freiburg 1973.
85. Edgar Mitchell, Hrsg., *Psychic Exploration,* New York 1974.
86. Arthur Koestler, *The Roots of Coincidence*, London 1972.
87. Ebenda, S. 112 f.

welche, wie Nathan Schwartz richtig bemerkt hat,[88] nichts anderes ist als eine Kopie von Jungs Idee des Archetypus. In seinem Aufsatz „Physik und Synchronizität" hat Koestler hingegen die Jungsche Auffassung korrekter dargestellt[89]; ebenso trat er am erwähnten Kongreß für „Quantumphysics and Parapsychology" für die Synchronizitätshypothese ein.

Friedberg Karger erwähnt in seinem Aufsatz „Paraphysik und Physik"[90] Jungs Arbeit, findet die Synchronizitätshypothese jedoch für den Physiker irrelevant, weil sie statistisch nicht auswertbar sei. Sven Krohn[91] hingegen steht ihr gegenüber offen, und W. von Lucadou und K. Kornwachs[92] haben sogar ein mathematisches Modell entworfen, in das Jungs Modell, wie sie sagen, eingehen könnte. Wie erwähnt, hat Jung die Affinität der archetypischen natürlichen Zahlen zum Synchronizitätsprinzip unterstrichen. Ich habe in meinem Buch *Zahl und Zeit*[93] und in meinem Beitrag „Zeit und Synchronizität in der Analytischen Psychologie"[94] versucht, in die arithmetischen Grundlagen des Problems einzudringen, nämlich die Beziehung der Zahlen zum Unbewußten der Mathematiker durch deren eigene Zeugnisse zu belegen, und auch den qualitativen Aspekt der Zahlvorstellung herauszuarbeiten. Im alten China war z.B. die Zahl etwas rein

88. Nathan Schwartz, „A Psychologists View" in *Quadrant*, Vol. 8, 1975, S. 65-69.
89. Arthur Koestler, in *Zeitschrift für Parapsychologie und Grenzgebiete der Psychologie*, 15, 1973, S. 1-14.
90. F. Karger, ebenda, Nr. 15, S. 148-158.
91. Sven Krohn, „Einige philosophische und theoretische Implikationen der Parapsychologie", in *Grenzgebiete der Wissenschaft*, Nr. 16, 1967, S. 19-26.
92. W. von Lucadou und K. Kornwachs, „Grundzüge einer Theorie paranormaler Phänomene", in *Zeitschrift für Parapsychologie und Grenzgebiete der Psychologie*, Nr. 17, 1975, S. 73-87.
93. M.-L. von Franz, *Zahl und Zeit*, Stuttgart 1970.
94. Siehe dieses Buch, S. 371 ff.

Qualitatives und etwas unabdingbar mit der Zeit Verbundenes; sie bezeichnete durch den Zeitmoment gefärbte „ensembles", d.h. sie war ein Symbol für gewisse rhythmisch-zeitliche Konfigurationen. Ich entdeckte hierbei, daß die Zahlenordnung des *I Ging* mit derjenigen des DNS- und RNS-Codes genau übereinstimmt. Was im Westen in der biologischen Chemie als „Informationsträger" entdeckt wurde, kannten die Chinesen schon lange als numerische Grundordnung typischer psycho-physikalischen Situationen. Der Rest meines Buches befaßt sich mit einer Unterscheidung der Rolle der Zahl im Wahrscheinlichkeitskalkül, im Gegensatz zu ihrer Rolle in Divinations- und Spieltechniken, wo sie als Anzeiger archetypischer psychischer Wahrscheinlichkeiten oder qualitativer „Erwartungskataloge" auftreten, d.h. als Mittel, sich dem akausalen Angeordnetsein anzunähern. Zum Schluß versuchte ich den Unus-Mundus-Begriff durch mythologisches Material zu amplifizieren.

Peter Urban[95] hat das obengenannte Buch positiv aufgenommen. Nur zweifelt er, ob nicht bei einem meiner Beispiele submentale Gedankenarbeit des Unbewußten und nicht ein schöpferischer Einfall vorliege. Er wiederholt auch seine Ansicht, daß man kausale und finale Betrachtungsweise geeint anwenden solle.

Das Unus-Mundus-Modell akzeptiert er. Meine Arbeit wurde auch von dem Physiker Edward Russel positiv aufgenommen. Er fügt meiner Idee eines „Einskontinuums", das durch die ganze Zahlenreihe hindurchzieht, die Amplifikation der „allgemeinen Wellengleichung" an, die jedes physikalische Problem, das als harmonischer „Oszillator" verstanden werden kann, lösen könnte. Es ist dies eine der fundamentalsten Strukturen der modernen

95. P. Urban, „Philosophische Aspekte der Synchronizitätstheorie", in *Grenzgebiete der Wissenschaft.* Nr. 17, 1968, S. 347-357.

Physik. Der Sinologe Manfred Porkert hat die Bedeutung von Jungs Synchronizitätshypothese für das Verständnis des chinesischen wissenschaftlichen Denkens hervorgehoben.[96] Das chinesische Bild von „Ch'i", das sowohl psychische wie physikalische Energie als Eines bezeichnet, wird so zu einem Energiebegriff, dem wir uns im Westen gleichsam auf differenzierterer Stufe wieder annähern.

96. Manfred Porkert, „Wissenschaftliches Denken im alten China", in *Antaios*, 2, 1961, S. 532-551.

IX. Ein Beitrag zur Diskussion der Synchronizitätshypothese C.G. Jungs

Seit meinem Beitrag „Das Synchronizitätsprinzip C.G. Jungs“[1] hat sich die Diskussion über Synchronizität weiterentwickelt, wobei sich Ablehnung sowie Anerkennung immer mehr ausbreiten.[2]

Für das abendländische Denken bedeutet seit Descartes „wissenschaftliche Erklärung“ soviel wie kausale Begründung: D ist verursacht durch C, C durch B, B durch A. Sogar unsere Sprache ist so strukturiert, daß man scheinbar „gewundene“ Ausdrucksweisen benutzen muß, wenn man einen akausalen Sinnzusammenhang erläutern möchte. Kein Wunder, daß die Diskussion von Jungs Hypothese eines Synchronizitätsprinzips zahlreiche Mißverständnisse erzeugt hat.[3] Dem ist nicht so bei Ostasiaten, von denen mir verschiedene versicherten, daß sie natürlicherweise „synchronistisch“ dächten und eher mit

1. Siehe vorangehender Aufsatz.
2. Ich möchte hier dem Redakteur der *Zeitschrift für Parapsychologie und Grenzgebiete der Psychologie*, Dipl.-Psych. Eberhard Bauer, herzlich danken, der mir Ablichtungen zahlreicher im Text erwähnter Kritiken und Kommentare von Parapsychologen zur Verfügung gestellt hat.
3. Ich setze hier seinen Aufsatz „Synchronizität als ein Prinzip akausaler Zusammenhänge“, in C.G. Jung, W. Pauli, *Naturerklärung und Psyche* (Zürich 1952, S. 1-107) – heute in GW 8, Olten/Freiburg i. Br. 1971, § 816-958 abgedruckt – voraus.

unserem strikten Kausalitätsbegriff Denkschwierigkeiten hätten.

Obwohl Jung mit seinem Vorschlag der Annahme eines Synchronizitätsprinzips zum einzigen Male in seinem Lebenswerk expressis verbis auf das Gebiet der Parapsychologie übergriff, scheinen gerade manche Parapsychologen mit dieser seiner neuen Denkweise Schwierigkeiten zu haben. Das kommt m.E. daher, daß sich viele Parapsychologen heute besonders intensiv bemühen, die Parapsychologie mit „harten" wissenschaftlichen Methoden, d.h. mit Hilfe quantitativer Methoden und des kausalen Denkens zu begründen und akzeptabel zu machen, während Jungs Hypothese gerade eine Kehrtwendung weg vom bisherigen, allein als „wissenschaftlich" geltenden Denken vorschlägt. Interessanterweise sind es heute eher manche Physiker, die für die Jungsche Hypothese Verständnis aufbringen, weil in ihrem eigenen Gebiet das ausschließlich kausale Denken an seine Grenzen gestoßen ist.[4]

Der Psychiater und Psychoanalytiker Jule Eisenbud hat hervorgehoben,[5] daß Synchronizität nichts anderes sei als das, was bisher Psi genannt worden sei. Dazu wäre zu sagen, daß die Synchronizitätshypothese die Psi-Phänomene nicht *kausal* „erklärt", sie aber doch, verglichen mit den bisherigen Forschungsergebnissen, in einen ganz neuen, weiteren Zusammenhang stellt, nämlich in den Bereich der „Archetypen", einem Gebiet, wo heute bereits ausführlichere biologische und psychologische Studien vorliegen, die aber leider Parapsychologen weitgehend

4. Vgl. z.B. David Bohm, „Discussion", in France-Culture (Hrsg.) *Science et Conscience.* Paris 1980, S. 268, und besonders O. Costa de Beauregard, *La Physique Moderne et les Pouvoirs de l'Esprit,* Paris 1981.
5. Zit. bei A. Vaughan, „Synchronicity, Causality and Consciousness as Creator", in W.G. Roll (Hrsg.), *Research in Parapsychology 1979,* Metuchen, N.J. & London 1980, S. 21.

unbekannt zu sein scheinen. Darin liegt ein Stück „Erklärung“, die zwar eben nicht kausal, sondern eher, wie Hans Bender richtig hervorhebt, „deskriptiv“ ist.[6] Nur neue, ganz in die Tiefe und Breite einzelner Fälle gehende Studien können hier weiterhelfen, während eine quantitative Erfassung noch so vieler, im einzelnen auf ihren psychologischen Hintergrund nicht untersuchter Fälle, im Grunde wenig Substantielles aussagen würde.

Eine andere Neigung, die Synchronizitätshypothese abzulehnen, zeigt sich bei manchen im Versuch, psychologische oder neurologische Kausalerklärungen zu *postulieren*, ohne daß für sie irgendwelche auf Fakten beruhende Begründungen vorgebracht werden. Barbara Honegger[7] z.B. nimmt an, daß synchronistische Ereignisse aus derselben Quelle wie Träume stammen, nämlich einem neurologischen Substratum im Hirn (dem unteren Parietallappen, englisch: „inferior parietal lobule“ [IPL]). Hierzu ist zu bemerken, daß die Hirnabhängigkeit gewis-

6. Hans Bender, „Transcultural uniformity of poltergeist patterns as suggestive of an ‚archetypal‘ arrangement“, in W.G. Roll (Hrsg.), *Research in Parapsychology 1979,* Metuchen, N.J. & London 1980, in deutscher Übersetzung als „Die transkulturelle Gleichförmigkeit von ‚Spuk‘-Mustern als Hinweis für eine ‚archetypische‘ Anordnung“, in *Zeitschrift für Parapsychologie und Grenzgebiete der Psychologie 21* (1979), S. 133-139. Vgl. C.G. Jungs Äußerungen in einem Interview „On the Future of Parapsychology. A Symposium“, in *International Journal of Parapsychology 4* (No. 2, 1962), S. 5-26 (der volle Text ist nur mimeographiert erhältlich), in deutscher Übersetzung als „Die Zukunft der Parapsychologie“, in *Zeitschrift für Parapsychologie und Grenzgebiete der Psychologie 7* (1964), S. 46-65. Stephen Braude *(ESP and Psychokinesis. A Philosophical Examination,* Philadelphia 1979, S. 241) erklärt hingegen kurzerhand, daß jede Erklärung eine kausale Erklärung sein *müsse* (!), was ein reines Vorurteil ist. Das ist um so merkwürdiger, als „explanare“ „ausweiten, ausebnen“ heißt und nicht kausal „begründen“.
7. Barbara Honegger: „Spontaneous waking-state psi as interhemispheric verbal communication: Is there another system?“, in W.G. Roll (Hrsg.), *Research in Parapsychology 1979,* Metuchen, N.J. & London 1980, S. 19-21.

ser psychischer Fähigkeiten der Person (Schlaf, Wachen usw.) überhaupt nicht erwiesen ist;[8] die erwähnten Lokalisationen sind also höchst fraglich. Zudem scheint gerade bei synchronistischen Ereignissen eine Kausalbeziehung dieser Art oft völlig absurd: Wenn ich in Zürich vorausträume, daß in Holland ein bestimmtes Flugzeug, sagen wir mit der Bezeichnung XA_3-137, abstürzt und am nächsten Tag ein solches Flugzeug mit eben dieser Bezeichnung in Holland wirklich zerschellt,[9] wäre es doch eher absurd anzunehmen, daß mein „neurologisches Substrat", diesen – laut Zeitung wetterbedingten – Absturz arrangiert habe.

In eine ähnliche Falle tritt Jule Eisenbud,[10] wenn er die Kausalität dadurch retten will, daß er annimmt, die synchronistischen Ereignisse seien durch latente Psi-Kräfte („powers") des Beobachters „bewirkt".[11] Dies widerspricht völlig unserer sonstigen Erfahrung des kollektiven Unbewußten. In Jungscher Sicht ist letzteres gar nicht Ausdruck von persönlichen Wünschen und Zielen, sondern ein neutrales Stück psychischer Natur von absolut transpersonaler Seinsweise. Dem Unbewußten des Beobachters das Arrangieren von synchronistischen Er-

8. Vgl. Sir John Eccles, *The Human Psyche,* Berlin/Heidelberg/New York 1980, bes. S. 97 f., 49, 53, 47 f, 240 und K. Pribram, „Esprit, cerveau et conscience", in France-Culture (Hrsg.): *Science et Conscience,* Paris 1980, S. 393-408 und bes. S. 171 (discussion); vgl. auch W.H. Harman, „Les implications pour la science et la société des découvertes récentes dans le champs de la recherche psychologique et physique", ebenda, S. 431-440, bes. S. 435 ff.
9. Ein Fall, der in meiner Praxis registriert wurde.
10. Jule Eisenbud, „Synchronicity, Psychodynamics and Psi", in W.G. Roll (Hrsg.), *Research in Parapsychology 1979,* Metuchen, N.J. & London 1980, S. 25-26. Eisenbud wirft Jung auch vor, die Rolle des Beobachters zu ignorieren, was überhaupt nicht zutrifft; Jung äußert sich in seinem Aufsatz ganz eindeutig darüber.
11. Ebenso sagt Stephen Braude *(ESP and Psychokinesis,* Philadelphia 1979, S. 241), daß unbewußte Wünsche des Beobachters kausal solche Ereignisse erzeugen könnten.

eignissen zuzuschieben, wäre daher nichts anderes als eine Rückkehr zu primitiv-magischem Denken, wonach man früher annahm, daß z.B. eine Sonnenfinsternis durch den „bösen Willen“ eines Zauberers „verursacht“ sei. Jung hat sogar ausdrücklich davor gewarnt, die Archetypen (oder das kollektive Unbewußte) oder Psi-Kräfte als *Verursacher* der synchronistischen Ereignisse anzunehmen.

Besonders scharf geht der Philosoph Stephen E. Braude mit der Synchronizitätshypothese zu Gericht.[12] Einer seiner Haupteinwände liegt darin, daß ein „Sinn“ (eines synchronistischen Ereignisses) einen Beobachter, welcher den Sinn wahrnimmt, voraussetzt. Das ist jedoch eine mehr als selbstverständliche Trivialität: alles, auch Raum, Zeit und Kausalzusammenhang existieren nicht oder nur hypothetisch, wenn sie nicht von einem Beobachter wahrgenommen werden. Unser Bewußtsein ist der „Aktualisierer“ allen Seins, eine Wahrheit, die heute jeder Physiker bestätigen wird. In dieser Hinsicht unterscheidet sich also ein Synchronizitätsphänomen und sein Sinn nicht von irgendeinem Objekt wissenschaftlicher Forschung. Braude springt aber von dieser Feststellung zu dem Schluß über, daß die synchronistischen Ereignisse und ihr Sinn vom Beobachter erzeugt würden! Das wäre etwa so: Bevor wir die „schwarzen Löcher“ im Weltall kannten, existierten sie für uns absolut nicht, somit hat unsere Psyche heute diese Löcher erzeugt(!). Das ist eine hinduistische Art zu denken, der Jung nicht beistimmte: er „glaubte“ an ein von unserem Bewußtsein unabhängiges Sein, das wir allerdings (wie Kant bewies) nie „an sich“, d.h. unabhängig von unserer Bewußtseins-

12. S.E. Braude, „The Synchronicity Confusion“, in W.G. Roll (Hrsg.), *Research in Parapsychology 1979,* Metuchen, N.J. & London 1980, S. 26-28.

struktur, werden erfahren können. So hat zwar unser Bewußtsein wahrhaft kosmogonische Bedeutung, aber das betrifft *alles* Seiende, nicht nur den Sinn von synchronistischen Ereignissen.

Auch der zweite große Einwand Braudes ist allgemein weltanschaulicher Natur:[13] In Übereinstimmung mit John Beloff betont er, daß die erwähnten Sinnverbindungen in Synchronizitätsereignissen nur einen Sinn hätten in einer Kosmologie, in der die Natur eine Art Handwerksstück oder Kunstwerk oder arrangiertes Drama wäre,[14] und daß dies ferner doch auch wieder eine kausale Erklärung bedeuten würde (prima causa). Das sei aber, sagt Braude, „grob anthropomorphe Theologie".[15] Das ist jedoch, was Braude selber in das Argument hineinsieht; was nämlich hinter den synchronistischen Ereignissen aufleuchtet, ist nicht ein jüdisch-christlicher *Deus faber (prima causa)*, sondern zunächst ein *akausales Angeordnetsein* (ein Begriff in Jungs Aufsatz über Synchronizität, den Braude ganz übersieht) und ein „Gewußt-Sein", das Jung als „absolutes Wissen" bezeichnet. Und dies scheint eine Art Welthintergrund zu sein, den auch viele heutige Physiker postulieren und der recht wenig mit einem theologischen „Gott" zu tun hat. Man *kann* dahinter noch einen Deus faber postulieren, aber das überschreitet jegliche Nachprüfbarkeit.

Die Chinesen sehen hinter den synchronistischen Phänomenen einen Urgrund, das Tao; die Inder sehen die Natur nicht als Artefakt, aber als emanative Erscheinungsform des Göttlichen (Brahma) an usw.

Jung hat sich daher vorsichtigerweise darauf beschränkt, von einem transzendenten Welthintergrund

13. S.E. Braude, *ESP and Psychokinesis*, S. 241.
14. Braude, ebenda, S. 233.
15. Ebenda, S. 238.

(unus mundus) zu sprechen, um die weitere Erforschung des Synchronizitätsprinzips nicht zu präjudizieren.

Eine weitere Frage Braudes, die mehr ernstzunehmen ist, stellt hingegen das Problem dar, wie wir einen Sinn synchronistischer Ereignisse objektiv („context-independent") korrekt „ablesen" können und nicht nur subjektiv irgend etwas in sie hineinlesen. Ich bin auf dieses Problem ausführlicher in meinem Aufsatz „Sinn und Ordnung",[16] auf den ich hier verweisen muß, eingegangen.

Jung betont selber, daß man natürlich einen Sinn in Ereignisse hineinlesen kann, wo er gar nicht ist.[17] Was Jung einem solchen subjektiven Fabulieren entgegenstellt, ist eine Technik der „disziplinierten Imagination" oder der „notwendigen Aussage", welche in bezug auf mythologische, d.i. archetypische Bilder und Situationen gegeben ist. Ebenso wie ich bezüglich der natürlichen Zahlen nicht sagen kann, vier sei eine ungerade Zahl, so kann ich auch bezüglich einer (archetypischen) Königsfigur in Mythen und Märchen z.B. nicht behaupten, der König stelle den Trieb-Menschen dar, sondern ich muß zum Schluß kommen, er stelle „das exemplarische Individuum dar, welches eine (meist religiös-) soziale kollektivbewußte Ordnung garantiert". Letzteres läßt sich nämlich durch zahlreiche Tatsachen belegen, ersteres nicht. So gibt es in bezug auf archetypische Phänomene eine „Logik" der Aussage, die Jung „notwendige Aussage" nennt.[18] Da synchronistische Ereignisse bei der Konstellation eines Archetypus sich zu ereignen belieben, muß in bezug auf das Lesen ihres „Sinnes" dieselbe „mythologische Logik" angewendet werden wie bei allen anderen

16. Siehe den Beitrag XI. „Sinn und Ordnung", S. 335 ff. in diesem Buch.
17. Brief an Erich Neumann vom 10. März 1959, in C.G. Jung, *Briefe*, Bd. III, S. 240.
18. Für Beispiele siehe meinen Aufsatz „Sinn und Ordnung", passim.

archetypischen Phänomenen auch. Es ist begreiflich, daß Braude dies nicht wußte, wie überhaupt sich viele Einwände von Parapsychologen dadurch ergeben, daß sie nur den Aufsatz von Jung über die Synchronizität gelesen haben. Dieser aber ist ein Spätwerk Jungs, das seine ganzen früheren Forschungen voraussetzt. Hans Bender[19] hat als einer von wenigen diese Seite des Problems richtig aufgegriffen. Immerhin hat sich auch Charles Tart zum mindesten teilweise von Jungs neuem Paradigma beeindrucken lassen. Auch Wilhelm Gauger und Alan Vaughan scheinen die Synchronizitätshypothese richtig zu erfassen.[20] Charles Tart versucht in seinem Aufsatz[21] gewisse Unterscheidungen auszuarbeiten: (1) physikalische Kausalität; (2) psychologische Kausalität (beide wohlbekannt); (3) „State-Specific-Causality", d.i. eine Kausalverbindung, die nur in spezifischen Seelenzuständen erkennbar wäre; (4) paranormale Kausalität = Korrelationen durch bisher ungeklärte Psi-Kräfte; (5) „Being-Specific Synchronistic Causality" = „kausale"

19. H. Bender, „Von sinnvollen Zufällen", in *Zeitschrift für Parapsychologie und Grenzgebiete der Psychologie 15* (1973), S. 203-212 (abgedruckt auch ders., *Zukunftsvisionen, Kriegsprophezeiungen, Sterbeerlebnisse. Aufsätze zur Parapsychologie II,* München 1983) und ders., „Die transkulturelle Gleichförmigkeit von, ‚Spuk'-Mustern (...)", in *Zeitschrift für Parapsychologie und Grenzgebiete der Psychologie 21* (1979), S. 133-139, und besonders ders., „Meaningful coincidences in the light of the Jung-Pauli theory of synchronicity and parapsychology", in B. Shapin & L. Coly (Hrsg.), *The Philosophy of Parapsychology,* New York 1977, S. 66-81.
20. Vgl. W. Gauger, „Zum Phänomen des sinnvollen Zufalls", in *Zeitschrift für Parapsychologie und Grenzgebiete der Psychologie 21* (1979), S. 77-97 (abgedruckt auch in ders., *„Y" – Paranormale Welt, Wirklichkeit und Literatur,* Berlin 1980, S. 154-187). Vgl. auch A. Vaughan, *Incredible Coincidence: The Baffling World of Synchronicity,* Philadelphia 1979. Vaughan vermutet allerdings, daß eine Art kosmisches „consciousness" die Synchronizitäts-Phänomene „erzeuge", was mir nicht erwiesen scheint.
21. Charles Tart, „Causality and Synchronicity: Steps Toward Clarification", in *Journal of the American Society for Psychical Research 75* (1981), S. 121-141.

Korrelationen, die aber dank der Begrenzung unserer menschlichen Struktur definitiv unerkennbar bleiben; (6) „absolute Synchronizität“ = definierbar, aber empirisch vielleicht nicht nützlich. Hier muß man wohl davor warnen, nicht – wie gewisse Physiker es auch tun – mit „verborgenen Parametern“, die „noch nicht erkannt sind“, zu spielen. Psychologisch gesehen ist das nur eine Projektion des Unbewußten, und es wäre einfacher und sauberer zu sagen: Es sind Dinge, die wir *nicht wissen*. Tart hat aber sicher recht, daß sich manche, heute akausal *erscheinende* Koinzidenz später als kausal bedingt erweisen könnte. Darum hat Jung vorgeschlagen, den Ausdruck Synchronizität sogar vorläufig nur dort anzuwenden, wo eine kausale Verbindung *nicht denkbar* ist, was aber natürlich eine Klärung des Kausalitätsbegriffes voraussetzt. Manche Forscher werfen Jung vor, eine „naive“ Idee von Kausalität zu vertreten, weil er eine *in der Zeit rückwirkende* Kausalität sowie die aristotelische Idee einer causa finalis (Beloff) ablehnte (hier wäre auch das Prinzip der „Formative Causation“ durch ein „morphogenetic field“ von R. Sheldrake[22] zu nennen). Jung hat nicht die von Hume widerlegte Idee vertreten – wie ihm Braude unterschiebt –, daß zwischen Ursache und Bewirktem eine Art materieller „Leim“ liegen müsse, und Braude läßt unerwähnt, daß die heutigen Philosophen über eine Definition der Kausalität untereinander völlig uneinig sind. Jung hat einfach dasselbe angenommen, was auch fast alle heutigen Physiker tun: daß Kausalität eine nachweisbare „interactio“ innerhalb des physikalischen Raum-Zeit-Kontinuums impliziert. Alle anderen Ausdrücke bedeuten für Jung eine Überdehnung des Kausalitätsbegriffs, die einer contradictio in adiecto gleichkommen.

22. Rupert Sheldrake, *A New Science of Life. The Hypothesis of Formative Causation,* London 1981.

Eine ausgewogene Beurteilung der Lage bietet m.E. John Beloff in seinem Artikel „Psi Phenomena: Causal versus Acausal Interpretation".[23] Nur kann er sich nicht mit Arthur Koestlers Behauptung,[24] daß Psi-Phänomene für immer nicht voraussagbar und wiederholbar bleiben, versöhnen; er glaubt, daß Psi-Phänomene und ähnliche persongebundene Phänomene einen kausalen Hintergrund haben, wenn wir ihn auch vorläufig noch nicht als „interactio" beschreiben können. Vielleicht käme daher eine „causa finalis" in Betracht. Jung hat den aristotelischen Begriff „causa finalis" abgelehnt, weil er einen inneren Widerspruch darstellt bzw. eine Überdehnung des causa-Begriffes sei.[25] Aber in anderer Hinsicht hat m.E. John Beloff recht, darauf hinzuweisen, daß persongebundene paranormale Phänomene eine indirekte Ursache haben *könnten,* wie eben überhaupt, nach Jung, eine synchronistische Erklärung vorläufig nur dann ernsthafter in Frage kommt, wenn eine kausale Erklärung *absurd* scheint. Wenn eine „interactio" zwischen Tatbeständen nicht nachweisbar ist, sprechen ja auch die heutigen Physiker allgemein von einem akausalen Zusammenhang. Der Astrophysiker Hubert Reeves hat in seinem präzisen Aufsatz „Incursion dans le monde a-causal"[26] vier neuentdeckte Tatbestände hervorgehoben, welche heute als akausale Fakten gelten und dem Begriff des *akausalen Angeordnetseins* von Jung entsprechen. (Das akausale Angeordnetsein ist nach Jung bekanntlich die Oberkategorie, unter die die Synchronizitätsereignisse

23. John Beloff, „Psi Phenomena: Causal versus Acausal Interpretation", in *Journal of the Society for Psychical Research 49* (1977), S. 573-582.
24. Arthur Koestler, „Speculations on problems beyond our present understanding", in A. Hardy, A. Harvie & A. Koestler, *The Challenge of Chance,* London 1973, S. 205-247.
25. Private briefliche Mitteilung an mich.
26. Hubert Reeves, „Incursion dans le monde a-causal", in *Cahiers de Psychologie Jungienne No. 29* (2. Trimestre 1981), S. 1ff.

als Spezialfall fallen). Die fünf von Reeves angeführten akausalen Phänomene sind folgende: (l) die (schon von Jung angeführte) Halbzeitregel des radioaktiven Zerfalls; (2) die Unvorhersagbarkeit des Verhaltens eines einzelnen Atoms in der Quantenmechanik; (3) das „fossile Leuchten" im Hintergrund des Weltalls; (4) das Pendel von Foucault, das sich nach der ganzen Masse des Alls, statt nach derjenigen unseres Planeten zu richten scheint und (5) das Paradox von Einstein-Podolsky-Rosen, das verbietet, eine Eigenschaft eines Atoms zu lokalisieren und das deshalb auf eine Art von Einheit und Nicht-Trennbarkeit aller Partikel des Alls hinzuweisen scheint.[27] Bei allen diesen Phänomenen versagt jegliche Kausalerklärung,[28] und man kann deshalb besser von einem das Ganze umfassenden akausalen Angeordnetsein sprechen.

Das Einstein-Podolsky-Rosen-Paradox könnte auch noch einen anderen Begriff Jungs belegen: die Hypothese des „absoluten Wissens", das in der Totalität des Seins ausgebreitet zu existieren scheint[29] und punktuell im objektiven „Sinn" synchronistischer Ereignisse aufleuchtet. Verschiedene Sprecher beim Kongreß von Cordoba 1979, welcher der Diskussion der Beziehung von Materie und Psyche (oder Bewußtsein, engl. „mind") gewidmet war,[30] haben auf ein solches „absolutes Wissen" in Aus-

27. Näheres zum sog. EPR-Paradox vgl. auch B. d'Espagnat, *A la Recherche du Réel: le Regard d'un Physicien,* Paris 1980, S. 26 ff.
28. Für die Auswertung dieser Erkenntnisse im Hinblick auf die Synchronizitätshypothese vgl. die ausgezeichnete Arbeit von Michel Cazenave, „A la Recherche de la Synchronicité", in *Cahiers de Psychologie Jungienne No. 29* (2. Trimestre 1981), S. 8 ff.
29. Für die Diskussion vgl. d'Espagnat, S. 117.
30. Publiziert als France-Culture (Hrsg.), *Science et Conscience,* Paris 1980; vgl. auch D.S. Kothari, „Reality and Physics, some Aspects", in *Proceedings of the International Conference* (6.-12. und 13.-21. Januar 1977), Hrsg. Anluck, Kothary, Ananda, McMillan Co. (India) 1978, S. 199 ff. Ich verdanke die Kenntnis dieses Artikels Dr. Willy Just.

drücken wie „Protoconscience“,[31] „Conscience de l'univers“,[32] „sousconscient universel“, „Information eines kosmischen Infrapsychismus“ (de Beauregard), „inconscient universel“, „créateur“ usw. usw. hingewiesen.

Hier beginnen sich in den verschiedenen Wissensgebieten gewisse Konvergenzen abzuzeichnen, die alle auf die Existenz einer solchen bewußtseins*ähnlichen* (aber nicht -gleichen!) Sinnhaftigkeit im Welthintergrund hinzuweisen scheinen. Dem Psychologen Jungscher Richtung ist diese längst vertraut, kommt sie doch in jeder tiefergehenden Behandlung ans Licht und besteht doch meistens der eigentliche Heilungsvorgang in einem richtigen Sich-in-Bezug-Setzen zu dieser „Luminositas“ des eigenen Seelenhintergrundes.[33] Daß in der Natur eine solche Art von bewußtseinsähnlichem Allwissen existieren könnte, findet sich manchmal auch in Träumen angedeutet, wie sie Jung in seinem Aufsatz anführt und wie ich es auch mitgeteilt habe.[34] Jung vermutet, daß es ein subjektloses Wissen, bestehend aus Bildern, sei; ähnlich wie schon Leibniz das „Wissen“ seiner Monaden beschrieben hat.[35] Es ist *vorbegrifflich* und gleicht eher einer „Erkenntniswolke“ als irgendwelchem präzisen Wissen, wie es unser Bewußtsein erzeugt. In anderem Zusammenhang hat Jung dieses Wissen des kollektiven Unbewußten oder psycho-physischen Welthintergrundes auch als „Luminositas“ bezeichnet,[36] d.h. als ein „approximatives Bewußtsein“, das aber nicht oder kaum mit

31. Roger Frétigny, „Embryologie de la connaissance“, in *Science et Conscience*, S. 197-209.
32. D. Bohm, „Discussion“, in *Science et Conscience*, S. 235.
33. Vgl. J. S. Bolen, *The Tao of Psychology, Synchronicity and the Self*, San Francisco 1979.
34. M.-L. von Franz, *Zahl und Zeit*, 1980.
35. Vgl. C.G. Jung, *Synchronizität*, GW 8, § 921.
36. Vgl. C.G. Jung, *Überlegungen zum Wesen des Psychischen*, GW 8, § 387 ff.

dem Ichbewußtsein verbunden ist. In der Alltagserfahrung präsentiert sich dies so, als ob unser Unbewußtes „irgendwie" alles weiß, und doch auch irgendwie wieder nichts genau weiß. Teilaspekte dieses Allwissens durch Trauminterpretation oder durch das Sinn-Ablesen bei synchronistischen Ereignissen bewußt zu machen, ist die Alltagsaufgabe des psychologischen Therapeuten.[37] Es ist deshalb für diesen eine erfreuliche Erfahrung zu hören, daß auch die heutigen Physiker in ihrem Gebiet auf parallele Erscheinungen stoßen.

Ein anderes Gebiet, in dem die Synchronizitätshypothese zur Diskussion steht, ist heute die biologische Evolutionslehre. Bisher hat man angenommen, daß die hinter der Evolution stehenden Gen-Mutationen *auf reinem Zufall* beruhen (Monod), doch hat schon Wolfgang Pauli darauf hingewiesen, daß dafür die biologische Evolutionszeit *zu kurz sei.* In einer lesenswerten Arbeit hat der Biologe Dr. Hansueli Etter das Problem aufgegriffen und, anhand der Entwicklung des menschlichen Schulterblattes, m.E. überzeugend dargelegt, daß viel eher „sinnvolle Zufallshäufungen", also Synchronizitätsereignisse, zur Erklärung der oft in kurzen Zeitpausen massierten, sprunghaften Mutationsphänomene in der Evolution in Frage kämen.[38] Weitere Amplifikationen aus der Biologie verspricht M. Cazenave vorzubringen.[39] Das erwähnte neue Paradigma eines „morphogenetischen Feldes" von Sheldrake gehört auch hierher, ist doch dieses „Feld" offenbar als etwas ähnliches gedacht wie das, was Jung

37. Vgl. Pierre Solié, „Ouverture sur l'unité du Monde", in *Synchronicité. Cahiers de Psychologie Jungienne No. 28* (1. Trimestre 1981); vgl. auch J.S. Bolen, *The Tao of Psychology*, passim.
38. Hansueli Etter, „Zur entwicklungsgeschichtlichen Bedeutung von biologischen Form-Funktionsproblemen am Beispiel des Schulterblattes bei höheren Primaten", in *Gegenbaurs morphol. Jahrbuch*, Leipzig 128 (1982), 4 u. 5.
39. Michel Cazenave, *La Synchronicite, l'âme et la science*, Paris 1984.

unter Archetypus versteht. Nur macht Sheldrake aus diesem leider wieder die *Ursache* des biologischen Geschehens.

Demgegenüber müssen wir noch einmal auf Jungs vorsichtigere Formulierungen verweisen:

„Ich neige in der Tat der Annahme zu, daß *die Synchronizität im engeren Sinne nur ein besonderer Fall des allgemeinen ursachelosen Angeordnetseins ist*, und zwar derjenige der Gleichartigkeit psychischer und physischer Vorgänge, wobei der Beobachter in der vorteilhaften Lage ist, das tertium comparationis erkennen zu können. Mit der Wahrnehmung der archetypischen Grundlage gerät er aber auch in die Versuchung, die Assimilation gegenseitig unabhängiger psychischer und physischer Vorgänge auf eine (kausale) Wirkung des Archetypus zurückzuführen und deren bloße Kontingenz zu übersehen. Diese Gefahr wird vermieden, wenn man die Synchronizität *als einen Sonderfall des allgemeinen Angeordnetseins betrachtet.* Damit wird auch eine unzulässige Vermehrung der Erklärungsprinzipien vermieden: *der Archetypus ist die durch Introspektion erkennbare Form des apriorischen psychischen Angeordnetseins.* Gesellt sich dazu ein äußerer synchronistischer Vorgang, so folgt er derselben Grundzeichnung …

Gibt es sie [= ursachelose Ereignisse] aber, so müssen wir sie als *Schöpfungsakte* ansprechen im Sinne einer creatio continua, einesteils von jeher, teils sporadisch sich wiederholenden Angeordnetseins, das aus keinerlei feststellbaren Antezedentien abgeleitet werden kann…“[40]

Das archetypische Arrangement „erscheint“, wird „sichtbar“ im synchronistischen Ereignis, es verursacht es nicht; es ist eine „creatio“ und das bedeutet das spon-

40. C.G. Jung, *Synchronizität als ein Prinzip akausaler Zusammenhänge*, GW 8, § 955, 957 ff.

tane Entstehen von etwas ganz Neuem ex nihilo, das nicht kausal vorausdeterminiert ist.

Aber müssen wir dann wirklich, wie Koestler meint, darauf verzichten, solche „creationes“ wegen ihrer Irregularität und Nicht-Wiederholbarkeit experimentell zu studieren? Jungs „astrologisches Experiment“ hat gezeigt, daß statistische Methoden kaum anwendbar sind, weil das Synchronizitätsprinzip darin „Streiche spielen“ kann, in dem Sinn, daß synchronistischerweise bei kleineren Portionen pro- oder contra-Resultate erscheinen können, während sehr große Erfassungen die synchronistischen Irregularitäten aufzulösen scheinen. Da die synchronistischen Ereignisse irregulär zu sein scheinen, können sie statistisch nicht erfaßt werden, aber das akausale Angeordnetsein könnte dennoch experimentell untersucht werden, weil es etwas Allgemeines, Regelmäßiges ist. Jung hat am Ende seines Lebens einen Vorschlag zum weiteren Vorgehen ausgearbeitet. Um diesen zu verstehen, müssen wir aber noch eine Bemerkung Jungs, die er in einem Brief an Wolfgang Pauli macht, genauer ansehen. Er schreibt dort:[41] „Was nun Jordans[42] Hinweis auf die paraphysischen Erscheinungen anbetrifft, so ist das räumliche Hellsehen natürlich eines der sinnfälligsten Phänomene, welche die Nichtexistenz unseres empirischen Raumbildes dartun. Um dieses Argument zu ergänzen, müßte er notwendigerweise auch noch das zeitliche Fernsehen heranziehen, welches die Relativität des Zeitbildes dartäte. Jordan schaut natürlich diese Phänomene (...) vom physikalischen Standpunkt an, während

41. Brief an Wolfgang Pauli vom 29. Oktober 1934, in C.G. Jung, *Briefe*, Bd. I, S. 227.
42. Gemeint ist der Physiker Pascual Jordan (1903-1980), vgl. ders., „Positivistische Bemerkungen über die paraphysischen Erscheinungen“, in *Zentralblatt für Psychotherapie und ihre Grenzgebiete* 9 (1936), S. 1-17.

ich vom psychischen Standpunkt ausgehe, nämlich von der Tatsache des kollektiven Unbewußten (...), welches eine Schicht des Psychischen darstellt, in welcher die individuellen Bewußtseinsunterschiede mehr oder weniger ausgelöscht sind (...) *so findet alles Wahrnehmen, im Unbewußten sozusagen als wie in einer Person statt*[43] Jordan sagt, daß Sender und Empfänger im gleichen Bewußtseinsraum und zu gleicher Zeit denselben Gegenstand betrachten. Man könnte diesen Satz ebensogut umkehren und sagen, daß im unbewußten ‚Raum' Sender und Empfänger ein und dasselbe wahrnehmende Subjekt sind. (...) Die letzte Konsequenz der Jordanschen Anschauung würde zur Annahme eines absoluten unbewußten Raumes führen, in welchem unendlich viele Beobachter denselben Gegenstand beobachten. Die psychologische Fassung würde lauten: *Im Unbewußten gibt es nur einen Beobachter, der unendlich viele Gegenstände beobachtet*."[44]

Gehen wir einmal den letzten Satz empirisch an, so heißt er, daß, wenn einem Individuum etwas Archetypisches (= ein Stück kollektives Unbewußtes) zustößt, *ein* Beobachter im kollektiven Unbewußten ein „Wissen" oder eine „Auffassung" über dieses Ereignis haben müßte. Nun sind traditionellerweise (besonders numerische) Divinationsverfahren ein Mittel, via synchronistischer Zufälle (durch Würfeln, Lose-Werfen, Stengel-Teilen, Körner-Lesen) herauszufinden, was das Unbewußte (der *eine* Beobachter) darüber „denkt".[45] Jung schlug deshalb vor, Fälle zu untersuchen, bei denen man vermuten kann, daß die archetypische Schicht des Unbewußten konstelliert sei, wie bei Leuten nach einem schweren Unfall,

43. Unterstreichung von mir.
44. Unterstreichung von mir.
45. Näheres siehe M.-L. von Franz, *Wissen aus der Tiefe. Über Orakel und Synchronizität,* München 1987.

Leuten in einer Konflikt-Scheidungs-Situation usw., und sie verschiedene Divinationsorakel machen zu lassen: den *I Ging* werfen, Tarot-Karten legen, den mexikanischen Wahrsage-Kalender befragen, ein Transithoroskop herzustellen, ein geomantisches Orakel machen usw. Stimmt Jungs Hypothese, so müßten die Resultate aller dieser Verfahren konvergieren. Bis heute sind nun leider keine derartigen Experimente publiziert worden.[46] Ein Institut, geleitet von einem Fachmann der Jungschen Psychologie, müßte sich m.E. der Sache annehmen.[47] Natürlich müßte man begründen, warum gerade numerisch gegliederte Divinationsorakel eventuell das geeignete Verfahren für diesen Versuch sind. Ich habe dies in meinem Buch *Wissen aus der Tiefe. Über Orakel und Synchronizität* versucht, worauf ich hier verweisen muß, da die Darlegung den Umfang dieses Aufsatzes weit überschreiten würde. Es handelt sich um Überlegungen zu den Grundlagen der Mathematik – einem Gebiet, auf welchem aber heute auch einige Forscher tätig sind.[48] (Ebenso würde der Begriff der Zeit eine eigene Behandlung erfordern).[49] Bei der Synchronizitätshypothese handelt es sich eben, wie Beloff und Braude richtig sehen, tatsächlich um ein übergeordnetes Prinzip, das das ganze deterministische Weltbild der bisherigen Wissenschaft in Frage stellt. Aber wie ich anzudeuten versuchte, geschieht heute diese In-Frage-Stellung auch in mehreren anderen Wissenschaftsgebieten[50] und neueste astrophy-

46. Vgl. J.F. Zavala, „Quelques aspects de la synchronicité en relation avec le calendrier divinatoire mexicain *Tonalamatl*", in France Culture, Hrsg., *Science et Conscience*, S. 253-265.
47. Eine kleine Gruppe hatte zwar privat das Problem bereits vor 1961 angepackt, aber bis heute keine Resultate publiziert.
48. Vgl. Edward Russel, *Psychological Modes,* Manuskript (März 1982) sowie U. Gantenbein, *Katastrophen.* Diplomarbeit ETH 1978/79 (multigraphiert), S. 94 ff.
49. Vgl. Teil III in diesem Buch, S. 83 ff.
50. Mathematik, Physik, Biologie, Astrophysik.

sikalische Entdeckungen scheinen sogar den „Urknall“ als eine zweifelhafte Hypothese zu erweisen.

Zugegebenermaßen ist der Vorschlag Jungs äußerst kühn. Aber es schiene mir wünschenswert, daß sich ihm einige Parapsychologen sine ira et studio zuwenden könnten, weil in dieser Idee ein neues Weltbild auftaucht, zu welchem heute nicht wenige Physiker und Biologen sich auf anderen Wegen konvergierend herantasten, und es wäre deshalb gut, wenn sich Parapsychologen nicht unbedingt darauf versteifen würden, ihre bisher unerklärten Psi-Phänomene vergeblich in ein im Grunde bereits überholtes wissenschaftliches Weltbild hineinzuzwängen versuchen.

X. Einige Überlegungen zur Synchronizität

Seit Beginn unseres Jahrhunderts haben sich die Forschungsrichtungen der Physik und der Tiefenpsychologie einander immer mehr angenähert, ohne daß es zwischen ihnen – zumindest während langer Zeit – zu einem Meinungsaustausch gekommen wäre. Es war vor allem der *Forschungsgegenstand* beider Wissenschaften, d.h. die atomare und subatomare Welt einerseits und die „objektive Psyche" andererseits (d.h. das kollektive Unbewußte),[1] welcher zu ähnlichen Hypothesen in beiden Gebieten führte. Ich erwähne die wichtigsten:

1. Energetische Konfigurationen

Die Physiker versuchen heute nicht mehr vordringlich, in der Materie sogenannte „building blocks", d.h. Grundbausteine zu finden, sondern die letzteren als vergängliche Konfigurationen einer universellen Energie zu betrachten. Im gleichen Zuge hat C.G. Jung beobachtet, daß die letzten beobachtbaren Entitäten der objektiven Psyche, die Archetypen, keine statischen Strukturen zu sein scheinen, sondern vielmehr Systeme von psychischer

1. Jung nennt die kollektive psychische Dimension das kollektive Unbewußte oder die objektive Psyche. Ich ziehe in meinen Ausführungen letztere Bezeichnung vor, weil darin zum Ausdruck kommt, daß es sich um eine unabhängige (nicht subjektive) Wirklichkeitsgröße handelt.

Energie oder „die Art und Weise verschiedener energetischer Beziehungen“,[2] also Manifestationen einer allgemeinen psychischen Energie.[3]

2. Die Unteilbarkeit des Ganzen

Der Begriff der Komplementarität, den Niels Bohr eingeführt hat, um die paradoxe Beziehung zwischen Welle und Teilchen besser erklären zu können, kann auch auf die Beziehung von bewußten oder unbewußten Aspekten eines psychischen Inhalts angewendet werden. Jung hat diese Tatsache entdeckt, sie wurde aber vor allem durch Wolfgang Pauli herausgearbeitet.[4] Bernard d'Espagnat hat darauf hingewiesen, daß die Unteilbarkeit im Bereich der Teilchen, die durch die wissenschaftliche Forschung erwiesen ist (nahegelegt durch das Paradox von Einstein-Podolski-Rosen), die Vorstellung einer „Unteilbarkeit des Ganzen“[5] von Bohr bestätigt: Teilchen, welche vereint waren und später getrennt wurden, verhalten sich so, wie wenn sie vom Zustand des andern wüßten, und dies sogar bei sehr großen Distanzen. Selbst wenn man eine Interaktion im Bereich über der Lichtgeschwindigkeit annehmen wollte (was oft diskutiert wird), so würde, wie d'Espagnat unterstreicht, die Tatsache der Unteilbarkeit des Ganzen bestehen bleiben.

2. Vgl. Paul Kugler, „Primacy of Archetypal Structures“, in ders. *Alchemy of Discourse*, London/Toronto 1982. Zur Physik siehe Fritjof Capra, *Das Tao der Physik*, Bern/München/Wien 1987.
3. Vgl. C.G. Jung, *Über die Energetik der Seele*, GW 8, § 1-130.
4. Vgl. Wolfgang Pauli, *Aufsätze und Vorträge über Physik und Erkenntnistheorie*, Braunschweig 1961, S. 92.
5. Bernard d'Espagnat, *A la recherche du réel*, Paris 1979, S. 19, 40 f., 45.

Jung hat ebenfalls festgestellt, daß die allumfassende Dimension der objektiven Psyche letztlich eins ist; er nennt diesen einheitlichen Aspekt der Psyche das Selbst.[6]

3. Kausalität

In der Mechanik und in der Quantentheorie (im besonderen in der Theorie der S-Matrix) wird der Begriff der Kausalität bezüglich seiner üblichen traditionellen Auffassung sehr relativiert: er wird auf eine statistische Wahrscheinlichkeit reduziert.[7] Noch viel wichtiger aber sind die Entdeckungen von Phänomenen, welche sich einem kausalen Erklärungsmodus völlig verschließen. Ich erwähne sie hier mit Verweis auf den ausgezeichneten Artikel von Hubert Reeves „Incursion dans le monde acausal" für genauere Details.[8] Es handelt sich um das Gesetz der Halbwertszeit im Prozeß des radioaktiven Zerfalls, um das Paradox von Einstein-Podolski-Rosen, das ich schon erwähnt habe, um das Pendelproblem von Foucault und das „fossile Leuchten" von den Anfängen des Universums, welches kürzlich von Astrophysikern beobachtet wurde.

Alle diese Phänomene können nicht durch hinreichende Begründungen erklärt werden; sie scheinen vielmehr eine globale Ordnung des kosmischen Ganzen zu manifestieren, die a priori existiert.

6. Vgl. C.G. Jung, *Mysterium Coniunctionis*, GW 14/2, § 431 ff. Dieser vereinende Aspekt der objektiven Psyche zeigt sich in dem Symbol des Mandalas oder des kosmischen Menschen (Purusha-Atman, gnostischer Anthropos, chinesischer Panku etc.).
7. Vgl. Paul Dirac, *Grundprobleme der Physik*, Vortrag d. Nobelpreisträger-Tagung, Lindau, 1971. Ich verdanke die Kenntnis dieses Artikels der freundlichen Aufmerksamkeit Dr. Hermann Strobels.
8. Siehe H. Reeves, „Incursion dans le monde a-causal", in H. Reeves et al., *La Synchronicité, l'âme et la science*, S. 11-19.

Jung sah sich seinerseits dazu gedrängt, eine letzte Einheit der objektiven Psyche und die Existenz einer globalen Ordnung dieser Einheit zu postulieren. Auch wenn es relativ trennbare, verschiedenartige archetypische Strukturen gibt, so befinden sie sich doch alle in einem Kontaminationszustand (overlapping) und sind voneinander abhängig,[9] wobei sie so eine einzige umfassende und akausale Ordnung bilden. Ein anderer Aspekt einer total akausalen Ordnung in der psychischen Welt ist, wie wiederum Jung aufgezeigt hat,[10] die unmittelbar gegebene Existenz der positiven ganzen Zahlen, mit allen individuellen Besonderheiten, die damit zusammenhängen und die ihrerseits ebenso keiner kausalen Erklärung zugänglich sind.

4. Die Bevorzugung von quaternären Strukturen

Die „Welt" von Einstein-Minkowski besitzt eine vierdimensionale Struktur. Die moderne Physik glaubt vier Grundkräfte im Universum voneinander unterscheiden zu können.[11] Jung hat unabhängig davon beobachtet, daß die Mandalas, welche Symbole der seelischen Ganzheit darstellen, im Normalfall immer eine quaternäre Struktur aufweisen. Unser Bewußtseinsfeld gründet andrerseits auf vier grundlegenden Funktionen: Dem Denken, der Intuition, der Empfindung (Wahrnehmungsfunktion) und dem Gefühl (Wertfunktion). Jede bewußte, vollständige Realisation wird erst durch das Zusammenwirken aller vier Funktionen erreicht.

9. Vgl. M.-L. von Franz, *Zahl und Zeit*, S. 127 ff.
10. C.G. Jung, *Synchronizität als ein Prinzip akausaler Zusammenhänge*, GW 8, § 870 f.
11. Vgl. M.-L. von Franz, *Zahl und Zeit*, S. 108 ff. (Erhaltung der Energie, Gravitation, Affinität und schwache Wechselwirkung).

5. Die Relativität der Raum-Zeit-Dimension

In der Welt der Teilchen wird die Raum-Dimension zum Problem, weil durch die Erfahrung im Zusammenhang mit dem Paradox von Einstein-Podolski-Rosen „die Objekte nicht wirklich voneinander getrennt sind, auch wenn sie sich an ganz unterschiedlichen Orten befinden".[12] Gleicherweise scheint der Raum bei gewissen synchronistischen Ereignissen (vor allem bei Fällen von Telepathie)[13] zu verschwinden.

Auch das Phänomen der Zeit ist heute zu einem Problem geworden.[14] David Bohm und andere heben hervor, daß die Zeit nicht mehr durch einen einfachen Vektor dargestellt werden kann.[15] Nach Bohm[16] ist zum Beispiel ein Elektron eine Gruppe (Set) von zusammenhängenden Faktoren,[17] welche sich nur in ganz bestimmten Momenten als lokalisierbare Größe zeigen – was miteinschließt, daß es keine lineare Zeit gibt.[18]

Bohm schlägt vor, die Zeit als etwas Multidimensionales zu betrachten und meint, daß sie vielmehr in aktuellen Geschehnissen besteht als in einem Kontinuum. Sie würde dadurch zusätzlich einen qualitativen und schöpferischen Aspekt besitzen.[19] Die implizite oder a priori angelegte Ordnung des Universums würde sich jedoch außerhalb der Zeit befinden, obwohl sie „in jedem Augenblick gegenwärtig ist".[20] Parallel dazu hat Jung darauf

12. B. d'Espagnat, *A la recherche du réel*, S. 49.
13. C.G. Jung, *Synchronizität…*, GW 8, § 830 f.
14. Vgl. O. Costa de Beauregard, „Cosmos et Conscience", in Michel Cazenave, Hrsg., *Science et Conscience*, S. 68 ff.
15. Prigogine schlägt vor, sie durch einen Operator zu ersetzen (siehe Ilya Prigogine und Isabelle Strengers, *La Nouvelle Alliance, méthamorphose de la science*, Paris 1978, S. 256).
16. David Bohm, *Wholeness and Implicate Order*, London 1980.
17. D. Bohm, ebenda, S. 183.
18. Ebenda, S. 212.
19. Ebenda, S. 254.
20. Ebenda.

hingewiesen, daß auch die objektive Psyche teilweise außerhalb der Raum-Zeit-Dimension existiert.[21] Die synchronistischen Ereignisse sind in der Tat, wie es Michel Cazenave betont hat,[22] Einbrüche einer Nicht-Zeit in die Zeit. Wie ich es anderswo aufgezeigt habe,[23] wird die Zeit in all den mystischen Bildern, die man sich von ihr gemacht hat, als eine Emanation oder Schöpfung des Selbst gedacht, das heißt der globalen Ganzheit des Seins.

Durch das Auftauchen dieser vielen überraschenden Analogien wird es immer wahrscheinlicher, daß die Dimension der universellen Materie und der objektiven Psyche ein und dieselbe sein könnte. Doch ich habe bis hierhin vor allem auf Analogien und nicht auf identische Entdeckungen der beiden Wissenschaften hingewiesen. Erst mit der Aufstellung der Synchronizitätshypothese, die auf der Beobachtung unzähliger synchronistischer Ereignisse beruht, drängt sich die Idee auf, daß die Welt der Materie und diejenige der Psyche mehr als nur zwei Welten mit ähnlichen Gesetzen sind und daß sie ein psycho-physisches Ganzes bilden könnten. Das würde heißen, daß der Physiker und der Psychologe im Grunde genommen dieselbe Welt durch zwei verschiedene Kanäle (channels) betrachten würden. Diese Welt zeigt sich, von außen betrachtet, als „materiell", wenn wir sie andrerseits von innen mittels Introspektion betrachten, als „psychisch". An sich ist sie sehr wahrscheinlich weder psychisch noch materiell, sondern vollständig transzendent.[24]

21. C.G. Jung, *Synchronizität ...*, GW 8, § 938.
22. M. Cazenave, „Sychronicité physique et biologique", in H. Reeves et al., *La Synchronicitê, l'âme et la science*, S. 21-68.
23. M.-L. von Franz, *Zahl und Zeit*.
24. Vgl. C.G. Jung, *Mysterium Coniunctionis*, GW 14/2, § 368 ff.

Unter einem synchronistischen Ereignis versteht Jung das sinnvolle Zusammenfallen eines materiellen äußeren Geschehens mit dem Auftauchen eines inneren Symbols oder eines psychischen Ereignisses, wobei keinerlei kausale Beziehung zwischen beiden besteht und sogar auch keine denkbar ist. Die zwei Ereignisse sind nur durch den ihnen gemeinsamen Sinn miteinander verbunden. Da jede Betrachtung äußerer Ereignisse auch ein seelisches Geschehen ist, präzisiert Jung: „Synchronistische Ereignisse beruhen auf der Gleichzeitigkeit zweier verschiedener psychischer Zustände. Der eine ist der normale, wahrscheinliche (d.h. kausal zureichend erklärbare) und der andere der kausal aus dem ersteren nicht ableitbare Zustand, nämlich das kritische Erlebnis ... Es besteht in allen diesen Fällen, gleichviel ob es sich um räumliche oder zeitliche ESP handelt, eine Gleichzeitigkeit des normalen oder gewöhnlichen Zustandes mit einem kausal nicht ableitbaren, anderen Zustand oder Erlebnis, dessen Objektivität meist erst nachträglich verifiziert werden kann ..." Sie werden „als psychische Bilder gegenwärtig erlebt ..., wie wenn das objektive Ereignis ... mit dem gewöhnlichen psychischen Zustand" koinzidieren würde. „Dieses Vorkommen nenne ich Synchronizität und bin der Ansicht, daß es sich um genau dieselbe Kategorie von Ereignissen handelt, ob nun deren Objektivität als im Raum oder in der Zeit von meinem Bewußtsein getrennt erscheint."[25]

Dieses sinnvolle Zusammenfallen von psychischen Ereignissen (Visionen oder Träume eines symbolischen Geschehens) mit der Wahrnehmung von „äußeren oder materiellen" Ereignissen offenbart in einem punktuellen Moment in der Zeit eine Einheit von Psyche und Materie. Diese Phänomene sind sporadisch und unregelmäßig und scheinen sich, soweit uns bekannt ist, nur zu mani-

25. C.G. Jung, *Synchronizität ...*, GW 8, § 855 f.

festieren, wenn ein Archetypus im kollektiven Unbewußten konstelliert ist. Im Gegensatz zu Jung hat C.A. Meier postuliert, daß die Verbindung zwischen dem Körper und der Psyche ein regelmäßiges synchronistisches Phänomen darstellen könnte, und Michel Cazenave erwähnt in seinem Artikel neue Entdeckungen auf dem Gebiet der Psychopharmakologie, welche eine enge Beziehung zwischen der Seele und dem Körper aufzeigen.[26]

Meiner Ansicht nach weisen diese Entdeckungen vielmehr auf eine kausale Beziehung hin, auf eine Interaktion zwischen Psyche und Materie. Nur die Vorgänge von Wunderheilungen, die nicht voraussagbar sind, können meines Erachtens als synchronistische Ereignisse aufgefaßt werden. Die Tatsachen, die Cazenave hervorhebt, scheinen mir vielmehr eine andere Hypothese Jungs zu bestätigen, welche er in einem Brief im Jahre 1952 an Raymond Smythies erstmals formuliert hatte. Smythies hatte ihm über seine Hypothese der Existenz eines subtilen Körpers geschrieben, welcher sich zwischen dem Körper und der bewußten Psyche befinden würde. Jung antwortete ihm: „Zu Ihrer Hypothese sagte ich Ihnen ..., daß ich Ihren Gedanken eines perzeptiven, d.h. ‚subtilen' Körpers ausgezeichnet finde. Ihre Auffassung scheint durch die merkwürdige Tatsache bestätigt, daß einerseits das Bewußtsein fast keine direkte Information über die inneren Vorgänge des Körpers erhält und daß andrerseits das Unbewußte (d.h. Träume und andere Gestaltungen des Unbewußten) sich nur selten auf den Körper beziehen oder nur über Umwegen, nämlich in stark ‚symbolisierten' Bildern. Lange Zeit erblickte ich darin einen negativen Beweis für die Existenz eines ‚subtilen Körpers' oder wenigstens für eine seltsame Lücke zwischen Geist und Körper. Man müßte erwarten, daß die Seele unmittelbare und umfas-

26. C.A. Meier, *Experiment und Symbol*, Olten 1976.

sende Informationen über jede Veränderung im Inneren des von ihr belebten Körpers erhielte. Das dem nicht so ist, bedarf der Erklärung."[27] Jung erwähnt nun die Relativität der Zeit und des Raumes bei ESP-Phänomenen und fährt fort: „Das offensichtlich willkürliche Verhalten von Zeit und Raum bei außersinnlichen Wahrnehmungen scheint eine solche Hypothese zu fordern ... Sollen wir die Zeit-Raum-Kategorien überhaupt aufgeben, wenn es um die psychische Realität geht? Es könnte sein, daß die Psyche als unausgedehnte Intensität aufzufassen wäre und nicht als ein in der Zeit sich bewegender Körper. Man könnte annehmen, daß die Psyche allmählich von kleinster Extensität zu unendlicher Intensität aufsteigt und den Körper irrealisiert, wenn sie z.B. Lichtgeschwindigkeit überschreitet ... Wahrscheinlich werden Sie einwenden, das Paradox der ‚unausgedehnten Intensität' sei eine contradictio in adiecto. Das gebe ich zu. Energie ist Masse, und Masse besitzt Ausdehnung. Auf alle Fälle ist ein Körper, der sich mit höherer Geschwindigkeit als Licht bewegt, nicht mehr sichtbar ... Ebenso unmöglich wäre es, seine Zeit festzustellen.

Das alles ist natürlich in hohem Maße spekulativ oder sogar unverantwortlich und kühn. Doch sind die Psi-Phänomene ebenso beunruhigend und provozieren einen ungewöhnlichen Gedankensprung. Aber jede Hypothese läßt sich verantworten, insofern sie beobachtbare Tatsachen erklärt und innere Folgerichtigkeit besitzt. Von diesem Gesichtspunkt aus könnte das Hirn eine Umschaltstation sein, in der die relativ unendliche Spannung der Intensität der Psyche an sich in wahrnehmbare Frequenzen oder ‚Ausdehnungen' gewandelt wird. Umgekehrt erklärt sich das Ausbleiben introspektiver Körperwahrnehmungen durch eine graduelle ‚Psychifizierung', d.h.

27. C.G. Jung, *Briefe*, Bd. II, Olten 1972, S. 252.

Intensivierung auf Kosten der Ausdehnung. Psyche = höchste Intensität auf kleinstem Raum."[28] Diese Idee einer letzten Einheit von physischer und psychischer Energie, welche sich nur durch ihre Schwingungsgrade oder ihre Intensität unterscheiden würde, könnte sehr gut die psychosomatischen Beziehungen erklären, auf die Cazenave hinweist, aber letztere müßten vielmehr als Interaktion und weniger als synchronistische Phänomene verstanden werden. Nur die sporadischen Fälle von gleichzeitigem Zusammenfallen, für die keine kausalen Erklärungen hinreichend sind, wie z.B. die Wunderheilungen, scheinen meines Erachtens zur Dimension der Synchronizität zu gehören.

Die mögliche Existenz eines intermediären oder subtilen, feinstofflichen Körpers läßt sich auch sehr gut mit dem Begriff des „Psychoiden" umschreiben, den Jung für die Charakterisierung der Tatsache verwendet, daß die Archetypen der objektiven Psyche manchmal Übergriffe in den Bereich der Materie zu machen scheinen.[29] Die Archetypen sind nicht klar voneinander abgrenzbar, sondern undeutlich und nur annähernd erkenn- und bestimmbar. „Sie sind zwar den kausalen Vorgängen beigesellt, beziehungsweise von diesen ‚getragen', begehen aber eine Art von Rahmenüberschreitungen, die ich als Transgressivität bezeichnen möchte, indem sie nicht eindeutig und ausschließlich nur im psychischen Bereich festgestellt werden, sondern ebensosehr auch in nicht psychischen Umständen erscheinen können."[30]

Das scheint wiederum die Möglichkeit eines *unus mundus* und einer letzten Einheit von physischer und psychischer Energie zu bestätigen. Es scheint mir, daß

28. C.G. Jung, *Briefe*, Bd. II, S. 253 f.
29. Ebenda, S. 254 f.
30. C.G. Jung, *Synchronizität ...*, GW 8, § 954.

der Begriff einer psycho-physischen Ganzheit, die Manifestation einer einzigen Grundenergie, in verblüffender Weise mit einer von David Bohm vorgeschlagenen Theorie zusammentrifft.[31] In seiner Perspektive ist alles im Fluß und alles *ist* Fluß – eine Sichtweise, die von vielen anderen Physikern geteilt wird. Alle Objekte, Ereignisse, Größen, Bedingungen, Strukturen usw. sind im Grunde genommen nur abstrakte Formen dieses einen globalen Flusses.[32] Ihr eigentlicher Hintergrund ist die unerkennbare Totalität dieses universellen Flusses, den Bohm die Holobewegung nennt.[33] Untrennbar davon existiert überdies unser „Gedankenfluß", welcher teilweise durch unser Gedächtnis bestimmt ist, aber auch schöpferische Momente beinhaltet, wenn eine sehr intensive Energie, die Bohm eine „intelligente Energie" nennt, neue mentale Erkenntnisse hervorbringt, von Bohm „insights" genannt.[34] Diese schöpferischen Momente gestalten unser ganzes Wesen um, vielleicht sogar unsere Gehirnwindungen.[35] Die Holobewegung (der totale Fluß) beinhaltet in seiner materiellen Dimension wie auch in unserem Bewußtsein zwei fundamentale Ordnungen: die eine entspricht derjenigen einer Evolution oder einer Ausfaltung, die andere derjenigen einer Involution (Einfaltung). Diese Begriffe von Bohm lassen sich sehr gut mit Gedanken vereinbaren, die Jung auf seinem Forschungsgebiet formuliert hat. Die Archetypen zum Beispiel wären in diesem Fall dynamische und unbeobachtbare Strukturen, welche zur involutiven Ordnung gehören würden. Wenn hingegen ein Archetyp sich als archetypisches Bild

31. Vgl. D. Bohm, *Wholeness and Implicate Order*, London 1980, passim.
32. Ebenda, S. 47 ff.
33. Ebenda, S. 49.
34. Ebenda, S. 61.
35. Ebenda, S. 149.

im Traum manifestiert, so entfaltet er sich und wird evolutiv; wenn wir darauf dieses Bild mittels einer hermeneutischen Technik in Jungschem Sinne deuten (was eine assoziative Amplifikation des Traumbildes erfordert), so entwickelt und entfaltet sich dieses Bild immer mehr. Wenn wir später die daraus gewonnene bewußte Erkenntnis wieder vergessen, so wird sie nicht einfach in unserm Gedächtnis gespeichert, sondern gemäß bestimmten Schemata wieder ins Unbewußte zurückgenommen (siehe Suzanne Langer und Bartlett):[36] dieser Umstand wird wieder von neuem eingerollt, d.h. mehr zu einer Art Hologramm als zu einem Gedankenverbund, einer Gefühlsstimmung oder Intuition.

David Bohm sagt von der Holobewegung, daß sie undefinierbar und unmeßbar sei[37] – ja, recht eigentlich *unerkennbar;* und das gilt auch für die Holobewegung des Selbst (für die Totalität der Kollektiv-Psyche). Trotzdem hat Jung anhand einer Analyse des kleinen Zeitsegments von 4000 Jahren in seinem Buch *Aion* versucht, diese Bewegung aufzuzeigen, indem er den tausendjährigen Wandel in den Manifestationen der kollektiven Psyche nachzeichnete und eine Bewegung des Selbst sichtbar machte. Eine Bewegung der inneren, zyklischen Verjüngung, die immer wieder auf denselben Punkt zurückkehrt, aber auf einer höheren Bewußtseinsstufe, d.h. eine Spiralbewegung.[38] Diese Spirale sei aber an sich nur ein ganz kleiner und spezieller, begrenzter Teil des Ganzen – da die psychische Holobewegung (das Selbst) sehr wahrscheinlich auch völlig unfaßbar sei. Die Jungsche Auffassung einer einzigen Energie, die sich in verlangsamten Frequenzen als Materie und in ihren höheren Schwin-

36. Vgl. G.J. Withrow, *The Natural Philosophy of Time*, Oxford 1980, S. 111 ff.
37. D. Bohm, *Wholeness*, S. 151.
38. C.G. Jung, *Aion*, GW 9/2, Kap. XIV.

gungen als Psyche manifestieren würde, gleicht in vielen Aspekten der Vorstellung des Ch'i der Chinesen.

Laut Tho-tse ist das „Ch'i ein nahtloses Kontinuum von Materie, bestehend aus gasförmiger Natur; eine materielle, universale Energie, die alles durchströmt und deren zwei Hauptausformungen das Yin und Yang bilden..."[39] Jung hingegen setzt den Schwerpunkt auf den psychischen und geistigen Aspekt dieser Energie, welcher sich verdichten würde, um auf materieller Ebene manifest zu werden.

Auch David Bohm setzt die Existenz eines Energie-Ozeans im Hintergrund des Universums voraus, – einem Hintergrund, der weder materiell noch psychisch wäre, sondern vollkommen transzendent. „Wir könnten schließlich sagen, daß ein Grund existiert, welcher sich einerseits hinter der Materie befindet, andererseits hinter den Tiefenschichten des Bewußtseins ..., ein einziger, gleicher Hintergrund, jedoch von höherer Dimension als diese beiden, da er weder vom einen noch vom andern Aspekt erfaßt werden könnte."[40] Laut Bohm transzendiert dieser Hintergrund sogar alles das, was er die involuierte (eingerollte) und evoluierte (ausgefaltete) Ordnung nennt. Er entspricht letztlich ganz genau dem, was Jung den *unus mundus* genannt hat, welcher jenseits der objektiven Psyche und Materie und auch außerhalb der Raum-Zeit-Kategorien existiert.[41]

Eine weitere Dimension, in der es vielleicht mehr als nur eine einfache Analogie zwischen physikalischen und

39. Zitiert bei Izutsu, „Matière et conscience dans les philosophies orientales", in M. Cazenave, Hrsg., *Science et Conscience*, S. 353 ff. u. 365.
40. Übersetzt aus David Bohm, „Issues in Physics, Psychology and Metaphysics. A Conversation with John Welwood", in *Journal of Transpersonal Psychology*, Vol. 12, Nr. 1, 1980, S. 25 ff.
41. Vgl. auch D. Bohm, „Discussion", in *Science et Conscience*, S. 108, besonders S. 119.

psychologischen Begriffen gibt, ist diejenige des „absoluten Wissens". Im Jahr 1963 hat Costa de Beauregard, ausgehend von den Informationstheorien, die Existenz eines „Infrapsychismus" postuliert, welcher mit der vierdimensionalen Welt von Einstein-Minkowski in eins gehen würde; ein Infrapsychismus, welcher ein Wissen oder eine Information aus der Übersicht über alles beinhalten würde.[42] Die gleiche Idee eines kosmischen Wissens drängt sich – wie schon Cazenave aufgezeigt hat[43] – durch die Erfahrung auf, die durch das Paradox von Einstein-Podolski-Rosen hervorgehoben wurde, da diese uns zur Annahme führt, daß das Teilchen B unvermittelt und sofort „weiß", welche Veränderungen mit dem Teilchen A vorgegangen sind, mit welchem es ursprünglich verbunden war, und dies auch bezüglich derjenigen Veränderungen, die aus der Beobachtung resultieren.

Dieses gleiche kosmische Wissen taucht schließlich auch im Gesetz der Halbwertszeit im radioaktiven Zerfall auf. Jedes zerfallende Atom weiß, wann es dies tun muß in Beziehung zum Ganzen, dem es zugehört. Wir würden dort also nicht nur eine völlig akausale *Ordnung* vorfinden, sondern diese Ordnung würde auch ein Wissen besitzen, dessen Natur wir noch tiefer erforschen müßten.

Jung hat seinerseits aufgezeigt, daß das, was wir die objektive Psyche nennen, ein Wissen besitzt, welches er das „absolute Wissen" genannt hat, weil es völlig verschieden ist vom Wissen unseres Bewußtseins. Indem er sich auf Leibniz bezieht, beschreibt Jung dieses Wissen als Vorstellungen, welche aus Bildern bestehen oder besser zu bestehen scheinen, aus simulacra ohne Subjekt.[44] Heute gibt es mehrere Physiker, welche die Existenz von

42. Olivier Costa de Beauregard, *Le second principe de la science du temps,* Paris 1963, S. 14, 75, 80, 121, 159.
43. Siehe M. Cazenave, „Synchronicité, physique et biologie", in H. Reeves et al., *La synchronicité, l'âme et la science*, passim.
44. C.G. Jung, *Synchronizität ...,* GW 8, § 927 f.

etwas wie einem *universal mind*, einem universalen Geist zugeben, aber die Meinungen sind geteilt in der Frage, ob dies nun ein bewußter oder unbewußter Geist sei. Jung nennt ihn eine „Luminosität",[45] um ihn von dem klaren und deutlicheren Licht unseres Bewußtseins abzugrenzen. An anderer Stelle nannte er diesen Geist auch „Erkenntniswolke".[46] Dieses Wissen kommt einem Gewahrsein gleich, welches einerseits viel umfassendere Informationen als unser Bewußtsein umgreift, andererseits aber nicht die gerichtete und genaue Präzision von letzterem hat. Man könnte dieses „absolute Wissen" des unbewußten Universums mit dem „fossilen Leuchten" im kosmischen Welten-Hintergrund vergleichen,[47] aber dabei handelt es sich nur um eine Metapher – ein leuchtendes Kontinuum von Wellen, das jedoch anders als die Lichter der Sterne und Sonnen wäre, welche in meinem Vergleich den Bildern eines mehr oder weniger bewußten Ichs gleichkämen. In allen diesen gegenwärtigen Begriffen eines Proto-Bewußtseins,[48] eines universalen Geistes usw. müßte die Art und Weise seines Funktionierens sowie auch die Art des Wissens, das es eventuell zu besitzen scheint, noch viel genauer erforscht werden. Es scheint mir gewiß, daß es sich dabei um ein ganz anderes Wissen als um unser gewöhnliches handelt. Auch David Bohm spricht von einer „intelligenten Energie", die in der eingerollten, involuierten Ordnung existieren würde und uns manchmal zu schöpferischen Entdeckungen befähigt, aber er präzisiert nicht, ob diese Intelligenz nun von gleicher Art wie unsere übliche bewußte Intelligenz sei.

45. C.G. Jung, *Theoretische Überlegungen zum Wesen des Psychischen*, GW 8, § 388 f.
46. Vgl. Aniela Jaffé, Hrsg., *Erinnerungen, Träume, Gedanken von C.G. Jung*, S. 311.
47. Siehe H. Reeves, „Incursion dans le monde a-causal", in ders. et al., *La synchronicité ...*, S. 15, für die Definition dieses Begriffs.
48. Vgl. R. Frétigny, „Embryologie de la connaissance" in M. Cazenave, Hrsg., *Science et Conscience*, S. 201.

Er sagt nur, daß sie vorbegrifflich sei, was sie in die Nähe des „absoluten Wissens“ von Jung rückt.

Jedenfalls werden alle wirklichen Symbole nicht vom Bewußtsein erfunden, sondern spontan durch das Unbewußte offenbart. Die archetypischen Traumbilder und die Bilder der großen Mythen und Religionen haben noch etwas von dieser wolkigen Natur des absoluten Wissens, weil sie immer mehr enthalten als das, was wir selbst mit umfassenden Deutungen bewußt erfassen können. Sie beinhalten immer einen unberührbaren und unaussprechlichen Aspekt, der uns mehr zu offenbaren scheint, als was wir effektiv wissen können. Wenn dem nicht so wäre, so würde es sich nicht um Symbole, sondern nur um Zeichen oder um linguistische Metaphern handeln. Ebenso zeigt sich auch der „Sinn“ eines synchronistischen Ereignisses nur dann, wenn wir das Geschehen symbolisch angehen, statt es nur intellektuell zu erfassen suchen.[49]

Die Physiker mißtrauen den mythologischen Bildern im allgemeinen und greifen aus diesem Grunde lediglich zu mathematischen Symbolen. Sie sind sich aber praktisch heute alle einig, daß die übliche Mathematik nicht mehr genügt, um die neuesten Entdeckungen formal zu fassen.[50] Trotzdem ignorieren die meisten von ihnen die geniale und revolutionäre Beweisführung von Kurt Goedel, der im Jahre 1931 mit einer absolut schlüssigen und völlig logischen Argumentation dargelegt hat, daß die letzte Basis jeglicher Mathematik die Reihe der ganzen natürlichen Zahlen ist (1, 2, 3 usw.) und daß diese Basis eine *irrationale* ist.

49. Siehe das Beispiel der *Cetonia Aurata* in C.G. Jung, *Synchronizität ...*, GW 8, § 843.
50. Siehe Bohm, Dirac.

Sie läßt sich nicht von irgendwelchen mathematischen oder logischen Grundsätzen ableiten oder subsumieren. Die Reihe der ganzen Zahlen stellt einen Bereich von natürlichen Gegebenheiten dar, die wir als solche erforschen müßten, d.h. ähnlich wie z.B. Tiere oder Metalle.[51] Sie beinhaltet eine Unendlichkeit von möglichen Feststellungen, die noch zu entdecken wären. Was können wir nun aus dieser Entdeckung folgern?

Goedel selber war zum Schluß gekommen, daß die Mathematiker zu einer platonischen Auffassung der Zahl zurückkehren müßten (was auch heißt einer pythagoräischen). Unabhängig von Goedel hat Werner Heisenberg dasselbe postuliert: auch die Physiker sollten zur Erforschung der Zahl in einen pythagoräischen Rahmen und Kontext zurückfinden. Seinerseits unterstreicht David Bohm ebenfalls, daß die heutige Mathematik nicht mehr ausreichend sei.[52] Er fordert die Erfindung oder Entdeckung einer neuen Algebra – nicht einer Algebra der Holobewegung, da diese unfaßbar sei, aber einer neuen Sub-Algebra, um gewisse vernetzte Probleme zu erforschen, und er schließt mit folgenden Worten: „In letzter Instanz könnte es sogar sein, daß gewisse Arten von viel allgemeinerer Mathematisierung wichtig werden könnten."[53]

Ohne über diese erst kürzlich gemachten Entwicklungen informiert sein zu können, hat Jung dasselbe Problem der ganzen Zahlen aufgegriffen, weil er entdeckt hatte, daß beinahe alle divinatorischen Techniken, welche auf der Idee der Synchronizität beruhen, die ersten ganzen Zahlen benützen, um ihre Voraussagen zu machen. Jung hat deshalb vorgeschlagen, die Zahl als einen

51. Siehe M.-L. von Franz, „Sinn und Ordnung", Beitrag XI in diesem Buch S. 335.
52. D. Bohm, *Wholeness*, S. 160 ff.
53. Ebenda, S. 165 f. Übers. d. Hrsg.

Ordnungsarchetypus anzusehen, der im Begriff ist, bewußt zu werden. Er sei die primitivste oder grundlegendste Manifestation eines Archetypus oder eines archetypischen Prozesses.[54]

Da wir heute überall viel eher Prozesse als Strukturen oder statische Ordnungen sehen, habe ich vorgeschlagen, auch die Zahlen unter diesem Aspekt zu betrachten: *als Rhythmus-Konfigurationen der psychischen Energie.*[55] Heute hört man die Physiker manchmal von einem „Proto-Bewußtsein" in der inorganischen Materie sprechen. Ich möchte nun vorschlagen, daß dieses Proto-Bewußtsein in einem „Zählvermögen" besteht. Das wäre ein erster Schritt auf dem Weg zur genaueren und schärferen Präzision der Luminosität vom „absoluten Wissen", eine erste Individualisierung innerhalb des „fossilen Leuchtens", des diffusen Wissens des unus mundus. Soweit uns heute bekannt ist, können die kleinsten Elementarteilchen wie die Quarks, die Protonen, die Mesonen, die Baryonen usw. „zählen"; sie setzen sich zu Hexagonen, zu Dreiergruppen, zu Achtergruppen usw. zusammen. Dieses „Zählvermögen" scheint aber nicht unserem üblichen zu entsprechen, sondern vielmehr demjenigen eines primitiven Hirten, der – obwohl er nicht weiter als auf drei zählen kann – sofort festzustellen vermag, ob seine Herde von 137 Schafen vollständig ist oder nicht. Wie Kreittner postuliert hat, besitzt der Mensch einen unbewußten „numerischen Sinn", und sehr wahrscheinlich ist es dieser Sinn, den die Elementarteilchen auch besitzen. Von den Zahlen in der subatomaren Dimension bis zum ersten einzelligen Wesen und seiner genetischen Programmierung, die auch numerisch ist, würde sich also ein

54. Zu diesem Thema siehe M.-L. von Franz, *Zahl und Zeit*, passim.
55. Die Formulierung dieser Idee stammt von mir, sie ist aber aus den Gedanken Jungs abgeleitet.

langer Weg erstrecken. Aber es scheint ein periodisches Wiederauftauchen der ersten einfachen Zahlen zu geben. Besonders bedeutungsvoll ist meines Erachtens, daß z.B. die numerische Ordnung des *I Ging*, des chinesischen Orakels, dieselbe numerische Gesetzmäßigkeit aufweist wie der genetische Code. Ich habe diese Feststellung erstmals im Jahre 1968 publiziert, aber sehr bald danach sind andere auf dieselbe Entdeckung gestoßen.[56] Die Idee lag „in der Luft" – ein Beispiel für Synchronizität!

Beim Versuch, die Zahlen als irrationale Größen der Natur wie seltsame animalia zu erforschen, schien es mir notwendig, sie nicht mehr als statische Strukturen aufzufassen, sondern als Rhythmuskonfigurationen der psychischen Energie – heute würde ich hinzufügen: der *psycho-physischen* Energie. Als numerisches Äquivalent des unus mundus habe ich den Begriff *Einskontinuum* vorgeschlagen, in welchem alle Zahlen (die Einheit darin miteingeschlossen), Rhythmuskonfigurationen wären.

Ein zweiter Aspekt scheint mir in diesem Zusammenhang erforschenswert: die Beziehung der Zahl zur Zeit. Die alten Chinesen haben die Zahlen nicht als Mengenbezeichnungen betrachtet (das waren sie zwar auch, was aber keine große Bedeutung besaß). Für sie waren die Zahlen vielmehr Indikatoren gewisser qualitativer Zeitphasen des Ganzen. Die Zahlen dienten vor allem dazu, die verschiedenen Zustandsformen der Einheit oder vielmehr der Ganzheit darzustellen.

Bei dieser qualitativen und zeitlichen Betrachtung der Zahlen stellt sich genau wie innerhalb der quantitativen Perspektive das Problem des Kontinuierlich-Diskontinuierlichen. (Das, was ich das Einskontinuum genannt habe, ist für die Chinesen die Zahl 11, die Zahl des Tao, weil sie „die Eins der Zehn" ist). Zwischen der Eins und

56. Siehe M.-L. von Franz, *Zahl und Zeit*.

der Zwei gibt es den Sprung von der Ungeraden zur Geraden, zwischen der Zwei und der Drei den Sprung zur ersten Primzahl, und mit der vier gelangen wir zur ersten quadratischen Zahl usw. Die Reihe der ganzen natürlichen Zahlen stellt deshalb etwas Diskontinuierliches dar, sie ist aber auch, wie ich gezeigt habe, ein Einskontinuum.

David Bohm hat seinerseits darauf hingewiesen, daß die partielle Holobewegung der Involution und Evolution nicht kontinuierlich ist, und daß das Kontinuum nur auf die eingerollte oder involuierte Ordnung des Ganzen angewendet werden kann.[57] Ich würde sogar meinen, daß eine Mathematik von continua ohne Retuschen und mit Verschweigen der unendlichen Werte nur für eine Symbolisierung des unus mundus angewendet werden könnte: denn alle Phänomene, die wir zur Zeit beobachten können, besitzen einen diskontinuierlichen Aspekt, wobei Diskontinuität oder Diskrimination zum Wesen des Ichbewußtseins gehört.

Kehren wir aber zu den synchronistischen Ereignissen und den divinatorischen numerischen Techniken zurück, welche deren „Sinn“ zu erforschen suchen.

Jung hat betont, daß der „Sinn“ ein transzendenter Begriff ist, den wir bewußt nicht definieren können,[58] und er zitiert Laotse und Tschuangtse, die die Unmöglichkeit einer Beschreibung oder eines Erfassens des Tao hervorgehoben haben. Der „Sinn“ eines synchronistischen Phänomens hat offensichtlich teil an der Natur des „absoluten Wissens“ des Unbewußten, welches aber nur eine „Erkenntniswolke“ für unsere bewußte Intelligenz ist. Das Erkennen des „Sinnes“ kommt deshalb nicht

57. D. Bohm, „Discussion“, in M. Cazenave, Hrsg., *Science et Conscience,* S. 113, siehe auch S. 107.
58. Siehe u.a. C.G. Jung, *Synchronizität,* GW 8, § 905.

einem einfachen Anhäufen von Informationen oder Kenntnissen gleich; es ist vielmehr eine erlebte Erfahrung, die ebenso das Herz wie den Verstand berührt. Sie scheint uns eine Erleuchtung von großer Klarheit zu sein und gleichzeitig auch etwas Unfaßliches – eine Fulguration, um den Ausdruck von Leibniz zu verwenden (welcher ihn für die schöpferischen Taten der göttlichen Monade verwendet). Das logisch-deduktive Denken zeigt sich nur sehr selten in diesem Erkennen des Sinnes, denn der „Sinn", so wie ihn Jung versteht, ist keineswegs dasselbe wie der Gang des diskursiven Denkens, das auf einer mathematisch-logischen Ordnungsstruktur beruht. Das Erkennen des Sinnes ist ein „Quanten-Sprung" in der Psyche.

Der „Sinn" eines synchronistischen Geschehens ist jedoch nicht mit dem „absoluten Wissen" identisch, weil es sich bei erstem um eine punktuelle und zeitbedingte Erkenntnis bezüglich eines bewußten Individuums in einem gewissen Lebensmoment handelt. Eine solche Erkenntnis, die mit einem schöpferischen Akt zusammenfällt, den die synchronistischen Phänomene darstellen, ist *ein psychisches Geschehen*, ein Erlebnis, dessen Inhalt oft eine heilende oder auch destruktive Wirkung zeitigt. Wenn sie Heilung bringt, so wird selbst das größte Leiden tragbar, weil wir dann einen Sinn dahinter sehen können. Der Sinn verbindet uns mit dem Numinosen – dem Sinn des Ganzen – dem Tao, und setzt uns gewissermaßen wieder an unseren rechten Platz innerhalb dieser Ganzheit. Er gibt uns ein Gefühl „für das, was recht ist, so wie es ist" – eine Wiederaussöhnung mit dem Leben *und* dem Tod, mit der Freude *und* dem Leiden, mit dem Widerstreit *und* dem Frieden. Es handelt sich dabei nicht um ein Nirvana, um ein geistiges Jenseits, sondern vielmehr um ein vollständiges Annehmen dessen, was ist. Für Jung sind Individuation und Erkenntnis des Sinnes dasselbe, da Individuation das Finden des *eigenen* Sinnes bedeutet, was nichts anderes ist als die eigene Verbindung mit dem universellen Sinn. Es handelt sich um etwas ganz anderes als all das, was man heute mit den Begriffen „Information", kosmische „Super-Intelligenz" oder universeller Geist bezeichnet, denn das Gefühl, die Empfindung, die Emotion, die Ganzheit der Person sind darin miteinbezogen. Diese plötzliche und erleuchtende Verbindung, die uns in der Begegnung mit einem synchronistischen Ereignis berührt, stellt – wie Jung sehr gut beschrieben hat – eine momentane Vereinigung von zwei psychischen Zuständen dar: einem bewußten Zustand unseres Bewußtseins, welcher sich innerhalb des logisch-deduktiven Gedankenflusses bewegt und einem kontinuierlichen Wahrnehmungsprozeß, aus dem unsere Vorstellung der sogenannt materiellen und äußeren Welt entsteht, und einer Tiefenschicht, wo sich der „Sinn" des Ganzen im Bereich des „absoluten Wissens" befindet. Deshalb empfiehlt jede divinatorische Technik, die auf dem Prinzip der Synchronizität aufgebaut ist (z.B. der *I Ging*), zuerst das Bewußtseinsfeld zu leeren, um gewissermaßen die Türe zu öffnen für den Einbruch einer „Sinndimension". Deshalb betonen die chinesischen Philosophen auch, daß jemand, der vollständig und immer in Verbindung sei mit dem Tao, den *I Ging* nicht mehr zu konsultieren brauche. Tatsächlich hat auch Jung an seinem Lebensende aufgehört, den *I Ging* zu befragen, weil er – wie er mir eines Tages erzählte – jeweils schon vorher „wußte", welcher Art die Antwort sein würde.

Wie jede Idee hat auch diejenige eines „Sinnes" ihr Gegenteil, und zwar dasjenige des Un-Sinnes oder Nicht-Sinnes (im Sinne des englischen Non-Sense: einem absurden Chaos). Es gibt Kausalitätsketten, welche uns völlig sinnlos vorkommen (wie z.B. die Maschinen von Tinguely), aber es gibt auch zufällige Koinzidenzen, die überhaupt keinen Sinn ergeben. Man muß sich deshalb davor hüten, in alle möglichen Dinge einen synchronistischen Sinn hineinzudeuten, wo gar keiner vorhanden ist, wie Jung betont hat. Ich habe an anderer Stelle darauf hingewiesen, daß hier eine Gefahr für Schizophrene besteht.[59] Wie können wir also den Sinngehalt eines synchronistischen Geschehens entziffern, ohne in abergläubische Haltungen oder absurde Magik zu fallen? Die alten Alchemisten haben zwischen einer imaginatio vera und einer imaginatio phantastica unterschieden, was Jung weiter ausführt, indem er den Kontrast zwischen der angemessenen, notwendigen Amplifikation oder der disziplinierten Imagination mit der beliebigen, unumschränkten Assoziation betont.[60] Letztere wird durch das Ich gemacht, während die erste sich in einem Offensein der Botschaft gegenüber innerhalb einer archetypischen Struktur entwickelt, welche uns ihrerseits die „richtigen" Assoziationen nahelegt. Dieser Prozeß zeigt sich auf die einfachste Art bei den archetypischen Strukturen der ganzen Zahlen. Die Schlußfolgerung, daß die Sechs eine sogenannt vollständige Zahl ist (1 x 2 x 3 = 1 + 2 + 3), drängt sich unserem bewußten Denken auf, ob wir nun wollen oder nicht. Im Bereich des mythischen Denkens scheint es ganz ähnliche Gesetzmäßigkeiten zu geben. In seinem Buch *The Hero with a Thousand Faces* hat Joseph Campbell sehr gut die „Kategorien" oder Unter-Mythologeme herausgearbeitet, die regelmäßig zur Struktur eines Heldenmythos gehören.[61] Wenn eine Erzählung mit der Beschreibung eines unfruchtbaren oder alten Paares beginnt, das sich ein Kind wünscht, *so ist es unmöglich*, daß die Geschichte nicht mit dem Motiv einer übernatürli-

59. Siehe „Sinn und Ordnung", S. 335 ff. in diesem Buch.
60. A. Jaffé, Hrsg., *Erinnerungen, Träume, Gedanken von C.G. Jung*.
61. Joseph Campbell, *Der Heros in tausend Gestalten*, Frankfurt 1978.

chen Geburt eines Kindes oder eines Wunderkindes oder eines halbgöttlichen oder monsterhaften Kindes weiterführt. Es läßt sich keine Ausnahme finden! Wenn andrerseits eine Figur in einer Erzählung Symptome von Inflation gegenüber dem Göttlichen zeigt, so wird dieses Wesen immer gedemütigt, bestraft oder zerstört – auch hier gibt es keine Ausnahmen! Im Rahmen eines Traumes ist es schwieriger, bildhafte Logik zu entdecken. Aber es ist mir schon oft passiert, daß ein Analysand eine kleine Episode eines Traumes verschweigt, und daß ich es gemerkt habe, weil meines Erachtens ein „Loch" in der internen „Logik" des Traumes existierte. Hier gibt es noch sehr viel zu erforschen. Es scheint mir jedoch gewiß, daß es nicht nur logisch-mathematische Gesetzmäßigkeiten gibt (durch den Ordnungsarchetypus der Zahlen hervorgebracht), sondern auch bestimmte logische Gesetzmäßigkeiten im Bereich der mythischen und traumhaften Assoziationen. (Vielleicht hat dieses Phänomen mit der Spezialisierung der zwei Gehirnhälften zu tun.) Der „richtige" Gedanke in einem mythischen Kontext ist derjenige, der den „notwendigen Verwicklungen" folgt – dann nämlich ist er derjenige, der uns am nächsten zur Erkenntnis des „Sinnes" führt.

In historischer Sichtweise waren diese zwei Logiken (die mathematische Logik und die mythologische oder bildhafte Logik) nicht immer so getrennt, wie sie es heute sind. In der pythagoräischen Arithmetik waren Zahlen und Bilder eng miteinander verbunden. Dies ist ebenfalls der Fall beim *I Ging*. Erst die fortschreitende „Entmythologisierung" der modernen Mathematik hat dazu geführt, daß diejenigen Wissenschaften, die auf einer formalisierten Mathematik beruhen, den Geisteswissenschaften getrennt gegenüber stehen. Aus diesem Grunde ist der Synchronizitätsbegriff von Jung so schockierend, denn er vereint auf höherer Ebene die zwei Bereiche wieder. Mit der statistischen Mathematik, die heute angewendet wird, kann man der Synchronizität nicht näher kommen, wie dies Hubert Reeves sehr zu Recht betont hat.[62] Wenn es zufällig (!) funktioniert, so wird damit nichts anderes bewiesen, als die Unabhängigkeit des Synchronizitätsprinzips.[63]

Die chinesische Mathematik ist meines Erachtens viel besser in der Lage, uns ein Handlungsinstrument zu geben, um dieses schwer faßbare Prinzip zu verstehen. Aber was können wir im Grunde genommen tun, um *experimentell* die Synchronizität zu erforschen, welche an sich so unregelmäßig ist und aus unvorhersehbaren schöpferischen Momenten besteht?

Die numerischen Divinationstechniken wollen nicht vorgeben, die synchronistischen Ereignisse als solche voraussagen zu können, aber sie geben vor, die allgemeine Qualität der Zeitphasen voraussagen zu können, innerhalb welcher gewisse synchronistische Ereignisse stattfinden können.

Es gibt vielleicht doch eine Möglichkeit, welche Jung zu seinem Lebensende noch hat umreißen, vor seinem Tod aber nicht mehr hat verwirklichen können. Er bildete eine Gruppe von Schülern, die sich folgender Aufgabe annahm:

Man suchte gewisse Menschen in einer relativ entscheidenden Lebenssituation (nach einem Unfall, im Verlaufe einer Scheidung usw.), wo die Aktivierung eines Archetypus zu vermuten war. Von ihnen erstellte man darauf ein Horoskop der Transite, ließ sie den *I Ging*

62. Vgl. H. Reeves, „Incursion dans le monde a-causal", in ders. et al., *Synchronicité, l'âme et la science*, S. 19.
63. Meines Erachtens hat Reeves das astrologische Argument von Jung mißverstanden, welches er ablehnt. Nun beweist Jung selber, daß die Statistik in diesem Bereich nicht funktioniert, sondern im Gegenteil durch die Synchronizität „verfälscht" wird. Er bestätigt also im Grunde genommen genau die Meinung von Reeves.

konsultieren, den Tarot, den mexikanischen Kalender,[64] das geomantische Orakel, untersuchte die Träume vor und nach dem Unfall usw. – um dann zu erforschen, ob die Ergebnisse dieser verschiedenen Techniken zusammenfallen oder nicht. Es würde sich hier um eine Umkehrung oder um ein komplementäres Vorgehen zum üblichen, klassischen Experiment der modernen Wissenschaften handeln. In letzteren werden dieselben Ereignisse immer wieder von neuem wiederholt, um zu beobachten, ob die Meßwerte zusammenfallen. Im Gegensatz dazu wird hier ein einziges Ereignis mit einer Vielzahl von verschiedenen Techniken beobachtet.

Michel Cazenave zitiert in seiner Studie eine Bemerkung von Jung aus einem seiner Briefe an Wolfgang Pauli über das Unbewußte.[65] Wenn man sich in die Position eines menschlichen Beobachters stellt, so handelt es sich „um eine unbewußte, absolute Dimension, in der unzählbare Beobachter denselben Gegenstand betrachten"; wenn man hingegen versucht, bei seinen Betrachtungen vom Selbst auszugehen (vom Archetypus der Ganzheit), so gibt es nur *einen* Beobachter – der im kollektiven Unbewußten situiert ist –, „welcher eine unzählbare Menge von Gegenständen beobachtet". Die erste Position ist innerhalb der Wissenschaften die übliche, wo zum Beispiel eine große Zahl von Psychologen dasselbe psychologische Phänomen beobachten (wobei sie vom selben kollektiven Unbewußten umfangen sind). Das führt zu einer übereinstimmenden Beschreibung des Phänomens. Das komplementäre Vorgehen, welches ich oben erwähnt habe, besteht in der Erforschung *eines* Ereignisses durch die Übereinstimmung – falls sie eintrifft – einer

64. Siehe José Zavalas Beitrag „Quelques aspects de la sychronicité", in M. Cazenave, Hrsg., *Science et Conscience*, S. 253.
65. C.G. Jung, *Briefe*, Bd. I, 29. Okt. 1934, S. 226.

Vielzahl von Methoden, mittels derer man zu verstehen sucht, was das Selbst über dieses Ereignis „denkt“. Leider hat die von Jung zusammengestellte Gruppe ihre Forschung nicht weitergeführt. Es müßte ein Institut mit gewissen befähigten Forschern und finanziellen Mitteln geben, damit diese Idee wiederaufgenommen werden könnte.

Die allgemeinen sehr vagen Formulierungen der divinatorischen Techniken gleichen den erwähnten „Erkenntniswolken“, aus denen sich laut Jung das „absolute Wissen“ zusammensetzt. Sie zeigen immer nur Fragmente und nie den vollständigen Sinn, der unerkennbar bleibt. Wenn es sich um das Leben eines einzelnen handelt, so können wir sehr wahrscheinlich nie wissen, woher er kommt und wohin er geht nach seinem Tod, und welches der globale Sinn seiner Existenz gewesen ist. Aber mit den erwähnten Methoden und besonders mit der Traumdeutung können wir immerhin einige Substrukturen des übergeordneten, totalen Sinnes erahnen; wir können zum Beispiel sehen, warum jemand diese oder jene Frau geheiratet hat, weshalb er einen Unfall erlitten hat, der einem ganz zufällig vorkommen könnte. In den ersten Kindheitsträumen finden wir oft das symbolische pattern (das Modell) eines ganzen Lebensabschnittes eines Menschen. Aber es handelt sich hier um eine Art „Wetterleuchten“, welches für kurze Augenblicke einen Teil der nächtlichen Landschaft erhellt – um die Erkenntnis eines bruchstückhaften Sinnes, der uns aber die Existenz eines viel größeren Sinnes erahnen läßt, auch wenn dieser für unser bewußtes Ich völlig unfaßbar ist. Mit dem Begriff der Synchronizität geht die Psychologie gewissermaßen über sich selber als reine Wissenschaft hinaus. Wie Jung jedoch hervorgehoben hat, tut dies jede Wissenschaft in ihrem begrenzten Bereich. So wird also die „Wissenschaft“ selber zu einem Teil des

Individuationsprozesses und nicht mehr nur eine spezifische Beschäftigung unserer bewußten Intelligenz. Diesen Betrachtungen zufolge ist es meines Erachtens nicht möglich, den Begriff der Synchronizität in den Corpus der heutigen Wissenschaft einzufügen. Wir befinden uns mit ihm vielmehr an der Schwelle einer radikalen Transformation der Wissenschaften selber, einer Wandlung, die sie nicht überflüssig macht oder abschafft, sondern an ihren „rechten" Platz weist innerhalb einer Auffassung der Wirklichkeit, die viel umfassender ist. Ein allgemeines Akzeptieren des Synchronizitätsbegriffes wird schlußendlich vom universalen Selbst und seinen schöpferischen Synchronizitätsereignissen abhängen. Mit anderen Worten davon, ob die Begriffe der Synchronizität und der Individuation ihren Platz im schöpferischen Plan der allgemeinen Evolution der westlichen Wissenschaften haben. Gewiß scheint mir die Tatsache zu sein, daß die Erforschung eines Sinnes ein viel vitaleres Problem für uns darstellt als die Erforschung von Teil-Informationen. „Ohne das reflektierende Bewußtsein des Menschen", schreibt Jung, „ist die Welt von gigantischer Sinnlosigkeit, denn der Mensch ist nach unserer Erfahrung das einzige Wesen, das Sinn überhaupt feststellen kann".[66]

66. C.G. Jung, *Briefe*, Bd. III, 10. März 59 (Neumann), S. 239 ff.

XI. Sinn und Ordnung

Über Berührungspunkte und Unterschiede zwischen Tiefenpsychologie und Physik

In seiner Abhandlung über die Synchronizität führt C.G Jung zwei neue Begriffe in die Tiefenpsychologie ein, die die Welt des sogenannten Zufalls betreffen. Der eine ist der Begriff des „akausalen Angeordnetseins", der andere der des „synchronistischen Ereignisses". Ersteres bedeutet ein reguläres allgegenwärtiges einfaches Vorhandensein, wie etwa die spezifische Geschwindigkeit des Lichts, die Quantisierung der Energie, die Halbwertszeit des radioaktiven Zerfalls oder andere Konstanten in der Natur. Da wir für diese Regelmäßigkeiten keine Ursache angeben können, drücken wir dieses einfache Sosein mit einer Zahl aus, die jedoch auf einer willkürlich ausgewählten Raum-Zeit-Länge beruht. Theoretisch könnte man ein Energiequantum 1 nennen, und dann 2, 3, 4 usw. hinzufügen, aber das wäre wegen der Kleinheit von h völlig unpraktikabel. Solches akausales Angeordnetsein gibt es nicht nur im Bereich der Physik; wir finden es auch im menschlichen Geist vor bzw. in der Seele. Das einfachste Beispiel dafür sind die natürlichen Zahlen, denn hier haben wir auch ein einfaches Sosein in Form einer Feststellung, die wir über eine Anzahl machen müssen. Jung nennt das die „Methode der notwendigen Aussage".[1] Ein Beispiel dafür wäre die Aussage, daß 6

1. C.G. Jung, *Erinnerungen, Träume, Gedanken*, S. 313.

eine sogenannt vollkommene Zahl ist, weil 1 + 2 + 3 das Gleiche ergibt wie 1 mal 2 mal 3. Das ist eine offensichtliche Tatsache, für die wir keine „Ursache" angeben können, die dieses Ergebnis „hervorbringt". Wir könnten nur sagen, daß es so ist, weil 6 die Summe von 1, 2 und 3 ist, aber das wäre eine reine Tautologie.

Auf dem Gebiet der Traumdeutung ist diese Methode der notwendigen Aussagen dasselbe wie das, was Jung häufiger „Amplifikation" nennt. Hierbei gehen wir auch nicht willkürlich vor, indem wir uns unserer subjektiven Phantasie überlassen, sondern wir gebrauchen die von Jung so genannte „disziplinierte Imagination", um die Assoziationen zu einem Bildsymbol zu finden. Wir können zum Beispiel nicht sagen, daß Circe in der Odyssee eine wohlwollende Mutterfigur ist, weil der Kontext das widerlegt. Im Reich der natürlichen Zahlen scheinen Feststellungen von Verbindungen wie 2 + 2 = 4 sogar noch zwingendere „notwendige" Aussagen zu sein als solche über mythologische Bilder. Daher ihre Verbindung mit Logik und mathematischer Beweisführung. Moderne Mathematiker haben versucht, ihre Disziplin logisch so wasserdicht wie möglich gegen psychologische Implikationen zu machen, weil sie letztere als rein subjektiv betrachteten,[2] während sie glaubten, mathematische Logik habe mit einer rein objektiven, wahren, nichtpsychologischen Wirklichkeit zu tun.[3] Sie befaßt sich mit einer Wahrheit, die allen Beobachtern dient.[4] Für Gottlob Frege zum Beispiel ist die Feststellung 1 + 2 = 3 = 6 : 2 = 3 absolut identisch! Sie wird als das Ergebnis einer formulierten Relation betrachtet, und es ist letztere, die

2. Siehe z.B. Gottlob Frege, *Grundgesetze der Arithmetik* (Neudruck), Hildesheim 1962, S. VII und XIV ff.
3. Ebenda, S. XVII, S. XVIII.
4. G. Frege, *Funktion, Begriff, Bedeutung,* Vandenhoeck 1975, S. 17 f., 44 f., ebenso S. 83.

zählt. Selbst wenn ich in der Mathematik sage, eine Zahl sei 4, meine ich damit „nichts anderes als vier". Die Zahlen selbst können allerdings nicht definiert werden, aber sie sind von „einfacher Logik".[5]

Im Jahr 1931 brachte Kurt Goedel all diese früheren Versuche, letzthin gültige, sichere Formulierungen für die Mathematik aufzustellen, definitiv zu Fall.[6] Er zeigte, daß „jedes logische System, innerhalb dessen Arithmetik entwickelt werden kann, im wesentlichen unvollständig ist. Mit anderen Worten, ausgehend von irgendeinem folgerichtigen Satz von arithmetischen Axiomen gibt es wahre arithmetische Axiome, die nicht aus dem Satz ableitbar sind."[7] Goedels Beweis ist zu kompliziert, um ihn hier zu erklären. Kurz gefaßt arithmetisierte er alle formalen Feststellungen der Mathematik in einmalige spezifische Zahlen. Dann zeigte er, „daß die Arithmetik unvollständig ist in dem transparenten Sinne, daß es immer wenigstens *eine* arithmetische Wahrheit gibt, die nicht von den arithmetischen Axiomen abgeleitet und doch durch ein meta-mathematisches Argument außerhalb des Systems aufgestellt werden kann ... im Gegensatz zu früheren Annahmen, der ‚riesige' Kontinent der arithmetischen Wahrheit könne nicht dadurch in eine systematische Ordnung gebracht werden, daß man ein für allemal einen festen Satz von Axiomen benennt, aus dem alle wahren arithmetischen Feststellungen ableitbar wären." Unser kreatives Denken könnte jedoch immer neue mathematische Sätze durch „informelles" meta-mathematisches Denken aufstellen.[8] Die natürlichen

5. Ebenda, S. 67
6. Siehe Hermann Weyl, *Philosophy of Mathematics and Natural Science*, Princeton 1945.
7. Zitiert aus E. Nagel und J.R. Newman, „Goedels Proof", in *Scientific American*, June 1956, S. 81. Ich verdanke die Kenntnis dieses Artikels dem freundlichen Hinweis von Dr. Willy Just.
8. Ebenda, S. 86.

Zahlen, die Grundlage der Arithmetik, bilden mit anderen Worten eine teilweise irrationale Basis für unser rationales Denken.

In bezug auf die Reihe der natürlichen Zahlen, die die Grundlage aller Mathematik ist, bemerkt Weyl deshalb, daß sie zu unserer Überraschung einen Aspekt des „Abgründigen" hat, obwohl wir glauben, daß sie nur ein Konstrukt unseres Geistes sei.

Dieses Element des Abgründigen bei den Zahlen (was bedeutet, daß sie nicht logisch durchscheinend sind) beruht nach Jung darauf, daß sie archetypische Symbole sind.[9] Sie sind zugleich Individuen und haben einen Aspekt des einfachen Soseins, den man zwar ignorieren kann, wie es die Mathematiker meistens tun, der aber in unserem Kopf trotzdem existiert. Von diesem Blickwinkel aus betrachtet, waren die meisten früheren Mathematiker so etwas wie Theologen der Zahlengötter. Sie teilten ihren Widerstand gegen die Psychologie mit den „anderen" Theologen! Sie argumentieren aus den „notwendigen Aussagen" heraus, die von den Archetypen induziert werden, aber sie ignorieren die begleitenden psychologischen Erfahrungen, die sie als rein subjektiv betrachten.

Jung geht einen Schritt weiter und nennt die Zahl einen „Archetyp der Ordnung, der bewußt geworden ist".[10] Sie ist darum das prädestinierte Werkzeug, um Ordnung zu schaffen oder ein schon existierendes, aber noch unbekanntes reguläres Arrangement oder „Angeordnetsein" zu begreifen.

Seit Archimedes' Zeiten und später, in viel größerem Ausmaß aber besonders seit Galilei, hat sich auch die Physik darauf konzentriert, die meßbaren Aspekte der

9. A. Jaffé, Hrsg., *Erinnerungen, Träume, Gedanken von C.G. Jung*, S. 313.
10. Siehe C.G. Jung, *Synchronizität als ein Prinzip akausaler Zusammenhänge*, GW 8, § 870.

äußeren, sogenannt natürlichen Wirklichkeit und damit ihre Mathematisierung zu erforschen. Und es funktioniert! Die mathematischen Formen der Ordnung, mit denen sich der Geist eines Physikers beschäftigt, stimmen „wunderbarerweise" mit experimentellen Messungen überein. Das absolute Differentialkalkül zum Beispiel, das in der Phantasie des Mathematikers Riemann geboren wurde, wurde später *das* mathematische Werkzeug für Einsteins Relativitätstheorie und ihre Anwendung.[11] Das brachte Eugene Wigner dazu, von einer „unvernünftigen Effektivität der Mathematik in den Naturwissenschaften" zu sprechen.[12]

Heutzutage interessieren sich die Physiker hauptsächlich für das Konzept der Ordnung; sie sind sich auch vollkommen dessen bewußt, daß dies untrennbar mit der Tätigkeit ihres eigenen Geistes verbunden ist. Ihre Gleichungen werden nicht mehr als objektive, genaue Abbilder der materiellen Wirklichkeit verstanden, sondern nur als eine strukturell genaue Beziehungsverbindung. Wie die Mathematiker sehen sich auch die Physiker nicht mehr groß nach den Zahlen um, sondern verwenden meistens Algebra oder Topologie, weil diese die logischen Abstraktionen aus den Zahlen-Beziehungen und weniger irrational als die individuellen Zahlen selbst sind. Sie drücken meist Beziehungen aus, die für *alle* Zahlen gelten (z.B. wenn $a + b = c$, dann ist $a = c - b$). Von diesem Blickwinkel aus gesehen ist Algebra eine Art „Gruppenpsychologie" der Zahlen, und die Topologie befaßt sich mit ihrer möglichen Räumlichkeit, indem sie als Anordnung von Punkten in einer Vielfalt von möglichen Verbindungen betrachtet werden.

11. Siehe Tobias Dantzig, *Number: The Language of Science*, New York 1954, S. 234.
12. Eugene Wigner, *Symmetries and Reflections*, Cambridge Mass. 1970.

Eine archetypische Vorstellung beinhaltet jedoch immer auch einen Sinn. Wenn wir annehmen, daß „die Zahl ein Ordnungs-Archetyp ist, der bewußt geworden ist", dann besitzt sie auch eine vorbewußte, verborgene Realität, die unbestimmbar wäre. Nur wenn sie bewußt geworden ist, fühlen wir uns genötigt, die Eins mit Namen wie Einheit, die Einheit, All-Einheit, Individualität, Nicht-Dualität, Zahl-Einheit usw. zu benennen, oder über die Zwei zu sagen, daß sie die halbierte Eins, verdoppelte Eins, die Dualität, Unterschiedenheit, Nicht-Einmaligkeit usw. ist. Es steht unserem Geist in keiner Weise frei, aufs Geratewohl über eine bestimmte Zahl zu spekulieren; was wir über sie sagen, ist durch die Konzeption der Einheit, Zweiheit und ihrer Implikationen bestimmt und begrenzt.[13]

Unter den „notwendigen Aussagen", die von den Zahlen hervorgerufen werden, ist nur ein Teil das, was man mathematische Logik nennt. (Letztere gebraucht für ihre Operationen z.B. nur die Feststellung: Eins ist eine Zähleinheit – und ignoriert die andern). Wir könnten sagen, daß die Mathematik mit dem geistigen „akausalen Angeordnetsein" zu tun hat, das auf den Zahlen beruht; die Physik befaßt sich dagegen mit dem „akausalen Angeordnetsein" in der Natur, wie der Lichtgeschwindigkeit und der Halbwertszeit der Radioaktivität, die auch mit Zahlen bezeichnet werden können. Aber haben sie auch einen Sinn? Jung schreibt: „Der Begriff der ‚Ordnung' ist nicht identisch mit dem des ‚Sinnes'. Auch ein organisches Wesen ist trotz seiner in sich selbst sinnvollen Anordnung nicht notwendigerweise sinnvoll im Gesamtzusammenhang. Wäre die Welt z.B. im Oligozän zu Ende gekommen, so hätte sie für den Menschen keinen Sinn gehabt. Ohne das reflektierende Bewußtsein des Men-

13. A. Jaffé, Hrsg., *Erinnerungen, Träume, Gedanken von C.G. Jung*, S. 313.

schen ist die Welt von gigantischer Sinnlosigkeit, denn der Mensch ist nach unserer Erfahrung das einzige Wesen, das ‚Sinn' überhaupt feststellen kann."[14]

Jung gebraucht hier den Begriff „Ordnung" als Unterbegriff von „Sinn", wobei Ordnung ein Teilaspekt, ein sinnvolles Muster ist, das z.B. in jedem mathematisch oder biologisch organisierten Phänomen zu finden ist; „Sinn" betrifft dagegen eher ein Holon, vielmehr *das* Holon, die *Unitas* (im Sinne der Gnostiker von Princeton), und zugleich betrifft er das eine Individuum, das ihn wahrnimmt. Dies heißt aber nicht, daß der Mensch den Sinn erschafft;[15] er realisiert ihn nur bzw. bringt ihn ins Bewußtsein; dieser existiert aber schon verborgen in der Natur selbst, unabhängig von unserer bewußten Wahrnehmung.[16]

Wie ich zu Anfang erwähnte, unterteilte Jung das Synchronizitätsprinzip in zwei Unterbegriffe: akausales Angeordnetsein, unter das „alle ... Apriori-Gegebenheiten, wie zum Beispiel die Eigenschaften ganzer Zahlen (und) die Diskontinuitäten der modernen Physik"[17] fallen, und zweitens synchronistische Ereignisse als einem speziellen Fall des allgemeinen akausalen Angeordnetseins, „und zwar derjenige der Gleichartigkeit psychischer und physischer Vorgänge, wobei der Beobachter in der vorteilhaften Lage ist, das tertium comparationis erkennen zu können",[18] nämlich seinen Sinn.[19] Synchronistische Ereignisse sind „Schöpfungsakte in der Zeit",[20] aber sie werden nicht durch den Archetyp *verursacht*, sondern machen lediglich dessen verborgenen Sinn

14. C.G. Jung, *Briefe*, Bd. III, S. 239.
15. Wie A. Jaffé irrtümlicherweise meint.
16. C.G. Jung, *Briefe*, Bd. III, S. 240.
17. C.G. Jung, *Synchronizität*, GW 8, § 955.
18. Ebenda.
19. Meine Hinzufügung.
20. Ebenda.

sichtbar. Das Kontingente wäre darum „ein einerseits Allgemeines, seit jeher Vorhandenes, andererseits ... die Summe vieler, sich in der Zeit ereignender individueller Schöpfungsakte".[21] Obwohl diese Akte wahrscheinlich ständig in der Natur geschehen, werden sie nur zu sinnvollen Zufällen, wenn ein Individuum sie als solche erlebt.

In dem Fall, den Jung in seinem Aufsatz als Beispiel erwähnt, träumte eine seiner Patientinnen von einem Skarabäus, und zu seiner Überraschung flog eine *Cetonia aurata* (gemeiner Rosenkäfer) ins Zimmer, während sie den Traum erzählte. Ohne einen Beobachter des Sinnes hätte es nur eine Ähnlichkeit zwischen dem äußeren und dem inneren Ereignis gegeben; nur wenn man weiß, daß der Skarabäus in Ägypten ein Symbol des wiedergeborenen Sonnengottes ist, der am Morgen aufgeht, d.h. eine Wiedergeburt des Bewußtseins bedeutet, wird das Ereignis sinnvoll, und es hatte tatsächlich eine heilsame Wirkung auf die Träumerin. Synchronistische Ereignisse bilden also Augenblicke, in denen ein „kosmischer" oder „größerer" Sinn in einem Individuum bewußt wird; das ist im allgemeinen eine erschütternde Erfahrung. Man ist betroffen, weil man wie ein Primitiver spürt, daß eine höhere Macht, ein Geist oder Gott, auf einen zielt, häufig indem er einem einen Streich spielt. Aber eine solche Deutung regrediert auf die Stufe des magischen, kausalen Denkens, die Jung zu vermeiden suchte. Der Archetyp verursacht solche Ereignisse nicht magisch, sondern zeigt sich in ihnen, ohne daß Vorläuferfakten zu existieren scheinen. Wie Jung betont, können solche Ereignisse auch geschehen, ohne daß jemand ihren Sinn sieht, aber er ist die ganze Zeit latent da. Es besteht aber auch die Gefahr, daß Sinn dort hineingelegt wird, wo nichts der-

21. C.G. Jung, *Synchronizität*, GW 8, § 958.

gleichen vorhanden ist,[22] oder daß man den Sinn mißdeutet. Hier ein Beispiel: Ein Mann, der unter der Wahnvorstellung litt, er sei der Retter der Welt, attackierte seine Frau mit einer Axt, um ihr „den Teufel auszutreiben". Sie rief um Hilfe. Genau in dem Augenblick, als ein Polizist und ein Psychiater ins Haus traten, explodierte die einzige Lampe, die den Flur beleuchtete, in dem sie gerade alle standen. Sie waren in Dunkelheit getaucht, über und über mit Glassplittern bedeckt. Der Kranke rief: „Schaut, genauso war es, als Christus gekreuzigt wurde! Die Sonne ist untergegangen." Er fühlte sich also darin bestätigt, daß er der Heiland war. Aber wenn wir diese Symbolik korrekt mit den „notwendigen Aussagen" amplifizieren, d.h. mit „disziplinierter Phantasie", erscheint ein völlig anderer Sinn: eine Glühbirne ist nicht die Sonne, das Symbol einer numinosen Quelle des kosmischen Bewußtseins; sie symbolisiert nur ein „kleines Licht", das vom Menschen, d.h. von seinem Ichbewußtsein gemacht worden ist. Das Ereignis bedeutet also ein „Blackout" des Ichbewußtseins dieses Mannes, das Zerbrechen seines Ichs, und das ist genau das, was zu Beginn eines psychotischen Schubs passiert. Als ich den Kranken und seine Frau einige Tage später traf, sah ich den Sinn und konnte ihn ihnen zeigen, was eine positive, ernüchternde Wirkung auf den armen Mann hatte. Die richtige Deutung eines synchronistischen Ereignisses ist somit wesentlich und kann nur von einem nüchternen, disziplinierten Geist geleistet werden, der sich an die „notwendigen Aussagen" hält und sich nicht in willkürlichen Mutmaßungen ergeht.

Ein anderes amüsantes Beispiel der Mißdeutung eines synchronistischen Ereignisses findet sich in alten Annalen aus der T'ang-Zeit in China.[23] Einst bildete sich nach

22. C.G. Jung, *Briefe*, Bd. III, S. 240.

einem Erdbeben ein neuer See, in dessen Mitte sich ein Berg erhob. Die Frau des Kaisers mit Namen Wu Tse t'ien meinte, das wäre ein glückliches Zeichen, und nannte den Berg „Glücksberg". Aber ein Bewohner der Hauptstadt schrieb ihr einen Brief, in dem er sagte: „Ich, der Untertan, habe gelernt, daß Kälte und Hitze in Unordnung geraten, wenn die Atemkraft des Himmels ihre Harmonie verliert, daß sich ein Geschwür bildet, wenn die Atemkraft des Menschen im Mißverhältnis steht, und daß Anhöhen und Hügel emporschießen, wenn die Atemkraft der Erde in Verwirrung kommt. Jetzt nehmen Eure Majestät als Frau den Platz des männlichen Urprinzips Yang ein, d.h. den Thron. Das bedeutet Starkes mit Schwachem vertauschen.... Eure Majestät müssen wirklich Reue und Furcht pflegen, um der Mahnung des Himmels gerecht zu werden. Andernfalls fürchte ich, daß Unheil eintreten wird." Die Kaiserin wurde zornig und verbannte den armen freimütigen Bürger vom Hof.

Ihre Deutung des „Glücksberges" war ganz willkürlich. Der Bürger gebrauchte dagegen die klassischen archetypischen chinesischen Assoziationen: Ken – der Berg – ist männlich, Tui – der See – ist weiblich, wie wir aus dem *I Ging* wissen. Die vermännlichte Kaiserin beherrschte ihren femininen, schwachen Gatten, und das äußere Ereignis der Vulkanentstehung war ein bedeutsamer Zufall. Die Koinzidenz hat keine denkbare kausale Verbindung: der Vulkan erhob sich nicht wegen der falschen Einstellung der Kaiserin (dies anzunehmen wäre magisches Denken), noch verhielt sich die Kaiserin wegen des Vulkans auf so beherrschende Art. Die Verbindung der beiden Ereignisse liegt schlicht im Sinn der

23. Liu Guan-Ying, „Die ungewöhnlichen Naturerscheinungen der T'ang Annalen und ihre Deutung", in *Symbolon*, Basel 1961, Bd. II, S. 34 ff.

Koinzidenz. Im alten China glaubte man übrigens, daß alle ungewöhnlichen Ereignisse im Reich die psychologische Lage am kaiserlichen Hof enthüllen. Der betreffende Bürger war „im Tao", um den chinesischen Ausdruck zu gebrauchen, und darum sah er den wahren Sinn des Ereignisses.

Aus dem *I Ging* wissen wir, daß „der Gütige" den Sinn (Tao) „entdeckt und ... ihn gütig" nennt. „Der Weise entdeckt ihn und nennt ihn weise. Das Volk gebraucht ihn Tag für Tag und weiß nichts von ihm." „Der SINN der Welt ist zwar Güte und Weisheit, aber er ist seinem innersten Wesen nach auch jenseits von Güte und Weisheit."[24] Die Weisen der alten Zeit „brachten sich in Übereinstimmung mit SINN und LEBEN", um das Orakel aufzustellen.[25] Und dasselbe gilt auch für das Verstehen des Orakels. Hier können wir wieder sehen, daß der „Sinn" im Gegensatz zur „Ordnung" mit dem Letzten und Ganzen des Universums zu tun hat, er weist mit anderen Worten auf eine Verbindung hin mit dem, was wir das Selbst nennen. Naiv und eher oberflächlich betrachtet scheinen synchronistische Ereignisse sinnvolle Koinzidenzen zwischen einem inneren und einem oder mehreren äußeren Ereignissen zu sein. Aber die bewußte Wahrnehmung der koinzidierenden äußeren Ereignisse ist, wie Jung gezeigt hat, letztlich auch ein psychischer Zustand, der aber den normalen unterbricht. Deshalb ist ein synchronistisches Ereignis eigentlich folgendes: „Der eine (psychische Zustand) ist der normale, wahrscheinliche (das heißt kausal zureichend erklärbare) und der andere der kausal aus dem ersteren nicht ableitbare Zustand, nämlich das kritische Erlebnis."[26] Es ist ein

24. *I Ging*, Zürich 1976, S. 277.
25. Ebenda, S. 244.
26. C.G. Jung, *Synchronizität*, GW 8, § 855 f.

Inhalt „unerklärlichen Wissens oder Vorhandenseins", der plötzlich in den normalen Geisteszustand einbricht und im allgemeinen von einer starken Emotion begleitet wird, die ein „abaissement du niveau mental" bewirkt und den Einbruch des anderen ungewöhnlichen Zustandes von bewußter Wahrnehmung ermöglicht.[27]

Im Unbewußten scheint es ein apriorisches Wissen oder unmittelbares Vorhandensein von Ereignissen zu geben, das keine Ursache hat und von Zeit zu Zeit in unseren „normalen" Zustand einbricht.[28] Jung betont das nachdrücklich: „Man kann die räumliche Synchronizität ebensogut als ein Wahrnehmen in der Zeit auffassen, aber bemerkenswerterweise kann nicht ebensoleicht die zeitliche als räumliche verstanden werden, denn wir vermögen uns keinen Raum vorzustellen, in welchem zukünftige Ereignisse schon objektiv vorhanden wären und durch Reduktion dieser räumlichen Distanz als (schon) gegenwärtig erlebt werden könnten."[29]

Durch Einstein wissen wir, daß Raum und Zeit untrennbare Einheiten sind; ein Unterschied scheint jedoch darin zu bestehen, daß die Aufhebung der Zeit oder gar ihre Umkehrung in der Psyche leichter vorstellbar ist als die Aufhebung des Raumes. Wir müssen die Zeit deshalb etwas näher vom psychologischen Blickwinkel her betrachten. Die gemessene Zeit, die Uhrzeit, ist ja nur eine für die westliche Kultur spezifische Denkweise. Die psychische Zeit muß eher als Fluß oder Strom von inneren und äußeren Ereignissen gesehen werden. Wie ich in einem früheren Aufsatz gezeigt habe, ist das archetypische Bild dieses Zeitstroms immer mit der höchsten Gottheit der betreffenden Kultur bzw. mit dem Bild des

27. Ebenda, § 856.
28. Ebenda.
29. Ebenda, § 855.

Selbst verknüpft. Die Zeit wird sozusagen durch die innere Dynamik des Selbst-Archetyps hervorgebracht. Das Tao ist z.B. namenlos, noch leer, aber auch „der Erzeuger allen Erzeugens“, und in diesem Sinne heißt es „Wandlung“, wie das *I Ging* sagt.[30] Es ist „dasjenige, was das Spiel der Kräfte in Bewegung bringt und unterhält.“ Und: „Das wird durch den SINN (Tao) bewirkt, ohne daß er dabei irgendwie in Erscheinung tritt.“[31]

Bei den Azteken ist der höchste Gott Omotéotl, der Herr der Zeit. In der Bhagavadgita nennt sich Vishnu, der höchste indische Gott, selbst „Zeit“, und auch Shiva wird so von seinen Anhängern genannt. Nur in der jüdisch-christlichen Religion ist Gott zeitlos und erschafft die Zeit oder läßt sie von sich ausströmen. Er bleibt der unbewegte Beweger außerhalb von Zeit und Raum. Doch auch hier ist die Zeit eng mit der Vorstellung einer höchsten Gottheit und ihrer Schöpferkraft verbunden.

Wenn nun synchronistische Ereignisse das sind, was sie zu sein scheinen, weisen sie auf eine *kontinuierliche Schöpfung* (creatio continua) hin, die im Zeitstrom stattfindet, und das würde bedeuten, daß der Sinn (soweit er die Unitas oder das Holon betrifft) die Zeit als Vehikel braucht, um vom Menschen wahrgenommen zu werden. „Die Zeit“, sagt G.J. Whitrow, „ist die Vermittlerin zwischen dem Möglichen und dem Tatsächlichen.“[32] Das ist einfach ein anderer Aspekt des Begriffes „creatio continua“. Sie braucht einen Fluß von äußeren und inneren Ereignissen, um den verborgenen Sinn archetypischer Muster in Form von sporadischen synchronistischen Ereignissen sichtbar zu machen. Jedesmal, wenn ein solches Ereignis stattfindet, verändert sich das Holon des

30. *I Ging*, S. 278.
31. Ebenda, S. 276.
32. G.J. Whitrow, *The Natural Philosophy of Time*, S. 295 f.

Daseins. Was ich Holon oder Unitas unter Verwendung eines Begriffes der sogenannten Gnostiker von Princeton nenne, ist dasselbe wie das, was Jung den *unus mundus* nennt, die Eine Welt, die die Dualität von Psyche und Materie transzendiert.

Wie Jung schreibt, ist das Mandala[33] das innere psychische Gegenstück des unus mundus, und die synchronistischen Ereignisse sind das parapsychologische Äquivalent dazu. Wie diese beiden Faktoren in den sogenannten divinatorischen Doppelmandalas kombiniert werden können, habe ich in meinem Buch *Zahl und Zeit* zu zeigen versucht und möchte es hier nicht erörtern; aber ich würde gern ein wenig tiefer in die Erfahrung des Sinns eindringen, wie er uns durch synchronistische Ereignisse vermittelt wird. Wie Jung schon bemerkte, erscheinen synchronistische Ereignisse manchmal als willkürlich oder zweckhaft. Aus diesem Grunde wurden sie in der Vergangenheit als Handlung eines Gottes oder Geistes, eines Heiligen oder eines Teufels usw. verstanden, die damit etwas demonstrieren wollten. Nur in China wurde das Tao nicht als etwas Persönliches angesehen, aber neben dem Tao kannten die Chinesen auch einen sogenannten „Willen des Himmels", der wohlwollend oder ärgerlich wie ein Mensch sein konnte.

Unsere westlichen Kulturen scheinen vor allem an einen persönlichen Gott geglaubt zu haben, dem sie persönliche, sogar menschliche, psychologische Reaktionen zugeschrieben haben. Synchronistische Ereignisse wurden als von Gott oder vom Teufel bewirkte Wunder betrachtet. Aber selbst in unserer westlichen Welt wurde daneben der höchste Gott Jahwe, und ebenfalls der christliche Gott auch unpersönlich als Kugel vorgestellt, die ein Symbol mathematischer Ordnung ist, nicht

33. C.G. Jung, *Mysterium Coniunctionis*, GW 14/2, § 326.

irgendeiner partiellen, sondern einer totalen Ordnung, sozusagen einer Weltformel.

Warum sollte Gott sich nicht auch in der Mathematik offenbaren? fragte Novalis. Die Geschichte dieser symbolischen Vorstellung ist sehr alt.[34] Sie begann mit Empedokles, der Gott „eine unendliche Kugel, die sich an ihrem ewigen Kreisen erfreut" nannte. Auch für Parmenides war das wirkliche Sein kreisförmig und unendlich. Für Plato ist die allumfassende Welt der Ideen nicht darstellbar, aber ihre Entsprechung in der Materie, im Universum, ist eine geometrische Kugel. Die bestimmtere Beschreibung Gottes als einer vollkommenen, aber unendlichen Kugel stammt von Plotin.[35] Für ihn ist Gott die eine Allgegenwart in der Vielzahl der konkreten Dinge. Plotin illustriert das mit einer dreifachen Kugel:

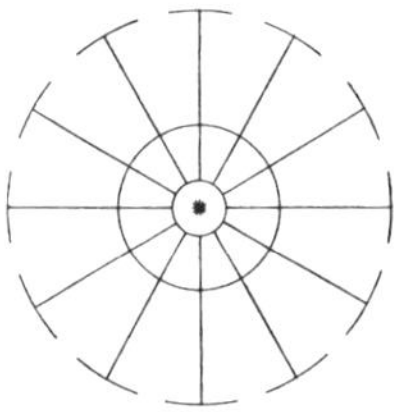

Die äußere ist die kosmische Sphäre der vielen Dinge, die mittlere Kugel wird durch die Strahlen in die verschiedenen Ideen (noeta) unterteilt und stellt die Weltseele dar, und die Kugel im Zentrum verkörpert das kompakte Einssein aller Ideen; diese Kugel ist bewegungslos. Ihr Zentrum ist die „ursprünglichste Natur" der Seele, ihre innere „Einheit, Gleichheit und Ganzheit".[36] Dieses Bild

34. Die folgende Darstellung basiert auf Dietrich Mahnke, *Unendliche Sphäre und Allmittelpunkt*, Neudruck, Stuttgart 1966.
35. Ebenda, S. 230-35, 215 ff.
36. Ebenda, S. 219.

ist jedoch nur ein unvollständiges Schema im Vergleich mit dem, was eigentlich damit gemeint ist, denn es zeigt keinen Unterschied zwischen der kleinsten und den größeren Kugeln. Es gibt darin mit anderen Worten gar keine wirkliche Ausdehnung; man könnte es geradesogut einen einzigen Punkt nennen.

Der nächste wichtige Fortführer dieser Idee ist Salomon ben Gebirol (ca. 1020-1070), dessen Hauptwerk als *Fons Vitae* (Quelle des Lebens) ins Lateinische übersetzt wurde. Gebirol nennt die Gottheit erstmals „sphaera intelligibilis" – spirituelle Sphäre. Sein Buch wurde 1150 in Spanien ins Lateinische übersetzt und beeinflußte Wilhelm von Auvergne (gest. 1249), Johannes Scotus, Albertus Magnus und viele andere. Eine andere Fortführung dieser Tradition ist die sogenannte Theologie des Pseudo-Aristoteles, die ursprünglich ein syrisch-arabisches Exzerpt der letzten drei Enneaden von Plotin war, wo Gott vor allem als das nichtdimensionale Zentrum gesehen wird, aber auch als die allumfassende kreisförmige Peripherie allen Daseins.[37] Gott strahlt in alle Dinge aus und bleibt gleichzeitig eine Einheit ohne Aufteilung in Zeit und Raum.[38] Und dann gibt es noch ein anonymes *Liber XXIV philosophorum* (12. Jahrhundert), das in dem berühmten Satz gipfelt: „Deus est sphaera infinita, cuius centrum est ubique circumferentia nusquam." Dieser berühmte Satz wurde dann von Alanus ab Insulis als ein Wort des Hermes zitiert, weil ein anderer Titel der Abhandlung *Liber Trismegisti de regulis theologiae*[39] hieß.

Der berühmteste Theologe, der diese Symbolik als nächster aufgriff, war Meister Eckehart. „Gott ist ein ungemessener und unermeßlicher Kreis, der den weiten

37. Ebenda, S. 199.
38. Ebenda, S. 202.
39. Ebenda, S. 175.

Geist des Menschen in Form eines Punktes umfaßt, der – verglichen mit Gottes unbegreiflicher Unermeßlichkeit – so klein ist, daß er kaum genannt werden kann."[40]

Christus ist bei ihm als Inkarnation Gottes die Quadratur des Kreises, weil „Christus viereckig ist" und weil die Quadratur des Kreises nur eine unendliche Annäherung sein kann. Wir finden ähnliche Ideen bei Mystikern wie Ruysbroek, Tauler und Seuse. Eckehart fügte der alten Symbolik bestimmte neue Aspekte hinzu, nämlich daß Gott im Ganzen gleichmäßig ist, ohne Plus oder Minus: „Deus est sphaera intellectualis infinita, cuius tot sunt circumferentiae quot sunt puncta" , oder „cuius centrum est ubique et circumferentia nusquam" , oder „qui totus est in sui minimo".

Es ist aber der Mathematiker und Mystiker Nikolaus Cusanus, der dieses Bild der Gottheit am häufigsten gebrauchte.[41] In dieser „Kugel" wird das Gerade und das Krumme in einem unendlichen Prozeß der Annäherung eins, [42] wobei Gott mehr der gekrümmte, die Schöpfung mehr der gerade Aspekt ist. Darum ist die unendliche Kugel auf gewisse Weise auch eine gerade Linie (infinita circularis est recta). Der Kreisumfang ist der Heilige Geist.

Von hier aus kommen wir zu Johannes Kepler, der jedoch Gott mehr das Zentrum als die Oberfläche der Kugel sein ließ, wobei Christus die Oberfläche (die Sichtbarwerdung des Zentrums) und der Heilige Geist der Radius ist. Keplers Modell der planetarischen Sphären ist ein „Spiegel der Natur", das Gottes „Spiel" imitiert, und auch der menschliche Geist muß dieses Sphärenspiel in seiner Suche nach der Wahrheit nachahmen.[43] Auch Nikolaus Kopernikus wurde von der Kugel des Cusanus

40. Ebenda, S. 166-167.
41. Ebenda, S. 141.
42. Ebenda, S. 141 ff.
43. Ebenda, S. 139.

inspiriert,[44] und später postulierte Valentin Weigel, daß das Zentrum der Kugel, das überall ist, folglich auch auf dem Grund der menschlichen Seele sein müsse.[45] „... Ich bin in Gott, und Gott ist in mir, ich bin im Himmel, und der Himmel ist in mir."[46]

Ich übergehe die weiteren zwischenzeitlichen Anhänger dieser Idee wie Johannes Reuchlin, Pascal, Bovillus, Zozzi, Böhme, Henri More[47] und komme zu Leibniz, der lehrte, daß von allen Monaden (Seelen) Gott die ursprüngliche Monade ist, „le centre primitif", aus der alle anderen „herausblitzten". Er fährt fort: „On a fort bien dit qu'il est comme centre partout; mais son circomference n'est nulle part" – die Monaden sind „die seelischen ‚Mittelpunkte, die den unendlichen Umfang (der Welt) zum Ausdruck bringen'".[48] Diese Zentren sind nicht nur passive „Sammelpunkte", sondern auch aktive Strahlungszentren, die eine spontane individuelle Vorstellung des Universums ausstrahlen.

Ich lasse einige Philosophen aus, um mit dem deutschen Philosophen J.G. Fichte zu enden, der dieses Bild der unendlichen Kugel als Symbol des schöpferischen absoluten Ich[49] in unserer Psyche ansah, und alle Egos sind durch die universale Liebe in der großen All-Kugel vereint, in der Gott und Mensch eins sind. Von hier ist der Schritt zu Jungs Deutung der Kugel als eines Selbstsymbols nicht mehr weit.

In der modernen Mathematik könnte man diese alte „sphaera intelligibilis" mit dem nichtdimensionalen Punkt und dem als unendliche Vielfalt aufgefaßten Raum

44. Ebenda, S. 127.
45. Ebenda, S. 125.
46. Ebenda, S. 125.
47. Ebenda, S. 18 ff.
48. Ebenda, S. 17 und 18.
49. Ebenda, S. 8 und 10.

vergleichen. (Der sogenannte Hilbert'sche Raum enthält dagegen schon eine Begrenzung, weil seine Vektoren „eine unendliche Folge reeller Zahlen sind, deren Quadratsummen konvergieren".)[50]

Dieses geometrische Symbol ist sozusagen das Gottesbild der Mathematiker gewesen, und es ist ausschlaggebend für die intuitive Erkenntnis einer allumfassenden kosmischen Ordnung, die auch einen Sinn hat, obwohl letztere im Laufe der Jahrhunderte ein wenig anders gedeutet wurde.

Das geometrische Gottesbild, das Mandala, ist als Ganzes ein relativ statisches Ordnungssymbol, auch wenn es eine innere Kreisbewegung einschließt. Als Ganzes wird es meist im Stillstand dargestellt. Und es wird, was noch wichtiger ist, als etwas vollkommen Unpersönliches dargestellt. Man kann ein Mandala bewundern oder von seiner Harmonie ergriffen sein, aber nicht mit ihm sprechen oder streiten. Aus diesem Grunde werden die Gottheiten in den meisten Religionen daneben auch als persönliche Wesen vorgestellt. Krischna kann zum Menschen sprechen, wie wir in der Bhagavadgita sehen, obwohl er in seiner wahren Form unmenschlich furchtbar ist. Der jüdisch-christliche Gott ist eine Person. Der Vorteil eines persönlichen Gottesbildes liegt nach Jung darin, „daß ... (es) eine viel bessere Objektivierung des Gegenüber ..." ermöglicht. Seine „emotionale Qualität verleiht ... (ihm) Leben und Wirkung. Haß und Liebe, Furcht und Verehrung betreten den Schauplatz der Auseinandersetzung und dramatisieren diese in höchstem Maße. Damit wird das bloß ‚Vorgezeigte' zum ‚Gehandelten'. Der ganze Mensch wird herausgefordert und tritt mit seiner ganzen Wirklichkeit in den Kampf."[51] Das

50. Marie-Louise von Franz, *Zahl und Zeit*, S. 115.
51. A. Jaffé, *Erinnerungen, Träume, Gedanken von C.G. Jung*, S. 339 f.

bedeutet wieder, daß der Sinn totaler und mehr ein „Holon" ist als Ordnung, und das heißt auch, daß es keinen Sinn gibt außer für das Individuum, das davon betroffen wird. Die Wahrnehmung von Ordnung legt eine weise Anpassung nahe, hat jedoch auch eine Art von stoischem oder epikureischem Fatalismus zur Folge, der, wie Raymond Ruyer zeigt, die heutige durchschnittliche Haltung unter den führenden amerikanischen Physikern ist. Es fehlt aber die gefühlsmäßige Konfrontation. Sinn dagegen impliziert Gefühlsreaktionen und ethische Entscheidungen; er trägt eine persönliche Nuance in sich. Ursprünglich waren Sinn und Ordnung verbunden, wie wir am Beispiel der Kugel gesehen haben; erst durch die Entwicklung der modernen Naturwissenschaft wurden sie getrennt.

Das Auseinanderreißen von Ordnung und Sinn wird noch in einem anderen Symbol sichtbar, in der Idee einer kosmischen Maschine, d.h. in der Vorstellung, daß das Universum eine riesige Maschine sei, die vornehmlich als Uhr aufgefaßt wird. Die ersten Uhren wurden vor allem in Klöstern und Kathedralen gebraucht, und man legte ihnen eine Art religiöse Bedeutung bei. Nikolaus Cusanus sagt in seiner „Gottesvision" (1453): „Wenn das Bild der Uhr das Selbst der Ewigkeit darstellt, dann stellt die Bewegung der Uhr eine Reihenfolge dar. Die Ewigkeit umhüllt und entfaltet die Reihenfolge, denn das Konzept der Uhr, die Ewigkeit ist, umhüllt und entfaltet alle Dinge genauso."[52] Man sieht hier die enge Beziehung der Uhr zur Idee der göttlichen Kugel.

Erst in der nachcartesianischen Naturwissenschaft und Philosophie wurde das Symbol der Uhr als Bild des Universums zum Bild eines seelenlosen autonomen Me-

52. Siehe F.C. Haber, „The Darwinian Revolution in the Concept of Time", in *The Study of Time*, Berlin/Heidelberg 1972, Bd. I, S. 383.

chanismus, der dumpf in alle Ewigkeit bis zu seinem Entropie-Tod weitertickt. Diese mechanistische Sicht hielt sich bis vor etwa dreißig Jahren. Der Mensch hatte vergessen, daß es ohne Uhrmacher, ohne darunterliegende zielgerichtete Intelligenz keine Uhr geben kann. Wenn wir die Symbolik der Maschine betrachten, wie sie in Träumen und unbewußten Phantasien erscheint, weist sie aber im allgemeinen eben auf das Dasein einer solchen zielbewußten Intelligenz hin, die verborgen im Unbewußten wirkt. Ein Beispiel dafür ist ein Traum, in dem die Vision einer Weltuhr vorkommt und den Jung in *Psychologie und Alchemie* veröffentlicht hat. In einem anderen Traum haben wir folgendes Bild: „Ich bin in einem tiefen Keller, zusammen mit einem Knaben und einem alten Mann. Der Knabe hat als Weihnachtsgeschenk eine elektrische Einrichtung erhalten und zeigt sie mir: ein großer kupferner Topf ist an der Decke des Kellers aufgehängt, in ihn münden von überallher elektrische Drähte, die ihn zum Vibrieren bringen. Nach einer Weile sind keine Drähte mehr da; der Topf vibriert nun von den elektrischen Schwingungen, die sich in der Atmosphäre ausbreiten."[53]

Jung kommentiert diesen Traum in einem Brief:[54] „Eigentümlich ist die apparaturmäßige Symbolisierung des Selbst ... Eine ‚Maschine' ist immer etwas Erdachtes, absichtlich zu einem bestimmten Zweck Zusammengesetztes.... Die Tantriker sagen, daß die Dinge die Bestimmtheit der Gedanken Gottes darstellen. Die Maschine ist ein Mikrokosmos, das, was Paracelsus das ‚Gestirn im Menschen' nannte. Ich habe immer das Gefühl, daß diese Symbole an große Geheimnisse rühren, an die ‚magnalia Dei' (die großen Dinge Gottes)."

53. C.G. Jung, *Briefe*, Bd. I, S. 404.
54. Ebenda, S. 403, Anm. 2.

„Bestimmtheit" ist das Kennzeichen von Ordnung. Wenn die modernen Physiker hauptsächlich nach Ordnungen in der Materie suchen, schauen sie in Wirklichkeit nach Bestimmtheit im chaotischen Tanz der subatomaren Partikel aus. Für uns ist Bestimmtheit eine Errungenschaft des Bewußtseins. Die Archetypen des kollektiven Unbewußten haben keine Bestimmtheit; sie enthalten bzw. sind nur eine latent vorgeformte Ordnung. Jung sah sie als von einer „diffusen Erkenntniswolke" umgeben.[55] Erst wenn uns ein Archetyp bewußt wird, offenbart er ein bestimmteres Bild, tatsächlich jedoch zeigt er sich nicht nur in *einem* Bild allein, sondern in einer großen Anzahl von Bildern. Der Archetyp der Großen Mutter zum Beispiel kann sich in den Muttergottheiten, im Paradies, im Gottesreich, im Himmlischen Jerusalem, als Kirche, Stadt, Land, Himmel, Erde, Wald, Meer, stilles Wasser, Materie und Mond zeigen; das alles kann ein Muttersymbol sein, ebenso alle Orte der Fruchtbarkeit wie das Füllhorn, das gepflügte Feld und der Garten. Es kann auch mit einem Felsen, einer Höhle, einem Baum, einer Quelle, einem tiefen Brunnen, unterschiedlichen Gefäßen wie dem Taufstein, dem Gral assoziiert sein, oder mit Blumen wie der Rose und dem Lotus, auch mit Tieren, etwa der Kuh, dem Hasen, dem Bär usw.[56] In dieser Weise ist das, was wir für einen bestimmten Archetyp halten, nur durch ein ganzes Bündel von archetypischen Bildern faßbar. Und das gilt für alle Archetypen, z.B. für den Helden (denken Sie nur an Campbells „Held mit tausend Gesichtern"!), den Lebensbaum, das göttliche Kind usw. Wenn wir einem Archetyp eine Bedeutung beilegen, ist er daher etwas relativ Bestimmtes. Beim Sinn ist dies weniger der Fall. Jung sagt: „Worin

55. A. Jaffé, *Erinnerungen, Träume, Gedanken von C.G. Jung*, S. 311.
56. C.G. Jung, *Die psychologischen Aspekte des Mutterarchetypus*, GW 9/1, § 156.

jener Faktor, der uns als ‚Sinn' erscheint, an sich besteht, entzieht sich der Erkenntnismöglichkeit."[57] Das chinesische Äquivalent des kosmischen Sinnes ist das Konzept des Tao[58]:

Der Sinn (Tao) bewirkt die Dinge
Ganz neblig, ganz verschwommen.
So verschwommen, so neblig
Sind in ihm die Bilder,
So neblig, so verschwommen
Sind in ihm die Dinge!

Tao Te King XXI[59]

Das Tao zeigt sich nicht in der Welt der Sinne, sondern ist nur ihr Anordner:

Man schaut nach ihm und sieht es nicht,
das heißt mit Namen: das Luftige.
Man horcht nach ihm und hört es nicht,
das heißt mit Namen: das Dünne.
Man greift nach ihm und faßt es nicht,
das heißt mit Namen: das Unkörperliche.

– – –

Das heißt die gestaltlose Gestalt
Das dinglose Bild …

Tao Te King XIV

Wenn nun die Zahl ein Archetyp ist, wie ich zu zeigen versuchte, teilt sie diese unfaßbare Verschwommenheit mit allen anderen Archetypen im Unbewußten. Sie wird nur zur „Zahl" im üblichen bestimmten Sinne des Wor-

57. C.G. Jung, *Synchronizität*, GW 8, § 906.
58. Ebenda, § 907.
59. Ebenda, § 910.

tes, wenn uns ihre latente Geordnetheit bewußt wird. Wir bewirken das, indem wir jene „notwendigen Aussagen" über jede Zahl machen, die ich vorhin erwähnt habe. Dann erreicht die Zahl in unserem Geist den Zustand der Bestimmtheit und wird sogar zur Grundlage mathematischer Logik, verliert jedoch ihre Obskurität nicht ganz, wie Weyl richtig feststellte und einmal scherzhaft bemerkte: „Gott existiert, weil die Mathematik folgerichtig ist; aber der Teufel existiert auch, weil wir ihre Folgerichtigkeit nicht beweisen können."[60]

Wir müssen uns jetzt der Frage zuwenden, in welcher Beziehung die Zahlenarchetypen zu den anderen Archetypen stehen, die wir gewöhnlich im Hintergrund der mythologischen Bilder und kollektiven Vorstellungen entdecken. Unterscheiden sie sich von ihnen oder nicht? Wenn wir verschiedene kulturelle Überlieferungen betrachten, sehen wir, daß die ersten Zahlen häufig mit bestimmten archetypischen Bildern assoziiert wurden. Die Zahl 1 zum Beispiel gehörte zur höchsten Gottheit, zur Ganzheit des unus mundus und zum ausgesonderten Individuum usw. Das eindrucksvollste System solcher Verbindungen ist das *I Ging*. Es verwendet Zahlen, weil die „festgesetzte Sprache für die Kommunikation mit den übermenschlichen Intelligenzen ... auf der Zahl und ihrer Symbolik" beruht.[61] Hier ist der Himmel als letzte Einheit, als das Schöpferische die Eins; die Erde, das Weibliche und Empfangende, ist die Zwei; der Himmel, der die Erde umarmt (1 umfängt 2) ist auch die Drei. Der Himmel ist jedoch nicht einfach Himmel; er „ist rund, ist der Fürst, ist der Vater, ist der Nephrit, ist das Metall, ist die Kälte, ist das Eis, ist das Tiefrote, ist ein gutes Pferd,

60. Zitiert aus Morris Kline, „Les Fondements des Mathématiques", in *La Recherche,* Paris, No. 54, Mars 1975, S. 207.
61. *I Ging,* S. 244.

ist ein altes Pferd, ist ein mageres Pferd, ist ein wildes Pferd, ist das Baumobst". „Das Empfangende ist die Erde, ist die Mutter, ist Tuch, ist der Kessel, ist die Sparsamkeit, ist ebenmäßig, ist ein Kalb mit der Kuh, ist ein großer Wagen, ist die Form, ist die Menge, ist der Stamm. Unter den Erdarten ist es die schwarze."[62] Wir haben hier dieselbe „Erkenntniswolke" oder ein Bündel von Bildern wie wir es beim Beispiel des Mutterarchetyps darlegten. Trotz dieser Verschwommenheit spüren wir, daß es in diesem Bündel von Bildern, bei dem die Zahlenassoziation nur als eine unter vielen erscheint, eine Art Sinn gibt.

Die Zahl Eins scheint aber, wenn sie bewußt wird, speziell „Ordnung" zu verkörpern. Was für eine besondere Art von Ordnung ist es? Die westlichen Mathematiker wählten eine Ordnung der Quantität und der logischen Beziehungen von Zahlensets, die Chinesen wählten dagegen eine zeitliche Ordnung, eine aktive, dynamische Form von Ordnung. Daher heißt es im Kommentar zum *I Ging:* „Die Wandlungen haben kein Bewußtsein, keine Handlung, stille sind sie und bewegen sich nicht. Werden sie aber angeregt, so durchdringen sie alle Verhältnisse unter dem Himmel."[63] Der „Sinn" (Tao) dient dazu, „die Gesetze der Zahl zu erforschen und so die Zukunft zu wissen ... „[64] Auch Jung sah in den Zahlen einen solchen Zeitfaktor, denn er sagt: „Die unendliche Zahlenreihe ... besteht ... aus Individuen, und schon die Eigenschaften ihrer zehn Anfangsglieder stellen – wenn überhaupt etwas – eine abstrakte Kosmogonie aus der Monas dar."[65] Dies bedeutet zum Beispiel, daß der Alleine Gott oder die Unitas zeitlich vor dem Zwei-Gott kommt, etc.

62. Ebenda, S. 254-256.
63. Ebenda, S. 291 f.
64. Ebenda, S. 278.
65. A. Jaffé, *Erinnerungen, Träume, Gedanken von C.G. Jung*, S. 313.

Die Chinesen benutzen nun die Zahl, um qualitative Zeitphasen auszudrücken. Für sie gibt es sozusagen Momente des Eins-Seins, Zeiten der Dualität, Zeiten der Vierheit. Das ganze *I Ging* ist nichts anderes als ein symbolisches System eines solchen Spiels von möglichen archetypischen Momenten, ausgedrückt in der Form von zahlenmäßigen Wandlungen von Linien. Hierbei wird von etwas Gebrauch gemacht, das wir auch wissen, aber gerne vergessen. Archetypen sind nicht nur relativ permanente Strukturen in der unbewußten Psyche, sie sind Dynamismen, und wenn sie Dynamismen, d.h. Bewegungsfiguren sind, treten sie in die Zeit ein. Tatsächlich können wir solche Zeitphasen bei der Konstellation eines Archetyps beobachten. Wenn ein Archetyp konstelliert ist, dann zeigt er sich in den meisten Fällen im Traum als ein archetypisches Bild. Wenn er sich der Schwelle des Bewußtseins nähert, erscheint er gewöhnlich doppelt, als zwei identische oder nahezu identische Bilder, zwei Leute, zwei Hunde, zwei Bäume. Wir nehmen dies als Zeichen, daß der unbewußte Inhalt anfängt, die Schwelle des Bewußtseins zu erreichen. Das wäre die Zwei-Phase seiner „Zeit". Eine Gruppierung von drei Wesenheiten symbolisiert den Umstand, daß dieser selbe Archetyp das Ich aktiv beherrscht und ihm Handlungen oder Gedanken aufzwingt. Aus diesem Grunde erscheinen Schicksalsgötter so oft dreifach. Wenn derselbe Inhalt in seiner Vier-Phase auftaucht, hat er seine beste Möglichkeit erreicht, um im Bewußtsein realisiert zu werden (nämlich durch die vier Funktionen).

Von hier aus gesehen ist die Zahl nicht nur eine Quantität, sondern hat auch eine zeitliche Qualität. Die Eins wäre die Qualität des Ursprungs, zwei die Qualität der Polarisierung oder Symmetrie, drei wäre gerichtete Handlung oder Bewegung, vier Beschränkung und Festigung usw.

Fritjof Capra hat mir in diesem Zusammenhang eine wichtige Frage gestellt: warum sind wir so sehr an den Zahlen interessiert und weniger an geometrischen oder topologischen Strukturen? Ich denke, das kommt daher, daß Synchronizität mehr mit der Zeit als dem Raum verbunden ist. Denn, wie Jung zeigte, kann man „die räumliche Synchronizität ebensogut als ein Wahrnehmen in der Zeit auffassen, aber bemerkenswerterweise kann nicht ebensoleicht die zeitliche als räumliche verstanden werden, denn wir vermögen uns keinen Raum vorzustellen, in welchem zukünftige Ereignisse schon objektiv vorhanden wären und durch Reduktion dieser räumlichen Distanz als gegenwärtig erlebt werden könnten."[66]

Dafür ein Beispiel: Ich träume, daß ein Bekannter in den USA stirbt. Vierundzwanzig Stunden später geschieht das tatsächlich. Es ist denkbar, daß das Traumbild vom Tod dieses Freundes in meiner unbewußten Psyche (die außerhalb von Zeit und Raum ist) existiert und daß das synchronistische Ereignis in den USA nach meinem Traum stattfindet (hier könnten wir über die Zusammenziehbarkeit oder Relativierung der Zeit spekulieren). Es ist jedoch schwieriger zu denken, daß dieser Freund schon irgendwo sonst ist und ich das zur Zeit des Traumes wahrgenommen habe, und daß er dann weiter weg in den USA gestorben ist (das wäre die Zusammenziehbarkeit des Raumes). Diese Schwierigkeit ist der Grund dafür, daß Jung mehr an der Zahl als einem Zeit-Phasen-Indikator als an topologischen Strukturen interessiert war. Seit Einstein wissen wir aber, daß Zeit und Raum als beobachtbare Faktoren untrennbar sind. Mir scheint, der Unterschied zwischen Arithmetik und Topologie ähnelt dem zwischen Musik und den visuellen Kün-

66. C.G. Jung, *Synchronizität*, GW 8, § 855.

sten. Die Zahl hat mehr mit Rhythmus und Zeitabläufen zu tun, die visuellen Künste mehr mit dem Geheimnis des Raumes. Aber eine Kombination der Elemente von Ordnung und Sinn gibt es wahrscheinlich sowohl bei den zeitlichen als auch bei den räumlichen Strukturen. Die Zeit, und zwar nicht als Vektor oder leerer Bezugsrahmen wie bei den Physikern gesehen, sondern wie bei den Chinesen als Abfolge von qualitativ bestimmten Phasen, in denen ein spezifischer Betrag an inneren und äußeren Ereignissen zusammentrifft, wäre leicht vom Raum unterschieden, weil sie enger mit dem Unbewußten verbunden ist als letzterer. Räumlichkeit scheint ein Begriff zu sein, der sich aus der Erfahrung der Zeit ableitet, nicht umgekehrt.[67] Vielleicht hat die Tatsache, daß die Zeitumkehrung (Operation T) sich nicht auf eine perfekte Symmetrie reduzieren läßt, damit zu tun (während Operation P, räumliche Spiegelumkehrung, und Operation C häufiger und weniger absurd sind als Operation T).[68]

In einem Aufsatz über die S-Matrix-Theorie[69], den F. Capra mir freundlicherweise zusandte, zeigt er, daß die Physiker in der S-Matrix-Theorie „die Vorstellung von fundamentalen Bausteinen der Materie“ ablehnen und „keine irgendwie gearteten fundamentalen Einheiten“ akzeptieren.[70] Das Universum wird eher als „dynamisches Gewebe von aufeinander bezogenen Ereignissen“ gesehen.[71] Jedes Netzwerk von Ereignissen, das wir „in einem Experiment beobachten, ist dennoch nach festen

67. Das ist der Standpunkt des *I Ging:* Der Himmel hat als Geist die Zeit als Wirkungsfeld, die Erde als untergeordnetes Prinzip hat den Raum als Wirkungsfeld.
68. Raymond Ruyer, *La Gnose de Princeton*, Paris 1974, S. 177 f.
69. Fritjof Capra, „Quark Physics without Quarks: A Review of Recent Developments in S-Matrix Theory“ (Reprint), submitted to *The American Journal of Physics*, Berkeley, Juni 1979.
70. Capra, ebenda, S. 14.
71. R. Ruyer, *La Gnose de Princeton*, S. 63 u. 74.

Regeln strukturiert. Das sind die Gesetze der Konservierung. Nur solche Reaktionen können vorkommen, in denen ein gut definiertes Set von Quantum-Zahlen bewahrt ist.“ [72]

Nur solche Reaktionen wären möglich, die einen „Fluß von Quantum-Zahlen zeigen, der die Muster aufweist, die mit Quarks verbunden sind, d.h. die *Zweiheit*, die *für Mesonen charakteristisch* ist, und die *Dreiheit für die Baryonen*[73], zusammen mit den verschiedenen Farben, die kombiniert sein können, um die Quantum-Zahlen der beobachteten Hadronen zu bilden.“ [74] Als Laie in der Physik kann ich die Implikationen, die hieraus folgen, nicht beurteilen, aber mir scheint, in dieser mehr dynamischen Sicht der Realität der Materie können wir eine Annäherung an Jungs dynamische Sicht der Archetypen des Unbewußten finden. Physik und Psychologie zeigen an, daß nicht nur topologische Strukturen, sondern auch Zahlen als Eigenschaften der Materie erscheinen – ebenso wie sie sich als Qualität von psychischen Inhalten manifestieren. Der einzige Unterschied, so scheint mir, liegt in der Interpretation dieser Qualität durch den Begriff der Ordnung oder auch wie in der Psychologie im Begriff des Sinns. Bis jetzt verbinden die meisten Physiker sicherlich nicht bewußt irgendeinen Sinn mit Ordnung. Die „Zweiheit“ der Mesonen ist nur eine Tatsache ohne Sinn, wenn ich sie richtig verstehe.

Wir stoßen hier deshalb auf die Unterschiede zwischen den beiden Wissenschaftsbereichen. Ich möchte diesen Unterschied in der Sprache einiger moderner Physiker amplifizieren. Nach R. Ruyers Buch *La Gnose de Princeton*[75] sehen gewisse moderne Physiker die Realität auf

72. Fritjof Capra, „Quark Physics without Quarks“, S. 10.
73. Meine Hervorhebung.
74. Fritjof Capra, „Quark Physics without Quarks“, S. 17.
75. R. Ruyer, *La Gnose de Princeton*, S. 67 f.

folgende Weise: Wir haben ein unmittelbares Bewußtsein unserer selbst, das aus einem bestimmten Betrag an direkter Information besteht. Das ist nicht unser Körper, sondern unser „Ich". Doch wenn wir ein anderes Lebewesen oder Objekt betrachten, können wir es eigentlich nicht wirklich sehen, weil wir nur seinen Körper, seine äußere Erscheinung sehen, die wir Materie nennen, und nicht sein Inneres, das seine wahre Natur ist.[76] Die körperliche Existenz ist nur eine Illusion oder ein Nebenprodukt unserer Sinneswahrnehmung. Wir haben zwei Arten, Information zu erlangen: durch Beobachtung und durch Partizipation.[77] Letztere besteht in der Teilhabe an überräumlichen „Themen", wie es heißt. Das kommt Jungs Idee eines kollektiven Unbewußten sehr nahe, das nach seiner Definition teils überräumlich, teils überzeitlich ist; seine Themen sind das, was wir Archetypen nennen.[78] Gott zum Beispiel ist etwas, an dem man teilhaben, das man aber nicht beobachten kann.[79] Ruyer nennt einige der Themen auch überindividuelle Bereiche und Teile eines universalen Bewußtseins. Im Gegensatz zum „Observierbaren" wird das „Partizipierbare" jedoch als außerräumlich gesehen.[80] Aber gerade das „Partizipierbare" hat einen zeitlosen Aspekt, der bewirkt, daß die Zeit, wie Ruyer es formuliert, mehr ist als ein Funktionieren von räumlichen Strukturen; es gibt der Zeit eine Richtung im Sinne des Zeitpfeils und einen *Sinn.* Die Naturwissenschaft „enthüllt" die Welt der Teilhabe, doch sie sieht sie nur an ihrer beobachtbaren „anderen" Sei-

76. R. Ruyer, ebenda, S. 72.
77. Siehe auch ebenda, S. 182 ff.
78. Ruyer vergleicht sie mit dem Verhaltensmuster der Tiere, ebenda, S. 181-184.
79. Ebenda, S. 203.
80. Ebenda, S. 187.

te.[81] Das Universum offenbart „Sinn" eben durch seine Existenz, durch Form und Leben.[82]

In solchen modernen spekulativen Ideen einiger Physiker kommen wir einander sehr nahe. Denn die Jungsche Psychologie ist vor allem ein Versuch, Partizipierbarkeit oder den Menschen als ein Holon von Sinn zu beschreiben, im Gegensatz zu bestimmten Richtungen der Psychiatrie, die den Menschen nur als etwas „Observierbares" betrachten und keine Empathie oder Mitteilung von Sinn erlauben. Aniela Jaffé nannte Jungs Mythos deshalb „den Mythos vom Sinn". Es gibt aber auch große Unterschiede, denn obwohl die besagten Physiker an Gott als eine überräumliche letzte Intelligenz glauben, mit der wir sozusagen spielen können, indem wir wissenschaftliche Experimente machen, begegnet uns diese Intelligenz bzw. dieser kosmische Geist nicht oder nur teilweise in unserer Seele. Aus diesem Grunde glauben diese Physiker meistens nicht an eine Inkarnation und an Christus. Für Jung dagegen ist die dramatische Begegnung des Menschen mit dem personifizierten Gottesbild in seiner Psyche der wesentliche Sinn des menschlichen Lebens. Die Physiker von Princeton stellen sich Gott als kosmische Überintelligenz vor, die die Intelligenz des Menschen weit übersteigt, so daß sie sich nicht um Einzelheiten zu kümmern scheint. Wir würden ebenfalls sagen: Ja, das Selbst ist eine Überintelligenz, die die des Menschen weit übersteigt (Jung nennt sie das „absolute subjektlose Wissen, das aus Bildern besteht"), aber es ist die Intelligenz des kollektiven Unbewußten. Sie ist unermeßlich, aber nicht konzentriert. Auf diesem Planeten zumindest hat der Mensch wahrscheinlich das konzentrierteste Bewußtsein; er kann deutliches Wahrnehmen

81. R. Ruyer, ebenda, S. 188 u. 194.
82. Ebenda, S. 196-197.

von Sinn erleben, das „realer" ist als die verborgenen „Erkenntniswolken" im Unbewußten. Jung schreibt: „Da eine Schöpfung ohne das reflektierende Bewußtsein des Menschen keinen erkennbaren Sinn hat, so wird mit der Hypothese des latenten Sinnes dem Menschen eine kosmogonische Bedeutung zugedacht, eine wahrhafte raison d'être. Wenn dagegen dem Schöpfer der latente Sinn als bewußter Schöpfungsplan zugeschrieben wird, dann entsteht die Frage: warum sollte der Schöpfer dieses ganze Weltphänomen veranstalten, da er ja bereits darum weiß, worin er sich spiegeln könnte, und warum sollte er sich spiegeln, da er ja bereits seiner selbst bewußt ist? Wozu sollte er neben seiner omniscientia ein zweites minderwertiges Bewußtsein erschaffen? gewissermaßen Milliarden von trüben Spiegelchen, von denen er ja schon zum voraus weiß, wie das Bild sein wird, das sie wiedergeben können ... er ist dem Menschen ähnlich oder gleich, d.h. u.a. so unbewußt wie er oder noch unbewußter, da er entsprechend dem Mythus der incarnatio sich sogar veranlaßt fühlt, Mensch zu werden und sich den Menschen zum Opfer anzubieten."[83]

Der Gott der modernen Physiker ähnelt mehr dem Gottesbild des Hinduismus oder allgemein dem des Fernen Ostens und ist, wie Ruyer zeigt, tatsächlich davon beeinflußt. Jungs Sichtweise steht dem westlichen Christentum näher, obwohl er fand, daß letzteres unvollständig ist und einer weiteren Entfaltung seines Mythos bedarf. Das bedeutet nicht, daß das eine Gottesbild „wahrer" ist als das andere; was man in dieser Hinsicht glaubt, ist eine Sache des Temperaments: „Dem westlichen Menschen ist die Sinnlosigkeit einer bloß statischen Welt unerträglich, er muß ihren Sinn voraussetzen. Der östliche Mensch braucht diese Voraussetzung nicht, sondern

83. C.G. Jung, *Briefe,* Bd. III, S. 240.

er verkörpert sie. Während jener den Sinn der Welt vollenden will, strebt dieser nach der Erfüllung des Sinns im Menschen und streift die Welt und das Dasein von sich ab (Buddha).“[84]

Wie man aus diesem Zitat entnehmen kann, betrachtet Jung es als Aufgabe des Menschen, den Sinn der Natur durch seine Bemühung um Bewußtwerdung zu vervollständigen. „Quod natura relinquit imperfectum, ars perficit“, sagten schon die Alchemisten. Er war sich dabei überhaupt nicht sicher, ob der Sinn überwiegen würde. Am Ende seines Lebens schrieb er in seinen *Erinnerungen*:

„Die Bedeutung des Bewußtseins ist so groß, daß man nicht umhin kann zu vermuten, es läge in all der ungeheuren, anscheinend sinnlosen biologischen Veranstaltung irgendwo das Element des Sinnes verborgen, welcher endlich den Weg zur Manifestation auf der Stufe der Warmblütigkeit und eines differenzierten Hirns wie zufällig gefunden hat, nicht beabsichtigt und vorgesehen, sondern aus ‚dunkelm Drange‘ erahnt, erfühlt, ertastet.“[85]

„Die Welt, in die wir hineingeboren werden, ist roh und grausam und zugleich von göttlicher Schönheit. Es ist Temperamentssache zu glauben, was überwiegt: die Sinnlosigkeit oder der Sinn. Wenn die Sinnlosigkeit absolut überwöge, würde mit höherer Entwicklung die Sinnerfülltheit des Lebens in zunehmendem Masse verschwinden. Aber das ist nicht – oder scheint mir – nicht der Fall. Wahrscheinlich ist, wie bei allen metaphysischen Fragen, beides wahr: das Leben ist Sinn und Unsinn, oder es hat Sinn und Unsinn. Ich habe die ängstliche Hoffnung, der Sinn werde überwiegen und die Schlacht gewinnen.“[86]

84. A. Jaffé, *Erinnerungen, Träume, Gedanken von C.G. Jung*, S. 319.
85. Ebenda, S. 341 f.

Hier dringt Jung in Bereiche vor, die weit vom strikt wissenschaftlichen Standpunkt wegführen. Er tat das ganz bewußt, denn die bedeutungsvolle, aber eher vage Sprache des Mythos war für ihn zur Beschreibung psychologischer Tatsachen angemessener. Nur sie kann die Unbestimmtheit von Sinn und Fühlfunktion ausdrücken. Dies wird, wie ich denke, die Psychologie für immer von der Physik trennen. Wenn wir trotzdem versuchen, einander zu begegnen, dann deshalb, weil es in den Randbereichen, wo die Psychologie in andere Wissenschaftsgebiete hinüberreicht, wenn möglich keine fundamentalen Widersprüche geben sollte. Eine Psychologie, die nicht mit den Erkenntnissen der anderen Wissenschaften Schritt hält, scheint mir wertlos zu sein. Ich denke, die Jungsche Psychologie trifft sich durch das Konzept der Ordnung am Rand mit der Kernphysik, vor allem durch die Sichtweise, daß die Zahl sowohl ein Archetyp als auch eine Eigenheit materieller Phänomene ist, seien es Quantum-Zahlen oder Muster von Teilchen-Interaktionen. F. Capra schreibt: „Wenn die Teilchen nach den Werten ihrer Quantum-Zahlen geordnet sind, sieht man sie in sehr hübsche Muster fallen, in sechseckige oder dreieckige Muster, bekannt als Oktette oder Dekuplette."[87] Ganz ähnliche Muster erscheinen in den Strukturen, die das Unbewußte hervorbringt, aber im Gegensatz zum Ordnungsaspekt allein müssen wir in der Psychologie auch nach ihrem „Sinn" suchen. Mir scheint, die Zahl vereinigt beides: Ordnung und Sinn, und ist daher, zusammen mit ihrer topologischen räumlichen Anordnung in „Patterns", ein möglicher Treffpunkt für die beiden Wissenschaftsbereiche. Im Zusammenhang mit dem „Partizipierbaren" muß die Psychologie jedoch die bisher gezo-

86. Ebenda, S. 360.
87. Fritjof Capra, „Quark Physics without Quarks", S. 7.

genen Grenzen der Wissenschaft überschreiten, weil sie den „Sinn" und die Fühlfunktion nicht aus der Beschreibung ihres Gegenstandes ausschließen kann. Dies scheint der spezifische Wert, aber auch die Grenze der Psychologie zu sein. Die Suche nach Ordnung wendet sich an die Empfindungsfunktion, an das Denken und manchmal auch an die Intuition. Aber um die Gefühlswerte und so das „Ganze" einzuschließen, zwingt uns die Unbestimmbarkeit des „Sinns" dazu, über die Wissenschaft hinauszugehen, und führt uns zurück zur älteren Weise der Menschheit, sich auszudrücken: zum Mythos. Das bringt unvermeidlich Widersprüche und eine Verdunkelung der wissenschaftlichen Klarheit mit sich. Daraus wird auch verständlich, warum die „Theologen der Zahl" uns nicht mögen und warum die Gnostiker von Princeton denken, daß wir Okkultisten sind. Aber weil wir es mit dem Menschen als Ganzem zu tun haben, sind wir zu dieser Sichtweise gezwungen. Für mich ist das etwas Positives, denn ich würde es bedauern, wenn die Physik die Psychologie verschlucken würde und umgekehrt. Mir scheint es fruchtbarer zu sein, wenn jede ihren eigenen Denk- und Tätigkeitsbereich behält, aber beide ihre Erkenntnis in den Randgebieten austauschen, wo wir uns schöpferisch begegnen können.

XII. Zeit und Synchronizität in der Analytischen Psychologie

Studien zu den Begriffen von Zeit, Entropie und Informationstheorie haben in jüngster Zeit dazu angeregt, Themen der Psychologie in das Gebiet der physikalischen Forschung einzubeziehen.[1] C.G. Jung ist bei seiner Erforschung des Unbewußten und der psychoiden Schichten[2]

1. In *Le Second Principe de la Science du Temps* (Paris 1963, S. 130) versucht Olivier Costa de Beauregard die Kybernetik in den Bereich der allgemeinen epistemologischen Probleme der Physik zu integrieren und kommt zum Schluß, daß die Physik dazu gezwungen wird, in einen aktiven Dialog mit der Psychologie einzutreten, um eine umfassendere Wissenschaft aufzubauen. Obwohl er sich eines anderen Zugangs bedient, wiederholt er in Wirklichkeit ein Postulat Wolfgang Paulis, der in Kenntnis der Tiefenpsychologie von C.G. Jung die Hoffnung ausdrückte, daß wir nun in der Lage wären, eine neue abstrakte neutrale Sprache zu schaffen, in der bestimmte psychologische und physikalische Entdeckungen einen gemeinsamen Begriff finden werden *(Aufsätze und Vorträge über Physik und Erkenntnistheorie*, Braunschweig 1961, S. 121). In seinem Beitrag zum Symposion „Die Einheit der Erkenntnis" *(The Unity of Knowledge*, hrsg. Lewis Leary, New York 1955) schlug Niels Bohr vor, sein Konzept der Komplementarität in die Psychologie einzuführen, d.h. er wollte die bewußte und die unbewußte Psyche als sich ergänzendes Gegensatzpaar betrachtet wissen. (Siehe auch Max Knoll, „Transformation of Science in our Age", *Man and Time*, Eranos Yearbook, New York 1957, S. 264; und Ernst Anrich, *Moderne Physik und Tiefenpsychologie*, Stuttgart 1963).
2. Jung nennt jene Bereiche des Unbewußten „psychoid", wo psychische Phänomene mit der Materie verschmelzen oder in sie übergehen (s. u.). Dieser psychoide Bereich kommt dem sehr nahe, was P. Vignon und Costa de Beauregard „infrapsychisme" nennen (Vgl. *Le Second Principe*, S. 80).

der menschlichen Psyche schon früher auf das Problem gestoßen, daß die sogenannte „Psyche“ sich mit dem zu verbinden scheint, was wir gewöhnlich „Materie“ nennen, und daß hier speziell die Anwendbarkeit des Zeitbegriffs fraglich wird. Es ist darum vielleicht sinnvoll, eine kurze Zusammenfassung seiner relativ gesicherten, sachdienlichen Entdeckungen zu geben und zugleich einige offene Fragen, Überlegungen, Zweifel und Vorschläge zur weiteren Erforschung aufzuzählen, die die dunkle Beziehung zwischen Psyche, Materie und Raum-Zeit erhellen können.

1. Das Unbewußte und seine Strukturen

Die größte und umwälzendste Erkenntnis der modernen Psychologie ist die von Sigmund Freud geleistete Entdekkung des Unbewußten, nämlich eines Bereiches der Psyche, der sich relativ unabhängig von den Strukturen unseres Bewußtseins manifestiert. Bekanntlich kann ein Impuls, Wunsch, Gedanke, eine Phantasie oder etwas ähnliches zeitweise unbewußt, d.h. vergessen sein. Diese Tatsache würde den Gebrauch des Adjektivs „unbewußt“ rechtfertigen, uns jedoch nicht gestatten, ein Hauptwort „das Unbewußte“ als für sich bestehende Einheit daraus abzuleiten. Weitere Beobachtungen haben aber gezeigt, daß solche unbewußte oder vergessene Inhalte[3] während der unbewußten Phase ihrer Existenz einer spezifischen Wandlung unterliegen. Sie können zum Beispiel emotional wichtiger, automatisch und stereotyp werden, oder eine mehr mythologische und archaische Form anneh-

3. Ein „Inhalt“ ist in der Psychologie ein Gedanke, Wunsch, Impuls, eine Phantasie usw., d.h. eine relativ abgegrenzte in sich identische Einheit im Bereich des psychischen Kontinuums.

men, oder sie können sich mit Material verbinden, das ursprünglich nicht zu ihnen gehörte, und im Bewußtsein dadurch in einem anderen Zustand wiedererscheinen. Das bringt uns zur Schlußfolgerung, daß das Unbewußte ein psychischer Bereich *sui generis*[4] ist, der anders als unser Bewußtsein zu arbeiten scheint. Wie schon William James haben auch Jung und Pauli[5] dieses Konzept mit dem Feld-Konzept in der Physik verglichen, und Niels Bohr hat gezeigt, daß die Beziehung zwischen Bewußtsein und Unbewußtem komplementär ist.[6]

Im Wachzustand zeigt sich dieser psychische Bereich sui generis oder das Unbewußte[7] beim Menschen hauptsächlich darin, daß es die Kontinuität unserer bewußten geistigen Tätigkeit unterbricht durch das Eindringen von Phantasien, Sprechfehlern, unwillkürlichen Gesten, durch Auditionen und Visionen oder sogar Halluzinationen, und während des Schlafes in Form von Träumen.

Beim Studium des Traumlebens, d.i. unsere Hauptinformationsquelle über den unbewußten Bereich der Psyche, fand Jung heraus, daß eine Reihe von wiederkehrenden Traummotiven in auffallender Weise mythologischen Themen und Motiven ähneln, wie sie von der vergleichenden Religionswissenschaft erforscht werden.[8] Wann immer solche Motive im Traum auftauchen, bringen sie auch – oder konstellieren sie – starke dynamische und

4. Vgl. C.G. Jung, *Theoretische Überlegungen*, GW 8, § 383-384.
5. Vgl. W. Pauli, *Aufsätze*, S. 113; s.a. William James, *Varieties of Religious Experience*, New York 1902, Lect. X.
6. N. Bohr in L. Leary, Hrsg., *Unity of Knowledge*; vgl. auch Pascual Jordan, *Verdrängung und Komplementarität*, Hamburg 1947.
7. Jung zieht im Gegensatz zu andern den Ausdruck „unbewußt" statt „unterbewußt" vor, denn wir wissen nicht genug darüber, um Begriffe einzuführen, die eine Lokalisation oder Bewertung beinhalten.
8. Zum Beispiel auch Gerardus van der Leeuw, *Religion in Essence and Manifestation*, London 1938, wo solche wiederkehrenden Motive in jedem Kapitel erörtert werden.

emotionale Reaktionen im Träumer mit sich. Sie neigen dazu, leidenschaftliche Impulse wie plötzliche Bekehrungen, „heilige" Überzeugungen, fanatische Handlungen, hartnäckige Gedanken usw. hervorzurufen. Im positiven Sinne können sie auch eine leidenschaftliche und kreative Weiterführung eines Themas bewirken. Jung nannte die (wahrscheinlich angeborenen) unbewußten strukturellen Dispositionen, die die erwähnten Reaktionen verursachen, „Archetypen".[9] Ihre Produkte in den Träumen und halbbewußten Zuständen, d.h. die mythologischen Phantasien, Gedanken, symbolischen Handlungen usw., nennt er „archetypisch".[10]

Diese Archetypen decken sich in großem Ausmaß mit dem, was die Zoologen Verhaltensmuster nennen, und die Jungschen Archetypen könnten in gewisser Weise geradesogut menschliche Verhaltensmuster genannt werden.[11] Ein Unterschied besteht allerdings darin, daß der Zoologe diese Muster nur in den nach außen sichtbaren Instinkthandlungen eines Tieres erforschen kann, während wir bei unseren psychologischen Forschungen über den Menschen auch die begleitenden subjektiven Prozesse wie typisch wiederkehrende Phantasien, Vor-

9. Freud nennt diese Motive „archaische Reste" oder „Spuren", im Gegensatz zu Jungs „archetypischen Bildern".
10. Der Archetyp selbst ist nicht darstellbar und kann nur abstrakt umschrieben werden, im Gegensatz zu seinen Hervorbringungen, den Bildern, symbolischen Handlungen, Gedankenformen usw. Pauli gibt in seinen *Aufsätzen,* S. 119, einen ausgezeichneten Überblick der Entwicklung von Jungs Idee der Archetypen.
11. Siehe C.G. Jung, *Theoretische Überlegungen,* GW 8, § 397 f. Kein Instinkt ist formlos, denn er trägt in sich das komplette Abbild einer Situation, d.h. der Instinkt einer Blattschneiderameise schließt in seinem Muster das Bild der Ameise, des Blattes, des Schneidens, Transportes, Pilzgartens usw. ein. Ohne alle diese Elemente kann der Instinkt nicht funktionieren. Ein solches Bild ist a priori gegeben. Der menschliche Instinkt funktioniert auf ähnliche Weise und schließt ebenfalls Bilder, nämlich archetypische Bilder, ein.

stellungen, Gefühle und Emotionen „von innen her" beobachten können.

Die nächste höchst wesentliche Entdeckung der Tiefenpsychologie liegt in der Erkenntnis, daß diese archetypischen seelischen Verhaltensmuster nicht nur ein Vorstellungs-, sondern auch ein kognitives Element enthalten, das das Bewußtsein in Form von plötzlichen blitzartigen Einsichten beeinflussen kann, wie ich später noch zeigen werde.[12] Jung nennt das kognitive Element des Archetyps seine „Luminosität", um es von dem des Tagesbewußtseins oder Ichbewußtseins abzugrenzen.[13]

Bei den Tieren schließen die Verhaltensmuster in ihrem Handlungskreis sowohl räumliche als auch zeitliche Elemente ein. Die Tiere haben zum Beispiel spezielle Territorien, Wanderrouten, Paarungsstätten, d.h. räumliche Bedingungen, während andere Muster eine Art „Wissen" der zukünftigen Evolutionsphasen, d.h. zeitliche Faktoren[14] beinhalten. Es ist daher nicht überraschend, daß Jung bei der Erforschung der Archetypen oder menschlichen psychologischen Verhaltensmuster ganz unabhängig auf ähnliche Tatsachen stieß.

12. Wie H. Poincaré in *Science and Method*, New York 1952, Kap. 3 zeigt, sind solche „Erleuchtungen" nur fruchtbar, wenn sie auf einen vorbereiteten und geübten Geist treffen.
13. Siehe C.G. Jung, *Theoretische Überlegungen*, GW 8, § 396. Die Bewußtheit eines psychischen Inhalts ist immer nur relativ bewußt, genau wie seine Unbewußtheit auch nur relativ ist. Ein Traum ist zum Beispiel insofern kein völlig unbewußtes Phänomen, als er ja berichtet wird. Vgl. Jung, ebenda, § 395 und W. Pauli, *Aufsätze*, S. 116. Wie Pauli betont, ist ein Traum auch eine psychophysische Tatsache, weil er von Gehirnabläufen begleitet ist.
14. S. auch Adolf Portmann, „Time in the Life of the Organism", in *Man and Time, Eranos Yearbook*, S. 310. Vgl. auch S. 318: „Wie das erwachsene Tier instinktiv reagiert, so reguliert das Plasma der Art ‚instinktiv' die zeitliche Abfolge formativer Prozesse."

2. Die Zeit im Bewußtsein und im Unbewußten

Bei ihren kybernetischen Studien haben Physiker beobachtet, daß das sogenannte Bewußtsein aus einem innerpsychischen Vorstellungsfluß[15] zu bestehen scheint, der „parallel" zum Zeitpfeil fließt (oder möglicherweise sogar damit erklärt werden kann). Während M.S. Watanabe[16] überzeugend argumentiert, daß dieser Zeitsinn eine Tatsache sui generis ist, glauben andere wie etwa A. Grünbaum, daß Entropie diesen Zeitsinn im Menschen verursacht hat.[17] Costa de Beauregard betont, daß, was immer sein Ursprung ist, er parallel zum Zeitpfeil in der Physik läuft: „Le flux intérieur de la vie psychique est lié de manière essentielle à un flux d'information entrante."[18] Für den Psychologen ist diese Feststellung (daß der Ideenstrom parallel zum Fluß der Zeit läuft) nur für unsere bewußte Psyche annehmbar, oder für das, was Bergson unsere konzentrierte „Aufmerksamkeit auf das Leben" nennt.[19] Sobald wir uns jedoch mit der Funktionsweise der unbewußten Psyche befassen, wird die Gültigkeit dieser Feststellung fraglich. Man kann allgemein beobachten, daß Leute, denen es nicht gelungen ist, einen konzentrierten Bewußtseinszustand oder eine scharf ausgerichtete „Aufmerksamkeit auf das Leben" zu entwickeln, wie gewisse Gruppen von Primitiven oder Kinder, die Fähigkeit der bewußten „Zeit-Zählung" nicht haben. Sie leben eher in einem relativen und vage wahr-

15. Es wäre vielleicht besser, „Vorstellungsfluß" zu sagen.
16. S. Shinzo Watanabe, „Le Concept du temps en physique moderne et la durée pure de Bergson", in *Revue de métaphysique et de morale*, V. 56 (1951), S. 128.
17. Vgl. Costa de Beauregard, *Le Second Principe*, S. 114.
18. Ich wage nicht, diese Frage mit den wenigen Tatsachen, die uns heute zur Verfügung stehen, zu entscheiden, neige aber eher zu Prof. Watanabes Ansicht, daß der „Zeitsinn" nicht notwendigerweise durch das Gesetz der Entropie verursacht ist.

genommenen Ereignisstrom, wo nur wenige emotional wichtige Ereignisse erfaßt und berichtet werden, die dann als Markierungen in einem unterschiedslosen Lebensfluß fungieren.[20]

Wenn der Psychologe die Phänomene erforscht, die unmittelbar aus dem Unbewußten kommen, wie Visionen, obsedierende Phantasien und vor allem die Träume, wird die Regelmäßigkeit, „Geschwindigkeit" und die deutliche Unterscheidbarkeit der Zeit noch unsicherer[21] oder sogar ganz fraglich. Es ist, als würde man im Traum eher ein bildhaft dargestelltes *Bündel* von Ereignissen, die alle gleichzeitig wahrgenommen werden, erleben, während das bewußte Ich beim Erzählen dieser Traumereignisse sie später automatisch in eine Ordnung brin-

19. S.a. Costa de Beauregard, *Le Second Principe*, S. 115: „Angenommen, das Universum der Relativisten müßte als in jedem Moment in all seiner zeitlichen Ausdehnung ausgebreitet betrachtet werden, würden wir kurz gefaßt folgende Metapher vorschlagen: In der Minkowski'schen Raum-Zeit kann Bergsons ‚Aufmerksamkeit auf das Leben' mit der Aufmerksamkeit beim Lesen eines Buches verglichen werden, wobei die aufeinanderfolgenden ‚dreidimensionalen raumartigen Zustände' dieselbe Rolle spielen wie die einander folgenden Seiten des Buches. Und so wie die Bemühung, das Buch zu verstehen, das Lesen seiner Seiten in der geschriebenen Reihenfolge erfordert, fordert die effektive Teilhabe am ‚Text' des vierdimensionalen Kosmos, daß die ‚Aufmerksamkeit auf das Leben' ständig die dreidimensionalen Zustände des Universums in der Ordnung ihrer zunehmenden Wahrscheinlichkeit durchliest."
20. Hierdurch wird nicht von vornherein die alte philosophische Frage entschieden, ob die Zeit nur eine Kategorie unseres bewußten Geistes (Kant) ist oder ob sie auch objektiv existiert. Es bedeutet lediglich, daß die genaue Wahrnehmung dessen, was wir heute Zeit nennen, vom Funktionieren unseres Bewußtseins abhängt.
21. Siehe auch Costa de Beauregard, *Le Second Principe*, S. 124: „Selbst wenn es das Wesen des Bewußtseins ist, stets die zeitliche Dimension des Kosmos in derselben Richtung zu erforschen, ohne Lücken, und ihr eine lange Spur von Erinnerung nachzuziehen, die es aus der erreichten Information gewonnen hat, gibt es für den unbewußten Geist, der weder logisch noch methodisch ist, keinen Grund, demselben Gesetz zu unterliegen. Müßte man nicht sagen, daß das Unbewußte mit der zeitlichen Ausdehnung des Kosmos koexistiert?"

gen würde, die wir als logische Zeitfolge auffassen. Das scheint die Vorstellung eines „Block-Universums" zu unterstützen, dessen Ausdehnung mit der des Unbewußten zusammenfällt.[22] Es scheint, daß die bewußte Wahrnehmung der Zeit als gerichteter Fluß im Unbewußten merkwürdig relativ oder möglicherweise nicht existent ist.[23]

Abgesehen vom Traummaterial scheint das auch durch die Mythen aller Zeitalter bestätigt zu werden, falls zugegeben wird, daß sie in ihrer Substanz archetypischer Natur sind. In den meisten Mythologien und primitiven Religionssystemen gibt es die Vorstellung einer uranfänglichen Zeit oder eines illud tempus, wie Mircea Eliade sie nennt,[24] eine „andere" Zeit jenseits unserer wirklichen Zeit, wo sich wunderbare mythische und symbolische Ursprungsgeschichten ereigneten oder sogar immer noch stattfinden. Diese uranfängliche Zeitdimension ist heute entweder verschwunden, oder sie besteht noch neben unserer gewöhnlichen Zeit weiter, kann aber nur in unbewußten geistigen Ausnahmezuständen erlebt werden, wie etwa im Traum, im Koma, in der Ekstase oder im Rausch. Diese ursprüngliche Zeit wird oft nicht als Zeit, sondern als durée créatrice (schöpferische Dauer) im Sinne Bergsons oder als Ewigkeit beschrieben, die eine Ausdehnung der Zeit ohne Fortschreiten bedeutet.[25] Die australischen Ureinwohner nennen diese mythische

22. Costa de Beauregard sagt: „Es ist darum unmöglich geworden, die Zeit des materiellen Universums als eine vorwärtsgehende Front aufzufassen. Die Zeit des materiellen Universums ist wie sein Raum eine Ausdehnung, und der Parameter, der diese ‚vierte Dimension' erforscht, ist eine Koordinate genau wie jene, die den normalen Raum parametrisieren." *(Le Second Principe*, S. 123) Das Unbewußte wäre von gleicher Ausdehnung mit der „étendue actuelle" (Ebenda, S. 124).
23. Siehe C.G. Jung, *Theoretische Überlegungen*, GW 8, § 440.
24. M. Eliade, *The Myth of the Eternal Return*, New York 1954; s.a. G. van der Leeuw, „Primordial Time and Final Time", in *Man and Time, Eranos Yearbook*, S. 324.
25. Siehe G. van der Leeuw, „Primordial Time ...", S. 326.

Zeit *aljira*, was zugleich auch „Traum“ bedeutet, denn sie ist in ihrer Anschauung das Kontinuum, in dem die Träume stattfinden. Diese mythologische Vorstellung einer uranfänglichen Zeit als der Dimension der Traumereignisse, Visionen usw. scheint mit anderen Worten mit dem zusammenzufallen, was die moderne Tiefenpsychologie heute das kollektive Unbewußte nennt, denn der Kontakt mit dieser Dimension ist nur im unbewußten Zustand möglich.[26]

Die Zeugnisse, die die relative „Zeitlosigkeit“ des Unbewußten betreffen, stammen nicht nur von Primitiven, wir finden sie auch in allen mystischen Erfahrungen, die durch ein Gefühl der Einheit mit dem Universum[27] und der Zeitlosigkeit[28] gekennzeichnet sind. Dieses Gefühl der Zeitlosigkeit ist dem Erlebnis der tieferen Schichten des Unbewußten eigen, die Jung das kollektive Unbewußte nennt, weil seine Struktur bei jedem Menschen grundsätzlich dieselbe ist. Leute, die eine solche Erfahrung gemacht haben, behaupten oft, daß sie auch die Zukunft

26. Siehe Jungs Einführung zu W.Y. Evans-Wentz, *Der Geheime Pfad der Großen Befreiung*, Weilheim 1972, S. 32. Siehe auch C.G. Jung, *Psychologischer Kommentar zu: Das Tibetische Buch der Großen Befreiung*, GW 11, § 759-830.
27. Jung sagt: „Weil das Unbewußte die geistige Matrix ist, haftet ihm die Qualität des Schöpferischen an, es ist der Geburtsort von Gedankenformen ... Da die Formen des Unbewußten zu keiner bestimmten Zeit gehören, also anscheinend ewig sind, geben sie ein eigenartiges Gefühl von Zeitlosigkeit, wenn sie bewußt realisiert werden.“ (ebenda, § 782). Und weiter: „Eine introvertierte Einstellung, bei welcher die Betonung nicht auf der äußeren Welt (der Welt des Bewußtseins), sondern auf dem subjektiven Faktor (dem Hintergrund des Bewußtseins) liegt, ruft daher notwendigerweise die charakteristischen Manifestationen des Unbewußten hervor, nämlich archaische Gedankengebilde, durchsetzt mit ‚anzestralen‘ oder ‚historischen‘ Gefühlen und außerdem mit dem Gefühl von Unbestimmtheit, Zeitlosigkeit und Einheit. Das ... kommt ... von der allgemeinen Kontamination der Inhalte, die sich verstärkt mit der Abschwächung der Bewußtheit ... Es ist daher nicht unwahrscheinlich, daß die eigenartige Empfindung von Einheit von dem unterschwelligen Wissen um den All-Zusammenhang im Unbewußten herrührt.“ (ebenda, § 783).

vorhersehen können. Die normale Zeiterfahrung mit ihren Unterteilungen in Vergangenheit, Gegenwart und Zukunft schwindet.[29] Dies ist das „mystische" Erlebnis, das besonders in vielen östlichen Religionsbewegungen gesucht wird. Das Gefühl der Einheit mit allen Dingen beruht wahrscheinlich auf der gebündelten Natur bzw. der Kontamination der unbewußten Inhalte.

Wir finden dasselbe Phänomen der zeitlosen Gleichzeitigkeit auch in der Geschichte der Naturwissenschaften beim Auftauchen von unbewußten Einfällen. Als berühmtes Beispiel können wir Henri Poincarés[30] Fall oder ein ähnliches Zeugnis aus einem Brief von Karl-Friedrich Gauss an Olbers nehmen, in dem er schreibt, er habe den Beweis eines arithmetischen Satzes auf folgende Art gefunden: „Endlich ... ist es gelungen – aber nicht meinem mühsamen Suchen, sondern bloß durch die Gnade Gottes ... Wie der Blitz einschlägt, hat sich das Rätsel gelöst; ich selbst wäre nicht imstande, den leitenden Faden zwischen dem, was ich vorher wußte, ... und dem, wodurch es gelang, nachzuweisen."[31] Jacques H. Ha-

28. Siehe dort S. 48 und GW 11, § 814-815: „Ich habe diese Zeitlosigkeit schon erklärt als eine Qualität, die der Erfahrung des kollektiven Unbewußten eigen ist. Es scheint, daß die Anwendung des ‚Yoga der Selbstbefreiung' alles vergessene ‚Wissen' der Vergangenheit ins Bewußtsein reintegriert. Das Motiv der Apokatastasis (Wiederherstellung) erscheint in vielen Erlösungsmythen und ist auch ein wichtiger Aspekt der Psychologie des Unbewußten, welches eine außerordentliche Menge von archaischem Material in Träumen und spontanen Phantasien von normalen und auch von geisteskranken Menschen offenbart. In der systematischen Analyse eines Individuums bewirkt das spontane Wiedererwachen der anzestralen Formen (als eine Kompensation) eine Wiederherstellung.... Das Unbewußte hat sicherlich seine ‚eigene Zeit', insofern als Vergangenheit, Gegenwart und Zukunft darin vermischt sind."
29. Siehe C.G. Jungs *Kommentar* von Evans-Wentz, GW 11, § 759 f.
30. H. Poincaré, *Science and Method*, Kap. III.
31. In K.F. Gauss, *Werke*, Band 10, S. 25, zitiert in B.L. van der Waerden, *Einfall und Überlegung*, Drei kleine Beiträge zur Psychologie des mathematischen Denkens, Basel-Stuttgart 1954, S. 132.

damard[32] und B.L. van der Waerden[33] haben viele Beispiele solcher mathematischen „Erleuchtungen“ gesammelt; Harold Rugg[34] publizierte ähnliche Erlebnisse aus anderen Wissenschaftsbereichen. Der immer wiederkehrende und für unser Thema wichtige Faktor ist die Simultaneität, mit der die komplette Lösung intuitiv erfaßt wird und später durch diskursives Denken nachgeprüft wird. Das beruht meiner Meinung nach darauf, daß sich die Lösung als eine Art geordneter Gestalt[35] oder in Jungschen Begriffen als archetypisches Muster oder Bild präsentiert und so noch etwas von der relativen Zeitlosigkeit des Unbewußten an sich hat. Diese Beispiele beleuchten auch das kognitive Element in den archetypischen Mustern, das oben erwähnt wurde.[36]

Ähnliche Zeugnisse eines schwindenden Zeitsinnes unter halbbewußten Bedingungen werden auch bei Zuständen von pathologischer Übererregtheit, bei Vergiftung und bei Störungen, die durch lange Isolation[37] mit ihrer Verlangsamung der intellektuellen Tätigkeit und der begleitenden Intensivierung des Traumlebens hervorgerufen wurden, beobachtet. All diese Tatsachen scheinen nahezulegen, daß der Zeitfluß als subjektive psycho-

32. J.H. Hadamard, *Psychology of Invention in the Mathematical Field*, Princeton 1949.
33. B.L. van der Waerden, *Einfall und Überlegung*.
34. Harold Rugg, siehe B.L. van der Waerden.
35. S. Lancelot L. Whyte, *Accent on Form*, New York 1954, S. 155.
36. Hierüber siehe C.G. Jung, *Theoretische Überlegungen*, GW 8, § 440: „Archetypen erscheinen erst in der Beobachtung und Erfahrung, nämlich dadurch, daß sie Vorstellungen anordnen, was jeweils unbewußt geschieht und darum immer erst nachträglich erkannt wird. Sie assimilieren Vorstellungsmaterial, dessen Herkunft aus der Erscheinungswelt nicht bestritten werden kann, und werden dadurch sichtbar und psychisch.“ Wegen dieses kognitiven Elementes im Unbewußten dachte P. Vignon sogar daran, seinen „infrapsychisme“ „Überbewußtsein“ zu nennen. Vgl. Costa de Beauregard, *Le Second Principe*, S. 120.
37. Siehe J.P. Zubecks Experimente am Psychologischen Institut der Universität von Manitoba in Winnipeg.

logische Erfahrung an das Funktionieren unseres bewußten Geistes gebunden ist und im Unbewußten relativ (oder möglicherweise nichtexistent) wird. Daher erscheint Costa de Beauregards Vorschlag, das Unbewußte als zeitlos-koextensiv mit der Minkowski-Einsteinschen „Weltfläche" anzusehen, dem Psychologen als neue und genauere Formulierung der jahrhundertealten Vorstellung einer „anderen Zeit".

3. Das sinnvolle Zusammentreffen von bewußt wahrgenommenen äußeren Ereignissen mit unbewußten archetypischen Prozessen

Im Laufe seiner Beobachtung der Auswirkungen, die die aktivierten Archetypen in den psychischen Reaktionen seiner Patienten zeigten, stieß Jung immer wieder auf Fälle, wo rein äußerliche und zufällige Ereignisse dazu neigten, auf sinnvolle Weise mit archetypischen Traumbildern zusammenzutreffen. Das scheint aber nur dann der Fall zu sein, wenn ein Archetyp konstelliert ist, der hoch geladene bewußte oder unbewußte Emotionen hervorbringt. Das folgende Beispiel kann als Illustration dienen:[38] Eine Frau mit einem sehr starken Machtkomplex und einer „verschlingenden" Haltung anderen Leuten gegenüber träumte von drei Tigern, die drohend vor ihr saßen. Ihr Analytiker zeigte ihr den Sinn des Traumes und versuchte ihr durch kausale Argumentation Ursache und Verständnis ihrer verschlingenden Haltung nahezulegen. Später am selben Tag gingen die Patientin und ihre Freundin am Zürichsee spazieren und stießen auf eine Menschenmenge, die drei Tiger in einer Scheune beobachtete – höchst ungewöhnliche Bewohner einer Bauernscheune!

38. Zitiert mit Erlaubnis der Patientin.

Für sich betrachtet scheint der kausale Hintergrund dieser beiden Ereignisse klar zu sein. Die Machtentfaltung in der Frau führte zu ihrem Tigertraum als einem warnenden Bild für das, was in ihr konstelliert war. Die drei realen Tiger waren in besagter Scheune, weil ein Zirkus die Nacht in der Stadt verbrachte. Das höchst unwahrscheinliche Zusammentreffen der drei inneren und äußeren Tiger jedoch schien im Leben dieser Frau keine gemeinsame Ursache zu haben, und doch berührte es sie unvermeidlicherweise als „mehr als bloßer Zufall" und als irgendwie „bedeutsam".

Auf den ersten Blick gibt es keinen Grund, sich um solche Begebenheiten zu kümmern, selbst wenn sie für die betreffende Person sehr beeindruckend sind, denn man kann dieses Zusammentreffen als reinen Zufall betrachten. Jung war jedoch von der relativen Häufigkeit solcher Vorfälle beeindruckt[39] und nannte sie synchronistische Ereignisse. Synchronizität kann also als Gleichzeitigkeit plus sinnvolle Verbindung von Ereignissen definiert werden im Gegensatz zu nur gleichzeitigen Ereignissen. Bevor wir Jungs Argumentation weiter nachgehen, müssen wir uns daran erinnern, daß unsere Naturgesetze statistisch sind und nur gelten, wenn sie im Großen angewandt werden. Das bedeutet, daß wir eine beträchtliche Anzahl von Ausnahmen haben müssen, die wir Zufall nennen. Außerdem postuliert unser experimentelles Vorgehen die Notwendigkeit der Wiederholbarkeit und schließt so von vornherein alle einzigartigen und sogar die meisten seltenen Ereignisse aus.[40]

Wir können nun das zufällige Zusammentreffen als Unabhängigkeit der zusammenfallenden Ereignisse von jeder gemeinsamen ursächlichen Verbindung definieren,

39. In Wilhelm von Scholz, *Der Zufall – eine Vorform des Schicksals*, Stuttgart 1924, findet sich eine Sammlung von dokumentierten Zufällen dieser Art.

und wir können sie in zwei Kategorien unterteilen, nämlich in sinnvolle und sinnlose Zufälle.[41] Ein synchronistisches Ereignis wäre dann das sinnvolle Zusammentreffen eines äußeren Ereignisses mit dem Auftauchen eines inneren Motivs aus Träumen, Phantasien oder Gedanken. Es muß sich um zwei oder mehrere Elemente handeln, die für den Beobachter nicht kausal, sondern durch ihren „Sinn" miteinander verbunden sind. Der Sinn-Faktor übersteigt im Moment für uns die wissenschaftliche Faßbarkeit, doch der Psychologe kann aufzeigen, daß er durch emotionale und vorbewußte kognitive Prozesse einer „Gestalt" oder eines natürlichen Musters bedingt ist. Diese Prozesse scheinen schon eine „Ordnung" oder ein „System" geformt zu haben, bevor sie die Bewußtseinsschwelle überschreiten.[42] Sie scheinen von der Aktivierung eines archetypischen Musters abhängig zu sein. Der Archetyp organisiert dann, mit anderen Worten, vorbewußt unseren Vorstellungsfluß.[43] Sinnvolle Zufälle sind keinesfalls selten und haben deshalb nicht nur bei

40. Der energetische Impuls eines Teilchens wird zum Beispiel nur von der Wahrscheinlichkeit gesteuert. Ich stimme hier dem Argument Costa de Beauregards zu (*Le Second Principe*, S. 23 u. 27; s.a. S. 45, 47), daß der Zufall als objektiver Faktor und nicht nur als „Zufall der Unwissenheit" betrachtet werden muß. S.a. W. Pauli, „Wahrscheinlichkeit und Physik", in *Dialectica*, Bd. 8, Nr. 2 (1954), S. 114, der betont, daß die vereinzelte Wahrnehmung eines sehr unwahrscheinlichen Ereignisses von einem gewissen Punkt an behandelt wird, als sei es praktisch unmöglich.
41. Wenn ich beim Absturz eines Flugzeuges vor meinen Augen niese, dann ist das wohl ein bedeutungsloser Zufall. Wenn ich jedoch bösartige Phantasien über dieses Flugzeug gehabt habe und es dann vor meinen Augen abstürzt, wird mich das als sinnvolles Zusammentreffen beeindrucken, obwohl wir auch hier völlige kausale Unabhängigkeit annehmen müssen.
42. Wir können zum Beispiel bei der Analyse kreativer Wissenschaftler oder Künstler beobachten, daß ihre Traumbilder oft in symbolischer Form ihre späteren bewußten Entdeckungen oder Erfindungen vorwegnehmen. Harold Rugg (s. B.L. van der Waerden, *Einfall und Überlegung,* S. 49) spricht darüber als der „kreativen vorbewußten Aktivität des transliminalen Geistes".
43. Siehe C.G. Jung, *Theoretische Überlegungen,* GW 8, § 440.

Jung Aufmerksamkeit erregt, sondern auch bei anderen, in jüngster Zeit etwa bei Paul Kammerer,[44] Wilhelm von Scholz,[45] W. Stekel,[46] J.W. Dunne[47] und bei verschiedenen Parapsychologen.[48] J.B. Rhine hat das Problem als erster mit statistischen Methoden in Angriff genommen,[49] während die andern nur mehr oder weniger gut ausgewiesene Beispiele, ähnliche dem von mir erwähnten, gesammelt haben.

4. Philosophische Versuche, die Idee der Synchronizität zu formulieren[50]

Die Vorstellung, daß alle Naturereignisse irgendwie sinnvoll verbunden sind (was ein rein anthropomorpher Begriff ist), taucht in der westlichen Philosophie erstmals in Heraklits Begriff des Logos auf, sowie bei Hippokrates in der Idee einer oulomelie (All-Harmonie) oder „Sympathie" aller Dinge, ebenso bei Philo (25 v.Chr. - 42 n.Chr.) und Theophrast. Diese „Sympathie" wurde als Grund dafür aufgefaßt, warum ähnliche äußere und innere Ereignisse gleichzeitig erscheinen, obwohl ihre Gleichzei-

44. P. Kammerer, *Das Gesetz der Serie*, Stuttgart-Berlin 1919, zitiert bei Jung, *Synchronizität*, GW 8, § 827. Kammerer hat sich auf das Sammeln von „Serialitäten" spezialisiert. Siehe auch L.C. Kling, „Irrational Occurrences in Psychotherapy and Tendentious Apperception", in *Journal of Existential Psychiatry*, Vol. 4, No. 15 (1964).
45. W. von Scholz, *Der Zufall – eine Vorform des Schicksals*.
46. W. Stekel, „Die Verpflichtung des Namens", in *Zeitschrift für Psychotherapie und medizinische Psychologie*, Bd. 3 (1911), S. 110.
47. J.W. Dunne, *An Experiment with Time*, 1. Aufl., London 1938.
48. Charles Richet, Xavier Dariex, Frank Podmore, W.H. Myers, Camille Flammarion. Die Titel und Beispiele siehe bei C.G. Jung, *Synchronizität*, GW 8, § 830.
49. Literatur siehe bei S.G. Soal und F. Bateman, *Modern Experiments in Telepathy*, London 1954, und J.B. Rhine, *The Reach of the Mind*, 1954. Sowie Jung, GW 8, § 834 f.
50. Dieses Kapitel ist hauptsächlich eine gekürzte Version von Jungs drittem Kapitel über die Synchronizität, außer der Darstellung von Ibn Arabis Ansichten.

tigkeit kein kausales Fundament hat. Philo und Theophrast setzen Gott als prima causa dieses Prinzips ein. Diese Idee lebte in vager Form im ganzen Mittelalter weiter und wurde noch von Pico della Mirandola, Agrippa von Nettesheim, Robert Fludd und Paracelsus vertreten.[51] Sie erscheint auch in den meisten alchemistischen und astrologischen Abhandlungen jener Zeit. Die Ursache dieser Sympathie ist für die meisten Autoren Gott oder die Weltseele. Nach Agrippa zum Beispiel ist die Weltseele als alles durchdringender Geist verantwortlich für das „Vorauswissen" der Tiere. Noch Johann Kepler glaubte an eine anima terrae, die ähnliche Phänomene hervorrief.[52]

Der einzige, der die Wichtigkeit des emotionalen Faktors für das Auftauchen solcher Phänomene erkannte, war Albertus Magnus. Er betonte, daß diese „magischen Erscheinungen", wie er sie nannte, nur auftreten können, wenn die richtige astrologische Konstellation herrscht und sich die betreffende Person in einem außerordentlichen Affekt befindet.[53] Diese Feststellung ist insofern interessant, als starke Affekte normalerweise nur durch einen Archetyp konstelliert werden und Jung solche synchronistischen Ereignisse nur beobachtete, wenn ein Archetyp aktiviert war.[54] Albertus selbst hatte seine Idee von Ibn Sina (Avicenna) übernommen.[55]

Keinem dieser mittelalterlichen Autoren gelang es jedoch, sich von einer vagen Vorstellung magischer Kausa-

51. Details s. bei C.G. Jung, *Synchronizität,* GW 8, § 915 ff.
52. Siehe W. Pauli, „Der Einfluß archetypischer Vorstellungen auf die Bildung naturwissenschaftlicher Theorien bei Kepler", in C.G. Jung und ders., *Naturerklärung und Psyche.*
53. Albertus Magnus, *De mirabilibus mundi,* Erstdruck Köln, 1485.
54. In meiner Praxis habe ich gefunden, daß solche Ereignisse und die akute Wahrnehmung von synchronistischen Ereignissen bei psychischen Borderline-Zuständen rapide zunehmen, was wiederum mit dem „außerordentlichen Affekt", der bei solchen Zuständen vorherrscht, zu tun hat.

lität zu befreien, die für jedes primitive Denken charakteristisch ist. Nur der große arabische Philosoph Ibn Arabi versuchte eine rein akausale Beschreibung solcher Ereignisse zu geben, wenn er auch an der Idee Gottes als der prima causa festhielt. Für ihn ist das ganze Universum eine Theophanie, erschaffen durch einen Akt uranfänglicher göttlicher Imagination, die unaufhörlich weiterwirkt. Dieselbe göttliche Imagination wirkt im Menschen und erneuert in jedem Augenblick seine Vorstellung vom Kosmos.[56] Aus diesem Grunde kann eine bestimmte reale und intelligente innere Imaginationstätigkeit im Menschen (keine leere Phantasie) plötzlich mit äußeren Tatsachen zusammenstimmen. Die Schöpfung kehrt in jedem Moment in einer vor-ewigen und kontinuierlichen Bewegung wieder, durch die sich der vor-ewige und nachewige Gott in allen Lebewesen manifestiert. Es gibt keine Intervalle in diesen dauernden Schöpfungsakten, weil der Augenblick des Verschwindens einer Sache derselbe Augenblick ist, in dem eine gleichartige Replik ins Leben gerufen wird. Gott bleibt auf verborgene Weise in Seiner hecceitas[57] anwesend, aber in Seiner Manifestation nimmt Er existentielle Bestimmtheit an.[58] Das geschieht

55. In dessen *De Anima* (Kap. 4) dieselben Ideen dargestellt werden (s. *Avicenne perhypatetici philosophiae medicorum facile primi: Opera* etc., Venetiis 1508. Dies war die einzige lateinische Übersetzung, die Albertus Magnus zur Verfügung hatte).
56. Siehe Henri Corbin, *L'Imagination créatrice dans le Soufisme d'Ibn Arabi*, Paris 1958, S. 140.
57. Hecceitas bedeutet hier Gottes reines unfaßbares Sein (esse), d.h. ebendieselbe Substanz im aristotelischen Sinne des Wortes im Gegensatz zur Existenz.
58. H. Corbin, ebenda, S. 150: „Eine identische, ewige Hecceitas nimmt existentielle Bestimmtheit an; und das geschieht tatsächlich in einem Augenblick (alan) eines unteilbaren Momentes (auch wenn dieser Moment in Gedanken teilbar ist), dieses Atom der Zeit, das man die ‚Gegenwart' nennt (amân hadir, aber nicht das ‚nunc', das eine abstrakte begrenzende Bedingung von Vergangenheit und Zukunft und eine Idee reiner Negativität ist), ohne daß die Sinne fähig wären, ein zeitliches Intervall wahrzunehmen."

durch die beständige Aktivierung der göttlichen Namen.[59] Die Kontinuität liegt in diesen göttlichen Namen, während es bei den tatsächlichen Erscheinungen nur eine akausale Verbindung der Dinge gibt. Es gibt nur Ähnlichkeiten von einem Augenblick zum andern, aber keine wirkliche empirische Kontinuität und Identität.[60] Auch jegliche „Sicht" des Menschen von dieser Schöpfung wird von demselben Gott erschaffen, der sich dem Menschen von innen her in Seinen verschiedenen Namen oder Ipseitäten zeigt.[61] Diese philosophische Vorstellung ist, soweit ich weiß, der bemerkenswerteste Versuch des Mittelalters, die Idee der Kausalität aufzuheben, aber sie verpflichtet sich immer noch, eine gemeinsame erste Ursache aller Dinge zu postulieren.

Von Kants „Traum eines Geistersehers" inspiriert hat Schopenhauer in seiner Abhandlung „Über die anscheinende Absichtlichkeit im Schicksale des Einzelnen" einen Versuch gemacht, die Synchronizität zu erklären. Er stellte sich ein doppeltes Muster von Ereignissen wie die Linien von Länge und Breite eines Globus vor. Die Längen-Linien würden dann die kausalen Verbindungen von Ereignissen darstellen, die Breiten-Linien dagegen die Querverbindungen von akausalen sinnvollen Zufällen. Er dachte, daß „nun jene beiden Arten des Zusammenhangs zugleich bestehen und die nämliche Begebenheit als ein Glied zweier ganz verschiedener Ketten, doch beiden sich genau einfügt, infolge wovon jedesmal das

59. Die göttlichen Namen in Ibn Arabis System sind rein formale Potentialitäten; sie sind eine sehr nahe Entsprechung zu Jungs Konzept der Archetypen, haben aber (wie die platonischen Ideen) einen eher intellektuellen Charakter.
60. H. Corbin, ebenda, S. 150.
61. H. Corbin, ebenda, S. 146; „Ipseitäten" sind potentielle, jedoch fortlaufend mit sich identische Aspekte von Gottes unfaßbarer, sich selbst bleibender Substanz. Sie wirken als vermittelnde Wirkstoffe zwischen Gott und der Schöpfung.

Schicksal des Einen zum Schicksal des Andern paßt und jeder der Held seines eigenen, zugleich aber auch der Figurant im fremden Drama ist, dies ist freilich etwas, das alle unsere Fassungskraft übersteigt und nur vermöge der wundersamsten Harmonia praestabilita als möglich gedacht werden kann".[62]

In bezug auf die Querverbindungen betrachtete Schopenhauer den Pol des Globus als den Ursprung, in dem alle Längen-Linien zusammenlaufen. Der Pol ist das „eine Subjekt des großen Traumes vom Leben", nämlich der transzendentale Wille oder die prima causa, von dem alle Kausalketten wie die Meridiane ausstrahlen, wobei die Parallelen in einer sinnvollen Beziehung der Gleichzeitigkeit zueinander stehen.

Nach Jung haben wir jedoch keinen Beweis dafür, daß es nur eine prima causa und nicht eine Vielzahl von ihnen gibt. Außerdem ist die Idee eines absoluten Determinismus, mit dem Schopenhauer noch gerechnet hat, in sich zusammengefallen. Schopenhauers Postulat, daß synchronistische Ereignisse regelmäßig vorkommen, und die Tatsache, daß er ihnen eine Ursache zuschreibt, sind Ausdruck seines Wunsches, die synchronistischen Erscheinungen in eine deterministische Weitsicht einzupassen; doch das geht weit über das hinaus, was wir wirklich sehen oder beweisen können.[63]

Ein anderer bemerkenswerter Versuch, die Synchronizität in ein Bild der Realität zu integrieren, findet sich bei Gottfried Wilhelm Leibniz, den man den Erfinder der Idee vom psycho-physischen Parallelismus nennen könnte. Er faßte Körper und Seele als zwei gleichgehende

62. Zitat aus C.G. Jung, *Synchronizität,* GW 8, § 828 f.
63. Siehe C.G. Jung, ebenda, § 828: „Weder philosophische Überlegung noch die Erfahrung gewährleisten daher das regelmäßige Vorhandensein jener beiden Arten von Zusammenhang, in denen eines und dasselbe Subjekt und Objekt ist."

Uhren auf. Seine Monaden oder Seelen haben, wie er sagte, „keine Fenster", d.h. keine kausalen Zwischenverbindungen, sondern liefen „synchron" in einer „prästabilierten Harmonie".[64] Gegen diese Anschauung erhebt Jung einen Einwand, der tatsächlich für alle diese erwähnten Erklärungsversuche gilt:[65] „Das Synchronizitätsprinzip wird damit zur absoluten Regel in allen Fällen, wo es sich um ein gleichzeitiges äußeres und inneres Geschehen handelt. Demgegenüber müssen wir aber in Berücksichtigung ziehen, daß die empirisch feststellbaren synchronistischen Phänomene, weit entfernt davon, eine Regel zu bilden, relativ so seltene Ausnahmen darstellen, daß ihr Vorkommen meistens bezweifelt wird. Sie sind allerdings in Wirklichkeit wohl viel häufiger, als man denkt und nachweisen kann, aber es ist noch unbekannt, ob und in welchem Erfahrungsgebiet sie eine derartige Häufigkeit oder Regelmäßigkeit bilden, daß man von einem gesetzmäßigen Vorkommen reden könnte. Wir wissen bis heute nur soviel, daß es ein allen derartigen (verwandten) Erscheinungen zugrunde liegendes Prinzip geben muß, aus welchem sie möglicherweise erklärt werden könnten."[66]

64. C.G. Jung, *Synchronizität,* GW 8, § 927. Arnold Geulincx führte ähnliche Ideen aus.
65. Nur Ibn Arabi entgeht diesem Einwand. Selbst Costa de Beauregard postulierte noch einen „Grand Esprit" als Quelle und „erste Ursache" innerhalb seiner neofinalistischen Ansichten.
66. C.G. Jung, *Synchronizität,* GW 8, § 928 f. Siehe auch Anm. 127: „Ich muß hier allerdings nochmals die Möglichkeit hervorheben, daß das Verhältnis von Körper und Seele als eine Synchronizitätsbeziehung verstanden werden könnte. Sollte sich diese bloße Vermutung einmal bestätigen, so müßte meine heutige Ansicht, daß Synchronizität ein relativ seltenes Phänomen sei, korrigiert werden." Siehe auch C. A, Meiers Beobachtungen in *Zeitgemäße Probleme der Traumforschung,* ETH Zürich, Kultur- und Staatswissenschaftliche Schriften 75, 1950, S. 22, und „Psychosomatic Medicine from the Jungian Point of View", in *The Journal of Analytical Psychology,* V. 8, No. 2 (London 1963), S. 103.

Statt eine prästabilierte Harmonie aller Dinge zu postulieren, schlägt Jung vor, synchronistische Ereignisse durch die Existenz eines formalen Faktors zu erklären, nämlich durch die von ihm so genannte „Sinngleichheit". In seinen Überlegungen nahm er an, daß sich dieselbe lebendige Realität sowohl im psychischen als auch im physischen Bereich ausdrückt, jedoch nicht kausal. Jung nannte diese hypothetisch zugrundeliegende „selbe Realität" unus mundus.[67] Der unus mundus muß als Einheit verstanden werden, die aus potentiellen formalen Strukturen, Systemen oder Bildern besteht, sowie aus einem Wissen, das dem Bewußtsein vorausgeht. Er nennt dieses Wissen das „absolute Wissen", weil es vom Bewußtsein abgelöst erscheint.[68] Wir stehen hier wiederum, seiner Hypothese gemäß, vor einem bestimmten vorbewußten Angeordnetsein unserer bewußten Vorstellungen.[69]

67. Jungs Idee des unus mundus darf nicht mit Erich Neumanns Begriff der „Einheitswirklichkeit" verwechselt werden („Die Psyche und die Wandlung der Wirklichkeitsebenen", in *Eranos-Jahrbuch*, Bd. 21, 1952, S. 169). Letztere bedeutet eine Verschmelzung von Individuen mit ihrer Umgebung durch ihre Verhaltensmuster. Der unus mundus besitzt demgegenüber nur eine potentielle Wirklichkeit als Konglomerat von archetypischen Strukturen, die sich noch nicht dualistisch in psychische oder materielle (oder beide) Phänomene umgesetzt haben (Siehe C.G. Jung, *Mysterium Coniunctionis*, GW 14/2, § 413).
68. Diese Idee eines Vorherwissens stammt ursprünglich von Hans Driesch, *Die Seele als elementarer Naturfaktor*, Leipzig 1903. Siehe auch Costa de Beauregard, *Le Second Principe*, S. 137, der eine vor allen kosmischen Geschehnissen existierende „Quelle der Information" postuliert (s.a. S. 131).
69. Siehe C.G. Jung, *Theoretische Überlegungen*, GW 8, § 439 und ebenda Fn. 133, Paulis Kommentar. Viele unserer Vorstellungen können gut durch Sinnesreize erklärt werden, selbst wenn sie unbewußt wahrgenommen werden, aber die archetypisch geordneten Strukturen scheinen keine äußere kausale Grundlage zu haben. Das kognitive Element, das in diesen Bildern enthalten ist, unterliegt plötzlichen intuitiven schöpferischen Einsichten.

5. Einige Gedanken zu den synchronistischen Ereignissen als Unterart eines möglichen allgemeineren Prinzips des akausalen Angeordnetseins

Nach Jung sollten synchronistische Ereignisse als einfache Tatsachen, d.h. als reine Zufälle betrachtet werden. Dann stellt er die Frage,[70] ob nicht das Prinzip der Gleichheit von psychischen und physischen Abläufen, die seiner Erfahrung nach bei synchronistischen Ereignissen erscheint, eine Begriffserweiterung erfordert. Es gibt zwei bekannte Beispiele für ein solches akausales Angeordnetsein, nämlich die Diskontinuitäten der Physik und die individuellen mathematischen Eigenheiten der natürlichen Zahlen.[71] Merkwürdigkeiten wie die oben beschriebene Tigergeschichte sind deshalb vielleicht nur eine seltene Unterart eines allgemeineren Prinzips des akausalen Angeordnetseins, bzw. „von sämtlichen Gleichartigkeiten psychischer und physischer Prozesse, bei denen der Beobachter in der Lage ist, das tertium comparationis zu erkennen." Seit Jung dies 1952 geschrieben hat, hat der Fortschritt der Naturwissenschaft, wie mir scheint, viel dazu beigetragen, diese Idee eines allgemeinen akausalen Angeordnetseins zu einem praktikablen Erklärungs-Prinzip zu machen. Needham geht sogar so weit zu sagen, daß „wir die beiden Komponenten, die zum Verständnis des Universums einzig erforderlich sind, in den Begriffen der modernen Wissenschaft einer-

70. C.G. Jung, *Über Synchronizität*, GW 8, § 959 f. Bei Jung: „Gleichartigkeit".
71. Die Existenz der Primzahlen oder die Zahl 2 als einzige gerade Primzahl oder 6 als „perfekte" Zahl in einem Dezimalsystem zum Beispiel. Dies sind Dinge, die, obwohl scheinbar logisch, nicht auf andere Faktoren zurückgeführt werden können. Es sind Tatsachen von apriorischer oder vorgegebener Art, ähnlich wie die mathematischen Charakteristica von Gruppen oder die Tatsache, daß es unmöglich ist, Algebra-Gleichungen von größeren Graden als 4 zu lösen.

seits als Organisation[72] und andererseits als Energie charakterisieren könnten".[73]

In Zusammenarbeit mit Pauli schlug Jung die folgende schematische Darstellung der Erklärungsgrundlagen vor:

Quaternio der zur Erklärung der psycho-physischen Einheitswirklichkeit erforderlichen Hypothesen

Energie

Kausalität
Dauernde Verbindung durch Ursache und Wirkung

Synchronizität
Unstabile Verbindung durch Zufälligkeit, Sinngleichheit

Raum-Zeit-Kontinuum

Das Prinzip der Zufälligkeit bzw. der Sinngleichheit würde aber in keiner Weise die Kausalität ersetzen, sondern kann als Ergänzung zur kausalen Determiniertheit gesehen werden.[74]

In der Physik ist die Kausalität zu einem nur relativ gültigen Prinzip geworden, und wir halten nun nur noch Ausschau nach „statistischen Gesetzen mit primären Wahrscheinlichkeiten".[75] Man könnte diese primären Wahrscheinlichkeiten auch „Erwartungskataloge" nennen. Auf ähnliche Weise könnten wir auch den Archetyp

72. Einige Wissenschaftler bevorzugen das Wort „System" statt Organisation.
73. Joseph Needham, „Biochemical Aspects of Form and Growth", in L.L. Whyte, Hrsg., *Aspects of Form*, Bloomington 1951.
74. D.h. zwischen ihnen und den kausalen Abläufen gibt es keine Beziehungen, die sich nach dem Gesetz richten.
75. W. Pauli, *Aufsätze*, S. 114.

eine Liste von Erwartungswerten oder „primärer Wahrscheinlichkeiten" gewisser psychischer (und geistiger) Reaktionen nennen. Genauso wie die Erwartungswerte in der Quanten-Theorie nicht mit der erwünschten willkürlichen Genauigkeit gemessen werden können, wenn wir nicht gleichzeitig ihre komplementären Parameter messen wollen, schließt auch eine einzigartige Manifestation in der Liste der psychologischen Erwartungswerte die genaue Beobachtung aus, wenn man auf einer Abfolge zeitlicher Wiederholungen besteht.[76] Niels Bohrs Idee, daß die bewußte und die unbewußte Psyche ein komplementäres Paar von Wesenheiten sind, bezieht sich auf dieses Problem. Der Archetyp stellt vor allem psychische

76. Diese Unmöglichkeit bezieht sich auf den sogenannten Abnahme-Effekt, d.h. Wiederholung scheint die emotionale Anteilnahme zu ermüden. Angeregt von J.B. Rhines bekannten Experimenten, der das Problem des Vorherwissens auf experimenteller und statistischer Grundlage anzugehen versuchte, machte auch Jung den Versuch, dasselbe Problem mit statistischen Mitteln zu erfassen. Seine Idee war, daß man zuerst herausfinden muß, ob zwei unleugbare Tatsachen, die klar nicht ursächlich miteinander verbunden sind, dazu neigen könnten, mit einer Häufigkeit zusammenzufallen, die über der mathematischen Wahrscheinlichkeit liegt. Daß zwei Leute verheiratet sind, ist eine unleugbare Tatsache, und die astrologischen Heiratskonstellationen Sonne-Mond-Konjunktion und Venus-Mars-Konjunktion sind ebenfalls Tatsachen, die unabhängig davon festgestellt werden können, ob man an Astrologie „glaubt" oder nicht. Es ist höchst unwahrscheinlich, daß die Planeten einen effektiven kausal faßbaren Einfluß auf die Heiratsabsichten des Menschen haben. Sollten diese beiden Dinge daher öfter zusammentreffen als die Zufallswahrscheinlichkeit es vorhersagen würde, dann würden sie synchronistische Ereignisse darstellen. Jungs statistische Analyse zeigte zunächst sehr bemerkenswerte Ergebnisse, aber als Jungs Interesse daran abnahm, wurden auch die Resultate weniger auffällig. Eine ähnliche Wirkung ist von Rhines Experimenten bekannt. Nur Personen, deren emotionale Anteilnahme in hohem Maße erregt ist, neigen zur Produktion von hohen Resultaten außersinnlicher Wahrnehmungen. Vielleicht entziehen sich die ESP-Vorkommen aus diesem Grunde der statistischen Analyse, denn dasselbe Experiment ist bei ein und derselben Person nicht genügend wiederholbar. Dafür gibt es zwei Gründe: wir können nicht immer willentlich einen intensiven emotionalen Zustand aktivieren, und zweitens, selbst wenn er aktiviert worden ist, hat er die

Wahrscheinlichkeit dar,[77] doch merkwürdigerweise ruft er nicht nur psychische, sondern auch psycho-physische Sinngleichheiten hervor. Deshalb legt Jung dem Archetyp eine psychoide Qualität oder eine gewisse Eigenschaft des „Grenzüberschreitens“[78] bei, weil er in Bereiche der Erfahrung hineinreicht, die wir normalerweise materiell nennen.

Gewöhnlich ist der Archetyp lediglich eine introspektiv erkennbare Form einer vorgegebenen psychischen Ordnung, aber wenn ein äußerer synchronistischer Ablauf damit verbunden ist, fällt auch dieser äußere Prozeß in dasselbe Grundmuster ein, d.h. er ist sinngleich geordnet. Diese Form des Angeordnetseins unterscheidet sich aber von der Ordnung der mathematischen Eigenschaf-

... Tendenz, durch Wiederholung „abzukühlen“. Zuerst waren Jungs Ergebnisse unwahrscheinlich „gut“ (d.h. weit über der mathematischen Wahrscheinlichkeit), aber das scheint letztlich selbst einfach ein synchronistisches Ereignis gewesen zu sein. Das Ergebnis des ganzen Tests erwies sich als sehr unwahrscheinlich, aber schließlich doch als Zufallsresultat. Es war jedoch ein bedeutsames Zufallsresultat, eben ein synchronistisches Ereignis, aber nicht die statistisch geprüfte Regelmäßigkeit, auf die er gehofft hatte. Jung sah sich gezwungen, nochmals kritisch über die epistemologische Grundlage von Kausalität und statistischer Wahrscheinlichkeit nachzudenken. Er sagt (in der deutschen Ausgabe nicht vorhanden!): „Die Statistik wäre ohne die Ausnahmen sogar sinnlos ... Weil die statistische Methode nur den Durchschnitt zeigt, schafft sie ein künstliches und hauptsächlich begriffliches Bild der Realität. Deshalb brauchen wir ein ergänzendes Prinzip zur vollständigen Beschreibung und Erklärung der Natur.“ (C.G. Jung, *Synchronicity,* in *Structure and Dynamics of the Psyche*, Coll. Works 8, § 904).

77. C.G. Jung, *Synchronizität als ...*, GW 8, § 954.
78. Ebenda, § 954: „Sie sind zwar den kausalen Vorgängen beigesellt, beziehungsweise von diesen ‚getragen', begehen aber eine Art von Rahmenüberschreitungen, die ich als Transgressivität bezeichnen möchte, indem sie nicht eindeutig und ausschließlich nur im psychischen Bereich festgestellt werden, sondern ebensosehr auch in nicht psychischen Umständen erscheinen können ...“

ten der natürlichen Zahlen bzw. der Diskontinuitäten der Physik, da beide regelmäßig erscheinen, während die Formen des psychischen Angeordnetseins, sofern sie mit äußeren Ereignissen zusammenfallen, *Schöpfungsakte in der Zeit* sind.[79] Sie stellen Schöpfungsakte innerhalb eines Musters dar, das von Ewigkeit her besteht, sich aber nur sporadisch wiederholt und nicht von bekannten Voraussetzungen ableitbar ist.[80] Synchronistische Ereignisse wären daher eine relativ seltene und spezielle Art von Naturereignissen, während das Zufällige teilweise als universale Tatsache, die von Ewigkeit an existiert, teils als die Summe der zahllosen Schöpfungsakte, die in der Zeit vorkommen, verstanden werden müßte.[81] Diese Schöpfungsakte sind im wesentlichen unvoraussagbar[82] und geben der Zeit darum eine spezifische unvorhersehbare Wendung,[83] indem sie die Kontinuität der Zeitrichtung unterbrechen. Die Psychologie kommt daher von einem anderen Blickwinkel her zur Idee einer creatio

79. Ebenda, § 955. Aus diesem Grunde, fährt Jung fort, habe er diese Ereignisse synchronistisch genannt.
80. Ebenda, § 957. Jung fährt fort: „Man muß sich selbstverständlich davor hüten, jedes Geschehen, dessen Ursache unbekannt ist, als ursachelos aufzufassen. Letzteres ist nur, wie ich hervorgehoben habe, in jenen Fällen statthaft, wo eine Ursache nicht einmal denkbar ist. Die Denkbarkeit ist allerdings ein Begriff, der höchste Kritik erfordert ... Sinngemäße Koinzidenzen sind als reine Zufälle denkbar. Je mehr sie sich aber häufen und je größer und genauer die Entsprechung ist, desto mehr sinkt ihre Wahrscheinlichkeit, und desto höher steigt ihre Undenkbarkeit, das heißt, sie können nicht mehr als bloße Zufälle gelten, sondern müssen mangels kausaler Erklärbarkeit als Anordnungen aufgefaßt werden. Dabei besteht ... der ‚Mangel an Erklärbarkeit' nicht etwa nur aus der Tatsache, daß die Ursache unbekannt ist, sondern daraus, daß eine solche mit unseren Verstandesmitteln auch nicht denkbar ist. Dieser Fall tritt notwendigerweise dann ein, wenn Raum und Zeit ihren Sinn verlieren, beziehungsweise relativ geworden sind, denn unter diesen Umständen kann eine Kausalität, die Raum und Zeit zu ihrem Bestehen voraussetzt, nicht mehr festgestellt, ja überhaupt nicht mehr gedacht werden."
81. Ebenda, § 958.

continua – einer Idee, die A.N. Whitehead und M. Capek ebenfalls postulieren, wenn sie von einer Bewegung der Natur sprechen, die schöpferisch fortschreitet.[84]

Kürzlich wurde auch behauptet, daß das physikalische Informationskonzept identisch ist mit dem Phänomen einer Umkehrung der Entropie.[85] Der Psychologe muß hier ein paar Bemerkungen hinzufügen: Es scheint mir nicht überzeugend zu sein, daß Information an sich mit einem pouvoir d'organisation[86] identisch ist, das die Entropie aufhebt. Ich kann Unordnung sehen, ohne etwas dagegen zu unternehmen, sofern ich nicht gefühlsmäßig

82. Siehe Costa de Beauregard, *Le Second Principe*, S. 137: „Wir glauben nicht wie Bergson, daß ‚was geschieht' (in der Phylogenese oder in der individuellen Aktivität der Lebewesen) notwendigerweise nicht voraussagbar ist, sei es durch das kollektive Bewußtsein der Phylogenese (falls es so etwas gibt), sei es durch das individuelle Bewußtsein der Lebewesen." Wir können dem zustimmen, denn gerade hier beobachtet der Psychologe das Vorkommen von synchronistischen Ereignissen. Was Costa de Beauregard, Vignon folgend, „Infrapsychismus" nennt, deckt sich sehr nahe mit dem, was Jung die psychoide Natur der Archetypen nennt.
83. Ich muß hier ein paar warnende Bemerkungen zur Gewohnheit des regressiven magisch-kausalen Denkens machen. Immer wieder stoße ich auf ein Mißverständnis in Bezug auf Jungs Idee der Synchronizität. Der Grund dafür stellt sich meist als Rückfall in die uralte mächtige Gewohnheit des Menschen heraus, in Begriffen magischer Kausalität zu denken. Ich habe oft gesehen, daß von „synchronistischer Kausalität" oder vom Archetyp, der die synchronistischen Ereignisse „verursacht", gesprochen wird, statt daß er innerhalb eines oder durch ein Bündel von synchronistischen Ereignissen sichtbar wird. Meiner Meinung nach implizieren auch Begriffe wie Telepathie oder Telekinese die vage zugrundeliegende Vorstellung einer „übermittelnden Energie" und sind deshalb irreführend.
84. A.N. Whitehead, *Science and the Modern World*, New York 1926, S. 304, und Milic Capek, „Bergson et l'esprit de la physique contemporaine", in *Bulletin de la Société Française de Philosophie*, 53. année 1939, Sondernummer „Bergson et nous", Paris, Mai 1959, S. 53.
85. Costa de Beauregard, ebenda, S. 133: „Was trotz und auf Kosten der abnehmenden Negentropie des Kosmos erreicht wird, ist die Anhäufung von Information durch bewußte Wesen, die sich in der Materie inkarniert haben."
86. Ebenda, S. 76.

dazu angeregt werde, sie in Ordnung zu bringen,[87] und der emotionale Stimulus, Ordnung herzustellen,[88] der von innen auftaucht, kommt, wie der Psychologe beweisen kann, von vorbewußt aktivierten geistigen Verhaltensmustern, d.h. von den Archetypen. Nur hier und nirgendwo sonst könnten wir Instanzen oder Quellen der Negentropie entdecken.[89]

87. Costa de Beauregard, *Le Second Principe*, S. 79: „Aktion und Organisation sind unserer Meinung nach dasselbe." Und S. 78: „Wir folgern, daß es keinen wesentlichen Unterschied zwischen dem Bild, das unsere Wahrnehmung darstellt, und dem Projekt, das unser Vorhaben darstellt, gibt – d.h. zwischen der Vorstellung, die einer physikalischen Situation folgt, und der, die ihr vorausgeht." Vgl. H. Reichenbach, *The Direction of Time*, Berkeley 1956, der diese beiden Dinge auch gleichsetzt.
88. Was Costa de Beauregard (ebenda, S. 95) „willensmäßiges Bewußtsein", das auf emotionalen Tatsachen basiert, im Gegensatz zum „erkenntnismäßigen Bewußtsein", das auf der Beobachtung der Kausalität beruht, nennt.
89. Wie schon Pauli gesagt hat, ist es möglich, daß die „sinnvollen" Mutationen (d.h. Mutationen, die nach Ansicht des Menschen einer Situation angemessen sind), die von einigen Evolutionisten postuliert werden, als synchronistische Ereignisse erklärt werden könnten *(Aufsätze*, S. 122). Er dachte an Neofinalisten und Wissenschaftler wie B. Rensch und A. Pauly (vgl. auch Lucien Cuenot, *Invention et Finalité en Biologie*, Paris 1941; Paul Vignon, *Introduction à la biologie expérimentale*, Paris 1930; Costa de Beauregard, *Le Second Principe*, S. 120). Pauli betont (*Aufsätze*, S. 124), daß die moderne Auffassung der Evolution (zufällige Ereignisse plus Selektion) nur gültig wäre, wenn man zeigen könnte, daß die „passende" Zufallsformation genügend Gelegenheit hatte, innerhalb der bekannten Lebenszeit auf unserem Planeten ins Dasein zu kommen. Aber die Biologen neigen dazu, das beiseite zu schieben, indem sie vitalistische Vorstellungen gebrauchen oder behaupten, daß unpassende Mutationen mit Sicherheit aussterben. Während die gesicherten Ergebnisse der Genetik statistische Gesetze sind, könnten seltene oder sogar einmalige Ereignisse ebenso wichtig für die biologische Evolution sein. Pauli vermutet deshalb (ebenda, S. 127), daß die Synchronizität bei der Evolution eine Rolle spielen könnte.

6. Das Problem eines methodischen Zugangs zur Synchronizität

Bevor wir das Problem diskutieren, wie wir die Unterart begreifen wollen, nämlich die relativ seltenen und zufälligen Erscheinungen von synchronistischen Ereignissen, scheint es mir wichtiger oder vielmehr praktikabler zu sein, zuerst nach einem mathematischen Zugang zum allgemeineren Faktor zu suchen: zur Sinngleichheit zwischen einem psychischen und einem physischen Prozeß, sofern es dem Beobachter gelingt, das tertium comparationis zu erkennen.[90] Die Frage wäre dann: können wir die psychologische Erfahrung des „Sinns" auf irgendeine Art mathematisieren?[91]

Wie Jung bemerkte,[92] können die Psychologen die Intensität von Reaktionen bis jetzt nur ungefähr bestimmen. Sie tun das mit der „Fühlfunktion", die die genaue Messung in der Physik ersetzt. Aber „die psychischen Intensitäten und ihre graduellen Unterschiede deuten auf quantitativ charakterisierte Vorgänge hin ... Während die psychologische Feststellung im wesentlichen qualitativ ist, besitzt sie aber auch eine ... latente ‚physikalische'

90. Das Problem reduziert sich auf die Frage: was ist das Wesen der vorbewußten Geordnetheit unserer Vorstellungen und worin besteht seine Verbindung mit der offensichtlichen Geordnetheit oder System-Qualität der äußeren Tatsachen? Das Konzept des kausalen Determinismus scheint mit einer vorbewußten Anpassung unserer Psyche an das Gesetz der Entropie und den damit implizierten Pfeil der Zeit verbunden zu sein (vgl. Costa de Beauregard, *Le Second Principe*, S. 112). Das Konzept der Synchronizität scheint andererseits auf einem vorbewußten Ausdruck unserer Psyche in Form von Systemen, Strukturen oder Gestalten zu beruhen, die als simultan gegenwärtiges „Ganzes" oder als „Ordnung" definiert sind.
91. Weil das bis jetzt nicht möglich war, tendieren viele Arbeiten über Kybernetik dazu, den Sinnfaktor zu übergehen. Aber, wie Costa de Beauregard betont, können wir die „résonance psychique" nicht einfach eliminieren (ebenda, S. 75).
92. C.G. Jung, *Theoretische Überlegungen*, GW 8, § 441.

Energetik, denn die psychischen Phänomene lassen einen gewissen quantitativen Aspekt erkennen." Wenn diese Quantitäten gemessen werden könnten, wären Masse und Geschwindigkeit angemessene Konzepte, um bei der Beschreibung der Psyche verwendet zu werden, sofern sie irgendwelche beobachtbare Auswirkungen in Zeit und Raum hat. Es scheint, als gehörten die intimsten Verbindungen der psychischen Prozesse mit materiellen Phänomenen ins Reich der Mikrophysik. Doch wie können wir dieser Verbindung näherkommen?

Mir scheint, daß das mit den mathematischen Mitteln, die uns heute zur Verfügung stehen, nicht möglich ist, weil unser gegenwärtiger Gebrauch der Zahlenreihe und ihre Abstraktionen rein quantitativ ist und deshalb kein geeigneteres Instrument, den Sinn zu erforschen, als ein Schwarzweiß-Film, um Farbe wiederzugeben. Dieser vorwiegend quantitative Gebrauch der natürlichen Zahlen ist aber eine Spezialität der westlichen geistigen Einstellung. In China wurden die natürlichen Zahlen selten in dieser Weise gebraucht, sondern sie wurden vor allem als qualitative Instrumente von Ordnung angesehen. Nach Granet[93] benutzten die Chinesen die Zahlen nicht als Quantitäten, sondern als polyvalente Zeichen oder Symbole, die dazu dienten, die Qualität eines bestimmten Bündels von Tatsachen und ihrer inneren hierarchischen Ordnung auszudrücken. Nach ihrer Anschauung besitzen die Zahlen eine beschreibende Kraft und dienen darum als Ordnungsfaktor für „des ensembles concrets qu'ils paraissent spécifier par le seul fait qu'ils les situent dans le Temps et l'Espace"[94] („Bündel von konkreten Tatsachen, die sie dadurch zu qualifizieren scheinen, daß sie sie in Zeit und Raum einordnen"). Im chinesischen

93. Marcel Granet, *La pensée chinoise*, S. 150.
94. Ebenda, S. 153; siehe auch S. 159 und S. 174.

Denken gibt es eine Übereinstimmung zwischen dem Wesen einer Sache und ihrer Position in der Raum-Zeit. Diese Übereinstimmung kann nur durch eine Zahl[95] ausgedrückt werden, denn Zahlen charakterisieren eher „ensembles" als Mengen,[96] aber diese qualitativ umschriebenen „ensembles" stellen (wie unsere Naturgesetze) auch „reguläre Verbindungen von Dingen" dar.[97] In dieser Weise war das chinesische Denken im Ganzen mehr an der Synchronizität als an der Kausalität interessiert,[98] d.h. die Chinesen beobachteten das Zusammentreffen von Ereignissen in Zeit und Raum und realisierten, daß sie mehr als Zufall bedeuteten. Sie bezeichnen nämlich bestimmte Abhängigkeiten zwischen tatsächlichen Ereignissen untereinander wie auch dem subjektiven (psychischen) Standpunkt des Beobachters oder der Beobachter.[99] Jung sagt: „So wie Kausalität die Abfolge von Ereignissen beschreibt, befaßt sich nach chinesischem Denken Synchronizität mit der Koinzidenz von Ereignissen. Die kausale Methode erzählt uns eine dramatische Geschichte darüber, wie D entstanden ist: es nahm seinen Ursprung in C, welches vor D existierte, während C seinerseits einen Vater, nämlich B hatte, usw. Die synchronistische Blickweise dagegen versucht, ein in allen Teilen gleichermaßen bedeutungsvolles Bild von Koinzidenz zu geben. Wie kommt es dazu, daß A', B', C', D' usw.

95. Ebenda, S. 158.
96. S.a. ebenda, S. 173. Die „5" bedeutet im Chinesischen zum Beispiel das Zentrum einer vierheitlichen Struktur.
97. „Des rapports réguliers des êtres", ebenda, S. 174.
98. Wie Manfred Porkert in „Wissenschaftliches Denken im Alten China – Das System der energetischen Beziehungen", in *Antaios*, Bd. 2, Nr. 6 (1961) zeigt. Jungs Konzept der Synchronizität gibt uns einen Schlüssel, mit dem wir einige Aspekte der chinesischen Medizin und Naturwissenschaft verstehen können, die bis dahin als Aberglaube verachtet waren.
99. „C.G. Jungs Entdeckung der ‚Synchronizität'", in Ulf Diederichs, Hrsg., *Erfahrungen mit dem I Ging*, Köln 1984, S. 175.

alle im gleichen Augenblick und am gleichen Ort zusammentreffen? Zunächst geschieht dies, weil die physikalischen Ereignisse A' und B' die gleiche Qualität haben wie die psychischen Ereignisse C' und D', und außerdem, *weil alle Exponenten ein und derselben momentanen Situation sind.* Die Situation, so wird angenommen, repräsentiert ein lesbares oder verstehbares Bild."[100]

Indem sie binäre Zahlen benutzten, jedoch mit der erwähnten qualitativen Idee der Zahlen im Hintergrund, erfanden die Chinesen die Technik des *I Ging* (Buch der Wandlungen), um mittels der Zahlen die Übereinstimmung der physischen und psychischen Systeme zu erfassen. Was Costa de Beauregard über den modernen experimentierenden Physiker sagt, der vor dem Kosmos wie ein Würfelspieler steht, dessen empirische Information letztlich aus dem kommt, was seine erfolgreichen „Würfe" ihm über ein Universum enthüllen, dessen Gesetze im wesentlichen zufällig sind,[101] wurde auch schon von den Chinesen gesehen, denn sie haben lange versucht, durch eben solches „Würfeln" Information über die Synchronizität zu sammeln. Nach Wang Fu Ch'ih (1619-92) ist das ganze Dasein ein Kontinuum, das in sich geordnet ist. Es hat keine manifeste Erscheinung und kann daher nicht unmittelbar durch die Sinneswahrnehmung beobachtet werden, sondern seine ihm eigene innere Dynamik zeigt sich in Bildern, deren Strukturen an der des Kontinuums teilhaben. Diese Vorstellung eines nicht darstellbaren Kontinuums, das verborgene bildhafte Strukturen enthält, ist eine genaue Parallele zu Jungs Konzept des unus mundus. Die Bilder in Wang Fu Ch'ihs Kontinuum formen die vierundsechzig symbolischen Grundsituationen des *I Ging.* Weil sie geordnet sind und deshalb an der Welt

100. Von mir hervorgehoben.
101. Costa de Beauregard, *Le Second Principe,* S. 74.

der Zahlen teilhaben, können sie durch ein zahlenmäßiges Vorgehen erfaßt werden, das aber nur funktioniert, wenn es wahrhaftig gehandhabt wird.[102]

Keinesfalls will ich vorschlagen, daß wir Vorstellungen oder Techniken übernehmen sollen, die zur spezifischen kulturellen Entwicklung des Ostens gehören. Was ich vorschlage, ist die mögliche Erweiterung unserer arithmetischen Begriffe, besonders unserer Zahlentheorie, durch das Studium des qualitativen Ordnungsaspektes der Zahlen in Zusammenarbeit mit der Tiefenpsychologie, bevor wir irgendeine Zahlenmethode anwenden, um synchronistische Phänomene zu begreifen.

7. *Schlußfolgerungen*

Synchronistische Ereignisse sind nach Jung ein sinnvolles Zusammentreffen von äußeren und inneren Ereignissen. Sie scheinen im Hinblick auf die Prinzipien der kausalen Erklärung zufällig zu geschehen. Möglicherweise sind sie eine Unterart eines allgemeineren Prinzips des akausalen Angeordnetseins. Die einzigen primitiven Versuche, die Synchronizität zu begreifen, sind die Orakelmethoden des Ostens und des Westens. Die meisten von ihnen benutzen Zahlen als Grundlage, um synchronistische Ereignisse zu verstehen.

102. Siehe Helmut Wilhelm, „The Concept of Time in the Book of Changes", in *Man and Time, Eranos Yearbook*, S. 219, deutsch ders., „Der Zeitbegriff im Buch der Wandlungen", in ders., *Sinn des I Ging*, München 1988, S. 18, oder ders., in *Mensch und Zeit, Eranos Jahrbuch* XX, Zürich 1951, S. 321-348. Leibniz war damit vertraut und versuchte ebenfalls, sein binäres Rechensystem auf seine eigene Weise für solche Zwecke zu gebrauchen (vgl. seinen Briefwechsel mit Pater Bouvet). Siehe auch Helmut Wilhelm, *Leibniz and the I Ching*, Collectanea Commissionis Synodalis 16, Peking 1943, S. 205; ebenso J. Needham, *Science and Civilisation in China* (Cambridge University Press, 1954-), Vol. 2, S. 340.

Nach Jung[103] ist die Zahl ein Mittel unseres Geistes, um Ordnung in das Chaos der Erscheinungen zu bringen, ein vorgegebenes Instrument, um entweder Ordnung zu schaffen oder ein schon existierendes Arrangement bzw. „Angeordnetsein" zu erfassen. Sie ist ein mehr archaisches mentales Element als ein Begriff. Psychologisch können wir *die Zahl als Archetyp der Ordnung* definieren, *der bewußt geworden ist.* Jung betrachtet sie als Archetyp, weil das Unbewußte, wie die arithmetischen Eingebungen, die ich im 2. Abschnitt erwähnt habe, zeigen, oft Zahlen als Ordnungsfaktor verwendet, genau wie es das Bewußtsein tut.[104] Zahlenordnungen können daher, wie alle anderen archetypischen Strukturen, dem Bewußtsein vorgegeben sein und bedingen es dann eher, als daß sie durch es bedingt werden. Die Zahl bildet ein ideales „tertium comparationis" zwischen dem, was wir gewöhnlich Psyche und Materie nennen, denn zählbare Quantität ist ein Kennzeichen von materiellen Phänomenen und eine nicht reduzierbare „idée force" hinter unserer geistigen mathematischen Beweisführung. Letztere basiert auf der „Unbestreitbarkeit", die wir erfahren, wenn wir Arrangements betrachten, die auf natürlichen Zahlen beruhen.[105] Die Zahl ist daher ein Grundelement unserer

103. C.G. Jung, *Synchronizität*, GW 8, § 870.
104. Ebenda, § 870. B.L. van der Waerden betont (*Einfall und Überlegung*, S. 9), daß wir aufgrund des gelegentlichen unbewußten Ursprungs der arithmetischen Theoreme annehmen müssen, daß das Unbewußte sogar zum Denken und Urteilen fähig ist.
105. Wie Pauli (*Aufsätze*, S. 122) richtig betont, gehören die a priorischen mathematischen Intuitionen in die Klasse der von Jung so benannten archetypischen Vorstellungen, wie etwa die arithmetische Idee der unendlichen Zahlenreihe oder das geometrische Kontinuum, denn sie sind regelmäßig wiederkehrende Ideen. Da die innere logische Folgerichtigkeit der Analyse nicht formal aus ihren eigenen Prämissen bewiesen werden kann, fügt Pauli hinzu, daß wir ihre Wurzeln außerhalb der Mathematik finden müssen. Das scheint ein natürliches Faktum zu sein, das mit der Funktion unseres Geistes zusammenhängt. Man findet hier wieder eine vorbewußte Ordnung unserer Vorstellungen.

Denkprozesse, erscheint aber andererseits als objektive Quantität materieller Gegenstände, die unabhängig außerhalb unserer Psyche zu existieren scheinen. Wenn wir dem Neupythagorismus von D'Arcy Thompson nicht zustimmen wollen, der der Zahl eine welterschaffende Macht zuschreibt und sie darum als Ursache oder Ursachen des Daseins sieht,[106] so schlägt Jung vor, die natürlichen Zahlen eher als Manifestation des unus mundus oder der *einen* Wirklichkeit zu betrachten, die das In-Einsfallen von physischen und psychischen Strukturen nicht „verursacht", wohl aber sich in ihnen zeigt. Tatsächlich geschieht das bei jedem Akt bewußter Wahrnehmung von äußeren oder inneren Gegebenheiten.[107] Wenn wir daher den „Bedeutungsaspekt" jeder individuellen natürlichen Zahl erforschen, wird uns das vielleicht dem Verständnis eines mehr allgemein existierenden Phänomens des akausalen Angeordnetseins näherbringen, wie auch der Möglichkeit, es in Erwartungskatalogen darzustellen.

Die Qualität der spezielleren synchronistischen Ereignisse scheinen mir jedoch im Moment wesentlich unvoraussagbar zu sein. Sie weisen offensichtlich auf einen grundlegenden schöpferischen Faktor hin, der sich spontan im Fluß der Zeit zeigt. In der Mythologie wurde immer ausgesagt, daß solche Ereignisse die Zeit aufheben, d.h. sie repräsentieren Instanzen von Negentropie (oder unterbrechen die mathematische Dichte der Zeit). Ich wage das jedoch nicht zu behaupten, denn meines Erachtens sind wir noch nicht tief genug in die Bedingun-

106. D'Arcy Thompson, *Growth and Form* (Cambridge University Press, 1942). J. Needham erhebt in „Biochemical Aspects of Form and Growth" in L. Whyte, *Aspects of Form*, S. 79, Einwände dagegen, weil diese mathematischen Formen zu oft geheime „Teufel des Vitalismus" beherbergen. Ich würde ihm hierin zustimmen, wenn diese „Formen" als „Ursachen" betrachtet werden, aber nicht, wenn sie als Muster angesehen werden, die sich durch synchronistische Phänomene manifestieren.

107. Ich würde dieses Wort dem Begriff „Information" vorziehen.

gen eingedrungen, welche die synchronistischen Ereignisse umgeben.[108] C.G. Jungs Idee der Synchronizität ist nämlich nur als Arbeitshypothese gemeint, die uns helfen könnte, einige der Rätsel der sinnvollen Koinzidenzen zu lösen, ohne das kausale Denken zu verwerfen.[109] Doch müßte unser Zeitkonzept revidiert werden, wenn wir nicht nur die Auffassung einer zählbaren-unzählbaren Unendlichkeit, sondern auch ihre Durchbrechung durch wesentlich unvorhersehbare Akte einer creatio continua einschließen wollen – Akte nämlich, die nicht rein zufällig geschehen, sondern innerhalb eines Ensembles von archetypischen Mustern auftreten, die in irgendeiner Weise mit den natürlichen ganzen Zahlen verbunden sind.

108. Mir scheint, wenn das quantitative Konzept der Zahl in Mathematik und Kybernetik revidiert werden könnte (d.h. nicht mehr nur als „Zählinstrument" gebraucht wird) und in Zusammenarbeit mit der Tiefenpsychologie die Zahlen als Aspekte von vorbewußten qualitativen Ordnungselementen in unserem Geist untersucht werden könnten (ohne in Vorstellungen von magischer Kausalität zurückzufallen, wie es etwa die chinesischen Zahlenkonzepte zum Teil nahelegen), kommen wir vielleicht einer Methode näher, um das akausale Angeordnetsein in genauerer Form zu begreifen. Es könnte auch nützlich sein, wenn Biochemiker erforschen würden, wie weit die Zahlen in ihrem Forschungsgebiet eine Rolle spielen. Wir kämen dann vielleicht dem „materiellen" Aspekt der instinktiven Verhaltensmuster und ihrem begleitenden emotionalen Faktor etwas näher.

109. Dadurch kann uns auch geholfen werden, die Gefahr zu vermeiden, in die Falle jener alten aristotelischen in sich widersprüchlichen Vorstellung einer causa finalis zu stolpern, die in den neofinalistischen Theorien wieder aufgetaucht ist.

Quellenangaben

Materie und Psyche in der Sicht der Psychologie C.G. Jungs
Ursprünglich als Vortrag an der Tagung der Evangelischen Akademie Baden in Bad Herrenalb vom 11.-13. Oktober 1974 gehalten. Der hier publizierte Abdruck basiert auf protokollarischen Aufzeichnungen, die von der Autorin geprüft und bearbeitet worden sind.

Symbole des Unus Mundus
Erstmals erschienen im Buch *Dialog über den Menschen,* Eine Festschrift zum 75. Geburtstag von Wilhelm Bitter im Ernst Klett Verlag, Stuttgart 1968.

Zeit – Strömen und Stille
Als separate Publikation erschienen bei Insel Verlag, Frankfurt am Main, 1981. Wir danken für die Abdruckgenehmigung.

Die Psychologische Erfahrung der Zeit
Als englischer Vortrag mit dem Titel „The Psychological Experience of Time" gehalten an der Eranos-Tagung 1978. Erstmals publiziert (in englischer Sprache) im Eranos-Jahrbuch, Vol. 47, Insel Verlag, Frankfurt am Main, 1979. Für den vorliegenden Band ins Deutsche übertragen von Waltraut Körner.

Psyche und Materie in Alchemie und moderner Wissenschaft
Erstmals als Beitrag im Sammelband *Der unwahrscheinliche Jung,* Werner Classen Verlag, Zürich 1977, erschienen.

Die Alchemistische Makrokosmos-Mikrokosmos-Idee im Lichte der Jungschen Psychologie
Ursprünglich erschienen in *Symbolon,* Jahrbuch für Symbolforschung, Bd. I, Schwabe Verlag, Basel 1960.

Einige historische Aspekte zu C.G. Jungs Synchronizitäts-Hypothese
Unveröffentlichter Vortrag von einer Tagung in Garmisch-Partenkirchen über das Raum-Zeit-Problem mit Carl Friedrich von Weizsäcker, dem Dalai Lama, Joseph Needham u. a., organisiert vom Dianus-Trikont Verlag. Der Vortrag wurde gekürzt.

Das Synchronizitätsprinzip C.G. Jungs
Ursprünglich publiziert in der Enzyklopädie *Die Psychologie des 20. Jahrhunderts*, Band XV, Kindler Verlag, Zürich 1979.

Ein Beitrag zur Diskussion der Synchronizitätshypothese C.G. Jungs
Erstmals erschienen im Band *Spektrum der Parapsychologie – Festschrift zum 75. Geburtstag von Hans Bender*, Aurum Verlag, Freiburg im Breisgau 1983.

Einige Überlegungen zur Synchronizität
In französischer Fassung mit dem Titel „Quelques réflexions sur la synchronicité" publiziert in *La Synchronicité, l'âme et la science*, Hrsg. M. Cazenave, Edition Poiesis, Paris 1984. Übertragung ins Deutsche von Lela Fischli.

Sinn und Ordnung
Ursprünglich als Vortrag mit dem Titel „Meaning and Order – Concerning Meeting Points and Differences between Depth Psychology and Physics" gehalten an der Panarion-Tagung, 1979, Los Angeles. Erstmals englisch publiziert in *Quadrant*, C.G. Jung Foundation for Analytical Psychology, New York Spring 1981, Vol. 4, Nr. 1. Übertragung ins Deutsche von Waltraut Körner.

Zeit und Synchronizität in der Analytischen Psychologie
Erstmals erschienen in *Voices of Time*, Hrsg. J. T. Fraser, Braziller Publications, New York 1966, unter dem Titel „Time and Synchronicity in Analytic Psychology". Übertragung ins Deutsche von Waltraut Körner.

Bibliographie

Aaronson, B.S., „Time, Stance and Existence“, siehe Fraser, J.T. und Lawrence, N., (Hrsg.), *Study I*.

Albertus Magnus, *De mirabilibus mundi*, Erstdruck Köln 1485.

Anrich, Ernst, *Moderne Physik und Tiefenpsychologie*, Klett, Stuttgart 1963.

Ariotti, P.E., „The Concept of Time in Western Antiquity“, siehe Fraser, J.T. und Lawrence, N., (Hrsg.), *Study II* .

Augustinus, „De Genesi“, in ders. *Opera omnia*, 11 Bde, Bd. IV, Paris 1836-1838, und auch Weber, Dorothea, Hrsg., *De genesi contra manichaeos*, bei Verlag der österreichischen Akademie der Wissenschaften, Wien 1998.

Avicenna Latinus, siehe Ibn Sina

Barth, Heinrich, *Descartes' Begründung der Erkenntnis*, Diss. Bern 1913.

Bateman, F., siehe Soal, S.G.

Beadle, George Wells und Muriel, *The Language of Life, An Introduction to the Science of Genetics,* Gollancz, London 1966.

Beauregard, Olivier Costa de, *Le Second Principe de la science du temps*. Entropie, Information, Irréversibilité, Ed. Seuil, Paris 1963.

— *La Physique moderne et les pouvoirs de l'esprit*, Ed. Le Hameau, Paris 1981/1983.

— „Cosmos et consience“, in *Science et Conscience,* siehe Cazenave, Michel, Hrsg.

Beloff, John, „Psi Phenomena: Causal versus Acausal Interpretation“, in *Journal of the Society for Psychical Research,* 49, London 1977, S. 573-5582.

Bender, Hans und Mischo, J., „Präkognition in Traumserien“, in *Zeitschrift für Parapsychologie und Grenzgebiete der Psychologie*, 4, (Francke), Bern 1960/61, S. 114-200.

Bender, Hans, *Verborgene Wirklichkeit: Parapsychologie und Grenzgebiete der Psychologie,* hrsg. von Eberhard Bauer, Walter, Olten-Freiburg 1973.

— „Von sinnvollen Zufällen", in *Zeitschrift für Parapsychologie und Grenzgebiete der Psychologie*, 15, (Francke), Bern 1973, S. 203-212.

— „Meaningful coincidences in the light of the Jung-Pauli theory of synchronicity and parapsychology", in Shapin, B. und Coly, L., Hrsg., *The Philosophy of Parapsychology*, Parapsychology Foundation New York 1977, S. 66-81.

— „Transcultural uniformity of poltergeist patterns as suggestive of an archetypal arrangement", in Roll, W.G., Hrsg, *Research in parapsychology 1979*, Metuchen, New Jersey & London 1980. In deutscher Uebersetzung: „Die transkulturelle Gleichförmigkeit von Spuk-Mustern als Hinweis für eine archetypische Anordnung", in *Zeitschrift für Parapsychologie und Grenzgebiete der Psychologie*, 21, (Francke), Bern 1979, S. 133-139.

— *Zukunftsvisionen, Kriegsprophezeiungen, Sterbeerlebnisse*. Aufsätze zur Parapsychologie II, Piper, Zürich 1983.

— *Spektrum der Parapsychologie – Festschrift zum 75. Geburtstag von Hans Bender*, hrsg. von Eberhard Bauer und Walter von Lucadon, Aurum Verlag, Freiburg im Breisgau 1983.

Beringer, K., siehe Jantz, Hubert.

Berthelot, Marcellin, *Collection des Anciens Alchimistes Grecs*, Bd. I-III, Steinheil, Paris 1887-1888.

Bhagavadgita, The, in the Mahabharata text and translation, übers. von Buitenen, J.A.B. van, University of Chicago Press, Chicago 1981.

Bhagavadgita, „Des" ... erhabener Gesang, übers. von Schroeder, Leopold, Diederichs, Jena 1922.

Bi-Yän Lu, *Niederschrift von der smaragdenen Felswand*, hrsg. von Wilhelm Gundert, (3 Bde), Hanser, München 1973-1981.

Bohm, David, *Wholeness and the Implicate Order*, Routledge & Kegan Paul, London 1980.

— „Issues in Physics, Psychology and Metaphysics. A Conversation with John Welwood", in *Journal of Transpersonal Psychology*, vol. 12, Nr. 1, 1980, S. 25 ff.

— „Discussion", in *Science et Conscience*, siehe Cazenave, Michel, Hrsg., S. 353 ff.

Böhme, Gernot, *Zeit und Zahl: Studien zur Zeittheorie bei Platon, Aristoteles, Leibniz und Kant*, K. Klostermann, Frankfurt 1974.

Bohr, Niels, „Die Einheit der Erkenntnis", in Leary, Lewis, Hrsg., *The Unity of Knowledge*, siehe dort.

Bolen, Joan S., *The Tao of Psychology, Synchronicity and the Self*, Harper & Row, San Francisco 1979.

Bonnet, Hans, *Reallexikon der ägyptischen Religionsgeschichte*, W. de Gruyter, Berlin 1952.

Brandon, Samuel G.F., *History, Time and Deity,* Manchester University Press und Barnes & Nagel, Manchester und New York 1965.

— „The Deification of Time", siehe Fraser und Lawrence, N., Hrsg., *Study I* .

Braude, Stephen E., *ESP and Psychokinesis – A Philosophical Examination*, Temple University Press, Philadelphia 1979.

— „The Synchronicity Confusion", in Roll, W.G., Hrsg., *Research in Parapsychology 1979*, siehe dort.

Bünning, Erwin, *Die physiologische Uhr,* 2. Auflage, Springer, Berlin – New York 1963.

Büttner, Hermann, Hrsg., *Meister Eckeharts Schriften*, 2 Bde., Diederichs, Jena 1917/1921.

Campbell, Leroy, A., *Mithraic Iconography,* J. Brill, Leiden 1968.

Campbell, Joseph, *Der Heros in tausend Gestalten*, Suhrkamp, Frankfurt 1978.

Capek, Milic, „Bergson et l'esprit de la physique contemporaine", in *Bulletin de la Société Française de Philosophie* (Sondernummer *Bergson et nous*), Paris Mai 1959.

Capelle, Wilhelm, *Die Vorsokratiker,* Teubner, Leipzig 1922.

Capra, Fritjof, *Das Tao der Physik*, (früher: *Der kosmische Reigen* 1975), Scherz, Bern-München-Wien 1987.

— „Quark Physics without Quarks: A Review of Recent Developments in S-Matrix Theory", (Separatdruck), submitted to the *American Journal of Physics*, Law. Berkeley Laboratory, Univ. of California, Berkeley Juni 1979.

Carnap, Rudolf, *Physikalische Begriffsbildung*, Sonderausgabe, Wissenschaftliche Buchgesellschaft, Darmstadt 1966.

Castaneda, Carlos, *Journey to Ixtlan*, Penguin, Harmondsworth G.B. (1972) 1974.

Cazenave, Michel, France Culture, Hrsg., *Science et Conscience*, Ed. Stock, Paris 1980.

— „A la Recherche de la synchronicité", in *Cahiers de Psychologie jungienne,* Paris, 2. Trimester 1981.

— *La Science et l'âme du monde*, Imago/Poiesis, 1983, 4. Auflage Albin Michel, Paris 1996.

— „Synchronicité, physique et biologie", in Reeves, Hubert et al., *la Synchronicité, l'âme et la science*, Poiesis, Paris 1984.

Chung-Yuan, Chang, *Creativity and Taoism*, Julian Press, New York 1963 und Harper & Row, New York 1970.

Chin-Te Cheng, D., „On the mathematical significance of the Chinese Ho-t'u and Lo-Shu", in *The American Mathematical Monthly,* 1925, S. 499 ff.

Corbin, Henri, *L'Imagination créatrice dans le soufisme d'Ibn 'Arabi*, Flammarion, Paris 1958.

— *Spiritual Body and Celestial Earth*, Princeton University Press, Princeton 1977.

Corpus Hermeticum (*Hermetica*), übers. u. hrsg. von Scott, W., Oxford 1924-1936; auch Copenhaver, Brian P., Hrsg., Cambridge U.P., Cambridge und New York 1992.

Cuenot, Lucien, *Invention et Finalité en biologie*, Flammarion, Paris 1941.

Cumont, Franz V. M., *Astrology and Religion among the Greeks and Romans*, Putnam's sons, New York und London 1912, Neuaufl. bei Dover, New York 1960.

Dantzig, Tobias, *Number, the Language of Science: a critical survey written for the cultured non-mathematician* (1930), 4. Aufl. George Allen & Unwin, London 1960 oder Free Press, New York 1967.

Dauer, D.W., „Nietzsche and the Concept of Time", siehe Fraser, J.T. und Lawrence, N., Hrsg., *Study I* .

Denbigh, K.G., „Defense of the Direction of Time", siehe Fraser, J.T. und Lawrence, N., Hrsg., *Study I* .

De Solla Price, D.J., „Automata and the origins of Mechanism and Mechanistic Philosophy", in *Technology and Culture*, V, 1964. Siehe auch Haber, F.C., „Clockwork before the Clock".

Deussen, Paul, *Sechzig Upanishad des Veda*, (Kaushitaki Upanishad), Brockhaus, Leipzig 1938 und Darmstadt 1963.

Diederichs, Ulf, Hrsg., „C.G. Jungs Entdeckung der Synchronizität", in *Erfahrungen mit dem I Ging*. Vom kreativen Umgang mit dem Buch der Wandlungen, Diederichs, Köln 1984.

Diels, Hermann, *Doxographi graeci* (1929), 4. Aufl. Walter de Gruyter, Berlin-Leipzig 1976.

Dirac, Paul, „Grundprobleme der Physik", Vortrag der Nobelpreisträger-Tagung, Lindau 1971, in *Nobelpreisträgerrundschau*, Nobelpreisträger 1951-1980 (Physik, Chemie, Physiologie, Medizin), Wissenschaftliche Verlagsgesellschaft, Stuttgart 1981.

Dorn(eus), Gerhard(us)"Philosophia Chemica", in *Theatrum Chemicum*, Ursel 1602 / „Philosophia meditativa", in ebenda, Ed. Zetzner, Strassburg 1659.

Driesch, Hans, *Die Seele als elementarer Naturfaktor*, Engelmann, Leipzig 1903.

Dunne, J.W., *An Experiment with Time*, Faber, London 1929/1938.

Durand, Gilbert, *Les Structures anthropologiques de l'Imaginaire*, PUF, Paris 1960, Flammarion 1963, Bordas 1963.

Eccles, Sir John, *The Human Psyche*, Springer, Berlin-Heidelberg-New York 1980.

Eibl-Eibesfeld, Irenäus, *Liebe und Hass. Zur Naturgeschichte elementarer Verhaltensweisen*, Piper, München 1970.

Eigen, Manfred und Winkler, Ruthild, *Das Spiel: Naturgesetze steuern den Zufall*, 3. Aufl. Piper, München-Zürich 1979.

Einstein, Albert, *Über die spezielle und allgemeine Relativitätstheorie* (1918), 23. Auflage Vieweg, Braunschweig 1988.

Eisenbud, Jule, „Synchronicity, psychodynamics and psi", in Roll, W.G., Hrsg., *Research in Parapsychology 1979*, S. 25 ff., siehe dort.

Eliade, Mircea, „Le Temps et l'éternité dans la pensée indienne", in *Mensch und Zeit, Eranos Jahrbuch,* Bd. 20, Rheinverlag, Zürich 1951, S. 219-252.

— *The Myth of the Eternal Return*, übers. v. W.R. Trask, Bollingen Series 46, Pantheon Books, New York 1954. Deutsche Ausgabe: *Kosmos und Geschichte. Der Mythos der ewigen Wiederkehr*, Diederichs, Düsseldorf 1953, Lizenzausgabe Ex Libris, Zürich 1986.

— „Symbolisme et rituels metallurgiques babyloniens", in *Studien zur analytischen Psychologie C.G. Jungs*, vol. I und II, Rascher, Zürich 1955.

— *Schmiede und Alchemisten*, Klett, Stuttgart 1956.

Espagnat, Bernard d', *A la Recherche du réel: le regard d'un physicien*, Gauthier-Villard, Paris 1979/1981.

Etter, Hans Ueli, „L'évolution en tant que continu synchronistique", in Reeves, Hubert; Cazenave, Michel et al., *La Synchronicité, l'âme et la science*, Poiesis, Paris 1984, S. 121-157.

— „Zur entwicklungsgeschichtlichen Bedeutung von biologischen Form-Funktionsproblemen am Beispiel des Schulterblattes bei höheren Primaten", Teil I in *Gegenbaurs morph. Jahrb.*, Leipzig 128 (1982) 4, S. 530-576 und Teil II in *Gegenbaurs morph. Jahrb.*, Leipzig 128 (1982) 5, S. 652-689.

Evans-Wentz, Walter Yeeling, *Der geheime Pfad der Befreiung*, Weilheim 1972, auch als *Das tibetische Buch der grossen Befreiung*, Barth, München 1955.

Ficino, Marsilio, *De vita coelitus comparanda* II, in *Opera*, Petri, Henrici, 2 Bde, Basel 1561 und in ders., *De triplici vita libri tres*, Benedicto, Hectoris, Bononiae 1501.

Fordham, Michael, *New Developments in Analytical Psychology*, Routledge & Kegan Paul, London 1957.

— *The Objective Psyche*, Routledge & Kegan Paul, London 1958.

Franz, Marie-Louise von, *Aurora Consurgens*. Ein dem Thomas von Aquin zugeschriebenes Dokument der alchemistischen Gegen-

satzproblematik, (1957), 3. Band von C.G. Jung, *Mysterium Coniunctionis,* GW 14/3.
— *Zahl und Zeit,* Psychologische Überlegungen zu einer Annäherung von Tiefenpsychologie und Physik, Klett, Stuttgart 1970.
— „Die religiöse Dimension in der Analyse", in Eschenbach, Ursula, Hrsg., *Die Behandlung in der analytischen Psychologie*, 1. Halbband, Bonz, Fellbach Offingen b. Stuttgart 1979. Ebenfalls in dies., *Psychotherapie*, S. 175-201.
— *On Divination and Synchronicity,* Inner City Books, Toronto 1980. Deutsche Fassung, *Wissen aus der Tiefe: über Orakel und Synchronizität*, übers. von Waltraut Körner, Kösel, München 1987.
— *Alchemy. An Introduction to the Symbolism and the Psychology,* Inner City Books, Toronto 1980.
— „Meaning and Order – Concerning meeting points and differences between depth psychology and physics", in *Quadrant*, C.G. Jung Foundation for Analytical Psychology, New York 1981.
— „Quelques réflexions sur la synchronicité", in Reeves, Hubert et al., *La Synchronicité, l'âme et la science.* Existe-t-il un ordre acausal ? Siehe dort.
— *Die Suche nach dem Selbst.* Individuation im Märchen, Kösel, München 1985.
— „Der Traum des Descartes", in dies., *Träume*, Daimon Zürich / Einsiedeln 1985 und 2002, S. 137 – 224.
— *Psychotherapie*, Daimon, Einsiedeln 1990 und 2002.

Fraser, Julius Thomas, Hrsg., *The Voices of Time:* a cooperative survey of man's views of time as expressed by the sciences and by the humanities, Braziller, N.Y. 1966, 2. Aufl. University of Massachusets Press, Amhurst 1981.
— Hrsg., *Of Time, Passion and Knowledge*, Braziller, N.Y. 1975.
— und Lawrence, N., Hrsg., *The Study of Time*. (*Study I u. Study II* .) Proceedings of the First/Second/Third Conference of the International Society for the Study of Time, 3 Bde, Heidelberg/New York 1972 und 1979, Springer, Berlin 1975.

Frege, Gottlob, *Grundgesetze der Arithmetik,* 2 Bde., Olms, Hildesheim 1962.
— *Funktion, Begriff, Bedeutung,* Vandenhoek & Ruprecht, Göttingen 1975.

Frétigny, Roger, „Embryologie de la connaissance", in Cazenave, Michel, Hrsg., *Science et Conscience*, siehe dort.

Frey-Wehrlin, Caspar Toni, „Ein prophetischer Traum", in ders., Hrsg., *Spectrum Psychologiae,* Eine Freundesgabe, Festschrift zum 60. Geburtstag von C.A. Meier, Rascher, Zürich 1965.

Friedrichs, K., „Über Koinzidenz und Synchronizität", in *Grenzgebiete der Wissenschaft,* Quartalsschrift, 16, Insbruck 1967 und 1975.

Gammon, Mary R., „Window into Eternity. Archetype and Relativity", in *Journal of Analytical Psychology,* 18, 1973, S. 11-24.

Gamov, George, *Atomic Energy,* Cambridge University Press, Cambridge 1947.

Gantenbein, U., *Katastrophen*, Diplomarbeit ETH, Zürich 1978/79 (multigraphiert).

Gauger, W., „Zum Phänomen des sinnvollen Zufalls", in *Zeitschrift für Parapsychologie und Grenzgebiete der Psychologie*, 21, (Francke), Bern 1979; abgedruckt auch in ders.,*"Y" – Paranormale Welt. Wirklichkeit und Literatur,* Henssel, Berlin 1980, S. 154-187.

Gauss, Karl Friedrich, *Werke*, siehe Waerden, B.L. van der, Hrsg.

Giacchino da Fiore, *Tractatus super quatuor evangelia,* hrsg. von Buonaiuti, Ernesto, Rom 1930, Neuaufl. bei Bottega d'Erasmo, Turin 1966.

Gilson, Etienne, „Pourquoi St. Thomas a critiqué St. Augustin", in *Archives d'histoire doctrinale et littéraire du Moyen Age*, vol. 1, Ed. J. Vrin, Paris 1926-1927/1981, S. 5 ff.

— „Les sources gréco-arabes de l'augustinisme avicennisant", in *Archives d'histoire doctrinale et littéraire du Moyen Age*, vol. 4, J. Vrin, Paris 1929-1930/1981.

Granet, Marcel, *La pensée chinoise,* Albin Michel, Paris 1948; in deutscher Übersetzung, ders., *Das chinesische Denken*, Piper, München 1963.

Green, H.B., „Temporal Stages in the Development of the Self", siehe Fraser J.T. und Lawrence, N., Hrsg., *Study II* (1975).

Haber, F.C., „The Darwinian Revolution in the Concept of Time", siehe Fraser, J.T. und Lawrence, N., Hrsg., *Study I* (1972).

— „Clockwork before Clockworks and Timekeepers before Timekeeping", siehe Fraser, J.T. und Lawrence, N., Hrsg., *Study II* (1975).

Hadamard, Jacques H., *An essay on the Psychology of Invention in the Mathematical Field,* Princeton Univ. Press, Princeton 1945.

Harman, Willis M., „Les implications pour la science et la société des découvertes récentes dans le champs de la recherche psychologique et physique", in Cazenave, Michel, Hrsg., *Science et Conscience*, S. 431-440, siehe dort.

Hentze, Carl, *Tod, Auferstehung, Weltordnung. Das mythische Bild im ältesten China, in den grossasiatischen und zirkumpazifischen Kulturen,* Origo, Zürich 1955.

Honegger, Barbara, „Spontaneous waking-state psi as interhemispheric verbal communication: is there another system ?“, in Roll, W.G., Hrsg., *Research in Parapsychology 1979*, siehe dort.

Huber, Pater Michael, *Die Wanderlegende von den Siebenschläfern, eine literaturgeschichtliche Untersuchung*, O. Harassowitz, Leipzig 1910.

Ibn Sina, *Avicenna Latinus, Liber de Anima seu Sextus de Naturalibus*, 2 Bde, Simone van Riet, Leiden 1972.

— *Avicenne perhypatetici philosophiae medicorum facile primi:* Opera, Venetiis 1508.

I Ging, *Das Buch der Wandlungen*, übersetzt und hrsg. von Richard Wilhelm, Diederichs, Düsseldorf Köln 1970, ebenso erschienen im Buchclub Ex Libris, Zürich 1976.

Irving, Washington, *Rip van Winkle*, (1817), Franklin Watts, New York 1966.

Izutsu, Toshihiko, „Matière et conscience dans les philosophies orientales“, in Cazenave, Michel, Hrsg., *Science et Conscience*, siehe dort.

Jacobsohn, Helmuth, „Das göttliche Wort und der göttliche Stein im alten Ägypten“, in *Eranos Jahrbuch* 39, Rheinverlag, Zürich 1970, S. 217 f. und Sonderdruck bei J. Brill, Leiden 1973, sowie in ders., *Gesammelte Schriften*, G. Olms, Hildesheim, Zürich/New York 1992.

Jaffé, Aniela, *Geistererscheinungen und Vorzeichen*, Rascher, Zürich 1958, Walter, Olten 1978, und überarb. Neuaufl. Daimon Verlag, Einsiedeln 1995.

— „C.G. Jung und die Parapsychologie“, in *Zeitschrift für Parapsychologie und Grenzgebiete der Psychologie*, Francke, Bern 1960, S. 8-23.

— *Der Mythus vom Sinn im Werk von C.G. Jung*, Daimon, Neuaufl. Zürich / Einsiedeln 1983.

— *Themen bei C.G. Jung*, Daimon, Zürich 1985.

— Hrsg., *Erinnerungen, Gedanken, Träume von C.G. Jung* (1962), siehe Jung, C.G.

James, William, *The Varieties of Religious Experience*. A study in Human Nature, Modern Library, New York 1929 und Penguin Classics, New York 1985.

Jammer, Max, *Die Entwicklung des Modellbegriffs in den physikalischen Wissenschaften*, Studium Generale, Bd. XVIII, Heft 3, Heidelberg 1965 oder Berlin 1963.

Jantz, Hubert und Beringer, K., „Das Syndrom des Schwebeerlebnisses unmittelbar nach Kopfverletzungen", in *Der Nervenarzt*, 1944.

Jeans, James, *Physik und Philosophie*, Rascher, Zürich 1944.

Jenny, Hans, *Kymatik*, Wellen und Schwingungen mit ihrer Struktur und Dynamik, 2 Bde, Basilius Presse, Basel 1967/1976.

Jordan, Pascual, „Positivistische Bemerkungen über die paraphysischen Erscheinungen", in *Zentralblatt für Psychotherapie und ihre Grenzgebiete*, 9, Leipzig 1936, S. 1-17.

— *Verdrängung und Komplementarität*. Eine philosophische Untersuchung, Stromverlag, Hamburg 1947 und 1951.

Jourdain, Eleanor F., Olivier, Edith, *An Adventure* (1907), Faber and Faber, London 1931/1937, Neudruck 1948.

Jung, Carl Gustav, Gesammelte Werke (GW), Bde. 1-20, bis 1970 Rascher, Zürich und Stuttgart, seit 1971 bei Walter, Olten und Freiburg im Breisgau, ab 1993 Solothurn und Düsseldorf, ab 1996 Zürich und Düsseldorf. Sonderausgabe Solothurn und Düsseldorf 1995.

— *Über die Energetik der Seele* (1928), GW 8, §§ 1-130.

— *Theoretische Überlegungen zum Wesen des Psychischen*, (1946/1954), GW 8, §§ 343-442.

— *Seele und Tod* (1934), GW 8, §§ 796-815.

— *Synchronizität als ein Prinzip akausaler Zusammenhänge* (1952), GW 8,§§816-958.

— *Über Synchronizität* (1951), GW 8, §§ 959-987.

— *Über die Archetypen des kollektiven Unbewussten* (1935), GW 9/1, §§ 1-86.

— *Die psychologischen Aspekte des Mutterarchetypus* (1938/1954), GW 9/1, §§ 89-198.

— *Aïon*, Beiträge zur Symbolik des Selbst (1951), GW 9/2.

— *Psychologie und Religion* (1940), GW 11, §§ 1-168.

— *Das Wandlungssystem in der Messe* (1941), GW 11, §§ 296-448.

— *Antwort auf Hiob* (1952), GW 11, §§ 553-758.

— *Psychologischer Kommentar zu: Das Tibetische Buch der grossen Befreiung* (1939/1954), GW 11, §§759-830. Siehe auch Evans-Wentz, W.T., Hrsg., *Der geheime Pfad der grossen Befreiung*.

— *Psychologie und Alchemie* (1944), GW 12.

— *Mysterium Coniunctionis*. Untersuchungen über die Trennung und Zusammensetzung der seelischen Gegensätze in der Alchemie. Unter Mitarbeit von Marie-Louise von Franz, 3 Bde.(1955 u. 1956), GW 14/1 und 2. Ergänzungsband 14/3, siehe Marie-Louise von Franz, *Aurora Consurgens*.

— *Zum Gedächtnis Richard Wilhelms* (1957), GW 15, §§ 74-96.

— *Psychologie und Erziehung* (1946), GW 17, §§ 127-229.

— „Ein astrologisches Experiment", in *Zeitschrift für Parapsychologie und Grenzgebiete der Psychologie,* 1957 und in GW 18/2, §§ 1147-1192.

— „On the Future of Parapsychology. A Symposium." (Interview), in *International Journal of Parapsychology,* vol. V, Nr. 4, 1963, S. 450 f. Deutsch: *Die Zukunft der Parapsychologie*, (in *Zeitschrift für Parapsychologie und Grenzgebiete der Psychologie*, 1964, S. 45-65), GW 18/2, §§ 1213-1222.

— *Erinnerungen Träume Gedanken von C.G. Jung*, aufgez. und hrsg. von Aniela Jaffé (1962), 13. Aufl. Walter, Olten/Freiburg i.Br. 1988.

— *Briefe*, Bde. 1-3, hrsg. von Aniel Jaffé und Gerhard Adler, 3./4. Aufl., Walter, Olten/Freiburg i. Br. 1989/1990.

— „Ein Brief zur Frage der Synchronizität", in *Zeitschrift für Parapsychologie und Grenzgebiete der Psychologie*, Bd. V, Nr. 1, Bern / München 1961.

— *Kinderseminare WS 1938/1939*, in *Seminare: Kinderträume. Zur Methodik der Trauminterpretation. Psychologische Interpretation von Kinderträumen*, hrsg. von Lorenz Jung und Maria Meyer-Grass, Walter, Olten und Freiburg i. Br. 1987, S. 108- 249.

— und Pauli, Wolfgang, *Naturerklärung und Psyche*, Rascher, Zürich 1952.

— *I Ching, or The Book of Changes*, „Foreword" (1950), in Coll. Works 11, 16, Routledge & Kegan Paul, London 1958, §§ 964-1018.

— *Synchronicity: An Acausal Connecting Principle* (1955), in Structure and Dynamics of the Psyche, Coll. Works 8, 18, Bollingen Series XX, Pantheon Books, New York 1960, §§ 816-968.

— „C.G. Jungs Entdeckung der Synchronizität" (Einführung zum I Ging), in Diederichs, Ulf, Hrsg., *Erfahrungen mit dem I Ging*: Vom kreativen Umgang mit dem Buch der Wandlungen, Diederichs, Köln 1984.

Kammerer, Paul, *Das Gesetz der Serie*, Deutsche Verlagsanstalt, Stuttgart/Berlin 1919.

Karger, Friedberg, „Paraphysik und Physik", in *Zeitschrift für Parapsychologie und Grenzgebiete der Psychologie*, 15, 1973.

Kastenbaum, R., „Time, Death and Old Age", siehe Fraser, J. Th. und Lawrence, N., Hrsg., *Study II* (1975).

Kline, Morris, „Les Fondements des mathématiques", in *La Recherche*, Paris März 1975.

Kling, L.C., „Archetypische Symbolik und Synchronizitäten im Weltgeschehen", in *Verborgene Welt*, 6, 1965/66, S. 273 f.

— „Irrational Occurences in Psychotherapy and Tendentious Apperception", in *Journal of Existential Psychiatry,* vol. 4, Nr. 15.

Knoll, Max, „Transformation of Science in our Age", in *Eranos Yearbook – Man and Time*, New York 1957; deutsch ders., „Wandlungen der Wissenschaft in unserer Zeit", in *Eranos Jahrbuch* – Mensch und Zeit, Bd. 20, Rheinverlag, Zürich 1951, S. 387-436.

Koestler, Arthur, *The Roots of Coincidence*, Hutchinson, London 1972.

— „Physik und Synchronizität", in *Zeitschrift für Parapsychologie und Grenzgebiete der Psychologie*, 15, (Francke), Bern 1973, S. 1-14.

— „Speculations on problems beyond our present understanding", in Hardy Alister, Harvie, Robert und Koestler, Arthur, *The Challenge of Chance*, London 1973, S. 205-247. Dies., in franz. Fassung, *Le Hasard et l'infini*, übers. von M. Fructus, Ed. Tchou, Paris 1977.

Kornwachs, K. und Lucadon, Walter von, siehe Lucadon.

Kothari, D.S., „Reality and Physics, some Aspects", in *Proceedings of the International Conference and Winter School on frontiers of Theoretical Physics*, New Delhi 6-12 January and 13-20 January 1977, Amuck, Kothari, Ananda, Hrsg., Mc Millan (India), 1978, S. 199 f.

Krickeberg, Walter et al., *Pre-Columbian American Religions*, Weidenfeld & Nicolson, London 1968.

Krohn, Sven, „Einige philosophische und theoretische Implikationen der Parapsychologie", in *Grenzgebiete der Wissenschaft*, 16, Innsbruck 1967, S. 19-26.

Kugler, Paul, „Primacy of Archetypal Structures", in ders., *Alchemy of Discourse*: an archetypal approach to language, Bucknell University Press, London und Toronto 1982.

Lao Tse, *Tao Te King*, Buchclub Ex Libris, Zürich 1976; siehe auch Sumitomo, O., Hrsg., 1945.

Lawrence, N., siehe Fraser, J. T.

Leary, Lewis, Hrsg., *The Unity of Knowledge*, Doubleday, Gardencity New York 1955.

Leeuw, Gerardus van der, *Religion in Essence and Manifestation*, London 1938; deutsche Fassung, ders., *Phänomenologie der Religion* (1933), Siebeck/Mohr, Tübingen 1956 u. 1977.

— „Primordial Time and Final Time", in *Eranos Yearbooks – Man and Time*, Bollingen Series XXX, Princeton University Press, 1957; Deutsch, ders., „Urzeit und Endzeit", in *Eranos Jahrbuch*, Der Mensch und die mythische Welt, Bd. 17, Rheinverlag, Zürich 1949, S. 11-51.

Leibniz, Gottfried Wilhelm, *Philosophische Schriften. Kleine Schriften zur Metaphysik*, Leipzig 1883, Neuaufl. Wissenschaftl. Buchgesellschaft, Darmstadt 1965.

— *Grundwahrheiten der Philosophie: Monadologie*, hrsg. von Joachim Chr. Horn, Europäische Verlagsanstalt, Frankfurt a. M. 1962.

— *Opera Omnia*: nunc primum collecta, 6 Bde, G. Olms, Hildesheim /Zürich/New York 1989.

Le Lionnais, François, „Le Temps“, in *Encyclopédie essentielle*, Série Science, vol. 7, Nr. 2, R. Delpire, Paris 1959.

Leon-Portilla, M., *Aztec Thought and Culture*, Norman, Oklahoma 1963, 2. Aufl. 1970.

Lévi-Strauss, Claude, *La pensée sauvage*, Plon, Paris 1962.

Lindsay, Jack, *The Origins of Alchemy in Graeco-Roman Egypt*, Müller, London 1970.

Lippmann, Edmund O. von, *Entstehung und Ausbreitung der Alchemie.* mit einem Anhang zur älteren Geschichte der Metalle, 3 Bde, Berlin 1919-1954. Siehe auch Ruska.

Liu Guan Yung, „Die ungewöhnlichen Naturerscheinungen der T'ang Annalen und ihre Deutung“, in *Symbolon* II, Schwabe, Basel 1961, S. 34 f.

Lucadou, Walter von, und Kornwachs, K., „Grundzüge einer Theorie paranormaler Phänomene“, in *Zeitschrift für Parapsychologie und Grenzgebiete der Psychologie*, Nr. 17, (Francke), Bern 1975, S. 73-87.

Lu K'uan Yü, Hrsg., *Ch'an and Zen Teaching*, 3 Bde, Rider, London 1960/1961/1962.

Macrobius, Ambr. Aur. Th., „Saturnalia“, in ders. et al., *In Somnium Scipionis Commentario* II, *Saturnaliorum, lib.* VII, Gryphius, Sebastien, Lyon 1556.

Mahnke, Dietrich, *Unendliche Sphäre und Allmittelpunkt*, Neudruck Frommann, Stuttgart 1966.

Märchen der Weltliteratur, Märchen aus dem Balkan, Diederichs, Jena 1919.

Marshak, Alexander, *The Roots of Civilisation.* Cognitive beginnings of man's first art, symbol and notation, Weidenfeld and Nicolson, London/New York 1972.

Maupoil, Bernard, *La Géomancie à l'ancienne Côte des Esclaves*, Institut d'Ethnologie, impr. copédith, Paris 1943/ 1988.

Meier, Carl Alfred, *Zeitgemässe Probleme der Traumforschung*, Kultur- und Staatswissenschaftliche Schriften, 75, ETH, Zürich 1950.

— „Psychosomatic Medecine from the Jungian Point of View“, in *Journal of Analytical Psychology*, vol. 8, Nr. 2, London 1963.

— *Experiment und Symbol*, Arbeiten zur komplexen Psychologie C.G. Jungs, hrsg. von Elisabeth Rüf, Walter, Olten 1975.

Meyerhoff, H., „The Broken Center“, in Ungvar, S., siehe dort.

Mischo, J. und Bender, Hans, siehe dort.

Mitchell, Edgar, *Psychic Exploration*, John White, New York 1974.

Moberly, C.A.E., siehe Jourdain, E.F., *An Adventure*.

Morienus, *Artis Auriferae quam Chemiam vocant*, vol. II, Basel 1593.

Morley, Sylvanus Griswold, *An Introduction to the Study of Maya Hieroglyphs*, (Bulletin 57), Government Printing Office, Washington D.C. 1915.

Müller, Gerd, *Der Modellbegriff in der Mathematik*, Studium Generale, 3, Bd. XVIII, 1965.

Müller, Werner, *Indianische Welterfahrung*, Ullstein, Frankfurt/ Berlin/ Wien 1981.

Nagel, Ernest und Newman, James R., „Goedels Proof", in *Scientific American*, Juni 1956, S. 81 f. und, in deutscher Fassung, dies., *Der Goedelsche Beweis*, übers. von Herbert von Schleichert, Oldenbourg, Wien 1964.

Needham, Joseph, „Biochemical Aspects of Form and Growth", in L. L. Whyte, Hrsg., *Aspects of Form*, Indiana University Press, Bloomington 1951.

— und Wang Ling et al., *Science and Civilisation in China*, 7 Bde, Cambridge U.P., Cambridge 1954.

— *Time and Eastern Man*, The Henry Myers Lecture 1964, Royal Anthrop. Institute of G.B. and Ireland, London 1965.

Neumann, Erich, „Die Psyche und die Wandlung der Wirklichkeitsebenen", in *Eranos Jahrbuch*, Bd. 21, Rheinverlag, Zürich 1952, S. 169-215.

Neumann, James R., siehe Nagel, E., „Goedels Proof".

Nowacki, Werner, „Die Idee einer Struktur der Wirklichkeit", in *Mitteilungen der Naturforschenden Gesellschaft*, Neue Folge, Bd. 14, Bern 1957.

Onians, Richard Broxton, *The Origins of European Thought*, Cambridge U.P., Cambridge 1954.

Pauli, Wolfgang und Jung, C.G., *Naturerklärung und Psyche*, Rascher, Zürich 1952.

— „Der Einfluss archetypischer Vorstellungen auf die Bildung naturwissenschaftlicher Theorien bei Kepler", in ders. und C.G. Jung, *Naturerklärung und Psyche*, siehe dort.

— *Aufsätze und Vorträge über Physik und Erkenntnistheorie*, Vieweg, Braunschweig 1961.

— „Naturwissenschaftliche und erkenntnistheoretische Aspekte der Idee des Unbewussten", in ders., *Aufsätze und Vorträge*, siehe dort.

— „Wahrscheinlichkeit und Physik", in *Dialectica*, Bd. 8, Nr. 2, Bern 1954.

Piaget, Jean, *Le Développement de la notion de temps chez l'enfant,* PUF 1946, 3. Aufl., Paris 1981.

— *Les Relations entre l'affectivité et l'intelligence dans le développement mental de l'enfant*, Les Cours de Sorbonne, CDU, Paris 1964.

Pierce, John Robinson, *Symbols, Signals and Noise*, The Nature and Process of Communication, Harper, New York 1961 und Hutchinson, London 1962.

Platon, *Timaios*, übersetzt u. erläutert von R. Kapferer, Stuttgart 1952. Siehe auch *Timaios-Kritias-Gesetze X,* übers. von Otto Kiefer, Diederichs, Jena 1909 u. 1920.

Poincaré, Henri, *Science and Method*, Dover, New York 1952/1961.

Pöppel, E, „Oscillations as possible Basis for Time-Perception", siehe Fraser, J.T. und Lawrence, N., *Study I* .

Porkert, Manfred, „Wissenschaftliches Denken im alten China – Das System der energetischen Beziehungen", in *Antaios*, Bd. 2, Nr. 6, Klett, Stuttgart 1961, S. 532-551.

Portmann, Adolf, „Die Zeit im Leben der Organismen", in *Eranos Jahrbuch* – Mensch und Zeit, Bd. XX, Rheinverlag, Zürich 1951, S. 437-458. Engl. ders. „Time in the Life of the Organism", in *Eranos Yearbook – Man and Time*, Bollingen Series, Bd. 30, New York 1957.

Preger, Wilhelm, *Geschichte der deutschen Mystik im Mittelalter,* Bd. 1, München 1874 / O. Zeller, Aalen 1962.

Preisendanz, Karl, *Papyri graecae magicae*, hrsg. von Henrichs, Albert, 2 Bde, Teubner, Stuttgart 1973/74.

Pribram, Karl, „Esprit, cerveau et conscience", in Cazenave, Michel, Hrsg., *Science et conscience*, S. 393-408; siehe dort.

Priestley, John Boynton, *Man and Time*, Aldus, London 1964.

Prigogine, Ilya und Strengers, Isabelle, *La Nouvelle Alliance: métamorphose de la science*, Gallimard, Paris 1978/1986.

Purce, Jill, *The Mystic Spiral*, Thames and Hudson, London/New York 1974.

Quispel, Gilles, „Zeit und Geschichte im antiken Christentum", in *Eranos Jahrbuch* – Mensch und Zeit, Bd. 20, Rheinverlag, Zürich 1951, S. 115-140.

Reeves, Hubert, „Incursion dans le monde a-causal", in *Cahiers de Psychologie Jungienne,* Nr. 29, 2. Trimester, Paris 1981, S. 1 f.

Reeves, H.; Cazenave, Michel; Solié, Pierre; Pribram, Karl; Etter, Hansueli; Franz, Marie-Louise von, *La Synchronicité, l'âme et la science*, Poiesis, Paris 1985 und Albin Michel, Paris 1994.

Reichenbach, Hans, *The Direction of Time*, Univ. of California Press, Berkeley 1956/1971.

Rhine, Joseph Banks, *The Reach of the Mind*, 6. Aufl. Sloane, New York 1956.

Rhally, Miltiade, „Varieties of Paranormal Cognition", in Frey-Wehrlin, C.T., Hrsg., *Spectrum Psychologiae.* Festschrift zum 60. Geburtstag von C.A. Meier, Rascher, Zürich 1965.

Rhys Davids, Caroline F. A., „Zur Geschichte des Radsymbols", in *Eranos Jahrbuch* – Ostwestl. Symbolik und Seelenführung, Bd. 2, Rheinverlag, Zürich 1934, S. 153-178.

Richter, C.P., „Astronomical References in Biological Rhythms", siehe Fraser, J.T. und Lawrence, N., Hrsg., *Study II.*

Rivière, Denis, „La Physique et le temps", in *Verhandlungen der Schweiz. naturforschenden Gesellschaft*, Bd. 145, Bern und Genf 1965.

Roeder, Günther, *Urkunden zur Religion der alten Ägypter,* Diederichs, Jena 1923, Neudruck Düsseldorf/Köln 1978.

Roll, W.G., Hrsg., *Research in Parapsychology, 1979*, Scarecrow Press, Metuchen N. J. und London 1980.

Rossi, Paolo Alb., *Clavis Universalis – Arti Mnemoniche e Logica combinatoria da Lullo a Leibniz*, R. Ricciardi, Mailand/Neapel 1960 und Neuaufl. bei il Mulino, Bologna 2000.

Rugg, Harold, siehe B.L. van der Waerden.

Rump, Ariane, *Die Verwundung des Hellen als Aspekt des Bösen im I Ging*, Diss., Zürich 1967.

Ruska, Julius, *Tabula Smaragdina*, Ein Beitrag zur Geschichte der hermetischen Literatur, s.n., Heidelberg 1926.

Russel, Edward, *Psychological Modes*, unveröffentl. Manuskript, 30. März 1982.

Ruyer, Raymond, *La Gnose de Princeton: des savants à la recherche d'une religion*, Fayard, Paris 1974.

Sambursky, Shmuel, *Das physikalische Weltbild der Antike*, Artemis, Zürich 1965.

Saussure, Leopold de, „Les origines de l'astrologie chinoise", in *Archives des Sciences Physiques et Naturelles*, Periode 5, vol. IFF., Genève E.A. 1919. Und ders., *Les origines de l'astrologie chinoise*, Librairie Orientale Américaine, Maisoneuve Frères, Paris 1930. (102 S.)

Schaltenbrand, G., „Cyclic States as Biological Space /Time Fields", siehe Fraser, J.T. und Lawrence, N., Hrsg., *Study II.*

Scholz, Wilhelm von, *Der Zufall, eine Vorform des Schicksals*, Deutsche Buchgemeinschaft, Berlin 1924.

Schönberger, Martin Maria, *Verborgener Schlüssel zum Leben*. Weltformel I-Ging im genetischen Code (1977), erweit. Ausg. Barth, Bern 1981.

Schwartz, Nathan, „A Psychological View", in *Quadrant*, vol. 8, New York 1975, S. 65-69.

Scotus Erigena, John, *De Divisione Naturae*, III, 19, in Migne, Patr. Lat., vol. CXXII, Paris 1844-1864, oder Facs. Druck bei Minerva, Frankfurt a. M. 1964.

Seidenberg, Abraham, „The Ritual Origin of Counting", in *Archive for the History of the Exact Sciences*, Vol. 2, Nr. 7, Berlin/Göttingen 1962-1966.

Seng Chao, *Traktate von Seng Chao*, siehe auch in *Chuang Tzu, mystic, moralist and social reformer*, übers. u. hrsg. von H.A. Giles, 2. Aufl. Kelly & Walsh, Shanghai 1926.

— und Liebenthal, Walter, Hrsg., *Chao Lun: The Treatises of Sengchao*, Univ. Press, Hongkong 1968.

Senior (Mohamed ibn Umail), *De chemia Senioris antiquissimi philosophi libellus*, undat. Druck, Frankfurt a. Main 1566; siehe auch ders. in Manget, Jean-Jacques, Hrsg., *Bibliotheca chemica Curiosa*, 2 vol., Bd. I, Köln 1702.

— „Brief der Sonne an den Mond", in Franz, Marie Louise von, *Alchemy. An Introduction to the Symbolism and the Psychology*, siehe dort, S. 108-112.

____, in Stapleton, H.E. und Hidayat Husain, M., Hrsg., *Three Arabic Treatises on Alchemy by Muhammad ibn Umail (10 th Century A.D.)*, Memoirs of the Asiatic Society of Bengal, vol. XII, Calcutta 1933.

Sheldrake, Rupert, *A New Science of Life*. The Hypothesis of Formative Causation, Blond & Briggs, London 1981.

Simplicius, *In Aristotelis Physicorum libros Commentarius*, siehe Diels, Hermann, *Doxographi graeci*.

Soal, S.G. und Bateman, F., *Modern Experiments in Telepathy*, Faber & Faber, London 1954.

Solié, Pierre, „Ouverture sur l'unité du monde", in *Cahiers de psychologie Jungienne – Synchronicité*, Nr. 28, 1. Trimester, Paris 1981.

Stapleton, H.E. und Hidayat Husain, M., *Three Arabic Treatises on Alchemy by Muhammad ibn Umail (10th century A.D.)*, Memoirs of the Asiatic Society of Bengal, vol. XII, Calcutta 1933. Siehe auch Senior.

Stekel, W., „Die Verpflichtung des Namens", in *Zeitschrift für Psychotherapie und medizinische Psychologie*, Bd. 3, 1911.

Sumitomo, O.P., Hrsg., Lao Tse, *Tao Te King*, Scientia Verlag, Zürich 1945.

Suzuki, Daisetz Teitaro, *Studies in the Lankavatara Sutra* (1930), Neudruck Routledge & Kegan Paul, London 1975.

Symbolon, Jahrbuch für Symbolforschung, Bd. I, Schwabe, Basel 1960.

Tart, Charles, „Causality and Synchronicity: Steps toward Clarification“, in *Journal of the American Society for Psychical Research*, 75, 1981, S. 121-141.

Thomas von Aquin, *Tommaso d'Aquino nel suo settimo centenario*, Le Fonti del Pensiero di S. Tommaso, Atti del Congresso Internazionale, Ed. Domenicana Italiane, Napoli 1975.

— *Opus Tertium*, 29

— *Summa Theologica* I, II.

— *De veritate* 12, 7/8.

Thompson, d'Arcy Wentworth Sir, *On Growth and Form*, 2 Bde, Cambridge University Press, Cambridge 1942, 2. Aufl., Cambridge 1963.

Thompson, John Eric S., *Maya Hieroglyphic Writing*. An Introduction, Carnegie Institute of Washington, Washington D.C. 1950.

Thorndike, Lynn, *History of Magic and Experimental Science*, (8 Bde), Bd. 1, Columbia Univ. Press, New York 1923-1958.

Ungvar, T., „Time and the Modern Self: a Change in Dramatic Form“, siehe Fraser, J.T. und Lawrence, N., Hrsg., *Study I*.

Urban, Peter, „Philosophische und empirische Aspekte der Synchronizitätstheorie“, in *Grenzgebiete der Wissenschaft*, 17, Nr. 4, J. Kral, Abensberg 1968, S. 347-357.

Usener, Hermann, *Götternamen* (1896), 3. Aufl., G. Schulte-Bulmke, Frankfurt a. M. 1948.

Vaughan, A., *Incredible Coincidence: The Baffling World of Synchronicity*, Lippincot, Philadelphia 1979.

— „Synchronicity, Causality and Consciousness as Creator“, in Roll, W.G., Hrsg., *Research in Parapsychology 1979*, siehe dort.

Vignon, Paul, *Introduction à la biologie expérimentale*, Collection Encyclopédie biologique, P. Lechevalier, Paris 1930.

Waerden, Bartel Leendert van der, *Einfall und Überlegung – drei kleine Beiträge zur Psychologie des mathematischen Denkens* (1954), Nachdruck Birkhäuser, Basel/Stuttgart 1968.

Watanabe, Shinzo, „Le Concept du temps en physique moderne et la durée pure de Bergson“, in *Revue de métaphysique et de morale*, vol. 56, Paris 1951.

— „Causality and Time“, siehe Fraser, J.T. und Lawrence, N., Hrsg., *Study II*.

Wehr, Gerhard, „Beiträge zur Zeitstruktur“, in Weizsäcker, Ernst von, Hrsg., *Offene Systeme. Beiträge zur Zeitstruktur von Information, Entropie und Evolution*, Klett, Stuttgart 1974.

Weitzenböck, Roland W., *Der vierdimensionale Raum*, Birkhäuser, Basel/Stuttgart 1956.

Wenzl, Aloys, *Die philosophischen Grenzfragen der modernen Naturwissenschaft*, Europa Verlag, Zürich 1954, 3. Aufl. Urban Bücher, Stuttgart 1960.

Weyl, Hermann, *Philosophy of Mathematics and Natural Science*, Princeton N.J. 1949. Ders., deutsche Fassung, *Philosophie der Mathematik und Naturwissenschaft*, Oldenburg, München 1927, 1928/1966.

— *Über den Symbolismus in der Mathematik und mathematischen Physik*, Studium Generale, Bd. VI, Berlin 1953.

— *Raum, Zeit und Materie*, Vorlesungen über allgemeine Relativitätstheorie, Springer, Berlin 1923/1988.

White, Victor, „St. Thomas' Conception of Revelation“, in *Dominican Studies*, Blackfriar Publications, Bd. 1, Nr. 1, St. Giles-Oxford Januar 1948.

Whitehead, Alfred North, *Science and the Modern World* (1926), Neuaufl. Free Association Books, London 1985; deutsche Fassung, *Wissenschaft und moderne Welt*, übers. von H.G. Holl, Suhrkamp, Frankfurt a. M. 1984.

Whitrow, Gerald J., *The Natural Philosophy of Time*, Nelson, London/Edinburg 1961 und Clarendon Press, Oxford 1980.

— „Reflections on the History of the Concept of Time“, siehe Fraser, J.T. und Lawrence, N., Hrsg., *Study I*.

Whorf, Benjamin Lee, *Sprache, Denken, Wirklichkeit*. Beiträge zur metalinguistischen Sprachphilosophie, Rowohlt, Reinbeck b. Hamburg 1963.

Whyte, Lancelot Law, *Accent on Form*. An anticipation of the Science of Tomorrow, Routledge & Kegan Paul, London 1955.

Wigner, Eugene, *Symmetries and Reflections*, Indiana University Press, Bloomington 1967.

Wilhelm, Hellmut, *Leibniz and the I Ching*, Collectanea Commissionis Synodalis 16, Peking 1943.

— „Der Zeitbegriff im Buch der Wandlungen“, in *Eranos Jahrbuch* – Mensch und Zeit, Bd. 20, Rheinverlag, Zürich 1951, S. 321-348; auch in ders., *Sinn des I Ging*, Diederichs, München 1988, S. 7-33. Englische Fassung, „The Concept of Time in the Book of Changes“, in *Man and Time – Eranos Yearbooks,* Bolling. Ser. XXX, Princeton University Press 1957.

Wilhelm, Richard, *Das Geheimnis der goldenen Blüte*, Vorwort von C.G. Jung, Dorn, Berlin 1929, Rascher, Zürich 1957.

— Hrsg. und Übers., *I Ging, Das Buch der Wandlung*, Diederichs, Jena 1956.

Wilson, R.A., „Die neue Physik und C.G. Jung", in *Sphinx Magazin*, Basel April/Mai 1986.

Winkler, R., siehe Eigen, M.

Wit, Constant de, *Le Rôle et le sens du lion dans l'Egypte ancienne*, J. Brill, Leiden 1951.

Yates, Frances A., *Giordano Bruno and the Hermetic Tradition*, Routledge & Kegan Paul, London 1964.

— *Lull and Bruno*, Collected Essays I, Routledge & Kegan Paul, London 1982.

Zavala, José F., „Quelques aspects de la synchronicité en relation avec le calendrier divinatoire mexicain ‚Tonalamatl'", in Cazenave, Michel, Hrsg., *Science et Conscience,* siehe dort.

Zimmer, Heinrich Rob., *Mythen und Symbole in indischer Kunst und Kultur,* Zürich 1951 und in ders., Gesammelte Werke in 5 Bänden, Bd. 1, Rascher, Zürich 1961.

Zimmermann, Albert, *Albert der Grosse.* – Seine Zeit, sein Werk, seine Wirkung, Walter de Gruyter, Berlin/ New York 1981.

Personenverzeichnis

Sachverzeichnis

Weitere Bände in derselben Reihe

Band 1: Träume

272 S., gebunden, ISBN 3-85630-023-6

Neben einführenden Ausführungen zur Bedeutung der Träume und zu den Grundlagen der Traumdeutung behandelt die bekannte Autorin das faszinierende Thema von Träumen großer historischer Persönlichkeiten und Philosophen. Dabei kommt gut zum Ausdruck, wie deutlich manchmal die Träume schicksalsbestimmende Aspekte eines Einzellebens aufzeigen, und wie fruchtbar die Auseinandersetzung mit ihnen ist.

Band 3: **Psychotherapie**

Erfahrungen aus der Praxis

360 S., gebunden, ISBN 3-85630-613-7

Der besondere Wert dieser Aufsatz-Sammlung über die Psychotherapie liegt in ihrem praxisnahen, direkten Inhalt. Viele konkrete Beispiele veranschaulichen die theoretischen Grundlagen und geben Einblick in die Stationen einer psychotherapeutischen Behandlung. Marie-Louise von Franz geht zudem auf zentrale Fragen im Zusammenhang mit der Ausbildung angehender Therapeuten ein.

Band 4:

Archetypische Dimensionen der Seele

452 S., gebunden, ISBN 3-85630-040-6

Seit alters her wurden menschliche Konflikt- und Krisensituationen in Märchen und Mythen bildhaft dargestellt. Sie dienen der Autorin als Spiegel für die verschiedenen Stadien, die auf dem Weg zur Selbstverwirklichung und Selbstfindung durchlaufen werden. Die reichhaltigen Beiträge bilden den vierten Band ihrer gesammelten Aufsätze.

Bücher von Marie-Louise von Franz

Die Visionen des Niklaus von Flüe
Eine tiefenpsychologische Deutung
144 S., 4. Auflage ISBN 3-85630-574-2

In einer tiefenpsychologischen Analyse werden die Visionen des Einsiedlers und Heiligen Niklaus von Flüe interpretiert und Bezüge zur Sagen- und Mythenwelt aufgezeigt.
Durch die Deutungen wird die Dimension des „Priester-Arztes", der Therapeut und Seelsorger in sich vereint, beleuchtet – ein Bild, dem gerade heute wieder vermehrte Bedeutung zukommt.

Die Passion der Perpetua
Eine Frau zwischen zwei Gottesbildern
120 S., 2. Auflage ISBN 3-85630-011-2

Anhand der inneren Bilder einer jungen, römisch-afrikanischen Frau diskutiert Marie-Louise von Franz die Entstehung des christlichen Weltbildes als ein Phänomen unbewußter, spontaner Manifestation der Seele.

Im Umkreis des Todes
Sammelband mit Beiträgen von Marie-Louise von Franz, Aniela Jaffé und Liliane Frey-Rohn
140 S., 2. Auflage ISBN 3-85630-005-8

Drei Psychologinnen, die in ihrer langjährigen Tätigkeit immer wieder mit dem Phänomen des Todes in Berührung gekommen sind und viele Menschen bei der Begegnung mit dem Tod begleitet haben, geben Einblick in eine Erfahrungswelt, die immer mit einer Wandlung und Erneuerung der Erkenntnisse verbunden scheint.
Marie-Louise von Franz schreibt über „Archetypische Erfahrungen in der Nähe des Todes", Aniela Jaffé über den „Tod in der Sicht von C.G. Jung" und Liliane Frey-Rohn über „Sterbeerfahrungen psychologisch beleuchtet."

English Publications by **Daimon**

R. Abt / I. Bosch / V. MacKrell
Dream Child, Creation and New Life in Dreams of Pregnant Women

Susan R. Bach
Life Paints its Own Span
Images, Meanings and Connections: Essays in Memory of Susan Bach

E.A. Bennet
Meetings with Jung

W.H. Bleek and L.C. Lloyd (Ed.)
Specimens of Bushman Folklore

George Czuczka
Imprints of the Future

Heinrich Karl Fierz
Jungian Psychiatry

John Fraim
Battle of Symbols

von Franz / Frey-Rohn / Jaffé
What is Death?

Liliane Frey-Rohn
Friedrich Nietzsche, A Psychological Approach

Yael Haft
Hands: Archetypal Chirology

Siegmund Hurwitz
Lilith, the first Eve

Aniela Jaffé
The Myth of Meaning
Was C.G. Jung a Mystic?
From the Life und Work of C.G. Jung
Death Dreams and Ghosts

Diana Baynes Jansen
Jung's Apprentice

Verena Kast
A Time to Mourn
Sisyphus

Hayao Kawai
Dreams, Myths & Fairy Tales in Japan

James Kirsch
The Reluctant Prophet

Mary Lynn Kittelson
Sounding the Soul

Rivkah Schärf Kluger
The Gilgamesh Epic

Yehezkel Kluger / Naomi Kluger-Nash
RUTH in the Light of Mythology, Legend and Kabbalah

Paul Kugler
The Alchemy of Discourse

Paul Kugler (Ed.)
Jungian Perspectives on Clinical Supervision

Eva Langley-Dános
Prison on Wheels: From Ravensbrück to Burgau

Rafael López-Pedraza
Cultural Anxiety
Hermes and his Children

Alan McGlashan
The Savage and Beautiful Country
Gravity and Levity

Gregory McNamee (Ed.)
The Girl Who Made Stars: Bushman Folklore
The Bearskin Quiver

Gitta Mallasz
Talking with Angels

C.A. Meier
Healing Dream and Ritual
A Testament to the Wilderness
Personality: The Individuation Process in the Light of C.G. Jung's Typology

Laurens van der Post
The Rock Rabbit and the Rainbow

Jane Reid
Jung, My Mother and I

R.M. Rilke
Duino Elegies

Miguel Serrano
C.G. Jung and Hermann Hesse

Helene Shulman
Living at the Edge of Chaos

Dennis Slattery and Lionel Corbet (Eds.)
Depth Psychology: Meditations on the Field

Susan Tiberghien
Looking for Gold

Ann Ulanov
Picturing God
Receiving Woman
The Wizards' Gate, Picturing Consciousness
The Female Ancestors of Christ
The Wisdom of the Psyche

Ann & Barry Ulanov
Cinderella and her Sisters
Healing Imagination: Psyche and Soul

Erlo van Waveren
Pilgrimage to the Rebirth

Harry Wilmer
How Dreams Help
Quest for Silence

Luigi Zoja
Drugs, Addiction and Initiation

Luigi Zoja and Don Williams (Eds.)
Jungian Reflections on September 11

Deutsche Titel von **Daimon**

Regina Abt-Baechi
Der Heilige und das Schwein

R. Abt / I. Bosch / V. MacKrell
Traum und Schwangerschaft

Susan Bach
Das Leben malt seine Eigene Wahrheit

W.H. Bleek und L.C. Lloyd
Mythen und Märchen der Buschmann-Völker

Heinrich-Karl Fierz
Die Psychologie C.G. Jungs und die Psychiatrie

Marie-Louise von Franz
Träume
Psyche und Materie
Psychotherapie
Archetypische Dimensionen der Seele
Die Visionen des Niklaus von Flüe

von Franz / Frey-Rohn / Jaffé
Im Umkreis des Todes

Liliane Frey-Rohn
Von Freud zu Jung
Nietzsche: Jenseits der Werte seiner Zeit

Hans Thomas Hakl
Der verborgene Geist von Eranos

James Hillman
Selbstmord und seelische Wandlung
Suche nach Innen

Siegmund Hurwitz
Lilith, die erste Eva

Aniela Jaffé
Religiöser Wahn, Schwarze Magie
Bilder und Symbole aus E.T.A. Hoffmanns „Der Goldne Topf"
Mystik und Grenzen der Erkenntnis
Der Mythus vom Sinn
Parapsychologie, Individuation, Nationalsozialismus
Aus C.G. Jungs letzten Jahren und andere Aufsätze
Geistererscheinungen

C.G. Jung
C.G. Jung im Gespräch

Hayao Kawai
Mit den Augen der Frau
Myôes Traumchronik
Harmonie im Widerspruch

Helen M. Luke
Sinn des Alters

Gitta Mallasz
Die Antwort der Engel
Die Engel Erlebt
Weltenmorgen
Sprung ins Unbekannte

C.A. Meier
Der Traum als Medizin
Die Empirie des Unbewußten
Die Bedeutung des Traumes
Bewußtsein
Persönlichkeit

Erich Neumann
Kunst und schöpferisches Unbewußtes

Angelika Reutter
Rapunzel: eine Märchenmeditation

Erna Ronca
FIS, Schätzchen!

Satprem
Der kommende Atem
Das Mental der Zellen
Der Aufstand der Erde
Evolution II

Miguel Serrano
Meine Begegnungen mit C.G. Jung und Hermann Hesse

Bani Shorter
Frauen und Initiation

Ernst Spengler
Psychotherapie und das Bild vom Menschen

Arno Stern
Der Malort

Heinz Westman / Paul Tillich
Gestaltung der Erlösungsidee

Toni Wolff
Studien zu Jungs Psychologie

Luigi Zoja
Sehnsucht nach Wiedergeburt

Erhältlich in Ihrer Buchhandlung, oder fordern Sie unseren Gesamtkatalog an:

Daimon Verlag Hauptstrasse 85 CH-8840 Einsiedeln Schweiz
Tel.: (0041)(55) 412 2266 Fax: (0041)(55) 412 2231
Internet: www.daimon.ch
Email: info@daimon.ch